W9-BIL-515

SENDEROS 3

Spanish for a Connected World

Boston, Massachusetts

On the cover: Amazon River, Venezuela

Publisher: José A. Blanco
Editorial Development: Armando Brito, Jhonny Alexander Calle, Deborah Coffey, María Victoria Echeverri, Jo Hanna Kurth, Megan Moran, Jaime Patiño, Raquel Rodríguez, Verónica Tejeda, Sharla Zwirek
Project Management: Brady Chin, Sally Giangrande
Rights Management: Ashley Dos Santos, Annie Pickert Fuller
Technology Production: Jamie Kostecki, Daniel Ospina, Paola Ríos Schaaf
Design: Radoslav Mateev, Gabriel Noreña, Andrés Vanegas
Production: Manuela Arango, Oscar Díez, Erik Restrepo

Student Text (Casebound-SIMRA) ISBN: 978-1-68005-194-0

Teacher's Edition ISBN: 978-1-68005-195-7

Library of Congress Control Number: 2016912519

6 7 8 9 TC 23 22 21

Printed in Canada.

SENDEROS 3

Spanish for a Connected World

Table of Contents

Table of Contents

Consulta (*Reference*)

Icons

Familiarize yourself with these icons that appear throughout **Senderos**.

- Listening activity/section
- Pair activity
- Group activity

Cultura	Estructura	Adelante
En detalle: Beneficios en los empleos 124 **Perfiles:** César Chávez 125	**4.1** The future 126 **4.2** The future perfect 130 **4.3** The past subjunctive 132 **Recapitulación** 136	**Lectura:** *A Julia de Burgos* por Julia de Burgos 138 **Escritura** 140 **Escuchar** 141 **En pantalla:** *Sinceridad* (España) 142 **Flash cultura** 145 **Panorama:** Nicaragua y la República Dominicana 146
En detalle: Museo de Arte Contemporáneo de Caracas 160 **Perfil:** Fernando Botero: un estilo único 161	**5.1** The conditional 162 **5.2** The conditional perfect 166 **5.3** The past perfect subjunctive 169 **Recapitulación** 172	**Lectura:** Tres poemas de Federico García Lorca 174 **Escritura** 176 **Escuchar** 177 **En pantalla:** Anuncio de TV Azteca (México) 178 **Flash cultura** 179 **Panorama:** El Salvador y Honduras 180
En detalle: Protestas sociales 194 **Perfil:** Dos líderes en Latinoamérica 195	**6.1** **Si** clauses 196 **6.2** Summary of the uses of the subjunctive 200 **Recapitulación** 204	**Lectura:** *Don Quijote y los molinos de viento* por Miguel de Cervantes 206 **Escritura** 208 **Escuchar** 209 **En pantalla:** Anuncio sobre elecciones chilenas (Chile) 210 **Flash cultura** 211 **Panorama:** Paraguay y Uruguay 212

OCÉANO ÁRTICO
Mar de Siberia Oriental
Mar de Beaufort
Bahía de Baffin
GROENLANDIA (DINAMARCA)
RUSIA
Alaska (EE.UU.)
60N
Mar de Bering
CANADÁ
Bahía de Hudson
Mar del Labrador
ESTADOS UNIDOS
OCÉANO ATLÁNTICO
30N
Trópico de Cáncer
MÉXICO
Golfo de México
ISLAS BAHAMAS
REPÚBLICA DOMINICANA
CUBA
PUERTO RICO (EE.UU.)
HAITÍ
JAMAICA
BELICE
SAN CRISTÓBAL Y NIEVES
ANTIGUA Y BARBUDA
GUADALUPE (FRANCIA)
DOMINICA
MARTINICA (FRANCIA)
BARBADOS
SANTA LUCÍA
SAN VICENTE Y LAS GRANADINAS
GRANADA
Mar Caribe
GUATEMALA
EL SALVADOR
HONDURAS
NICARAGUA
COSTA RICA
PANAMÁ
VENEZUELA
TRINIDAD Y TOBAGO
GUAYANA FRANCESA (FRANCIA)
COLOMBIA
GUYANA
SURINAM
Islas Hawái (EE.UU.)
ISLAS MARSHALL
ESTADOS FEDERADOS DE MICRONESIA
KIRIBATI
OCÉANO PACÍFICO
NAURU
ISLAS SALOMÓN
ISLAS TUVALU
SAMOA OCCIDENTAL
SAMOA ORIENTAL (EE.UU.)
APIA
VANUATU
FIYI
Islas Galápagos (Ecuador)
ECUADOR
PERÚ
BRASIL
BOLIVIA
PARAGUAY
Trópico de Capricornio
NUEVA CALEDONIA (FRANCIA)
Isla de Pascua (CHILE)
30S
URUGUAY
CHILE
ARGENTINA
NUEVA ZELANDA
Islas Malvinas
60S
ANTÁRTIDA
El mundo
Países hispanohablantes
Países con alto número de hispanohablantes

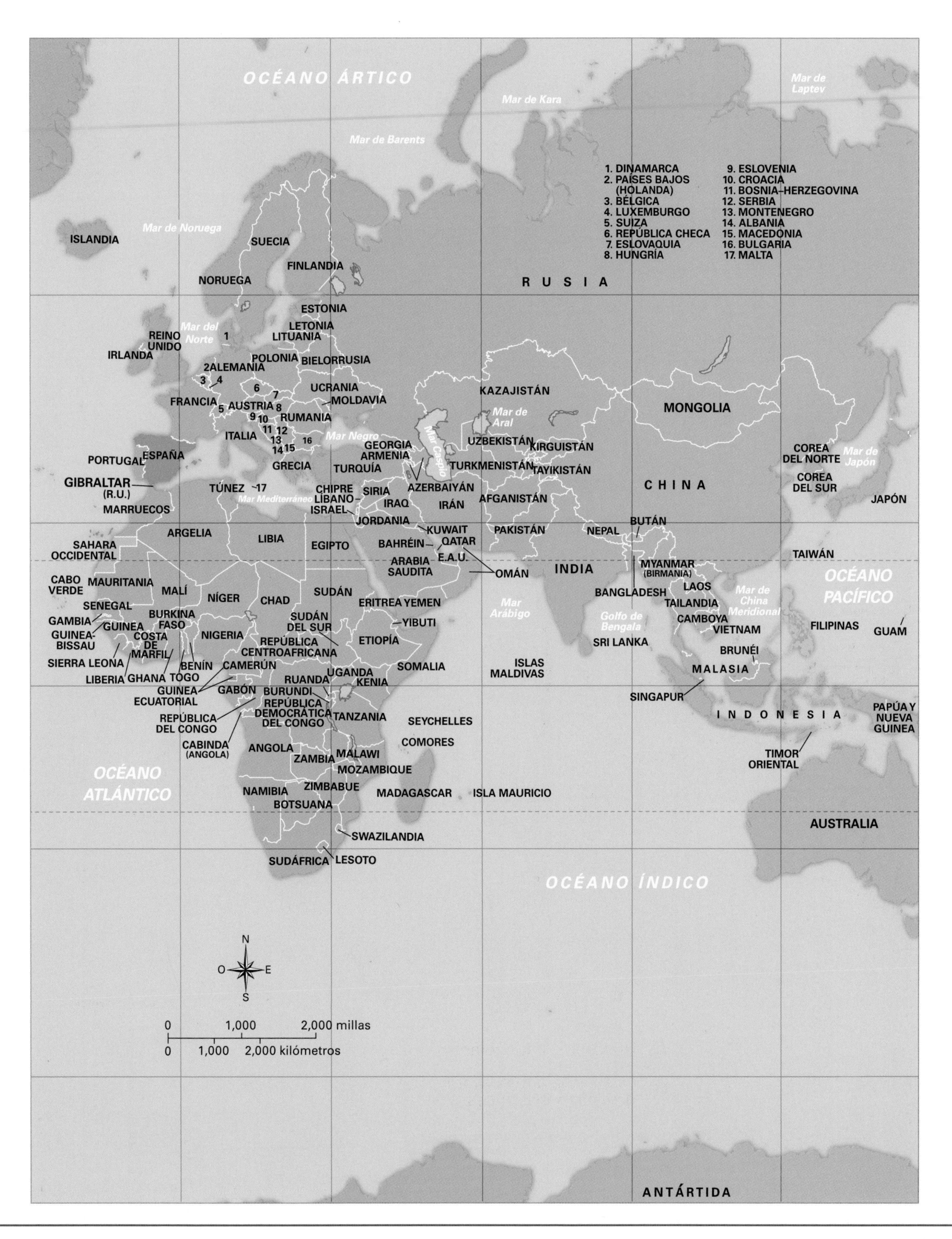

OCÉANO ÁRTICO
Mar de Kara
Mar de Laptev
Mar de Barents
1. DINAMARCA
2. PAÍSES BAJOS (HOLANDA)
3. BÉLGICA
4. LUXEMBURGO
5. SUIZA
6. REPÚBLICA CHECA
7. ESLOVAQUIA
8. HUNGRÍA
9. ESLOVENIA
10. CROACIA
11. BOSNIA-HERZEGOVINA
12. SERBIA
13. MONTENEGRO
14. ALBANIA
15. MACEDONIA
16. BULGARIA
17. MALTA
ISLANDIA
Mar de Noruega
SUECIA
FINLANDIA
NORUEGA
RUSIA
ESTONIA
LETONIA
LITUANIA
REINO UNIDO
Mar del Norte
IRLANDA
POLONIA
BIELORRUSIA
ALEMANIA
UCRANIA
MOLDAVIA
FRANCIA
AUSTRIA
RUMANIA
ITALIA
Mar Negro
GEORGIA
ARMENIA
Mar Caspio
Mar de Aral
KAZAJISTÁN
MONGOLIA
UZBEKISTÁN
KIRGUISTÁN
TURKMENISTÁN
TAYIKISTÁN
COREA DEL NORTE
Mar de Japón
COREA DEL SUR
JAPÓN
PORTUGAL
ESPAÑA
GRECIA
TURQUÍA
GIBRALTAR (R.U.)
TÚNEZ
Mar Mediterráneo
CHIPRE
LÍBANO
ISRAEL
SIRIA
IRAQ
AZERBAIYÁN
IRÁN
AFGANISTÁN
CHINA
MARRUECOS
JORDANIA
KUWAIT
PAKISTÁN
NEPAL
BUTÁN
ARGELIA
LIBIA
EGIPTO
BAHRÉIN
QATAR
E.A.U.
SAHARA OCCIDENTAL
ARABIA SAUDITA
OMÁN
INDIA
MYANMAR (BIRMANIA)
TAIWÁN
CABO VERDE
MAURITANIA
MALÍ
NÍGER
CHAD
SUDÁN
ERITREA
YEMEN
Mar Arábigo
BANGLADESH
LAOS
TAILANDIA
Mar de China Meridional
OCÉANO PACÍFICO
SENEGAL
GAMBIA
GUINEA-BISSAU
GUINEA
BURKINA FASO
COSTA DE MARFIL
NIGERIA
SUDÁN DEL SUR
YIBUTI
Golfo de Bengala
CAMBOYA
VIETNAM
FILIPINAS
GUAM
REPÚBLICA CENTROAFRICANA
ETIOPÍA
SRI LANKA
BRUNÉI
SIERRA LEONA
LIBERIA
GHANA
TOGO
BENÍN
CAMERÚN
SOMALIA
ISLAS MALDIVAS
MALASIA
GUINEA ECUATORIAL
GABÓN
RUANDA
UGANDA
KENIA
BURUNDI
SINGAPUR
REPÚBLICA DEMOCRÁTICA DEL CONGO
TANZANIA
SEYCHELLES
INDONESIA
PAPÚA Y NUEVA GUINEA
REPÚBLICA DEL CONGO
CABINDA (ANGOLA)
ANGOLA
COMORES
ZAMBIA
MALAWI
TIMOR ORIENTAL
MOZAMBIQUE
OCÉANO ATLÁNTICO
NAMIBIA
ZIMBABUE
MADAGASCAR
ISLA MAURICIO
BOTSUANA
AUSTRALIA
SWAZILANDIA
SUDÁFRICA
LESOTO
OCÉANO ÍNDICO
N
O
E
S
0 1,000 2,000 millas
0 1,000 2,000 kilómetros
ANTÁRTIDA

México
Estados Unidos
Golfo de México
Bahía de Campeche
Océano Pacífico
Golfo de California
BAJA CALIFORNIA
YUCATÁN
ISTMO DE TEHUANTEPEC
Belice
Guatemala
Honduras
El Salvador
México
Ciudad de México, D.F.
Sierra Madre Oriental
Sierra Madre Occidental
Río Grande
Río Bravo del Norte
R. Conchos
R. Colorado
R. Balsas
Tijuana
Mexicali
Nogales
Hermosillo
La Paz
Ciudad Juárez
Chihuahua
Nuevo Laredo
Reynosa
Matamoros
Monterrey
Saltillo
Ciudad Victoria
Mazatlán
Zacatecas
San Luis Potosí
Tampico
Aguascalientes
León
Guanajuato
Puerto Vallarta
Guadalajara
Morelia
Uruapan del Progreso
Cuernavaca
Puebla
Jalapa
Veracruz
Acapulco
Oaxaca
Villahermosa
Campeche
Mérida
Cancún
N
S
E
O

América Central y el Caribe
N
S
E
O
Océano Atlántico
Estados Unidos
Golfo de México
México
Canal de Yucatán
Estrechos de la Florida
Islas Bahamas
Cuba
Pinar del Río
La Habana
Matanzas
Cienfuegos
Camagüey
Santiago de Cuba
Guantánamo
Jamaica
Kingston
Haití
Puerto Príncipe
República Dominicana
Santo Domingo
Puerto Rico
San Juan
Mayagüez
Ponce
Islas Vírgenes (EE.UU.)
Antigua y Barbuda
Antillas Menores
Guadalupe (Francia)
Dominica
Martinica (Francia)
Sta. Lucía
San Vicente y las Granadinas
Barbados
Granada
Trinidad y Tobago
Puerto España
Isla de Margarita
Aruba (Países Bajos)
Bonaire(Países Bajos)
Curaçao (Países Bajos)
Venezuela
Colombia
Mar Caribe
Belice
Belmopán
Guatemala
Cobán
Quetzaltenango
Ciudad de Guatemala
El Salvador
San Salvador
Honduras
Tegucigalpa
Nicaragua
Managua
Costa Rica
San José
Puntarenas
Puerto Limón
Panamá
Canal de Panamá
Colón
Ciudad de Panamá
Océano Pacífico

Mar Caribe
Barranquilla
Maracaibo
Caracas
Puerto España
Trinidad y Tobago
Venezuela
R. Orinoco
Georgetown
Guyana
Paramaribo
Surinam
Cayena
Guayana Francesa
Colombia
Medellín
Bogotá
Cali
Pasto
Quito
Ecuador
Guayaquil
Iquitos
Perú
R. Negro
R. Amazonas
Manaus
Belém
R. Madeira
Recife
Cordillera de los Andes
Lima
Cuzco
Lago Titicaca
Arequipa
La Paz
Bolivia
Sucre
Arica
Iquique
Salvador
Brasil
Brasilia
R. Paraguay
R. Paraná
Belo Horizonte
São Paulo
Santos
Rio de Janeiro
Océano Pacífico
Antofagasta
Salta
Paraguay
Asunción
Chile
R. Uruguay
Pôrto Alegre
Córdoba
Mendoza
Valparaíso
Santiago
Rosario
Buenos Aires
Uruguay
Montevideo
Concepción
Argentina
Bahía Blanca
Océano Atlántico
Puerto Montt
Estrecho de Magallanes
Punta Arenas
Islas Malvinas
Tierra del Fuego
N
O
E
S
América del Sur
Islas Galápagos
Océano Pacífico
Isla Pinta
Isla Marchena
Isla Genovesa
Isla Isabela
Línea ecuatorial
Volcán Darwin
Isla Santiago
(San Salvador)
Isla Fernandina
Puerto Ayora
Isla San Cristóbal
Santo Tomás
Isla Santa Cruz
Puerto Baquerizo Moreno
Isla Santa María
Isla Española

Spain

Mar Cantábrico
Francia
Pirineos
Andorra
Océano Atlántico
La Coruña
Avilés
Gijón
Oviedo
Santander
CANTABRIA
Bilbao
San Sebastián
GALICIA
ASTURIAS
PAÍS VASCO
Pamplona
NAVARRA
Pontevedra
Vigo
Burgos
LA RIOJA
CATALUÑA
Gerona
Palencia
Zamora
Valladolid
Braga
Lérida
Zaragoza
CASTILLA-LEÓN
Barcelona
Tarragona
Oporto
Salamanca
Segovia
España
ARAGÓN
Ávila
Madrid
Coimbra
Serra da Estrela
COMUNIDAD VALENCIANA
Menorca
Islas Baleares
Toledo
Cáceres
Valencia
Palma de Mallorca
Mallorca
Portugal
EXTREMADURA
CASTILLA-LA MANCHA
Ibiza
Mérida
Lisboa
Badajoz
Albacete
Setúbal
Formentera
Sierra Morena
Alicante
Mar Mediterráneo
Córdoba
Jaén
Murcia
ANDALUCÍA
Cartagena
Huelva
Sevilla
Granada
Sierra Nevada
Almería
Islas Canarias
La Palma
Santa Cruz de la Palma
Málaga
Cádiz
Tenerife
Santa Cruz de Tenerife
Lanzarote
Arrecife
Gomera
Algeciras
Gibraltar (R.U.)
Puerto del Rosario
Estrecho de Gibraltar
Ceuta (Esp.)
Hierro
Las Palmas de Gran Canaria
Fuerteventura
Gran Canaria
Melilla (Esp.)
Océano Atlántico
Marruecos
Marruecos
N
O
E
S

The Spanish-Speaking World

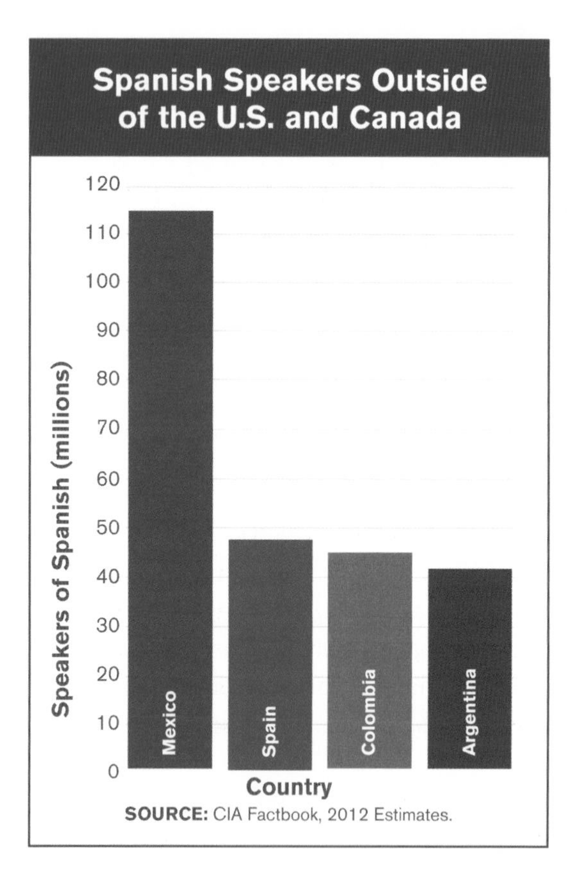

Do you know someone whose first language is Spanish? Chances are you do! More than approximately forty million people living in the U.S. speak Spanish; after English, it is the second most commonly spoken language in this country. It is the official language of twenty-two countries and an official language of the European Union and United Nations.

The Growth of Spanish

Have you ever heard of a language called Castilian? It's Spanish! The Spanish language as we know it today has its origins in a dialect called Castilian (castellano in Spanish). Castilian developed in the 9th century in north-central Spain, in a historic provincial region known as Old Castile. Castilian gradually spread towards the central region of New Castile, where it was adopted as the main language of commerce. By the 16th century, Spanish had become the official language of Spain and eventually, the country's role in exploration, colonization, and overseas trade led to its spread across Central and South America, North America, the Caribbean, parts of North Africa, the Canary Islands, and the Philippines.

Spanish in the United States

1500 1600 1700

16th Century

Spanish is the official language of Spain.

1565

The Spanish arrive in Florida and found St. Augustine.

1610

The Spanish found Santa Fe, today's capital of New Mexico, the state with the most Spanish speakers in the U.S.

Spanish in the United States

Spanish came to North America in the 16th century with the Spanish who settled in St. Augustine, Florida. Spanish-speaking communities flourished in several parts of the continent over the next few centuries. Then, in 1848, in the aftermath of the Mexican-American War, Mexico lost almost half its land to the United States, including portions of modern-day Texas, New Mexico, Arizona, Colorado, California, Wyoming, Nevada, and Utah. Overnight, hundreds of thousands of Mexicans became citizens of the United States, bringing with them their rich history, language, and traditions.

This heritage, combined with that of the other Hispanic populations that have immigrated to the United States over the years, has led to the remarkable growth of Spanish around the country. After English, it is the most commonly spoken language in 43 states. More than 12 million people in California alone claim Spanish as their first or "home" language.

You've made a popular choice by choosing to take Spanish in school. Not only is Spanish found and heard almost everywhere in the United States, but it is the most commonly taught foreign language in classrooms throughout the country! Have you heard people speaking Spanish in your community? Chances are that you've come across an advertisement, menu, or magazine that is in Spanish. If you look around, you'll find that Spanish can be found in some pretty common places. For example, most ATMs respond to users in both English and Spanish. News agencies and television stations such as CNN and Telemundo provide Spanish-language broadcasts. When you listen to the radio or download music from the Internet, some of the most popular choices are Latino artists who perform in Spanish. Federal government agencies such as the Internal Revenue Service and the Department of State provide services in both languages. Even the White House has an official Spanish-language webpage! Learning Spanish can create opportunities within your everyday life.

1800 1900 2015

1848
Mexicans who choose to stay in the U.S. after the Mexican-American War become U.S. citizens.

1959
After the Cuban Revolution, thousands of Cubans emigrate to the U.S.

2015
Spanish is the 2nd most commonly spoken language in the U.S., with more than approximately 52.5 million speakers.

Why Study Spanish?

Learn an International Language

There are many reasons to learn Spanish, a language that has spread to many parts of the world and has along the way embraced words and sounds of languages as diverse as Latin, Arabic, and Nahuatl. Spanish has evolved from a medieval dialect of north-central Spain into the fourth most commonly spoken language in the world. It is the second language of choice among the majority of people in North America.

Understand the World Around You

Knowing Spanish can also open doors to communities within the United States, and it can broaden your understanding of the nation's history and geography. The very names Colorado, Montana, Nevada, and Florida are Spanish in origin. Just knowing their meanings can give you some insight into the landscapes for which the states are renowned. Colorado means "colored red;" Montana means "mountain;" Nevada is derived from "snow-capped mountain;" and Florida means "flowered." You've already been speaking Spanish whenever you talk about some of these states!

State Name	Meaning in Spanish
Colorado	"colored red"
Florida	"flowered"
Montana	"mountain"
Nevada	"snow-capped mountain"

Connect with the World

Learning Spanish can change how you view the world. While you learn Spanish, you will also explore and learn about the origins, customs, art, music, and literature of people in close to two dozen countries. When you travel to a Spanish-speaking country, you'll be able to converse freely with the people you meet. And whether in the U.S., Canada, or abroad, you'll find that speaking to people in their native language is the best way to bridge any culture gap.

Why Study Spanish?

Explore Your Future

How many of you are already planning your future careers? Employers in today's global economy look for workers who know different languages and understand other cultures. Your knowledge of Spanish will make you a valuable candidate for careers abroad as well as in the United States or Canada. Doctors, nurses, social workers, hotel managers, journalists, businessmen, pilots, flight attendants, and many other professionals need to know Spanish or another foreign language to do their jobs well.

Expand Your Skills

Studying a foreign language can improve your ability to analyze and interpret information and help you succeed in many other subject areas. When you first begin learning Spanish, your studies will focus mainly on reading, writing, grammar, listening, and speaking skills. You'll be amazed at how the skills involved with learning how a language works can help you succeed in other areas of study. Many people who study a foreign language claim that they gained a better understanding of English. Spanish can even help you understand the origins of many English words and expand your own vocabulary in English. Knowing Spanish can also help you pick up other related languages, such as Italian, Portuguese, and French. Spanish can really open doors for learning many other skills in your school career.

How to Learn Spanish

Start with the Basics!

As with anything you want to learn, start with the basics and remember that learning takes time! The basics are vocabulary, grammar, and culture.

Vocabulary | Every new word you learn in Spanish will expand your vocabulary and ability to communicate. The more words you know, the better you can express yourself. Focus on sounds and think about ways to remember words. Use your knowledge of English and other languages to figure out the meaning of and memorize words like **conversación, teléfono, oficina, clase,** and **música**.

Grammar | Grammar helps you put your new vocabulary together. By learning the rules of grammar, you can use new words correctly and speak in complete sentences. As you learn verbs and tenses, you will be able to speak about the past, present, or future, express yourself with clarity, and be able to persuade others with your opinions. Pay attention to structures and use your knowledge of English grammar to make connections with Spanish grammar.

Culture | Culture provides you with a framework for what you may say or do. As you learn about the culture of Spanish-speaking communities, you'll improve your knowledge of Spanish. Think about a word like **salsa**, and how it connects to both food and music. Think about and explore customs observed on **Nochevieja** (New Year's Eve) or at a **fiesta de quince años** (a girl's fifteenth birthday party). Watch people greet each other or say good-bye. Listen for idioms and sayings that capture the spirit of what you want to communicate!

Teenagers celebrating at a **fiesta de quince años**.

Listen, Speak, Read, and Write

Listening | Listen for sounds and for words you can recognize. Listen for inflections and watch for key words that signal a question such as **cómo** (*how*), **dónde** (*where*), or **qué** (*what*). Get used to the sound of Spanish. Play Spanish pop songs or watch Spanish movies. Borrow audiobooks from your local library, or try to visit places in your community where Spanish is spoken. Don't worry if you don't understand every single word. If you focus on key words and phrases, you'll get the main idea. The more you listen, the more you'll understand!

Speaking | Practice speaking Spanish as often as you can. As you talk, work on your pronunciation, and read aloud texts so that words and sentences flow more easily. Don't worry if you don't sound like a native speaker, or if you make some mistakes. Time and practice will help you get there. Participate actively in Spanish class. Try to speak Spanish with classmates, especially native speakers (if you know any), as often as you can.

Reading | Pick up a Spanish-language newspaper or a pamphlet on your way to school, read the lyrics of a song as you listen to it, or read books you've already read in English translated into Spanish. Use reading strategies that you know to understand the meaning of a text that looks unfamiliar. Look for cognates, or words that are related in English and Spanish, to guess the meaning of some words. Read as often as you can, and remember to read for fun!

Writing | It's easy to write in Spanish if you put your mind to it. And remember that Spanish spelling is phonetic, which means that once you learn the basic rules of how letters and sounds are related, you can probably become an expert speller in Spanish! Write for fun—make up poems or songs, write e-mails or instant messages to friends, or start a journal or blog in Spanish.

Tips for Learning Spanish

Practice, practice, practice!

Seize every opportunity you find to listen, speak, read, or write Spanish. Think of it like a sport or learning a musical instrument—the more you practice, the more you will become comfortable with the language and how it works. You'll marvel at how quickly you can begin speaking Spanish and how the world that it transports you to can change your life forever!

- Listen to Spanish radio shows and podcasts. Write down words that you can't recognize or don't know and look up the meaning.
- Watch Spanish TV shows, movies, or YouTube clips. Read subtitles to help you grasp the content.
- Read Spanish-language newspapers, magazines, or blogs.
- Listen to Spanish songs that you like —anything from Shakira to a traditional mariachi melody. Sing along and concentrate on your pronunciation.

- Seek out Spanish speakers. Look for neighborhoods, markets, or cultural centers where Spanish might be spoken in your community. Greet people, ask for directions, or order from a menu at a Mexican restaurant in Spanish.
- Pursue language exchange opportunities (**intercambio cultural**) in your school or community. Try to join language clubs or cultural societies, and explore opportunities for studying abroad or hosting a student from a Spanish-speaking country in your home or school.
- Connect your learning to everyday experiences. Think about naming the ingredients of your favorite dish in Spanish. Think about the origins of Spanish place names in the U.S., like Cape Canaveral and Sacramento, or of common English words like *adobe, chocolate, mustang, tornado,* and *patio.*
- Use mnemonics, or a memorizing device, to help you remember words. Make up a saying in English to remember the order of the days of the week in Spanish (L, M, M, J, V, S, D).
- Visualize words. Try to associate words with images to help you remember meanings. For example, think of a **paella** as you learn the names of different types of seafood or meat. Imagine a national park and create mental pictures of the landscape as you learn names of animals, plants, and habitats.
- Enjoy yourself! Try to have as much fun as you can learning Spanish. Take your knowledge beyond the classroom and make the learning experience your own.

Useful Spanish Expressions

The following expressions will be very useful in getting you started learning Spanish. You can use them in class to check your understanding or to ask and answer questions about the lessons. Read En las **instrucciones** ahead of time to help you understand direction lines in Spanish, as well as your teacher's instructions. Remember to practice your Spanish as often as you can!

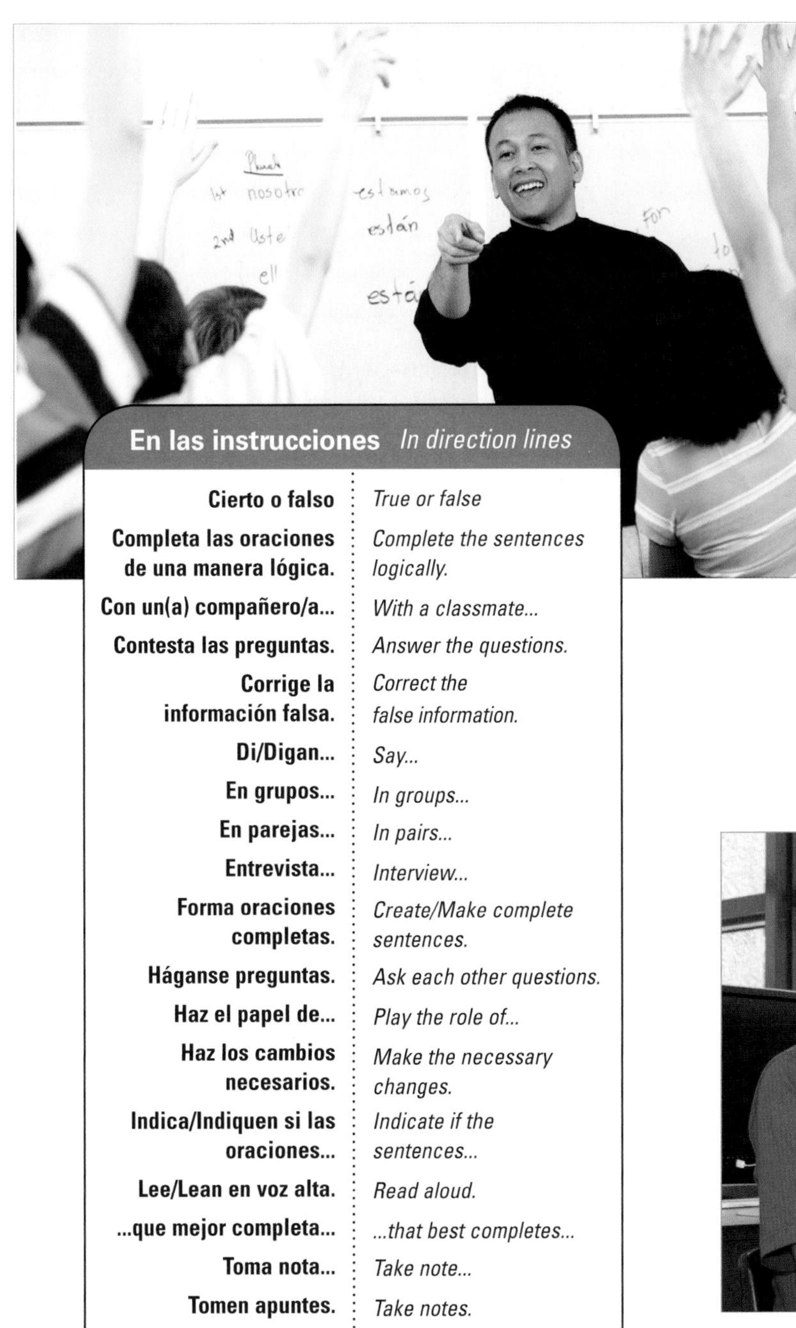

En las instrucciones	*In direction lines*
Cierto o falso	*True or false*
Completa las oraciones de una manera lógica.	*Complete the sentences logically.*
Con un(a) compañero/a...	*With a classmate...*
Contesta las preguntas.	*Answer the questions.*
Corrige la información falsa.	*Correct the false information.*
Di/Digan...	*Say...*
En grupos...	*In groups...*
En parejas...	*In pairs...*
Entrevista...	*Interview...*
Forma oraciones completas.	*Create/Make complete sentences.*
Háganse preguntas.	*Ask each other questions.*
Haz el papel de...	*Play the role of...*
Haz los cambios necesarios.	*Make the necessary changes.*
Indica/Indiquen si las oraciones...	*Indicate if the sentences...*
Lee/Lean en voz alta.	*Read aloud.*
...que mejor completa...	*...that best completes...*
Toma nota...	*Take note...*
Tomen apuntes.	*Take notes.*
Túrnense...	*Take turns...*

Expresiones útiles	*Useful expressions*
¿Cómo se dice ________ en español?	*How do you say ________ in Spanish?*
¿Cómo se escribe ________?	*How do you spell ________?*
¿Comprende(n)?	*Do you understand?*
Con permiso.	*Excuse me.*
De acuerdo.	*Okay.*
De nada.	*You're welcome.*
¿De veras?	*Really?*
¿En qué página estamos?	*What page are we on?*
Enseguida.	*Right away.*
Más despacio, por favor.	*Slower, please.*
Muchas gracias.	*Thanks a lot.*
No entiendo.	*I don't understand.*
No sé.	*I don't know.*
Perdone.	*Excuse me.*
Pista	*Clue*
Por favor.	*Please.*
Por supuesto.	*Of course.*
¿Qué significa ________?	*What does ________ mean?*
Repite, por favor.	*Please repeat.*
Tengo una pregunta.	*I have a question.*
¿Tiene(n) alguna pregunta?	*Do you have questions?*
Vaya(n) a la página dos.	*Go to page 2.*

Common Names

Get started learning Spanish by using a Spanish name in class. You can choose from the lists on these pages, or you can find one yourself. How about learning the Spanish equivalent of your name? The most popular Spanish female names are Lucía, María, Paula, Sofía, and Valentina. The most popular male names in Spanish are Alejandro, Daniel, David, Mateo, and Santiago. Is your name, or that of someone you know, in the Spanish top five?

Más nombres masculinos	Más nombres femeninos
Alfonso	Alicia
Antonio (Toni)	Beatriz (Bea, Beti, Biata)
Carlos	Blanca
César	Carolina (Carol)
Diego	Claudia
Ernesto	Diana
Felipe	Emilia
Francisco (Paco)	Irene
Guillermo	Julia
Ignacio (Nacho)	Laura
Javier (Javi)	Leonor
Leonardo	Liliana
Luis	Lourdes
Manolo	Margarita (Marga)
Marcos	Marta
Oscar (Óscar)	Noelia
Rafael (Rafa)	Patricia
Sergio	Rocío
Vicente	Verónica

Los 5 nombres masculinos más populares	Los 5 nombres femeninos más populares
Alejandro	Lucía
Daniel	María
David	Paula
Mateo	Sofía
Santiago	Valentina

Lección preliminar

Communicative Goals

I will be able to:

- **Discuss everyday activities**
- **Tell what happened in the past**
- **Express preferences**
- **Talk about health and medical conditions**
- **Talk about using technology and electronics**
- **Describe my house or apartment**

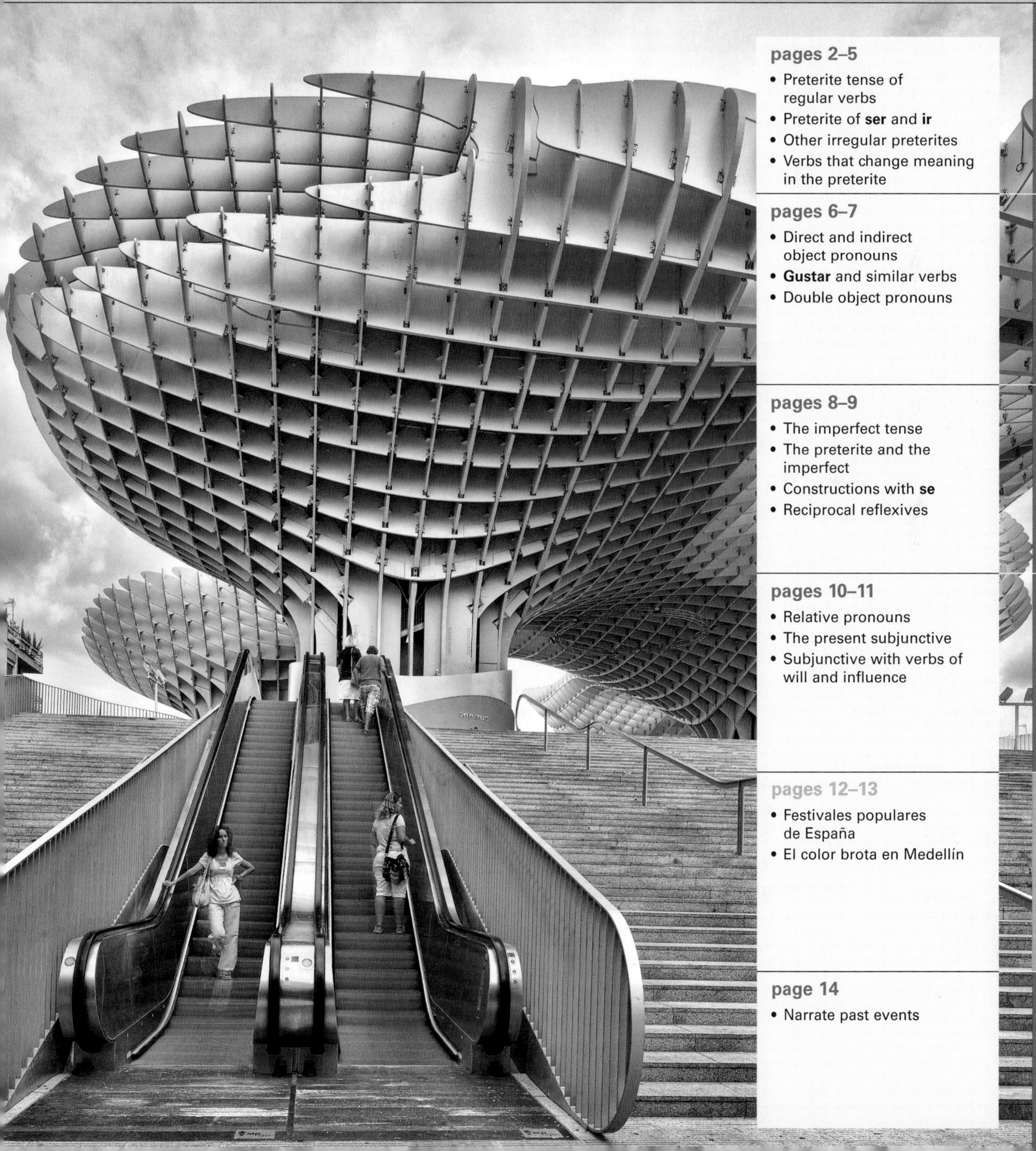

1 Completar Complete each sentence with the appropriate preterite form.

1. Yo ________ (cerrar) las ventanas anoche.
2. Los estudiantes ________ (escribir) las respuestas en la pizarra.
3. María y yo ________ (nadar) en la piscina el sábado.
4. Tú ________ (vivir) en la casa amarilla, ¿no?
5. Mis abuelos no ________ (gastar) mucho dinero.
6. Enrique no ________ (beber) ni té ni café.
7. ¿________ (Tomar) tú la última galleta?
8. Todos los jugadores ________ (oír) las malas noticias.
9. Yo ________ (decidir) comer más frutas y verduras.
10. Ellos ________ (olvidar) la dirección de la tienda.

2 El fin de semana pasado Complete the paragraph by choosing the correct verb and conjugating it in the appropriate preterite form.

El sábado a las diez de la mañana, mi hermano (1) ________ (costar, usar, ganar) un partido de tenis. A la una, yo (2) ________ (llegar, compartir, llevar) a la tienda con mis amigos y nosotros (3) ________ (costar, comprar, abrir) dos o tres cosas. A las tres, mi amigo Pepe (4) ________ (pasear, nadar, llamar) a su novia por teléfono. ¿Y el domingo? Mis primos me (5) ________ (salir, gastar, visitar) y nosotros (6) ________ (hablar, traer, pedir) por horas. Mi mamá (7) ________ (mostrar, leer, preparar) mi comida favorita y mis primos (8) ________ (vender, comer, empezar) con nosotros. Después, (yo) (9) ________ (salir, ver, servir) una película en la televisión.

3 ¿Ser o ir? Complete these sentences with the appropriate preterite form of **ser** or **ir**. Indicate the infinitive of each verb form.

1. Los viajeros ________ a Perú.
2. Usted ________ muy amable.
3. Yo ________ muy cordial.
4. Patricia ________ a la cafetería.
5. Guillermo y yo ________ a ver una película.
6. Ellos ________ simpáticos.
7. Yo ________ a su casa.
8. Él ________ a Machu Picchu.
9. Tú ________ pronto a clase.
10. Tomás y yo ________ muy felices.
11. Tú ________ muy generoso.
12. Este semestre los exámenes ________ muy difíciles.
13. Cuatro estudiantes no ________ a la fiesta.
14. La película ________ muy divertida.
15. Mi amiga y yo ________ al gimnasio el domingo.

1.1 Preterite tense of regular verbs

- The preterite tense is used to describe actions or states that were completed at a definite time in the past.
- The preterite of regular verbs is formed by dropping the infinitive ending (**-ar, -er, -ir**) and adding the preterite endings. Note that the endings of regular **-er** and **-ir** verbs are identical in the preterite tense.

comprar	vender	escribir
compré	vendí	escribí
compraste	vendiste	escribiste
compró	vendió	escribió
compramos	vendimos	escribimos
comprasteis	vendisteis	escribisteis
compraron	vendieron	escribieron

- These verbs have spelling changes in the preterite:

  -car: buscar → yo busqué

  -gar: llegar → yo llegué

  -zar: empezar → yo empecé

  creer: creí, creíste, creyó, creímos, creísteis, creyeron

  leer: leí, leíste, leyó, leímos, leísteis, leyeron

  oír: oí, oíste, oyó, oímos, oísteis, oyeron

  ver: vi, viste, vio, vimos, visteis, vieron

- **-ar** and **-er** verbs that have a stem change in the present tense are regular in the preterite.

  jugar (u:ue): Él **jugó** al fútbol ayer.

  volver (o:ue): Ellas **volvieron** tarde anoche.

- **-ir** verbs that have a stem change in the present tense also have a stem change in the preterite.

  pedir (e:i): La semana pasada, él **pidió** tacos.

1.2 Preterite of ser and ir

- The preterite forms of **ser** and **ir** are identical. Context will determine the meaning.

ser and ir	
fui	fuimos
fuiste	fuisteis
fue	fueron

1.3 Other irregular preterites

▸ The preterite forms of the following verbs are also irregular. Pay attention to the different stem changes.

Los amigos estuvieron de vacaciones en Yucatán.

u-stem	estar poder poner saber tener	estuv- pud- pus- sup- tuv-	-e, -iste, -o, -imos, -isteis, -ieron
i-stem	hacer querer venir	hic- quis- vin-	-e, -iste, -o, -imos, -isteis, -ieron
j-stem	conducir decir traducir traer	conduj- dij- traduj- traj-	-e, -iste, -o, -imos, -isteis, -eron

Preterite of **dar**: di, diste, dio, dimos, disteis, dieron

Preterite of **hay** (*inf.* **haber**): hubo

1.4 Verbs that change meaning in the preterite

Maru y Miguel se conocieron en la playa.

▸ The verbs **conocer, saber, poder,** and **querer** change meanings when used in the preterite.

	Present	Preterite
conocer	*to know*	*to meet*
saber	*to know information*	*to find out; to learn*
poder	*to be able; can*	*to succeed*
querer	*to want; to love*	*to try*

4 **¿Cuándo?** In pairs, use the time expressions from the word list to ask and answer questions about when you and others did the activities.

anoche	ayer	el año pasado	la semana pasada
anteayer	dos veces	el mes pasado	una vez

modelo

Estudiante 1: *¿Cuándo escribiste una carta?*
Estudiante 2: *Yo escribí una carta anoche.*

1. mi compañero/a: llegar tarde a clase
2. mi mejor (*best*) amigo/a: volver de Brasil
3. mis padres: ver una película
4. yo: llevar un traje/vestido
5. el presidente de los EE.UU.: no escuchar a la gente
6. mis amigos y yo: comer en un restaurante

5 **Verbos** Complete the chart with the preterite form of the verbs.

Infinitive	yo	ella	nosotros
conducir			
hacer			
saber			

6 **Cambiar** Change each verb from present to preterite.

modelo

Escucho la canción.
Escuché la canción.

1. **Tengo** que ayudar a mi padre. __________
2. La maestra **repite** la pregunta. __________
3. ¿**Vas** al cine con tu amigo? __________
4. Mis padres **piden** arroz en el restaurante del barrio. __________
5. El camarero les **sirve** papas fritas. __________
6. **Vengo** de la escuela en autobús. __________
7. El concierto **es** a las ocho. __________
8. ¿Dónde **pones** las llaves del auto? __________
9. ¿Y ellos cómo lo **saben**? __________
10. ¿Quién **trae** la comida? __________

7 **Oraciones** Form complete sentences using the information provided in the correct order. Use the preterite tense of the verbs.

1. ir / al / semana / pasada / yo / dentista / la
2. parque / Pablo / y / correr / perro / su / por / el
3. día / leer / ellos / periódicos / tres / cada
4. nunca / la historia / Doña Rita / la verdad / saber / de

8 **Escoger** Choose the most logical option.

1. Ayer te llamé varias veces, pero tú no contestaste.
   a. Quise hablar contigo. b. Pude hablar contigo.
2. Las chicas fueron a la fiesta. Cantaron y bailaron mucho.
   a. Ellas pudieron divertirse. b. Ellas no supieron divertirse.
3. Yo no hice lo que ellos me pidieron. ¡Tengo mis principios!
   a. No supe hacerlo. b. No quise hacerlo.

9 **¿Presente o pretérito?** Choose the correct form of the verbs in parentheses.

1. Después de muchos intentos (*tries*), (podemos/pudimos) hacer una piñata.
2. —¿Conoces a Pepe?
   —Sí, lo (conozco/conocí) en tu fiesta.
3. Como no es de aquí, Cristina no (sabe/supo) mucho de las celebraciones locales.
4. Yo no (quiero/quise) ir a un restaurante grande, pero tú decides.
5. Ellos (quieren/quisieron) darme una sorpresa, pero Nina me lo dijo todo.
6. Mañana se terminan las clases; por fin (podemos/pudimos) divertirnos.
7. Ayer no (tengo/tuve) tiempo de llamarte.
8. ¿(Quieres/Quisiste) ir al cine conmigo esta tarde?
9. Todavía no sabemos quiénes lo (dicen/dijeron), pero mañana lo vamos a saber.
10. Dos veces al año, mi hermano y yo (hacemos/hicimos) algo especial juntos.

10 **Preguntas** Pretend that your friend or parent keeps checking up on what you did. Respond that you already (**ya**) did what he/she asks. (Switch roles every two questions.)

modelo

leer la lección
Estudiante 1: *¿Leíste la lección?*
Estudiante 2: *Sí, ya la leí.*

1. escribir el correo electrónico
2. lavar (*to wash*) la ropa
3. oír las noticias
4. practicar los verbos
5. empezar la tarea
6. buscar las llaves

11 

Una película Working with a partner, prepare a brief summary of a movie you have seen. First, make a list of verbs you will use to describe the film's plot. Then present your summary to the class and have the other students guess what movie you described.

modelo

decidir, decir, llegar, tener miedo, traducir, ver
Un día, Peter Quill decidió...

12

Conversar In small groups, ask each other what you did yesterday or last weekend. Use the word list and keep track of the activities that more than one person did so you can share them later with the class.

- asistir a una reunión
- cenar en un restaurante
- dar una fiesta
- dar un regalo
- empezar una novela
- escribir una carta
- escribir un correo electrónico
- escuchar música
- hacer la tarea
- ir al cine
- ir al centro comercial
- ir de compras
- limpiar la habitación
- mirar la televisión
- pasarlo bien
- poner un anuncio en el periódico
- tener una idea
- tener un sueño (*dream*)
- traducir un poema
- visitar a un amigo

13

Escribir Describe a dream (**un sueño**) you had recently, or invent one. Use at least six preterite verbs, including a minimum of two irregular verbs. You may write your description as a paragraph or as a poem.

AYUDA

soñar con = *to dream about*

1 Vacaciones Ramón is going to San Juan, Puerto Rico with his friends, Javier and Marcos. Express his thoughts more succinctly using direct object pronouns.

modelo
Quiero hacer una excursión.
Quiero hacerla./La quiero hacer.

1. Voy a hacer mi maleta.
2. Necesitamos llevar los pasaportes.
3. Marcos está pidiendo el folleto turístico.
4. Javier debe llamar a sus padres.
5. Ellos esperan visitar el Viejo San Juan.
6. Puedo llamar a Javier por la mañana.
7. Prefiero llevar mi cámara.
8. No queremos perder nuestras reservaciones de hotel.

2 Oraciones Form complete sentences using the information provided. Use indirect object pronouns and the present tense of the verbs.

1. Javier / prestar / el abrigo / a Gabriel
____
2. nosotros / vender / ropa / a los clientes
____
3. el vendedor / traer / las camisetas / a mis amigos y a mí
____
4. yo / querer dar / consejos / a ti
____
5. ¿tú / ir a comprar / un regalo / a mí?
____
6. Carmen y Sofía / mostrar / las fotos / a Milena
____

3 ¿Directo o indirecto? Restate the sentences, replacing the underlined words with the correct direct or indirect object pronoun.

modelo
Lidia quiere ver <u>una película.</u> → *Lidia la quiere ver./ Lidia quiere verla.*

1. Siempre digo la verdad <u>a mi madre</u>.
2. Juan Carlos puede traer <u>los refrescos</u> a la fiesta.
3. ¿No quieres ver <u>las pinturas</u> (*paintings*) en el museo?
4. Raquel va a comprar un regalo <u>para su prima</u>.
5. Leí <u>el último libro de Harry Potter</u> anoche.
6. Voy a regalar estos libros <u>a mis padres</u>.

2.1 Direct and indirect object pronouns

- Direct and indirect object pronouns take the place of nouns.
- Direct object pronouns directly receive the action of the verb.

Direct object pronouns

Singular		Plural	
me	lo	nos	los
te	la	os	las

In affirmative sentences:

Adela practica el tenis. → Adela lo practica.

In negative sentences:

Adela **no** lo practica.

With an infinitive:

Adela lo va a practicar. / Adela va a practicarlo.

With the present progressive:

Adela lo está practicando. / Adela está practicándolo.

- Indirect object pronouns identify *to whom* or *for whom* an action is done.

Indirect object pronouns

Singular	Plural
me	nos
te	os
le	les

- Place an indirect object pronoun in a sentence in the same position where a direct object pronoun would go.
- Both the indirect object pronoun and the person to which it refers may be used together in a sentence for clarity or extra emphasis. Use the construction **a** + [*prepositional pronoun*].

Su madre **les** ofrece una solución **a los niños.**

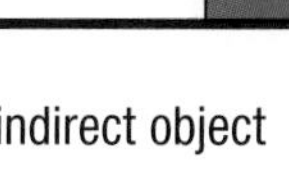

2.2 Gustar and similar verbs

- Though **gustar** is translated as *to like*, its literal meaning is *to please*. **Gustar** is preceded by an indirect object pronoun indicating who is pleased. It is followed by a noun (the subject) indicating *the thing that pleases*. Many verbs follow this pattern.

aburrir	faltar	importar	molestar
encantar	fascinar	interesar	quedar

- With singular subjects or verbs in the infinitive, use the third person singular form.

 Me **gusta** la clase.

 No nos **interesó** el proyecto.

 Les **fascina** ir al cine.

- With plural subjects, use the third person plural form.

 Te **quedaron** diez dólares.

 Le **aburren** los documentales.

- The construction **a +** [*noun/pronoun*] may be added for clarity or emphasis.

 A mí me encanta bailar, ¿y a ti?

2.3 Double object pronouns

- When direct and indirect object pronouns are used together, the indirect object pronoun always goes before the direct object pronoun.

 Nos van a servir los platos. → **Nos los** van a servir. / Van a servir**noslos**.

- The indirect object pronouns **le** and **les** always change to **se** when they precede **lo, la, los,** and **las**.

 Le escribí una carta. → **Se la** escribí.

- Spanish speakers often clarify to whom the pronoun **se** refers by adding **a usted, a él, a ella, a ustedes, a ellos,** or **a ellas.**

4 La música Complete each sentence with the correct indirect object pronoun and verb form. Use the present tense.

1. A Adela ____ ________ (gustar) la música de Enrique Iglesias.
2. A mí ____ ________ (encantar) las canciones (*songs*) de Maná.
3. A mis amigos no ____ ________ (molestar) la música alta (*loud*).
4. A nosotros ____ ________ (fascinar) los grupos de pop latino.
5. A mi padre no ____ ________ (interesar) los cantantes (*singers*) de hoy.
6. ¿Qué tipo de música ____ ________ (gustar) a ti?

5 Descripciones Look at the pictures and describe what is happening. Use the verbs from the word bank.

encantar	interesar	molestar	quedar

1. a ti

2. a Sara

3. a Ramón

4. a nosotros

6 En el restaurante Complete each sentence with the missing direct or indirect object pronoun.

Objeto directo

1. ¿La ensalada? El camarero nos __la__ sirvió.
2. ¿El salmón? La dueña me ____ recomienda.
3. ¿La comida? Voy a preparárte____.
4. ¿Las bebidas? Estamos pidiéndose____.
5. ¿Los refrescos? Te ____ puedo traer ahora.

Objeto indirecto

1. ¿Puedes traerme tu plato? No, no __te__ lo puedo traer.
2. ¿Quieres mostrarle la carta? Sí, voy a mostrár____la ahora.
3. ¿Les serviste la carne? No, no ____ la serví.
4. ¿Vas a leerle el menú? No, no ____ lo voy a leer.
5. ¿Me recomiendas la langosta? Sí, ____ la recomiendo.

1 Completar

Completa la oración con el imperfecto del verbo entre paréntesis.

1. Antes de casarse mi padre ________ (ser) actor.
2. Amelia y Tina ________ (buscar) un apartamento cerca del centro.
3. Tú ________ (dormir) hasta mediodía todos los sábados, ¿verdad?
4. Antes de estudiar español, yo no ________ (poder) entender lo que ________ (decir) mis vecinos cubanos.
5. Los viernes nosotros ________ (preparar) tapas para comer mientras ________ (mirar) una película.
6. Uds. no ________ (ir) a la escuela en autobús. Uds. ________ (caminar).
7. A menudo en la playa ________ (hacer) fresco de noche y ________ (haber) una brisa ligera (*light breeze*).
8. Mi tía Luisa, la viuda, siempre ________ (vestirse) de negro.

2 ¿Pretérito o imperfecto?

Lee la narración y llena los espacios en blanco con la forma apropiada del verbo indicado.

Anoche los Díaz (1. dar) ________ una fiesta para celebrar el aniversario de Marisela y Roberto. Ellos (2. casarse) ________ en 1997. (3. Haber) ________ regalos, música, decoraciones y un pastel muy rico. La casa (4. estar) ________ muy ordenada porque la señora Díaz (5. pasar) ________ todo el día arreglándolo todo. Cecilia (6. ir) ________ a servir una paella clásica pero el día anterior (7. decidir) ________ preparar un menú más informal. En fin, la fiesta (8. ser) ________ todo un éxito (*success*). (9. Ser) ________ las once cuando (10. salir) ________ los invitados.

3 ¡Qué nervios!

Escucha lo que le cuenta Sandra a su amiga sobre su día. Luego, indica si cada afirmación es **cierta** o **falsa** según lo que escuchaste.

	Cierto	Falso
1. El paciente es dueño de una farmacia.	❍	❍
2. Sandra estaba muy segura de sí misma (*herself*).	❍	❍
3. El paciente también sabe poner inyecciones.	❍	❍
4. La enfermera tenía dolor de cabeza.	❍	❍
5. El paciente era muy amable.	❍	❍
6. El paciente necesitaba una pastilla para relajarse.	❍	❍
7. Sandra pudo ponerle la inyección sin problema.	❍	❍

3.1 The imperfect tense

Cuando era niña, vivíamos en el campo.

Imperfect of regular verbs

	bailar	leer	vivir
yo	bailaba	leía	vivía
tú	bailabas	leías	vivías
Ud./él/ella	bailaba	leía	vivía
nosotros/as	bailábamos	leíamos	vivíamos
vosotros/as	bailabais	leíais	vivíais
Uds./ellos/ellas	bailaban	leían	vivían

- All Spanish verbs are regular in the imperfect except three: **ser**, **ir**, and **ver**.

Imperfect of irregular verbs

	ser	ir	ver
yo	era	iba	veía
tú	eras	ibas	veías
Ud./él/ella	era	iba	veía
nosotros/as	éramos	íbamos	veíamos
vosotros/as	erais	ibais	veíais
Uds./ellos/ellas	eran	iban	veían

- The imperfect refers to past actions and states. Use the imperfect to express:
  - habitual or repeated activities
  - physical characteristics and age
  - time and weather
  - actions in progress
  - mood, emotions, or mental state

3.2 The preterite and the imperfect

- Both the preterite and the imperfect refer to past actions and states, but they are not used interchangeably. The preterite is used to:
  - narrate a series of completed actions or events
  - express actions that the speaker views as completed
  - indicate the beginning or the end of an activity

3.3 Constructions with *se*

- In Spanish, **se** + third person verb is used when the subject of the sentence is not defined. Often, such sentences in English use the subjects *they, you, one,* or *people.*
  No **se** debe comer en clase.
  You shouldn't (One shouldn't) eat in class.

- Note that third person singular verbs are used with singular nouns and third person plural verbs with plural nouns.
  — ¿**Se habla** sólo español en España?
  — No, **se hablan** varias lenguas regionales también.

- **Se** is also used to describe unplanned or accidental events. Use the following construction:

se +	[INDIRECT OBJECT PRONOUN] +	[VERB] +	[SUBJECT]
Se	**me**	**cayó**	**la pluma.**

These verbs are often used to describe unplanned events.

caer	olvidar	quedar
dañar	perder (e:ie)	romper

3.4 Reciprocal reflexives

- A reflexive verb indicates that the subject performs the action to or for itself. Reflexive verbs consist of the verb and a reflexive pronoun: **me, te, se, nos,** or **os.**

Pablo y Carmen **se miran** en el espejo.
Pablo and Carmen look at themselves in the mirror.

- In contrast, in a reciprocal reflexive sentence, the action is shared or mutual among two or more people — the meaning "each other" or "one another" is implicit.

Pablo y Carmen **se miran.**
Pablo and Carmen look at one another (each other).

- Because a reciprocal reflexive sentence involves two or more people or things, only plural verb forms are used.

4 Oraciones originales Escribe una oración usando las palabras indicadas y una construcción con **se**.

1. ¿comer / mucho arroz / en China?
2. no servir / la carne / en los restaurantes / vegetariano
3. necesitar / enfermeros / en ese hospital
4. no vender / antibióticos / en aquella farmacia
5. los zapatos de tenis / no llevar / en la piscina
6. alquilar / carros / en Hertz
7. buscar / apartamento / con dos dormitorios

Ahora, escribe oraciones que expresan un evento inesperado (*unplanned*) o accidental. Usa el pretérito del verbo.

8. a Elena / romper / el espejo del cuarto de baño
9. ¿a ti / caer / el vaso de leche?
10. al profesor / olvidar / nuestros exámenes
11. ¡a mí / no quedar / ni un dólar!
12. a los Hernández / dañar / su coche nuevo

5 Todo es recíproco Completa las oraciones con la forma recíproca del verbo entre paréntesis.

1. Ayer Rebeca y su amiga (verse) __________ en el centro comercial.
2. El verano pasado mis amigos y yo (escribirse) __________ muchas tarjetas postales desde las vacaciones.
3. Todos los días mis padres (besarse) __________ cuando salen de la casa.
4. Elías y Ben no (ayudarse) __________ con la tarea de álgebra.
5. A menudo tú y yo (encontrarse) ______________ en el café Mundo Loco.
6. ¡Qué cómico! Rosa y Tere (regalarse) __________ suéteres feos para la Navidad.
7. Geraldo y yo no (saludarse) __________ porque no (conocerse) __________ muy bien.

6 Una entrevista (*interview*) Escribe una lista de 5 ó 6 preguntas usando **se**. Después, en grupos de tres, entrevista a dos compañeros/as de clase. Sigue el modelo.

modelo

— *Michelle, ¿tú y tu hermana se ayudan con la tarea?*
— *Sí, nos ayudamos todo el tiempo. / ¡No, nunca nos ayudamos con nada!*
— *Y tú, Eduardo, ¿tú y tu hermana se ayudan con la tarea? etc.*

1 Pronombres Relativos

Completa la oración con un pronombre relativo: **que, (a) quien, quienes** o **lo que.**

1. __________ necesito es más tiempo.
2. A Nina se le perdió el cuaderno __________ acaba de comprar.
3. El cine __________ está en la calle Morales no está abierto.
4. El chico con __________ estudia Marisa trabaja en ese café.
5. Mis hermanos, __________ son mucho menores que yo, recibieron juguetes en Navidad.
6. Mi mamá nunca comprende __________ yo le digo.
7. Los platos __________ rompiste no costaron mucho.
8. No conocemos a la chica __________ mi hermana invitó a la casa.
9. Los chicos __________ viven en esa casa van a tu escuela.
10. El carro __________ ves allí es de mi papá.
11. __________ te contó Juliana no es cierto.
12. Juan, __________ conocí anoche, es un chico muy inteligente.
13. ¿Sabes __________ aún no tenemos para la fiesta? ¡Unas servilletas!
14. Camila, __________ habla inglés, francés y español, es una persona muy interesante.
15. La computadora __________ me regalaste es muy lenta.

2 Completar

Completa el cuadro con la forma correspondiente de subjuntivo.

yo/él/ella	tú	nosotros/as	Uds./ellos/ellas
escriba			
	limpies		
		ofrezcamos	
quiera			
			hablen
tenga			

3 Entrevista

Contesta las preguntas de tu compañero/a. Explica tus respuestas.

1. ¿Es importante que las personas aprendan lenguas extranjeras? ¿Por qué?
2. Si alguien quiere aprender alemán, ¿es mejor que lo aprenda en Alemania?
3. ¿Es importante que un turista aprenda un poco del idioma del país que visita?
4. ¿Es urgente que los políticos aprendan otras lenguas?
5. ¿Es necesario leer los libros y artículos en su idioma original? ¿Por qué?

4.1 Relative pronouns

- Spanish has three very common relative pronouns:

que	*that, which, who*
quien(es)	*who, whom, that*
lo que	*that which, what*

- Relative pronouns are used to join two sentences that share a common noun or pronoun. **Que** is the most common and can refer to things or people.

Los zapatos me gustan mucho. Los zapatos son caros.
Los zapatos **que** me gustan mucho son caros.

- **Quien** (singular) and **quienes** (plural) only refer to people. They are often used after a preposition or the personal **a.**
  Los estudiantes **a quienes** hablé son de Quito.
  Elisa, **quien** se mudó a Madrid, me llama con frecuencia.
- **Lo que** does not refer to a specific person or thing but rather to an idea, a concept, a situation, or a past event.
  Pedro no encontró **lo que** buscaba.
  Pedro didn't find what (the thing that) he was looking for.

4.2 The present subjunctive

- The present subjunctive is formed as follows: start with the present indicative **yo** form, drop the **o** ending, and add the following present subjunctive endings.

-AR VERBS	*-ER* AND *-IR* VERBS
-e, -es, -e, -emos, -eis, -en	-a, -as, -a, -amos, -ais, -an

REGULAR VERBS		
cantar	**canto**	**cante, cantes,** etc.
leer	**leo**	**lea, leas,** etc.
vivir	**vivo**	**viva, vivas,** etc.

VERBS WITH IRREGULAR *YO* FORM		
tener	**tengo**	**tenga, tengas,** etc.
conocer	**conozco**	**conozca, conozcas,** etc.

- Verbs ending in **-car, -gar,** or **-zar** have a spelling change to maintain correct pronunciation.
  tocar (**c** —> **qu**): **toque, toques,** etc.
  llegar (**g** —> **gu**): **llegue, llegues,** etc.
  abrazar (**z** —> **c**): **abrace, abraces,** etc.
- All verbs with stem changes in the present indicative follow the same stem change pattern in the subjunctive.
- The following verbs are irregular in the present subjunctive. The present subjunctive of **hay** is **haya.**
  dar: **dé, des, dé, demos, deis, den**
  estar: **esté, estés, esté, estemos, estéis, estén**
  ir: **vaya, vayas, vaya, vayamos, vayáis, vayan**
  saber: **sepa, sepas, sepa, sepamos, sepáis, sepan**
  ser: **sea, seas, sea, seamos, seáis, sean**

4.3 Subjunctive with verbs of will and influence

- The present subjunctive is used in sentences made up of two clauses. If the first clause contains a verb of will or influence, the verb in the second clause will be in the subjunctive. Each clause must have a different subject, and the two clauses are joined by **que**.

VERB OF WILL		SUBJUNCTIVE
Víctor **desea**	**que**	Teresa le **crea**.
Víctor wants Teresa to believe him.		

Remember that the action of a subjunctive sentence is not certain to take place: Teresa may or may not believe Víctor, even though he wants her to.

- The following verbs are often used in such sentences.

aconsejar *to advise*	**pedir (e:i)** *to ask (for)*
desear *to wish; to desire*	**preferir (e:ie)** *to prefer*
importar *to be important, to matter*	**prohibir** *to prohibit, to forbid*
insistir (en) *to insist (on)*	**querer (e:ie)** *to want*
mandar *to order*	**recomendar (e:ie)** *to recommend*
necesitar *to need*	**rogar (o:ue)** *to beg*
	sugerir (e:ie) *to suggest*

- Indirect object pronouns often accompany the verbs **aconsejar, importar, mandar, pedir, prohibir, recomendar, rogar,** and **sugerir.** The indirect object pronoun corresponds to the subject of the second clause. Note that all forms of **prohibir** (except **prohibimos**) have a written accent.

  Les prohíbo que salgan a las once.
  I forbid them from going out at eleven o'clock.

- Some impersonal expressions (meaning they don't take a specific subject) are also considered verbs of will or influence: **es bueno que, es importante que, es malo que, es mejor que, es necesario que,** and **es urgente que.**

  Es importante que hagas la tarea.
  It's important that you do your homework.

- **¡Atención!** If the sentence contains only one subject, the infinitive is used and the conjunction **que** is not needed.

  Beto quiere que **vayamos** a la tienda.
  (*2 sujetos:* Beto y nosotros)
  Beto quiere **ir** a la tienda. (*1 sujeto:* Beto)

4 Completar
Completa la oración con el presente de subjuntivo del verbo entre paréntesis.

1. El profesor sugiere que sus estudiantes __________ (escribir) ensayos originales.
2. Mamá nos ruega que __________ (arreglar) nuestro cuarto.
3. Es urgente que ellos __________ (ir) directamente al hospital.
4. ¡Yo te mando que __________ (salir) de aquí!
5. Muchos padres prohíben que sus niños __________ (beber) café.
6. Emma me pide que le __________ (prestar) veinte dólares.
7. Deseamos que la profesora de español no nos __________ (dar) mucha tarea.
8. Es importante que nuestro equipo no __________ (perder) otro partido.
9. Elena prefiere que su marido le __________ (comprar) el vestido de seda.
10. Esas chicas insisten en que la cafetería __________ (servir) platos vegetarianos.
11. Tomás nos aconseja que __________ (guardar) todos los documentos.
12. Es mejor que ellos __________ (ser) bien preparados.

5 ¿Qué desean?
Completa cada oración de una manera lógica y original. Usa el presente de subjuntivo o el infinitivo, según sea necesario.

1. Mis padres insisten en que yo...
2. ¿Quién te aconseja que tú...?
3. Manolo les pide que...
4. Es mejor... todos los días.
5. Se prohíbe que los estudiantes...
6. Tina no desea...
7. Es malo que Uds. no...
8. Preferimos que nuestros amigos...

6 Otra oportunidad
Escucha la conversación entre Alfredo y su profesora. Luego, indica si las conclusiones son **lógicas** o **ilógicas**, según lo que escuchaste.

	Lógico	Ilógico
1. Alfredo tiene que entregar un trabajo para la clase de Español.	❍	❍
2. Alfredo tiene un trabajo asignado desde hace dos semanas.	❍	❍
3. La profesora está de acuerdo con que Alfredo entregue el trabajo la próxima semana.	❍	❍
4. Alfredo no pudo presentar su trabajo a tiempo porque perdió sus apuntes de clase.	❍	❍
5. No es urgente que Alfredo haga su trabajo.	❍	❍

EN DETALLE

Festivales populares de España

Por toda España, durante un año típico se realizan cientos de ferias, fiestas y celebraciones cívicas, religiosas y culturales. Hay eventos para todos los gustos.

Del 15 al 19 de marzo, se celebran las Fallas de Valencia, fiestas en honor a San José. Una falla es una obra artística grande (más de diez metros de altura°) cuyo tema° puede ser político, literario o de cultura de masas°. Son construidas de materiales combustibles° porque la última noche de la celebración se incendian° todas, creando fogatas° enormes y un ambiente jubiloso°.

Casi todos conocen la famosa Fiesta de San Fermín. Comienza el 6 de julio con el chupinazo, el disparo de un cohete°, al mediodía. Al día siguiente ocurre el recorrido° de los toros. Los toros y la gente más valiente (¡y loca!) corren juntos por las calles estrechas° de la Parte Vieja de Pamplona. Aunque es muy peligroso°, el evento atrae° a cientos de corredores° cada año.

Para los cinéfilos°, la región de Cataluña es una destinación obligatoria. El Festival de Cine de Sitges es el primer festival que pasa° las mejores películas de fantasía de toda Europa. Y hay que asistir también al Animac, exhibición de producciones de animación y de la tecnología cinematográfica de punta°.

Y en el pueblo pequeño de Buñol el último miércoles de agosto tiene lugar el festival más extraño° del país: La Tomatina, una batalla° en que los tomates son la munición°. Los miles de participantes se arrojan° tomates hasta quedar empapados° de jugo de tomate. Es incierto el origen de este festival, ¡pero sí es cierto que es muy divertido!

de altura *in height* **cuyo tema** *whose theme* **cultura de masas** *pop culture* **combustibles** *combustible (able to burn)* **se incendian** *are set on fire* **fogatas** *bonfires* **ambiente jubiloso** *jubilant atmosphere* **disparo de un cohete** *firing of a rocket* **recorrido** *running* **estrechas** *narrow* **peligroso** *dangerous* **atrae** *attracts* **corredores** *runners* **cinéfilos** *film buffs* **pasa** *shows* **de punta** *cutting-edge* **más extraño** *strangest* **batalla** *battle, fight* **munición** *weapon* **se arrojan** *throw at each other* **hasta quedar empapados** *until they are soaked*

ACTIVIDADES

1 **¿Cierto o falso?** Indica si lo que dice cada oración es **cierto** o **falso**. Corrige la información falsa.

1. Nadie se lastima nunca en la Fiesta de San Fermín.
2. Los participantes de La Tomatina se ensucian mucho.
3. Los aficionados del cine viajan cada año a Buñol.
4. El chupinazo indica el fin de las Fallas.
5. En España todos los festivales son religiosos.
6. Después de la fiesta, las fallas más populares se exhiben en un museo de Valencia.

ASÍ SE DICE

el barrilete	*large circular kite*
difunto, fallecido	*deceased*
el dios	*god*
la feria	*fair, festival*
realizar	*to hold (a festival)*
el ser querido	*loved one*

EL MUNDO HISPANO

Más festivales de Hispanoamérica

- El **Festival de barriletes gigantes** se celebra el 1 y el 2 de noviembre en varios pueblos de Guatemala. Según dice la leyenda, volar° barriletes es una manera de poder comunicarse con los seres queridos difuntos y para espantar° a las almas malévolas.
- Cada año, República Dominicana presenta el **Festival anual de la bachata** para celebrar este género° musical. Durante el festival, los músicos más conocidos del género tocan sin cesar°, animando° a todos a bailar.
- **Inti Raymi:** La gente andina de ascendencia incaica° conmemora el primer día de invierno con este festival dedicado al dios del sol Inti. Los Incas realizaron el festival para asegurar una cosecha buena°. La Conquista española puso fin a° la celebración por 400 años. Pero en 1944, una recreación de Inti Raymi occurió en Sacsayhuamán, Perú, vieja capital del Imperio, y sigue hasta hoy día.

volar *to fly* espantar *to frighten* levantar vuelo *to take flight* género *genre* sin cesar *nonstop* animando *encouraging* ascendencia incaica *Incan descent* asegurar una cosecha buena *to assure a good harvest* puso fin a *put an end to*

PERFIL

El color brota° en Medellín

Cada ciudad o región del mundo tiene su propio festival que rinde homenaje° a la cultura local. En la ciudad de Medellín es la Feria de las Flores que se celebra anualmente durante 10 días muy festivos a principios° del mes de agosto.

Una silleta de la Feria de las Flores

La primera Feria tuvo lugar° en 1957 en el mes de mayo, siendo éste° el mes tradicionalmente asociado con las flores de primavera. Pero en 1968, decidieron realizar la Feria en agosto para conmemorar la independencia de Antioquia°. En el período de la Feria toda la ciudad se convierte en un jardín botánico de millones de flores, sus brillantes colores y embriagantes° aromas llenando cada rincón° de Medellín.

La estrella° de la Feria es, sin duda°, el espectacular Desfile° de Silleteros. Una silleta es una obra de arte compuesta de miles de flores que forman escenas y diseños muy elaborados. Los artistas se sirven de° un sinfín° de variedades de flores para crear estos arreglos impresionantes – las perlas más preciadas° de toda la Feria.

brota *buds, sprouts* rinde homenaje *pays homage* a principios *at the beginning* tuvo lugar *took place* siendo éste *this being* Antioquia *Department (political division similar to a state) of which Medellín is the capital* embriagantes *intoxicating* rincón *corner* estrella *star* sin duda *without a doubt* Desfile *Parade* se sirven de *make use of* sinfín *endless number* perlas más preciadas *crown jewels*

ACTIVIDADES

2 Comprensión Completa cada oración.

1. El Día de los Muertos y ________ se celebran en noviembre.
2. La bachata se originó en ________.
3. El pan de muerto es un tipo de ________.
4. Se usan ________ para hacer una silleta.
5. Inti Raymi es un festival antiguo dedicado al dios ________.

3 ¿A qué festival vamos? Acabas de leer sobre diferentes festivales y celebraciones en el mundo hispano. En grupos pequeños, creen una corta entrada de blog (de 2 a 3 párrafos) sobre un festival al que fueron o al que les gustaría ir. ¿Cuál es su importancia? ¿Dónde y cuándo se lleva a cabo? ¿Qué lo distingue de otros eventos? Busquen en Internet información básica e incluyan una foto o dos en la entrada de blog.

Descripción

In groups of three or four, write a short skit in which a group of friends has dinner together and tells each other about their day. You will perform your skit for the class.

Paso a paso

1. Decide who will take each role (**personaje** = *a character in a play or a story*). Not all roles will be portrayed.

   Personaje 1: You went to the doctor. Tell why you went, what happened while you were there, and what the doctor did. Was it a good or bad experience?

   Personaje 2: You cleaned your house or apartment from top to bottom. Which chores did you take care of? Did anything unexpected happen?

   Personaje 3: You were working on an important document and you had a problem with your computer. What happened? How did you resolve it? Did you need help?

   Personaje 4: You started planning a party. Talk about what the special occasion is, when the party will take place, and the preparations and plans you made.

2. Write your own part of the script. You should speak for about a minute about your day and interact with other characters. Remember that you are talking about the past, so you will have to use the preterite and imperfect appropriately.

3. Have a group reading. Each **personaje** "performs" his or her part, and the groupmates assist with constructive feedback.

— Huy, qué día ocupado. Mitch, ¿qué pasó hoy? ¿Qué hiciste?
— Pues, yo fui a… Y tú, Belinda, ¿pasaste un buen día? *etc.*

Evaluación

The day of the presentation of your skit you will be assessed on the following criteria. Use this as a checklist to make sure you have successfully completed the task.

- You use vocabulary related to the topic of your part of the presentation.
- You narrate correctly in the past, using the preterite and imperfect appropriately.
- You speak clearly, with correct pronunciation and intonation.
- Your individual part of the skit is about one minute in length. You also interact with other characters.

La naturaleza

1

Communicative Goals

You will learn how to:

- **Talk about and discuss the environment**
- **Express your beliefs and opinions about issues**

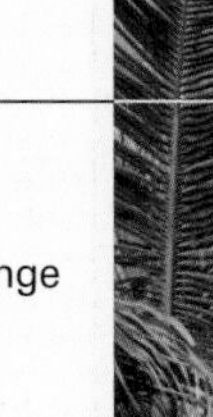

contextos

pages 16–19

- Nature
- The environment
- Recycling and conservation

fotonovela

pages 20–23

Jimena, Felipe, Juan Carlos, and Marissa take a trip to the Yucatan Peninsula. While Marissa and Jimena visit a turtle sanctuary and the Mayan ruins of Tulum, the boys take a trip to the jungle.

cultura

pages 24–25

- Andes mountain range
- Santa Marta mountain range

estructura

pages 26–39

- The subjunctive with verbs of emotion
- The subjunctive with doubt, disbelief, and denial
- The subjunctive with conjunctions
- **Recapitulación**

adelante

pages 40–47

Lectura: Two fables
Escritura: A letter or an article
Escuchar: A speech about the environment
En pantalla
Flash cultura
Panorama: Colombia

A PRIMERA VISTA

- ¿Dónde es este lugar?
- ¿Te gustaría visitarlo?
- ¿Qué palabras puedes usar para describir este lugar?
- ¿Te interesa la naturaleza?

La naturaleza

Más vocabulario

el bosque (tropical)	*(tropical; rain) forest*
el desierto	*desert*
la naturaleza	*nature*
la planta	*plant*
la selva, la jungla	*jungle*
la tierra	*land; soil*
el cielo	*sky*
la estrella	*star*
la luna	*moon*
el calentamiento global	*global warming*
el cambio climático	*climate change*
la conservación	*conservation*
la contaminación (del aire; del agua)	*(air; water) pollution*
la deforestación	*deforestation*
la ecología	*ecology*
el/la ecologista	*ecologist*
el ecoturismo	*ecotourism*
la energía (nuclear; solar)	*(nuclear; solar) energy*
la extinción	*extinction*
la fábrica	*factory*
el medio ambiente	*environment*
el peligro	*danger*
el recurso natural	*natural resource*
la solución	*solution*
el gobierno	*government*
la ley	*law*
la (sobre)población	*(over)population*
ecológico/a	*ecological*
puro/a	*pure*
renovable	*renewable*

Variación léxica

hierba ←→ pasto (*Perú*); grama (*Venez., Col.*); zacate (*Méx.*)

Más vocabulario

el animal	*animal*
la ballena	*whale*
el mono	*monkey*
la tortuga (marina)	*(sea) turtle*

Práctica

1 Escuchar Mientras escuchas estas oraciones, anota los sustantivos (*nouns*) que se refieren a las plantas, los animales, la tierra y el cielo.

Plantas	Animales	Tierra	Cielo
______	______	______	______
______	______	______	______
______	______	______	______

2 ¿Cierto o falso? Escucha las oraciones e indica si lo que dice cada una es **cierto** o **falso**, según el dibujo.

1. ______
2. ______
3. ______
4. ______
5. ______
6. ______

3 Seleccionar Selecciona la palabra que no está relacionada.

1. estrella • gobierno • luna • sol
2. lago • río • mar • peligro
3. vaca • ballena • pájaro • población
4. cielo • cráter • aire • nube
5. desierto • solución • selva • bosque
6. flor • hierba • renovable • árbol

4 Definir Define o describe cada palabra. Sigue el modelo.

modelo

el cielo
El cielo está sobre la tierra y tiene nubes.

1. la población
2. un mono
3. el calentamiento global
4. la naturaleza
5. un desierto
6. la extinción
7. la ecología
8. un sendero

5 Describir Describe estas fotos.

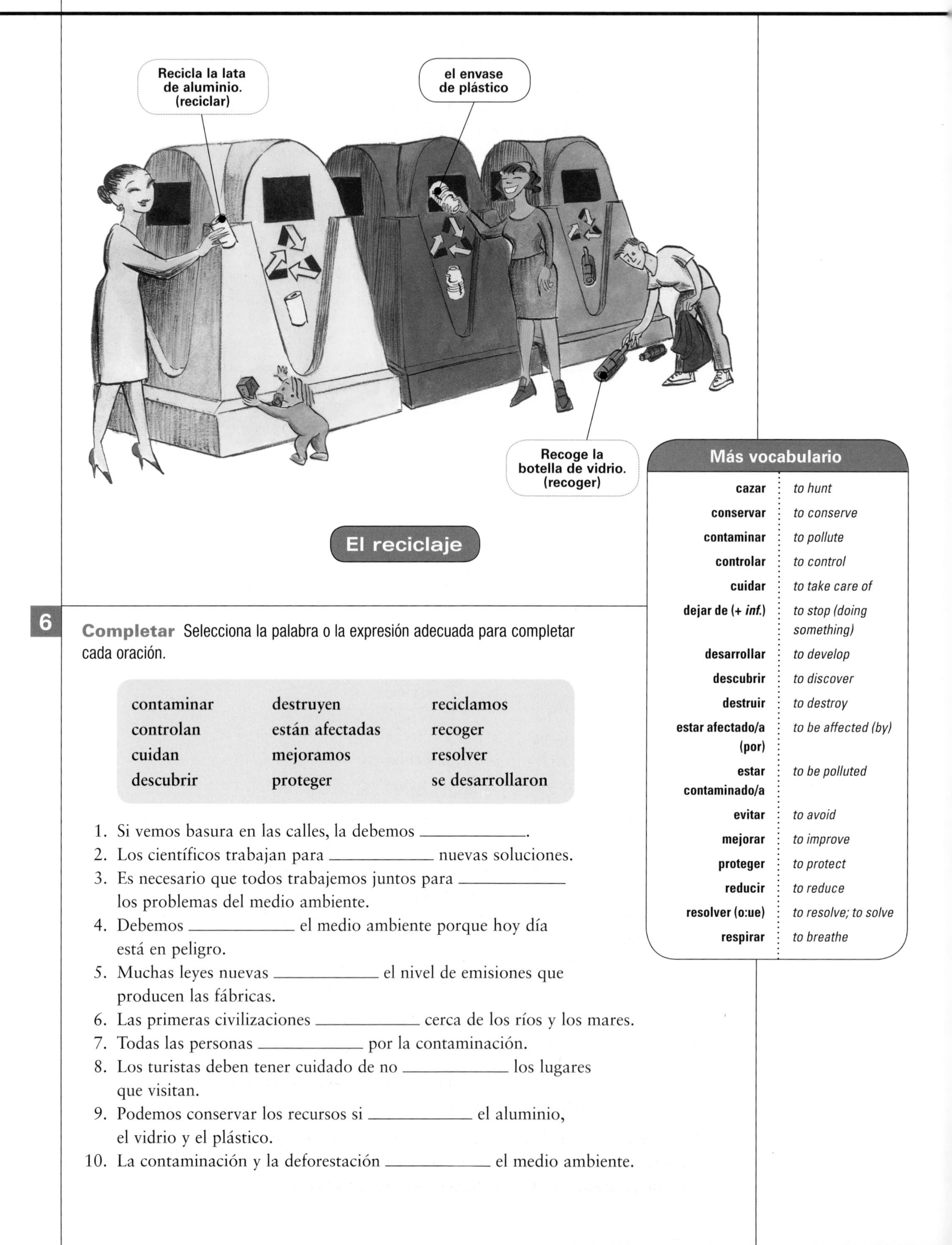

El reciclaje

Más vocabulario

cazar	*to hunt*
conservar	*to conserve*
contaminar	*to pollute*
controlar	*to control*
cuidar	*to take care of*
dejar de (+ *inf.*)	*to stop (doing something)*
desarrollar	*to develop*
descubrir	*to discover*
destruir	*to destroy*
estar afectado/a (por)	*to be affected (by)*
estar contaminado/a	*to be polluted*
evitar	*to avoid*
mejorar	*to improve*
proteger	*to protect*
reducir	*to reduce*
resolver (o:ue)	*to resolve; to solve*
respirar	*to breathe*

6 **Completar** Selecciona la palabra o la expresión adecuada para completar cada oración.

contaminar	destruyen	reciclamos
controlan	están afectadas	recoger
cuidan	mejoramos	resolver
descubrir	proteger	se desarrollaron

1. Si vemos basura en las calles, la debemos ____________.
2. Los científicos trabajan para ____________ nuevas soluciones.
3. Es necesario que todos trabajemos juntos para ____________ los problemas del medio ambiente.
4. Debemos ____________ el medio ambiente porque hoy día está en peligro.
5. Muchas leyes nuevas ____________ el nivel de emisiones que producen las fábricas.
6. Las primeras civilizaciones ____________ cerca de los ríos y los mares.
7. Todas las personas ____________ por la contaminación.
8. Los turistas deben tener cuidado de no ____________ los lugares que visitan.
9. Podemos conservar los recursos si ____________ el aluminio, el vidrio y el plástico.
10. La contaminación y la deforestación ____________ el medio ambiente.

Comunicación

7

¿Es importante? Lee este artículo sobre el medio ambiente. Luego, indica si las conclusiones son **lógicas** o **ilógicas**, según lo que leíste.

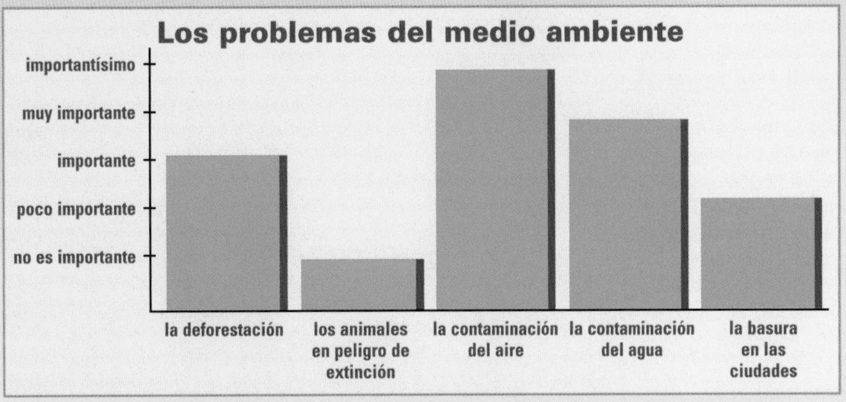

Los problemas del medio ambiente

importantísimo
muy importante
importante
poco importante
no es importante

la deforestación | los animales en peligro de extinción | la contaminación del aire | la contaminación del agua | la basura en las ciudades

Para celebrar el Día de la Tierra, una estación de radio colombiana hizo una pequeña encuesta entre estudiantes escuela secundaria, donde les preguntaron sobre los problemas del medio ambiente. Se les preguntó cuáles creían que eran los cinco problemas más importantes del medio ambiente. Ellos también tenían que decidir el orden de importancia de estos problemas, del uno al cinco.

Los resultados probaron (*proved*) que la mayoría de los estudiantes están preocupados por la contaminación del aire. Muchos mencionaron que no hay aire puro en las ciudades. El problema número dos para los estudiantes es que los ríos y los lagos están afectados por la contaminación. La deforestación quedó como el problema número tres, la basura en las ciudades como el número cuatro y los animales en peligro de extinción como el cinco.

	Lógico	Ilógico
1. Expertos en el medio ambiente participaron en la encuesta.	❍	❍
2. El problema que más preocupa a los estudiantes puede mejorar si más personas van al trabajo en bicicleta o en metro.	❍	❍
3. Los peces están afectados por la contaminación.	❍	❍
4. El reciclaje puede ayudar a reducir uno de los problemas de la encuesta.	❍	❍

8

Escribir una carta Escribe una carta a una fábrica (real o imaginaria) que esté contaminando el medio ambiente. Explica las consecuencias para el medio ambiente que va a tener lo que hace la fábrica, y sugiere algunas ideas para solucionar o reducir el problema. Utiliza por lo menos diez palabras de **Contextos.**

9

Situaciones En parejas, representen una de estas situaciones.

1. Un(a) representante de una agencia ambiental (*environmental*) habla con el/la presidente/a de una fábrica que está contaminando el aire o el río de la zona.
2. Un(a) guía de ecoturismo habla con un(a) turista sobre cómo disfrutar (*enjoy*) de la naturaleza y conservar el medio ambiente.
3. Un(a) representante de la escuela habla con un(a) estudiante sobre la campaña (*campaign*) ambiental de la escuela y lo/la trata de reclutar (*tries to recruit*) para un club que trabaja para la protección del medio ambiente.

Aventuras en la naturaleza

Las chicas visitan un santuario de tortugas, mientras los chicos pasean por la selva.

PERSONAJES **MARISSA** **JIMENA**

1

MARISSA Querida tía Ana María, lo estoy pasando muy bien. Es maravilloso que México tenga tantos programas estupendos para proteger a las tortugas. Hoy estamos en Tulum, y ¡el paisaje es espectacular! Con cariño, Marissa.

2

MARISSA Estoy tan feliz de que estés aquí conmigo.

JIMENA Es mucho más divertido cuando se viaja con amigos.

(*Llegan Felipe y Juan Carlos*)

JIMENA ¿Qué pasó?

JUAN CARLOS No lo van a creer.

3

GUÍA A menos que protejamos a los animales de la contaminación y la deforestación, muchos van a estar en peligro de extinción. Por favor, síganme y eviten pisar las plantas.

4

FELIPE Nos retrasamos sólo cinco minutos... Qué extraño. Estaban aquí hace unos minutos.

JUAN CARLOS ¿Adónde se fueron?

FELIPE No creo que puedan ir muy lejos.

(*Se separan para buscar al grupo.*)

5

FELIPE Juan Carlos encontró al grupo. ¡Yo esperaba encontrarlos también! ¡Pero nunca vinieron por mí! Yo estaba asustado. Regresé al lugar de donde salimos y esperé. Me perdí todo el recorrido.

6

FELIPE Decidí seguir un río y...

MARISSA No es posible que un guía continúe el recorrido cuando hay dos personas perdidas.

JIMENA Vamos a ver, chicos, ¿qué pasó? Díganos la verdad.

JUAN CARLOS FELIPE GUÍA

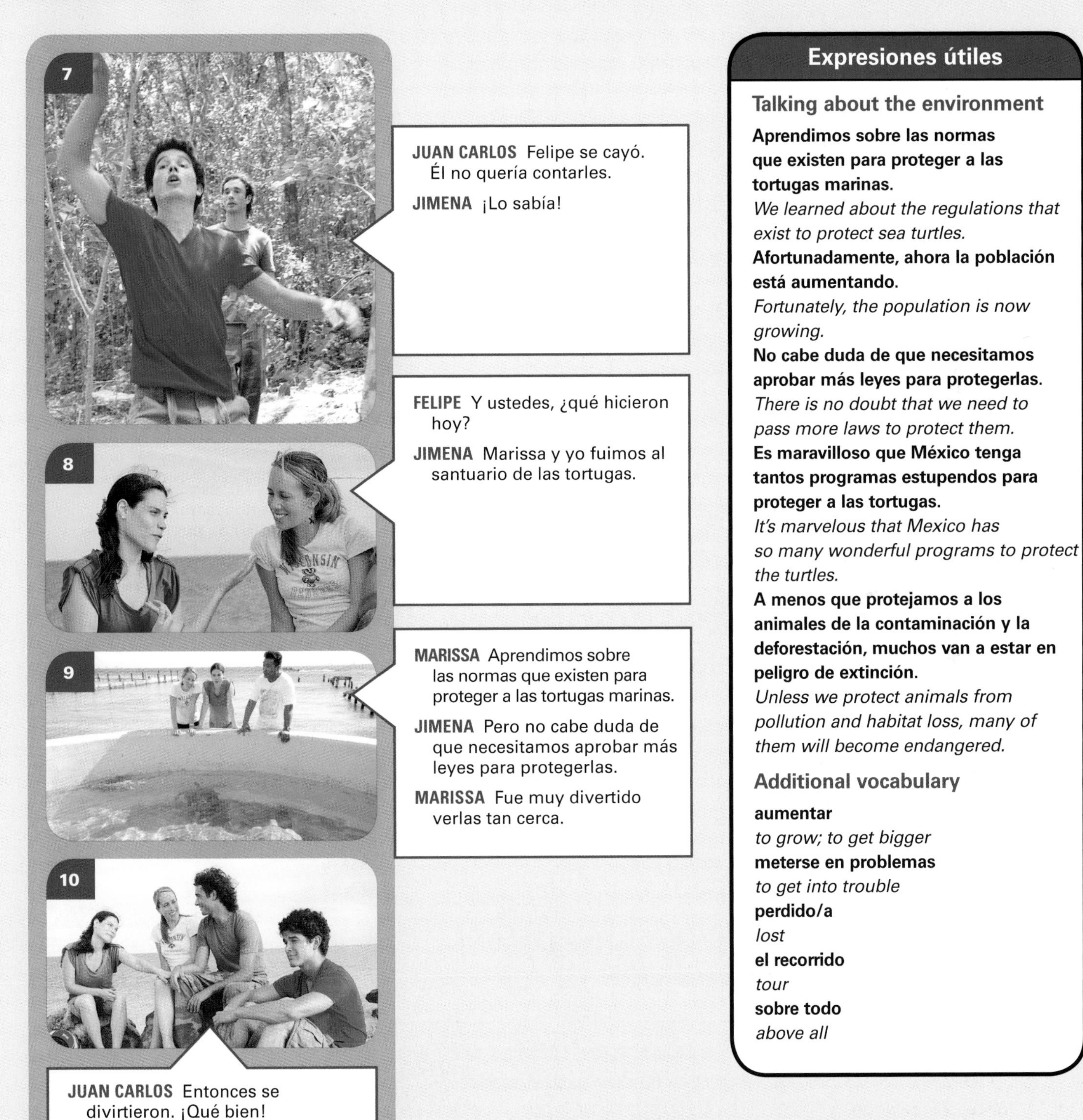

Expresiones útiles

Talking about the environment

Aprendimos sobre las normas que existen para proteger a las tortugas marinas.
We learned about the regulations that exist to protect sea turtles.

Afortunadamente, ahora la población está aumentando.
Fortunately, the population is now growing.

No cabe duda de que necesitamos aprobar más leyes para protegerlas.
There is no doubt that we need to pass more laws to protect them.

Es maravilloso que México tenga tantos programas estupendos para proteger a las tortugas.
It's marvelous that Mexico has so many wonderful programs to protect the turtles.

A menos que protejamos a los animales de la contaminación y la deforestación, muchos van a estar en peligro de extinción.
Unless we protect animals from pollution and habitat loss, many of them will become endangered.

Additional vocabulary

aumentar
to grow; to get bigger
meterse en problemas
to get into trouble
perdido/a
lost
el recorrido
tour
sobre todo
above all

¿Qué pasó?

1

Seleccionar Selecciona la respuesta más lógica para completar cada oración.

1. México tiene muchos programas para __________ a las tortugas.
   a. destruir b. reciclar c. proteger
2. Según la guía, muchos animales van a estar en peligro de __________ si no los protegemos.
   a. reciclaje b. extinción c. deforestación
3. La guía les pide a los visitantes que eviten pisar __________.
   a. las plantas b. las piedras c. la tierra
4. Felipe no quería contarles a las chicas que se __________.
   a. divirtió b. alegró c. cayó
5. Jimena dice que debe haber más __________ para proteger a las tortugas.
   a. playas b. leyes c. gobiernos

2

Identificar Identifica quién puede decir estas oraciones. Puedes usar algunos nombres más de una vez.

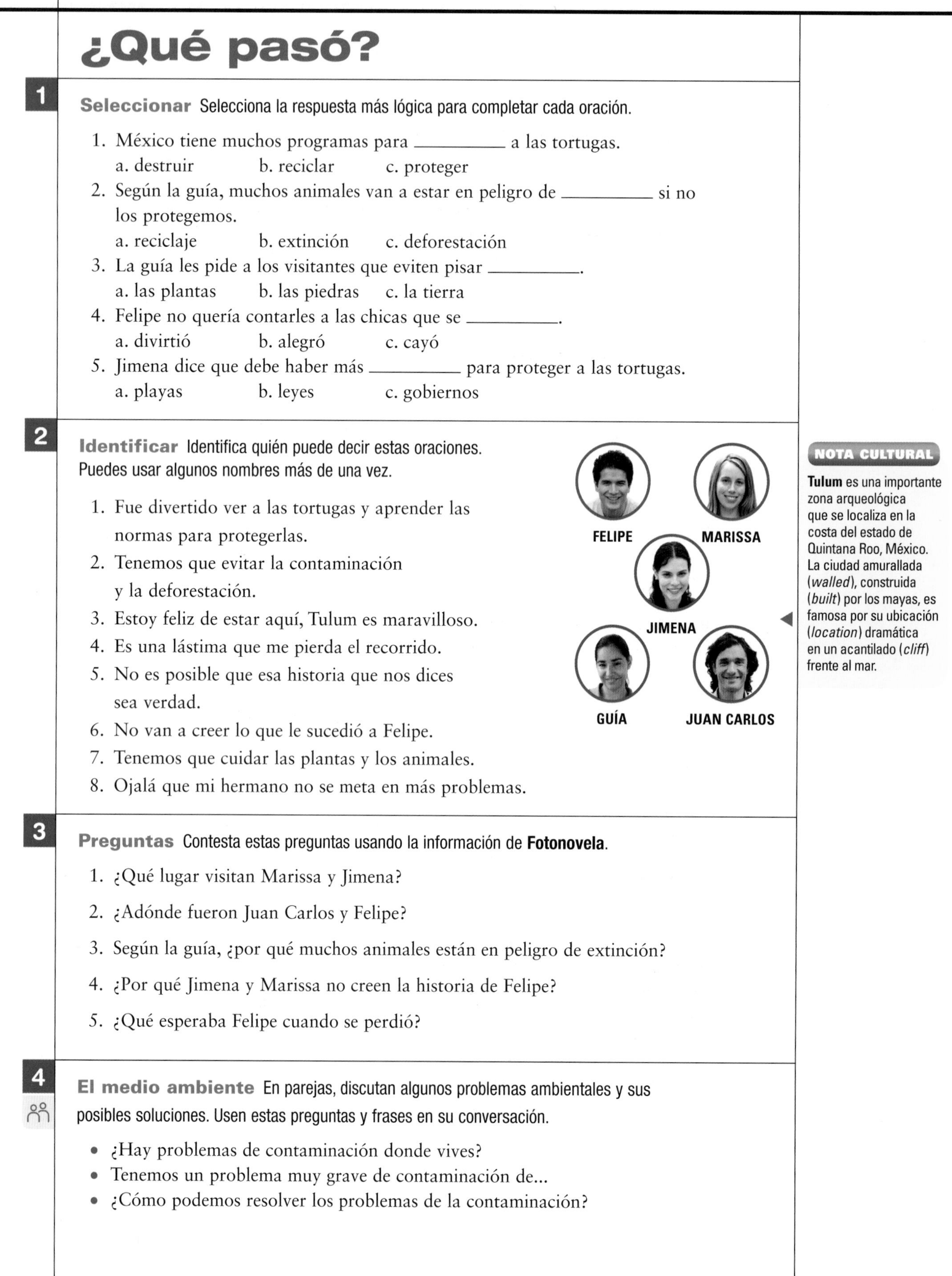

1. Fue divertido ver a las tortugas y aprender las normas para protegerlas.
2. Tenemos que evitar la contaminación y la deforestación.
3. Estoy feliz de estar aquí, Tulum es maravilloso.
4. Es una lástima que me pierda el recorrido.
5. No es posible que esa historia que nos dices sea verdad.
6. No van a creer lo que le sucedió a Felipe.
7. Tenemos que cuidar las plantas y los animales.
8. Ojalá que mi hermano no se meta en más problemas.

NOTA CULTURAL

Tulum es una importante zona arqueológica que se localiza en la costa del estado de Quintana Roo, México. La ciudad amurallada (*walled*), construida (*built*) por los mayas, es famosa por su ubicación (*location*) dramática en un acantilado (*cliff*) frente al mar.

3

Preguntas Contesta estas preguntas usando la información de **Fotonovela**.

1. ¿Qué lugar visitan Marissa y Jimena?
2. ¿Adónde fueron Juan Carlos y Felipe?
3. Según la guía, ¿por qué muchos animales están en peligro de extinción?
4. ¿Por qué Jimena y Marissa no creen la historia de Felipe?
5. ¿Qué esperaba Felipe cuando se perdió?

4

El medio ambiente En parejas, discutan algunos problemas ambientales y sus posibles soluciones. Usen estas preguntas y frases en su conversación.

- ¿Hay problemas de contaminación donde vives?
- Tenemos un problema muy grave de contaminación de...
- ¿Cómo podemos resolver los problemas de la contaminación?

Ortografía y pronunciación

Los signos de puntuación

In Spanish, as in English, punctuation marks are important because they help you express your ideas in a clear, organized way.

No podía ver las llaves. Las buscó por los estantes, las mesas, las sillas, el suelo; minutos después, decidió mirar por la ventana. Allí estaban...

The **punto y coma (;)**, **the tres puntos (...)**, and the **punto (.)** are used in very similar ways in Spanish and English.

Argentina, Brasil, Paraguay y Uruguay son miembros de Mercosur.

In Spanish, the **coma (,)** is not used before **y** or **o** in a series.

3,5% **29,2%** **3.000.000** **$2.999,99**

In numbers, Spanish uses a **coma** where English uses a decimal point and a **punto** where English uses a comma.

¿Cómo te llamas? **¿Dónde está?** **¡Ven aquí!** **¡Hola!**

Questions in Spanish are preceded and followed by **signos de interrogación (¿ ?)**, and exclamations are preceded and followed by **signos de exclamación (¡ !)**.

Práctica Lee el párrafo e indica los signos de puntuación necesarios.

Ayer recibí la invitación de boda de Marta mi amiga colombiana inmediatamente empecé a pensar en un posible regalo fui al almacén donde Marta y su novio tenían una lista de regalos había de todo copas cafeteras tostadoras finalmente decidí regalarles un perro ya sé que es un regalo extraño pero espero que les guste a los dos

¿Palabras de amor? El siguiente diálogo tiene diferentes significados (*meanings*) dependiendo de los signos de puntuación que utilices y el lugar donde los pongas. Intenta encontrar los diferentes significados.

JULIÁN me quieres
MARISOL no puedo vivir sin ti
JULIÁN me quieres dejar
MARISOL no me parece mala idea
JULIÁN no eres feliz conmigo
MARISOL no soy feliz

EN DETALLE

¡Los Andes se mueven!

Los Andes, la cadena° de montañas más extensa de América, son conocidos como "la espina dorsal° de Suramérica". Sus 7.240 kilómetros (4.500 millas) van desde el norte° de la región entre Venezuela y Colombia, hasta el extremo sur°, entre Argentina y Chile, y pasan por casi todos los países suramericanos. La cordillera° de los Andes, formada hace 27 millones de años, es la segunda más alta del mundo, después de la del Himalaya (aunque° esta última es mucho más "joven", ya que se formó hace apenas cinco millones de años).

Para poder atravesar° de un lado a otro de los Andes, existen varios pasos o puertos° de montaña. Situados a grandes alturas°, son generalmente estrechos° y peligrosos. En algunos de ellos hay, también, vías ferroviarias°.

De acuerdo con° varias instituciones científicas, la cordillera de los Andes se eleva° y se hace más angosta° cada año. La capital de Chile se acerca° a la capital de Argentina a un ritmo° de 19,4 milímetros por año. Si ese ritmo se mantiene°, Santiago y Buenos Aires podrían unirse° en unos... 63 millones de años, ¡casi el mismo tiempo que ha transcurrido° desde la extinción de los dinosaurios!

Arequipa, Perú

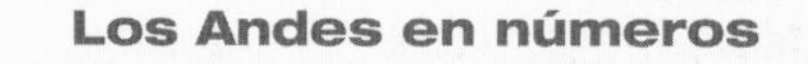

Los Andes en números

3 Cordilleras que forman los Andes: Las cordilleras Central, Occidental y Oriental

900 (A.C.°) Año aproximado en que empezó el desarrollo° de la cultura chavín, en los Andes peruanos

600 Número aproximado de volcanes que hay en los Andes

6.960 Metros (22.835 pies) de altura del Aconcagua (Argentina), el pico° más alto de los Andes

cadena *range* **espina dorsal** *spine* **norte** *north* **sur** *south* **cordillera** *mountain range* **aunque** *although* **atravesar** *to cross* **puertos** *passes* **alturas** *heights* **estrechos** *narrow* **vías ferroviarias** *railroad tracks* **De acuerdo con** *According to* **se eleva** *rises* **angosta** *narrow* **se acerca** *gets closer* **ritmo** *rate* **se mantiene** *keeps going* **podrían unirse** *could join together* **ha transcurrido** *has gone by* **A.C.** *Before Christ* **desarrollo** *development* **pico** *peak*

ACTIVIDADES

1 Escoger Escoge la opción que completa mejor cada oración.

1. Los Andes son la cadena montañosa más extensa del...
   a. mundo. b. continente americano. c. hemisferio norte.
2. "La espina dorsal de Suramérica" es...
   a. los Andes. b. el Himalaya. c. el Aconcagua.
3. La cordillera de los Andes se extiende...
   a. de este a oeste. b. de sur a oeste. c. de norte a sur.
4. El Himalaya y los Andes tienen...
   a. diferente altura. b. la misma altura. c. el mismo color.
5. Es posible atravesar los Andes por medio de...
   a. montañas b. puertos c. metro
6. En algunos de los puertos de montaña de los Andes hay...
   a. puertas. b. vías ferroviarias. c. cordilleras.
7. En 63 millones de años, Buenos Aires y Santiago podrían...
   a. separarse. b. desarrollarse. c. unirse.
8. El Aconcagua es...
   a. una montaña. b. un grupo indígena. c. un volcán.

ASÍ SE DICE

La naturaleza

el arco iris	*rainbow*
la cascada; la catarata	*waterfall*
el cerro; la colina; la loma	*hill, hillock*
la cima; la cumbre; el tope (Col.)	*summit; mountaintop*
la maleza; los rastrojos (Col.); la yerba mala (Cuba); los hierbajos (Méx.); los yuyos (Arg.)	*weeds*
la niebla	*fog*

EL MUNDO HISPANO

Cuerpos° de agua

- **Lago de Maracaibo** es el lago natural más grande de Suramérica y tiene una conexión directa y natural con el mar.
- **Lago Titicaca** es el lago navegable más alto del mundo. Se encuentra a más de 3.800 metros de altitud.
- **Bahía Mosquito** es una bahía bioluminiscente. En sus aguas viven unos microorganismos que emiten luz° cuando sienten que algo agita° el agua.

Cuerpos *Bodies* **emiten luz** *emit light* **agita** *shakes*

PERFIL

La Sierra Nevada de Santa Marta

La Sierra Nevada de Santa Marta es una cadena de montañas en la costa norte de Colombia. Se eleva abruptamente desde las costas del mar Caribe y en apenas 42 kilómetros llega a una altura de 5.775 metros (18.947 pies) en sus picos nevados°. Tiene las montañas más altas de Colombia y es la formación montañosa costera° más alta del mundo.

Los pueblos indígenas que habitan allí lograron° mantener los frágiles ecosistemas de estas montañas a través de° un sofisticado sistema de terrazas° y senderos empedrados° que permitieron° el control de las aguas en una región de muchas lluvias, evitando así la erosión de la tierra. La Sierra fue nombrada Reserva de la Biosfera por la UNESCO en 1979.

nevados *snowcapped* **costera** *coastal* **lograron** *managed* **a través de** *by means of* **terrazas** *terraces* **empedrados** *cobblestone* **permitieron** *allowed*

Conexión Internet

¿Dónde se puede hacer ecoturismo en Latinoamérica?

Use the Web to find more cultural information related to this Cultura section.

ACTIVIDADES

2 **Comprensión** Indica si lo que dice cada oración es **cierto** o **falso**. Corrige la información falsa.

1. En Colombia, *weeds* se dice **hierbajos**.
2. El lago Titicaca es el más grande del mundo.
3. La Sierra Nevada de Santa Marta es la formación montañosa costera más alta del mundo.
4. Los indígenas destruyeron el ecosistema de Santa Marta.

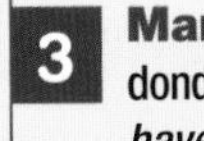

3 **Maravillas de la naturaleza** Escribe un párrafo breve donde describas alguna maravilla de la naturaleza que has (*you have*) visitado y que te impresionó. Puede ser cualquier (*any*) sitio natural: un río, una montaña, una selva, etc.

1.1 The subjunctive with verbs of emotion

ANTE TODO In the previous lesson, you learned how to use the subjunctive with expressions of will and influence. You will now learn how to use the subjunctive with verbs and expressions of emotion.

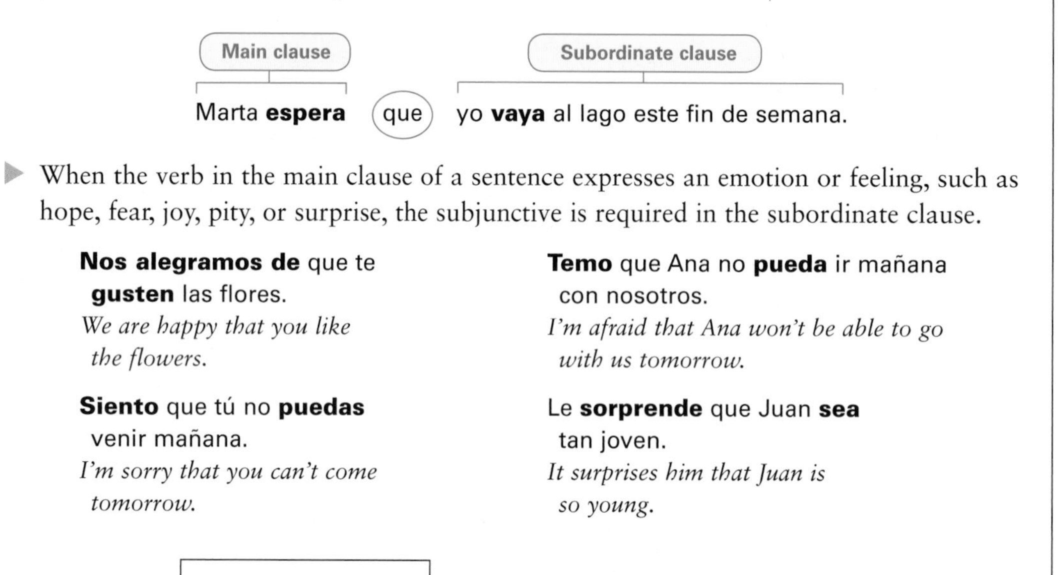

▶ When the verb in the main clause of a sentence expresses an emotion or feeling, such as hope, fear, joy, pity, or surprise, the subjunctive is required in the subordinate clause.

Nos alegramos de que te **gusten** las flores.
We are happy that you like the flowers.

Siento que tú no **puedas** venir mañana.
I'm sorry that you can't come tomorrow.

Temo que Ana no **pueda** ir mañana con nosotros.
I'm afraid that Ana won't be able to go with us tomorrow.

Le **sorprende** que Juan **sea** tan joven.
It surprises him that Juan is so young.

Common verbs and expressions of emotion

alegrarse (de)	*to be happy*	**tener miedo (de)**	*to be afraid (of)*
esperar	*to hope; to wish*	**es extraño**	*it's strange*
gustar	*to like*	**es una lástima**	*it's a shame*
molestar	*to bother*	**es ridículo**	*it's ridiculous*
sentir (e:ie)	*to be sorry; to regret*	**es terrible**	*it's terrible*
sorprender	*to surprise*	**es triste**	*it's sad*
temer	*to be afraid*	**ojalá (que)**	*I hope (that); I wish (that)*

Certain verbs of emotion, like **gustar, molestar,** and **sorprender,** require indirect object pronouns.

Me molesta que la gente no **recicle** el plástico.
It bothers me that people don't recycle plastic.

Es triste que **tengamos** problemas como el cambio climático.
It's sad that we have problems like climate change.

- As with expressions of will and influence, the infinitive, not the subjunctive, is used after an expression of emotion when there is no change of subject. Compare these sentences.

Temo **llegar** tarde.
I'm afraid I'll arrive late.

Temo que mi novio **llegue** tarde.
I'm afraid my boyfriend will arrive late.

- The expression **ojalá (que)** means *I hope* or *I wish,* and it is always followed by the subjunctive. Note that the use of **que** with this expression is optional.

Ojalá (que) se conserven nuestros recursos naturales.
I hope (that) our natural resources will be conserved.

Ojalá (que) recojan la basura hoy.
I hope (that) they collect the garbage today.

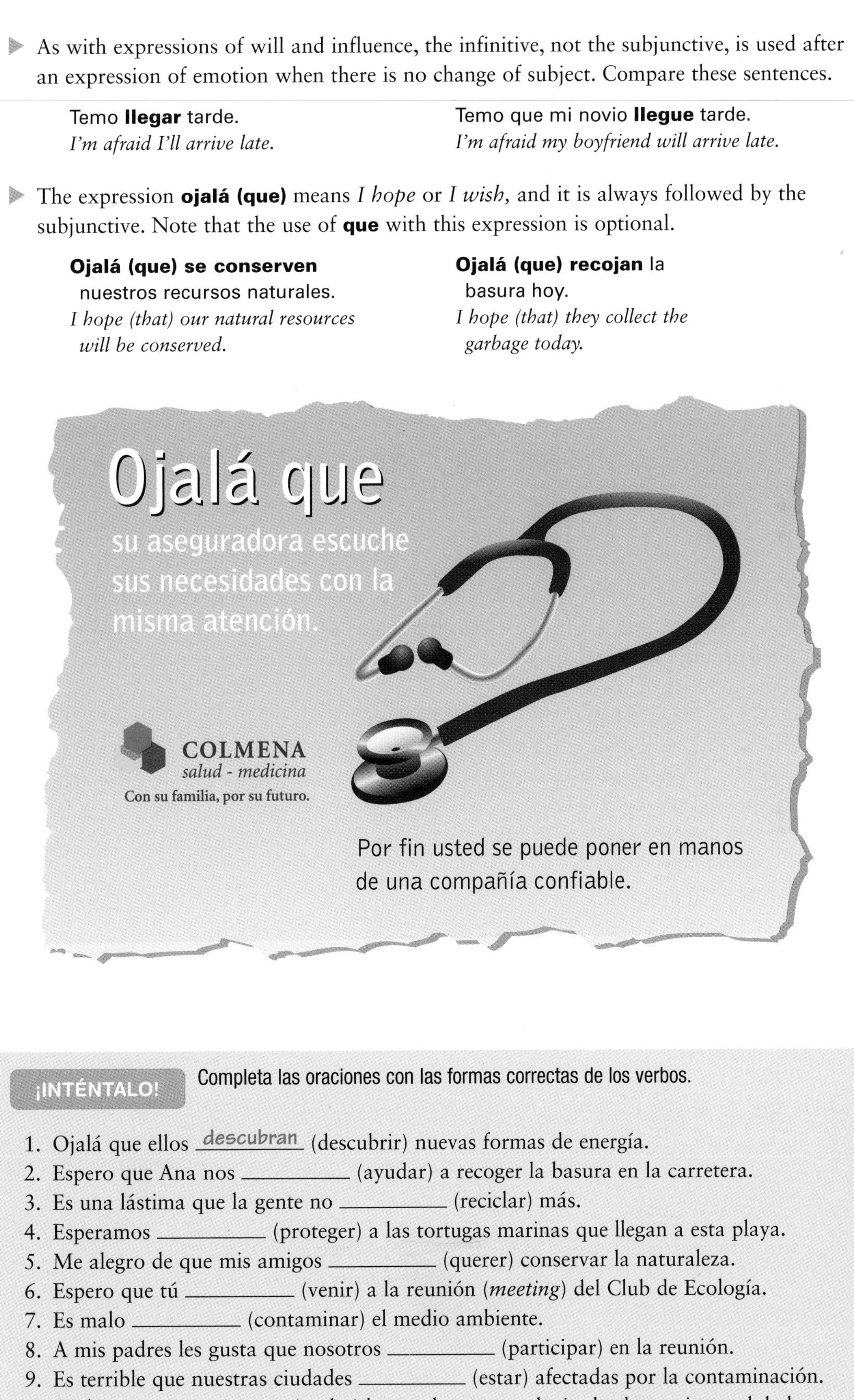

¡INTÉNTALO! Completa las oraciones con las formas correctas de los verbos.

1. Ojalá que ellos descubran (descubrir) nuevas formas de energía.
2. Espero que Ana nos __________ (ayudar) a recoger la basura en la carretera.
3. Es una lástima que la gente no __________ (reciclar) más.
4. Esperamos __________ (proteger) a las tortugas marinas que llegan a esta playa.
5. Me alegro de que mis amigos __________ (querer) conservar la naturaleza.
6. Espero que tú __________ (venir) a la reunión (*meeting*) del Club de Ecología.
7. Es malo __________ (contaminar) el medio ambiente.
8. A mis padres les gusta que nosotros __________ (participar) en la reunión.
9. Es terrible que nuestras ciudades __________ (estar) afectadas por la contaminación.
10. Ojalá que yo __________ (poder) hacer algo para reducir el calentamiento global.

Práctica

1 **Completar** Completa el diálogo con palabras de la lista.

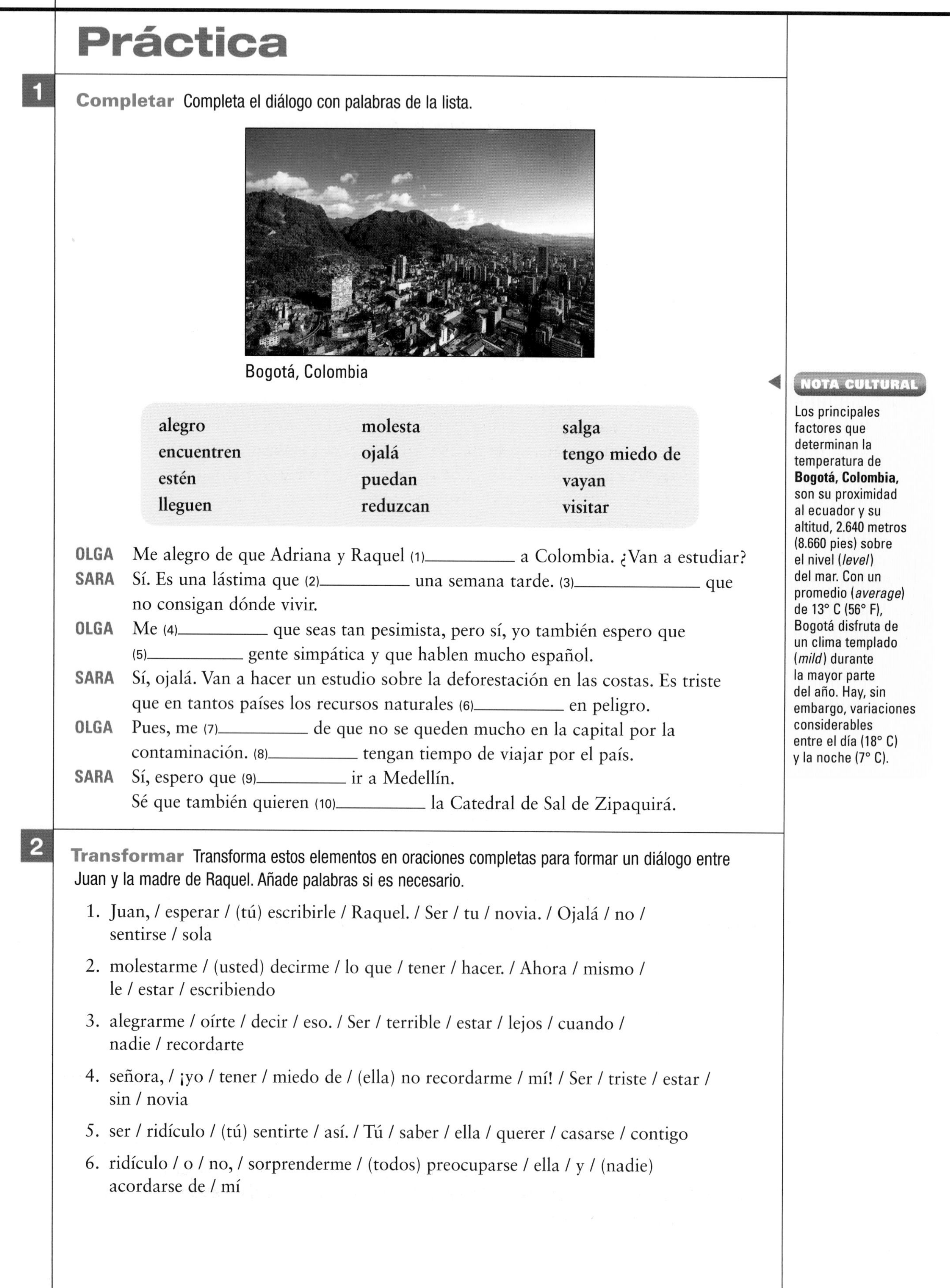

Bogotá, Colombia

alegro	molesta	salga
encuentren	ojalá	tengo miedo de
estén	puedan	vayan
lleguen	reduzcan	visitar

OLGA Me alegro de que Adriana y Raquel (1)__________ a Colombia. ¿Van a estudiar?

SARA Sí. Es una lástima que (2)__________ una semana tarde. (3)__________ que no consigan dónde vivir.

OLGA Me (4)__________ que seas tan pesimista, pero sí, yo también espero que (5)__________ gente simpática y que hablen mucho español.

SARA Sí, ojalá. Van a hacer un estudio sobre la deforestación en las costas. Es triste que en tantos países los recursos naturales (6)__________ en peligro.

OLGA Pues, me (7)__________ de que no se queden mucho en la capital por la contaminación. (8)__________ tengan tiempo de viajar por el país.

SARA Sí, espero que (9)__________ ir a Medellín.
Sé que también quieren (10)__________ la Catedral de Sal de Zipaquirá.

NOTA CULTURAL

Los principales factores que determinan la temperatura de **Bogotá, Colombia,** son su proximidad al ecuador y su altitud, 2.640 metros (8.660 pies) sobre el nivel (*level*) del mar. Con un promedio (*average*) de 13° C (56° F), Bogotá disfruta de un clima templado (*mild*) durante la mayor parte del año. Hay, sin embargo, variaciones considerables entre el día (18° C) y la noche (7° C).

2 **Transformar** Transforma estos elementos en oraciones completas para formar un diálogo entre Juan y la madre de Raquel. Añade palabras si es necesario.

1. Juan, / esperar / (tú) escribirle / Raquel. / Ser / tu / novia. / Ojalá / no / sentirse / sola
2. molestarme / (usted) decirme / lo que / tener / hacer. / Ahora / mismo / le / estar / escribiendo
3. alegrarme / oírte / decir / eso. / Ser / terrible / estar / lejos / cuando / nadie / recordarte
4. señora, / ¡yo / tener / miedo de / (ella) no recordarme / mí! / Ser / triste / estar / sin / novia
5. ser / ridículo / (tú) sentirte / así. / Tú / saber / ella / querer / casarse / contigo
6. ridículo / o / no, / sorprenderme / (todos) preocuparse / ella / y / (nadie) acordarse de / mí

Comunicación

3

¿Lógico o ilógico? Lee el mensaje electrónico que Raquel le escribió a Juan. Luego, indica si las conclusiones son **lógicas** o **ilógicas**, según lo que leíste.

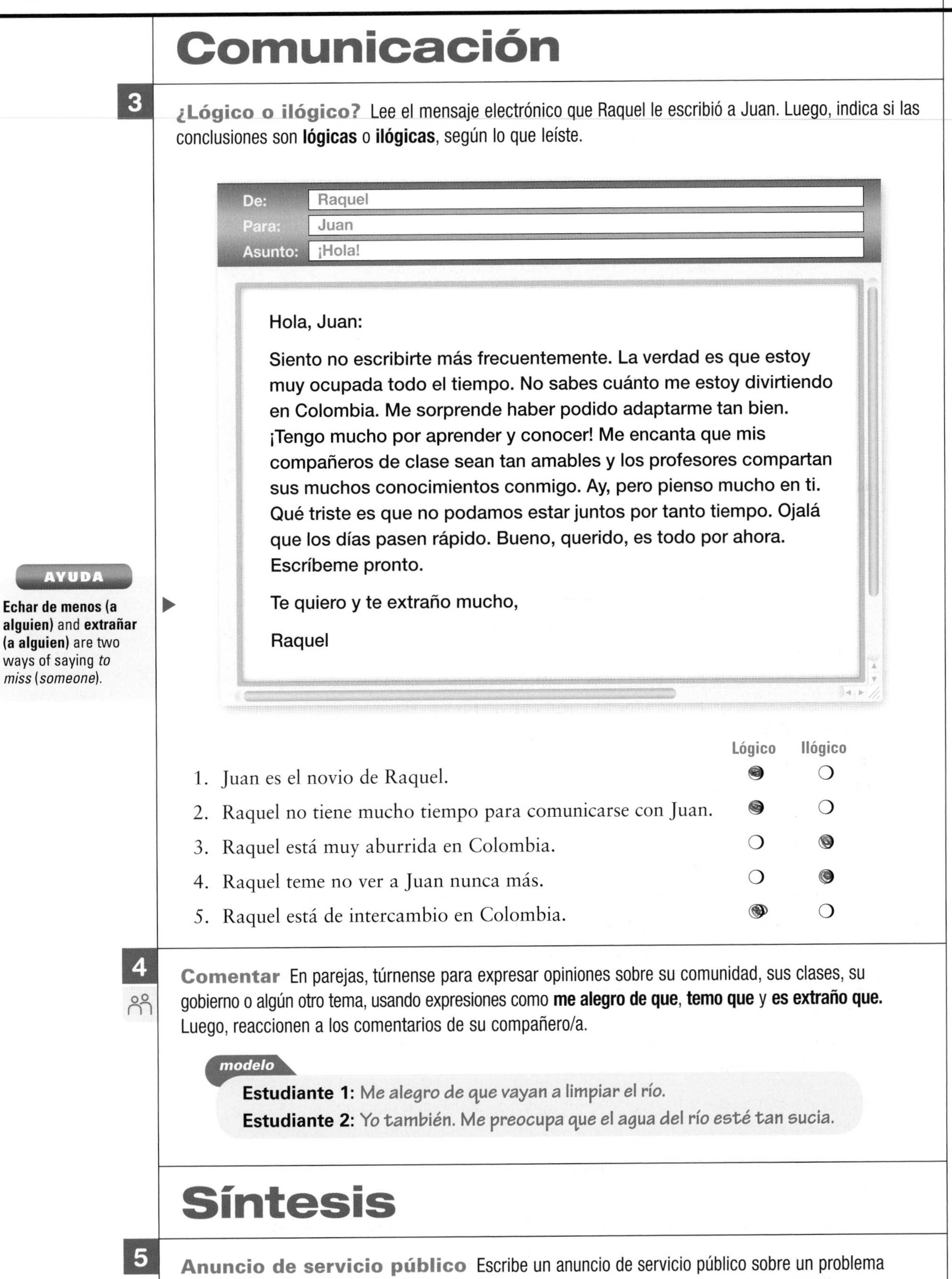

De: Raquel
Para: Juan
Asunto: ¡Hola!

Hola, Juan:

Siento no escribirte más frecuentemente. La verdad es que estoy muy ocupada todo el tiempo. No sabes cuánto me estoy divirtiendo en Colombia. Me sorprende haber podido adaptarme tan bien. ¡Tengo mucho por aprender y conocer! Me encanta que mis compañeros de clase sean tan amables y los profesores compartan sus muchos conocimientos conmigo. Ay, pero pienso mucho en ti. Qué triste es que no podamos estar juntos por tanto tiempo. Ojalá que los días pasen rápido. Bueno, querido, es todo por ahora. Escríbeme pronto.

Te quiero y te extraño mucho,

Raquel

AYUDA

Echar de menos (a alguien) and **extrañar (a alguien)** are two ways of saying *to miss (someone)*.

	Lógico	Ilógico
1. Juan es el novio de Raquel.	●	○
2. Raquel no tiene mucho tiempo para comunicarse con Juan.	●	○
3. Raquel está muy aburrida en Colombia.	○	●
4. Raquel teme no ver a Juan nunca más.	○	●
5. Raquel está de intercambio en Colombia.	●	○

4

Comentar En parejas, túrnense para expresar opiniones sobre su comunidad, sus clases, su gobierno o algún otro tema, usando expresiones como **me alegro de que**, **temo que** y **es extraño que.** Luego, reaccionen a los comentarios de su compañero/a.

modelo

Estudiante 1: *Me alegro de que vayan a limpiar el río.*
Estudiante 2: *Yo también. Me preocupa que el agua del río esté tan sucia.*

Síntesis

5

Anuncio de servicio público Escribe un anuncio de servicio público sobre un problema ecológico y ofrece posible soluciones. Incluye en el anuncio verbos como **sentir**, **sorprender** y **temer**, y expresiones como **es terrible** y **ojalá**.

1.2 The subjunctive with doubt, disbelief, and denial

ANTE TODO Just as the subjunctive is required with expressions of emotion, influence, and will, it is also used with expressions of doubt, disbelief, and denial.

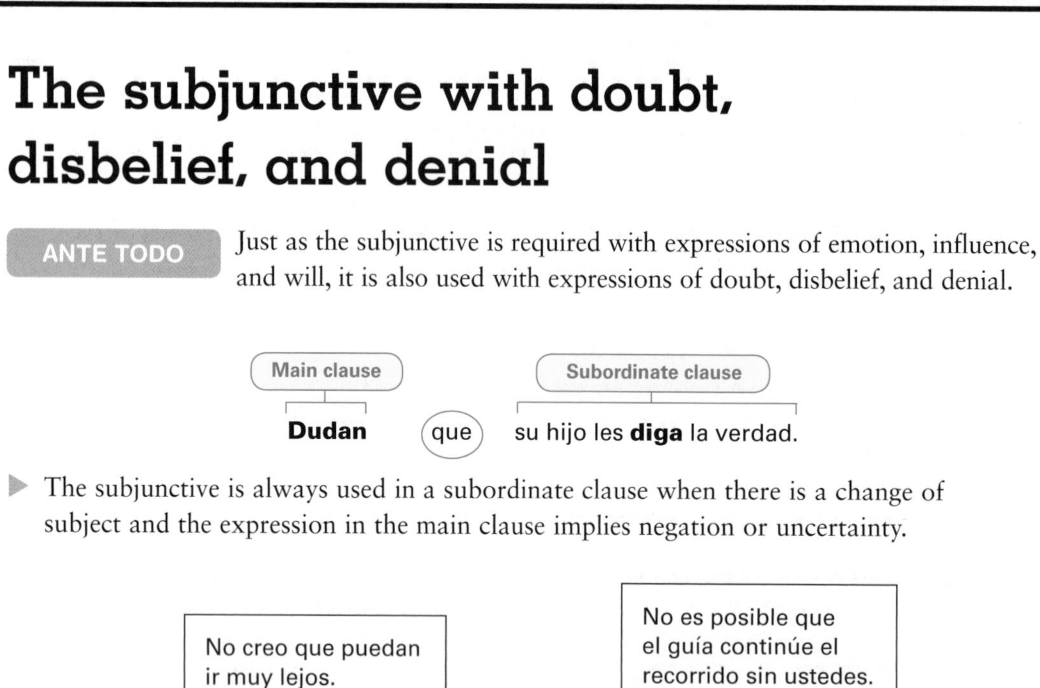

- The subjunctive is always used in a subordinate clause when there is a change of subject and the expression in the main clause implies negation or uncertainty.

- Here is a list of some common expressions of doubt, disbelief, or denial.

Expressions of doubt, disbelief, or denial

dudar	*to doubt*	**no es seguro**	*it's not certain*
negar (e:ie)	*to deny*	**no es verdad**	*it's not true*
no creer	*not to believe*	**es imposible**	*it's impossible*
no estar seguro/a (de)	*not to be sure*	**es improbable**	*it's improbable*
no es cierto	*it's not true; it's not certain*	**(no) es posible**	*it's (not) possible*
		(no) es probable	*it's (not) probable*

El gobierno **niega** que el agua **esté** contaminada.
The government denies that the water is contaminated.

Dudo que el gobierno **resuelva** el problema.
I doubt that the government will solve the problem.

Es probable que **haya** menos bosques y selvas en el futuro.
It's probable that there will be fewer forests and jungles in the future.

No es verdad que mi hermano **estudie** ecología.
It's not true that my brother studies ecology.

¡LENGUA VIVA!

In English, the expression *it is probable* indicates a fairly high degree of certainty. In Spanish, however, **es probable** implies uncertainty and therefore triggers the subjunctive in the subordinate clause: **Es probable que venga Elena (pero quizás no puede).**

- The indicative is used in a subordinate clause when there is no doubt or uncertainty in the main clause. Here is a list of some expressions of certainty.

Expressions of certainty

no dudar	*not to doubt*	**estar seguro/a (de)**	*to be sure*
no cabe duda de	*there is no doubt*	**es cierto**	*it's true; it's certain*
no hay duda de	*there is no doubt*	**es seguro**	*it's certain*
no negar (e:ie)	*not to deny*	**es verdad**	*it's true*
creer	*to believe*	**es obvio**	*it's obvious*

No negamos que **hay** demasiados carros en las carreteras.
We don't deny that there are too many cars on the highways.

Es verdad que Colombia **es** un país bonito.
It's true that Colombia is a beautiful country.

No hay duda de que el Amazonas **es** uno de los ríos más largos.
There is no doubt that the Amazon is one of the longest rivers.

Es obvio que las ballenas **están** en peligro de extinción.
It's obvious that whales are in danger of extinction.

- In affirmative sentences, the verb **creer** expresses belief or certainty, so it is followed by the indicative. In negative sentences, however, when doubt is implied, **creer** is followed by the subjunctive.

Creo que **debemos** usar exclusivamente la energía solar.
I believe we should use solar energy exclusively.

No creo que **haya** vida en el planeta Marte.
I don't believe that there is life on the planet Mars.

- The expressions **quizás** and **tal vez** are usually followed by the subjunctive because they imply doubt about something.

Quizás haga sol mañana.
Perhaps it will be sunny tomorrow.

Tal vez veamos la luna esta noche.
Perhaps we will see the moon tonight.

¡INTÉNTALO! Completa estas oraciones con la forma correcta del verbo.

1. Dudo que ellos trabajen (trabajar).
2. Es cierto que él ________ (comer) mucho.
3. Es imposible que ellos ________ (salir).
4. Es probable que ustedes ________ (ganar).
5. No creo que ella ________ (volver).
6. Es posible que nosotros ________ (ir).
7. Dudamos que tú ________ (reciclar).
8. Creo que ellos ________ (jugar) al fútbol.
9. No niego que ustedes ________ (estudiar).
10. Es posible que ella no ________ (venir) a casa.
11. Es probable que Lucio y Carmen ________ (dormir).
12. Es posible que mi prima Marta ________ (llamar).
13. Tal vez Juan no nos ________ (oír).
14. No es cierto que Paco y Daniel nos ________ (ayudar).

Práctica

1 **Escoger** Escoge las respuestas correctas para completar el diálogo.

RAÚL Ustedes dudan que yo realmente (1)__________ (estudio/estudie). No niego que a veces me (2)__________ (divierto/divierta) demasiado, pero no cabe duda de que (3)__________ (tomo/tome) mis estudios en serio. Estoy seguro de que cuando me vean graduarme van a pensar de manera diferente. Creo que no (4)__________ (tienen/tengan) razón con sus críticas.

PAPÁ Es posible que tu mamá y yo no (5)__________ (tenemos/tengamos) razón. Es cierto que a veces (6)__________ (dudamos/dudemos) de ti. Pero no hay duda de que te (7)__________ (pasas/pases) toda la noche en Internet y oyendo música. No es nada seguro que (8)__________ (estás/estés) estudiando.

RAÚL Es verdad que (9)__________ (uso/use) mucho la computadora pero, ¡piensen! ¿No es posible que (10)__________ (es/sea) para buscar información para mis clases? ¡No hay duda de que Internet (11)__________ (es/sea) el mejor recurso del mundo! Es obvio que ustedes (12)__________ (piensan/piensen) que no hago nada, pero no es cierto.

PAPÁ No dudo que esta conversación nos (13)__________ (va/vaya) a ayudar. Pero tal vez esta noche (14)__________ (puedes/puedas) trabajar sin música. ¿Está bien?

2 **Dudas** Carolina es una chica que siempre miente. Expresa tus dudas sobre lo que Carolina está diciendo ahora. Usa las expresiones entre paréntesis para tus respuestas.

modelo

El próximo año Marta y yo vamos de vacaciones por diez meses. (dudar)
¡Ja! Dudo que vayan de vacaciones por ese tiempo. ¡Ustedes no son ricas!

1. Estoy escribiendo una novela en español. (no creer)
2. Mi tía es la directora de PETA. (no ser verdad)
3. Dos profesores míos juegan para los Osos (*Bears*) de Chicago. (ser imposible)
4. Mi mejor amiga conoce al chef Bobby Flay. (no ser cierto)
5. Mi padre es dueño del Centro Rockefeller. (no ser posible)
6. Yo ya tengo un doctorado (*doctorate*) en lenguas. (ser improbable)

AYUDA

Here are some useful expressions to say that you don't believe someone.

¡Qué va!
¡Imposible!
¡No te creo!
¡Es mentira!

Comunicación

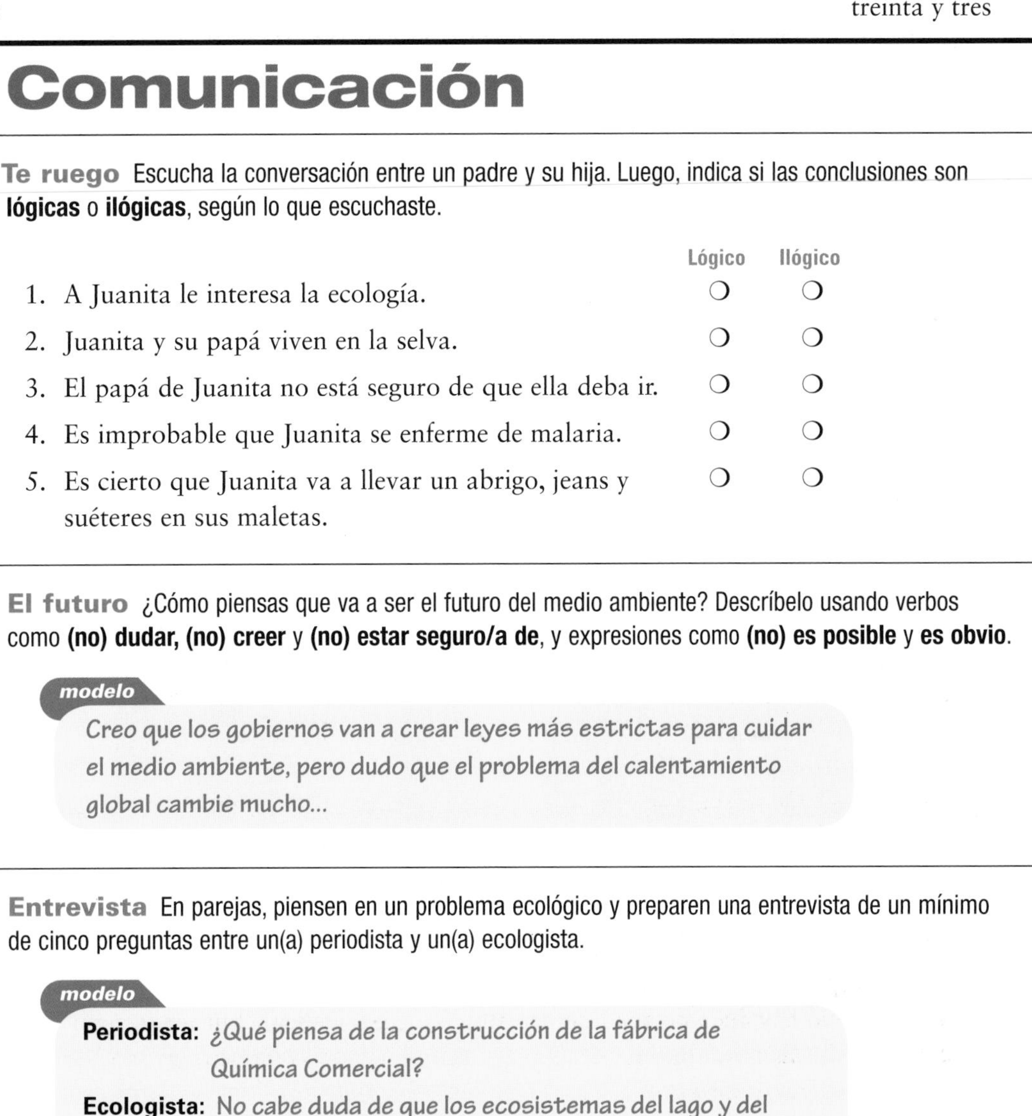

3 **Te ruego** Escucha la conversación entre un padre y su hija. Luego, indica si las conclusiones son **lógicas** o **ilógicas**, según lo que escuchaste.

	Lógico	Ilógico
1. A Juanita le interesa la ecología.	❍	❍
2. Juanita y su papá viven en la selva.	❍	❍
3. El papá de Juanita no está seguro de que ella deba ir.	❍	❍
4. Es improbable que Juanita se enferme de malaria.	❍	❍
5. Es cierto que Juanita va a llevar un abrigo, jeans y suéteres en sus maletas.	❍	❍

4 **El futuro** ¿Cómo piensas que va a ser el futuro del medio ambiente? Descríbelo usando verbos como **(no) dudar, (no) creer** y **(no) estar seguro/a de**, y expresiones como **(no) es posible** y **es obvio**.

modelo

Creo que los gobiernos van a crear leyes más estrictas para cuidar el medio ambiente, pero dudo que el problema del calentamiento global cambie mucho...

5 **Entrevista** En parejas, piensen en un problema ecológico y preparen una entrevista de un mínimo de cinco preguntas entre un(a) periodista y un(a) ecologista.

modelo

Periodista: ¿Qué piensa de la construcción de la fábrica de Química Comercial?
Ecologista: No cabe duda de que los ecosistemas del lago y del parque nacional van a estar afectados por esta fábrica.
Periodista: ¿Cómo van a estar afectados?
Ecologista: Es posible que...

Síntesis

6 **Escribir** Escribe un párrafo sobre los problemas del medio ambiente en tu comunidad. Incluye tus opiniones sobre esos problemas y ofrece recomendaciones prácticas para mejorar la situación.

1.3 The subjunctive with conjunctions

ANTE TODO Conjunctions are words or phrases that connect other words and clauses in sentences. Certain conjunctions commonly introduce adverbial clauses, which describe *how, why, when,* and *where* an action takes place.

Main clause	Conjunction	Adverbial clause
Vamos a visitar a Carlos	**antes de que**	**regrese** a California.

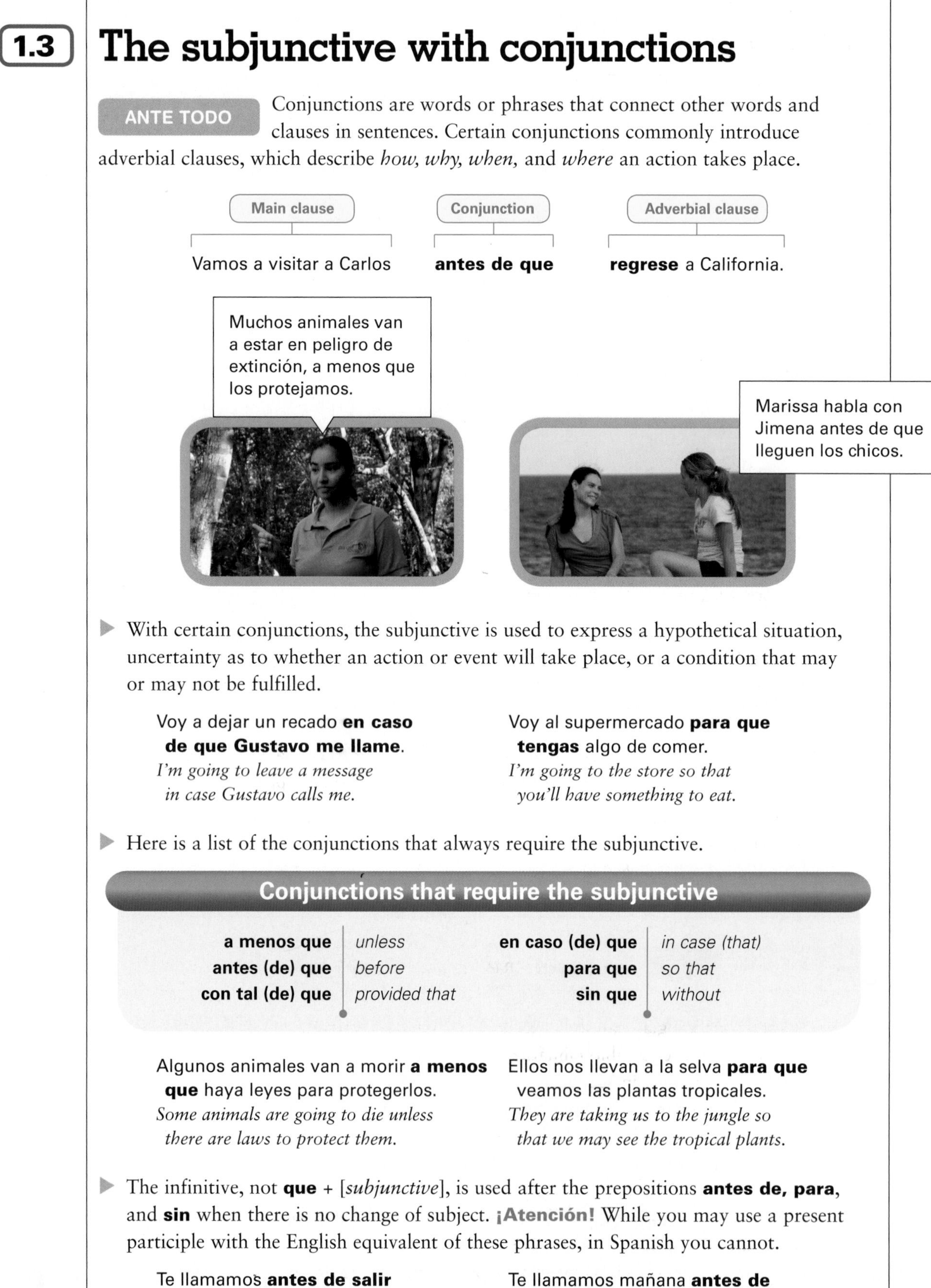

- With certain conjunctions, the subjunctive is used to express a hypothetical situation, uncertainty as to whether an action or event will take place, or a condition that may or may not be fulfilled.

Voy a dejar un recado **en caso de que Gustavo me llame**.
I'm going to leave a message in case Gustavo calls me.

Voy al supermercado **para que tengas** algo de comer.
I'm going to the store so that you'll have something to eat.

- Here is a list of the conjunctions that always require the subjunctive.

Conjunctions that require the subjunctive

a menos que	*unless*	**en caso (de) que**	*in case (that)*
antes (de) que	*before*	**para que**	*so that*
con tal (de) que	*provided that*	**sin que**	*without*

Algunos animales van a morir **a menos que** haya leyes para protegerlos.
Some animals are going to die unless there are laws to protect them.

Ellos nos llevan a la selva **para que** veamos las plantas tropicales.
They are taking us to the jungle so that we may see the tropical plants.

- The infinitive, not **que** + [*subjunctive*], is used after the prepositions **antes de, para**, and **sin** when there is no change of subject. **¡Atención!** While you may use a present participle with the English equivalent of these phrases, in Spanish you cannot.

Te llamamos **antes de salir** de la casa.
We will call you before leaving the house.

Te llamamos mañana **antes de que salgas**.
We will call you tomorrow before you leave.

Conjunctions with subjunctive or indicative

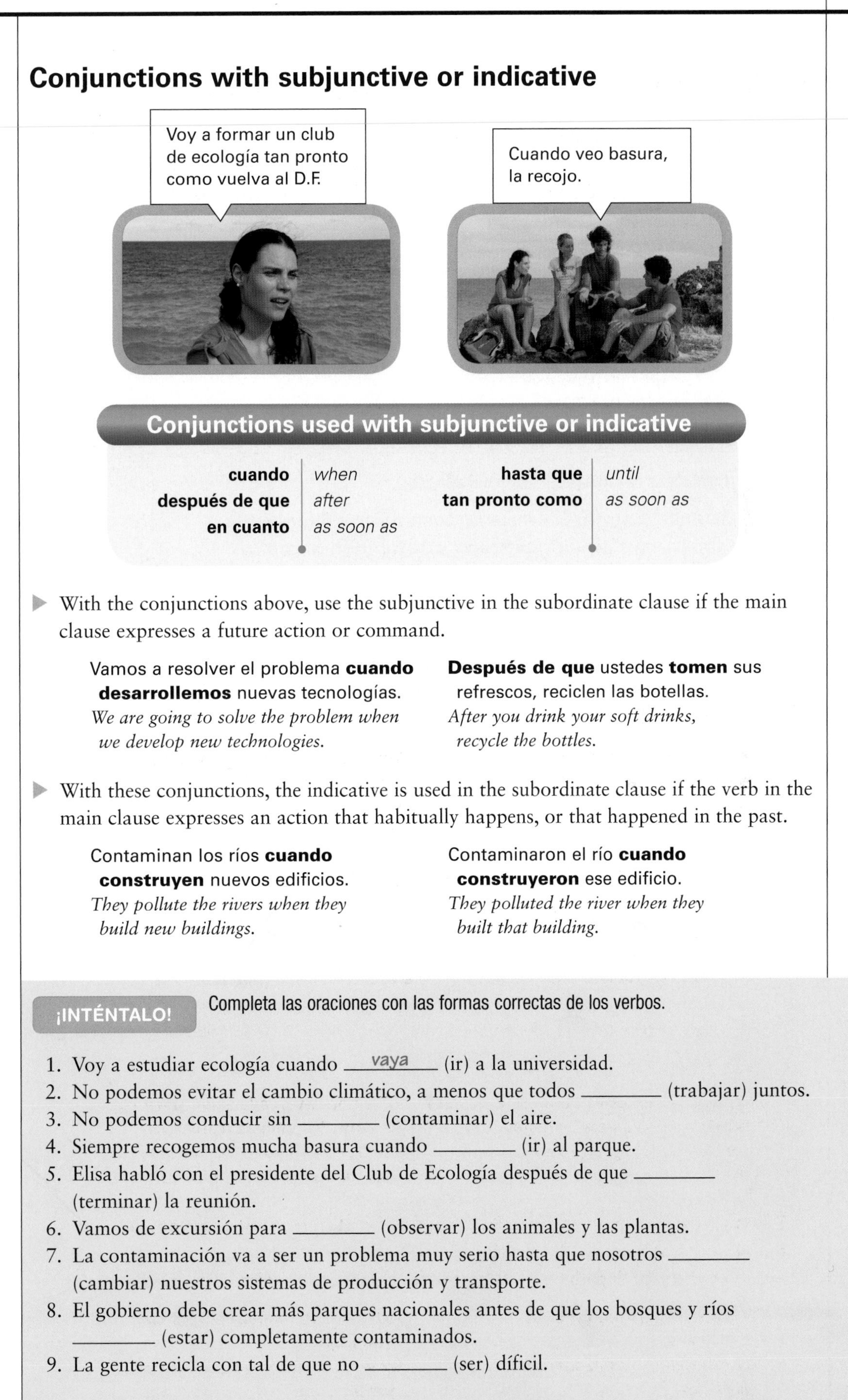

Conjunctions used with subjunctive or indicative

cuando	*when*	**hasta que**	*until*
después de que	*after*	**tan pronto como**	*as soon as*
en cuanto	*as soon as*		

▶ With the conjunctions above, use the subjunctive in the subordinate clause if the main clause expresses a future action or command.

Vamos a resolver el problema **cuando desarrollemos** nuevas tecnologías.
We are going to solve the problem when we develop new technologies.

Después de que ustedes **tomen** sus refrescos, reciclen las botellas.
After you drink your soft drinks, recycle the bottles.

▶ With these conjunctions, the indicative is used in the subordinate clause if the verb in the main clause expresses an action that habitually happens, or that happened in the past.

Contaminan los ríos **cuando construyen** nuevos edificios.
They pollute the rivers when they build new buildings.

Contaminaron el río **cuando construyeron** ese edificio.
They polluted the river when they built that building.

¡INTÉNTALO! Completa las oraciones con las formas correctas de los verbos.

1. Voy a estudiar ecología cuando <u>vaya</u> (ir) a la universidad.
2. No podemos evitar el cambio climático, a menos que todos ________ (trabajar) juntos.
3. No podemos conducir sin ________ (contaminar) el aire.
4. Siempre recogemos mucha basura cuando ________ (ir) al parque.
5. Elisa habló con el presidente del Club de Ecología después de que ________ (terminar) la reunión.
6. Vamos de excursión para ________ (observar) los animales y las plantas.
7. La contaminación va a ser un problema muy serio hasta que nosotros ________ (cambiar) nuestros sistemas de producción y transporte.
8. El gobierno debe crear más parques nacionales antes de que los bosques y ríos ________ (estar) completamente contaminados.
9. La gente recicla con tal de que no ________ (ser) díficil.

Práctica

1

Completar La señora Montero habla de una excursión que quiere hacer con su familia. Completa las oraciones con la forma correcta de cada verbo.

1. Voy a llevar a mis hijos al parque para que ________ (aprender) sobre la naturaleza.
2. Voy a pasar todo el día allí a menos que ________ (hacer) mucho frío.
3. Podemos explorar el parque en bicicleta sin ________ (caminar) demasiado.
4. Vamos a bajar al cráter con tal de que no se ________ (prohibir).
5. Siempre llevamos al perro cuando ________ (ir) al parque.
6. No pensamos ir muy lejos en caso de que ________ (llover).
7. Vamos a almorzar a la orilla (*shore*) del río cuando nosotros ________ (terminar) de preparar la comida.
8. Mis hijos van a dejar todo limpio antes de ________ (salir) del parque.

2

Frases Completa estas frases de una manera lógica.

1. No podemos controlar la contaminación del aire a menos que...
2. Voy a reciclar los productos de papel y de vidrio en cuanto...
3. Debemos comprar coches eléctricos tan pronto como...
4. Protegemos los animales en peligro de extinción para que...
5. Mis amigos y yo vamos a recoger la basura de la escuela después de que...
6. No podemos desarrollar nuevas fuentes (*sources*) de energía sin...
7. Hay que eliminar la contaminación del agua para...
8. No podemos proteger la naturaleza sin que...

3

Organizaciones colombianas Lee las descripciones de las organizaciones de conservación. Luego expresa en tus propias (*own*) palabras las opiniones de cada organización.

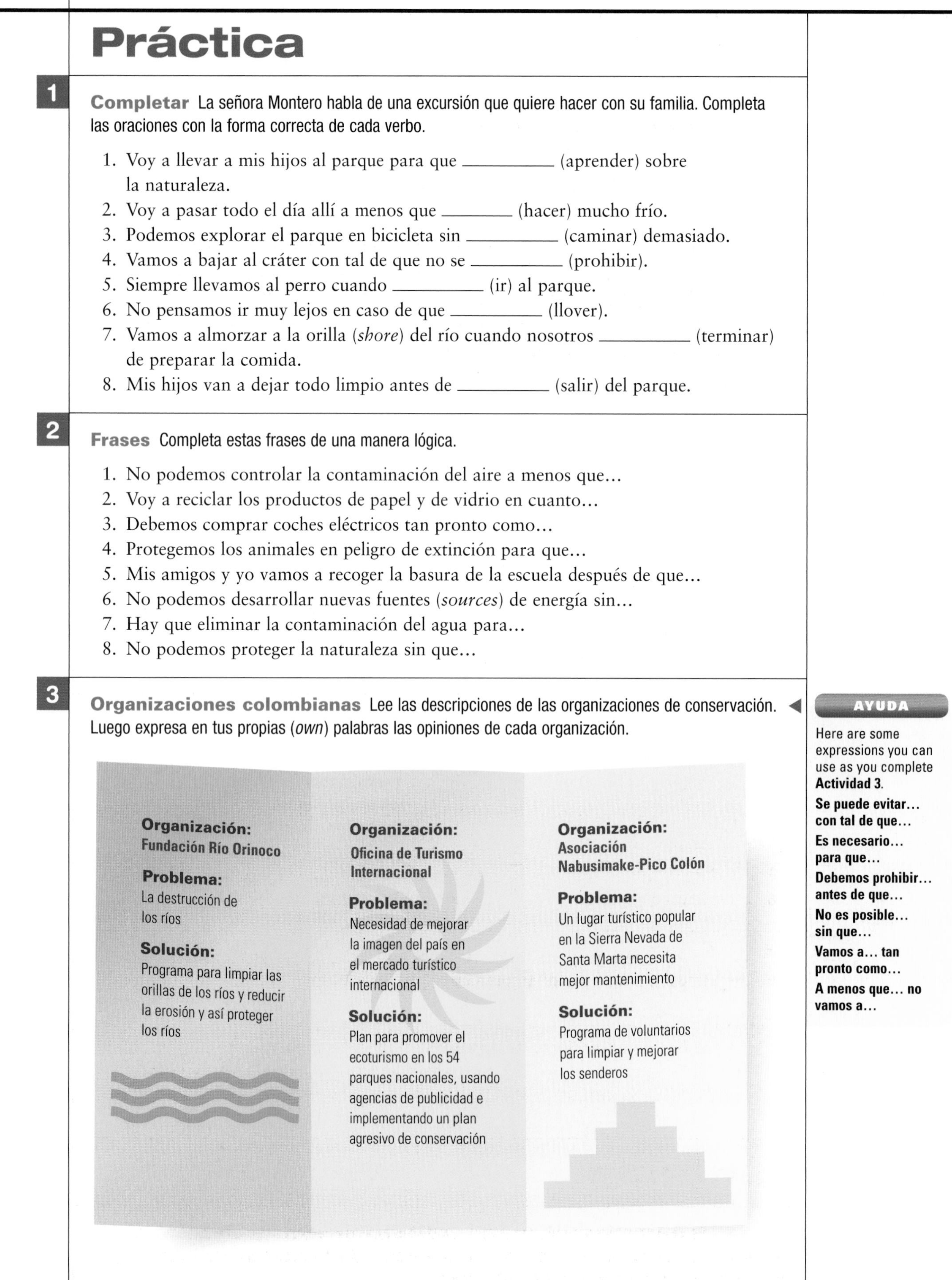

AYUDA

Here are some expressions you can use as you complete **Actividad 3**.

Se puede evitar... con tal de que...
Es necesario... para que...
Debemos prohibir... antes de que...
No es posible... sin que...
Vamos a... tan pronto como...
A menos que... no vamos a...

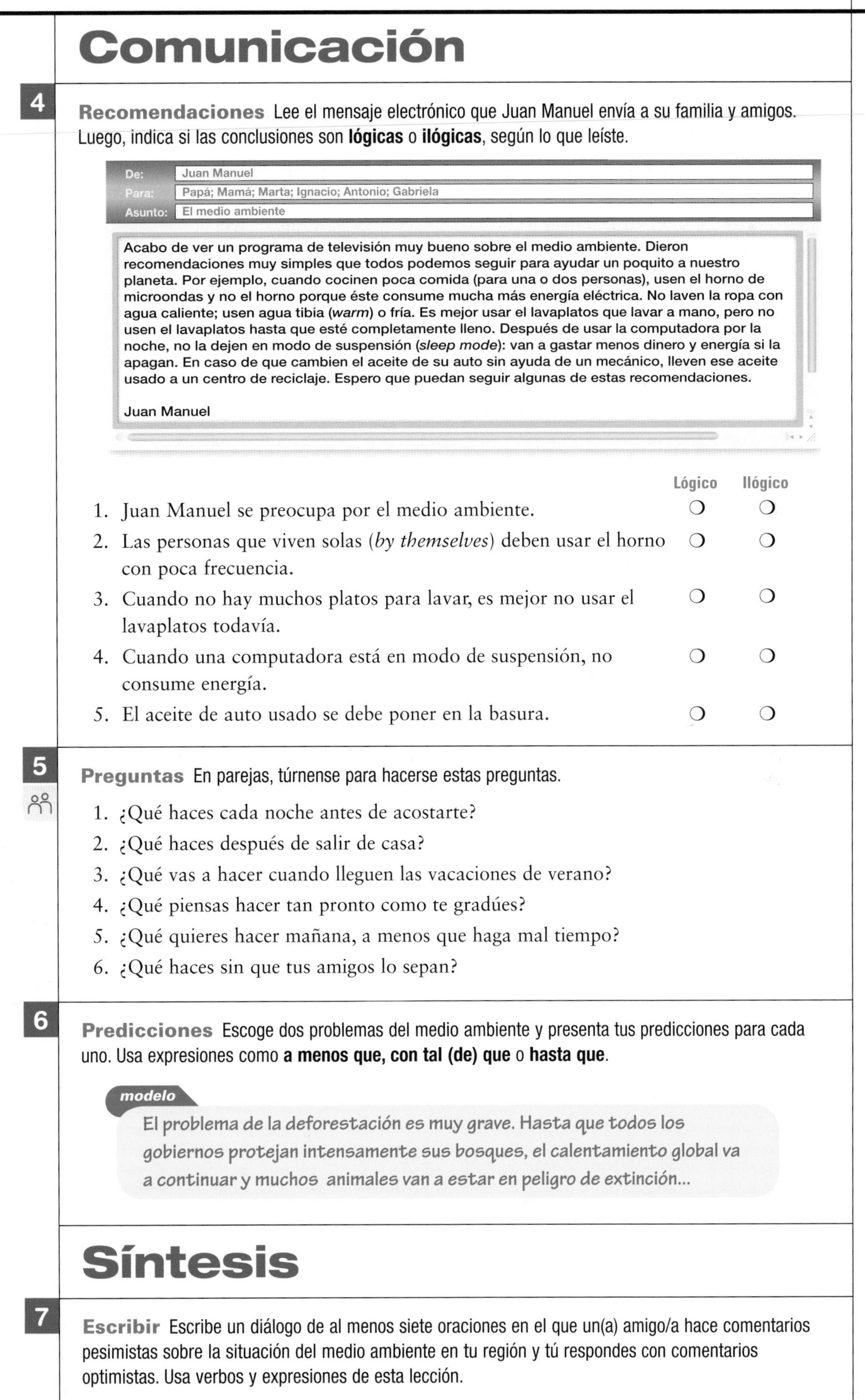

Comunicación

4 **Recomendaciones** Lee el mensaje electrónico que Juan Manuel envía a su familia y amigos. Luego, indica si las conclusiones son **lógicas** o **ilógicas**, según lo que leíste.

De: Juan Manuel
Para: Papá; Mamá; Marta; Ignacio; Antonio; Gabriela
Asunto: El medio ambiente

Acabo de ver un programa de televisión muy bueno sobre el medio ambiente. Dieron recomendaciones muy simples que todos podemos seguir para ayudar un poquito a nuestro planeta. Por ejemplo, cuando cocinen poca comida (para una o dos personas), usen el horno de microondas y no el horno porque éste consume mucha más energía eléctrica. No laven la ropa con agua caliente; usen agua tibia (*warm*) o fría. Es mejor usar el lavaplatos que lavar a mano, pero no usen el lavaplatos hasta que esté completamente lleno. Después de usar la computadora por la noche, no la dejen en modo de suspensión (*sleep mode*): van a gastar menos dinero y energía si la apagan. En caso de que cambien el aceite de su auto sin ayuda de un mecánico, lleven ese aceite usado a un centro de reciclaje. Espero que puedan seguir algunas de estas recomendaciones.

Juan Manuel

	Lógico	Ilógico
1. Juan Manuel se preocupa por el medio ambiente.	❍	❍
2. Las personas que viven solas (*by themselves*) deben usar el horno con poca frecuencia.	❍	❍
3. Cuando no hay muchos platos para lavar, es mejor no usar el lavaplatos todavía.	❍	❍
4. Cuando una computadora está en modo de suspensión, no consume energía.	❍	❍
5. El aceite de auto usado se debe poner en la basura.	❍	❍

5 **Preguntas** En parejas, túrnense para hacerse estas preguntas.

1. ¿Qué haces cada noche antes de acostarte?
2. ¿Qué haces después de salir de casa?
3. ¿Qué vas a hacer cuando lleguen las vacaciones de verano?
4. ¿Qué piensas hacer tan pronto como te gradúes?
5. ¿Qué quieres hacer mañana, a menos que haga mal tiempo?
6. ¿Qué haces sin que tus amigos lo sepan?

6 **Predicciones** Escoge dos problemas del medio ambiente y presenta tus predicciones para cada uno. Usa expresiones como **a menos que, con tal (de) que** o **hasta que**.

modelo

El problema de la deforestación es muy grave. Hasta que todos los gobiernos protejan intensamente sus bosques, el calentamiento global va a continuar y muchos animales van a estar en peligro de extinción...

Síntesis

7 **Escribir** Escribe un diálogo de al menos siete oraciones en el que un(a) amigo/a hace comentarios pesimistas sobre la situación del medio ambiente en tu región y tú respondes con comentarios optimistas. Usa verbos y expresiones de esta lección.

SUBJECT Javier CONJUGATED FORM empiezo Main clause Dudan

Recapitulación

Completa estas actividades para repasar los conceptos de gramática que aprendiste en esta lección.

1 **Subjuntivo con conjunciones** Escoge la forma correcta del verbo para completar las oraciones. 16 pts.

1. En cuanto (empiecen/empiezan) las vacaciones, vamos a viajar.
2. Por favor, llámeme a las siete y media en caso de que no (me despierto/me despierte).
3. Toni va a usar su bicicleta hasta que los coches híbridos (cuesten/cuestan) menos dinero.
4. Tan pronto como supe la noticia (*news*) (te llamé/te llame).
5. Debemos conservar el agua antes de que no (queda/quede) nada para beber.
6. ¿Siempre recoges la basura después de que (terminas/termines) de comer en un picnic?
7. Siempre quiero vender mi camioneta (*SUV*) cuando (*yo*) (piense/pienso) en la contaminación.
8. Estudiantes, pueden entrar al parque natural con tal de que no (tocan/toquen) las plantas.

2 **Creer o no creer** Completa estos diálogos con la forma correcta del presente de indicativo o de subjuntivo, según el contexto. 24 pts.

CAROLA Creo que (1) ________ (nosotras, deber) escribir nuestra presentación sobre el reciclaje.

MÓNICA Hmm, no estoy segura de que el reciclaje (2) ________ (ser) un buen tema. No hay duda de que la gente ya (3) ________ (saber) reciclar.

CAROLA Sí, pero dudo que todos lo (4) ________ (practicar).

• • •

PACO ¿Sabes, Néstor? El sábado voy a ir a limpiar el río con un grupo de voluntarios. ¿Quieres venir?

NÉSTOR No es seguro que (5) ________ (yo, poder) ir. El lunes hay un examen y tengo que estudiar.

PACO ¿Estás seguro de que no (6) ________ (tener) tiempo? Es imposible que (7) ________ (ir) a estudiar todo el fin de semana.

NÉSTOR Pues sí, pero es muy probable que (8) ________ (llover).

RESUMEN GRAMATICAL

1.1 The subjunctive with verbs of emotion

pp. 26–27

Verbs and expressions of emotion	
alegrarse (de)	tener miedo (de)
esperar	es extraño
gustar	es una lástima
molestar	es ridículo
sentir (e:ie)	es terrible
sorprender	es triste
temer	ojalá (que)

Main clause		Subordinate clause
Marta **espera**	que	yo **vaya** al lago mañana.
Ojalá		**comamos** en casa.

1.2 The subjunctive with doubt, disbelief, and denial

pp. 30–31

Expressions of doubt, disbelief, or denial (used with subjunctive)	
dudar	no es verdad
negar (e:ie)	es imposible
no creer	es improbable
no estar seguro/a (de)	(no) es posible
no es cierto	(no) es probable
no es seguro	

Expressions of certainty (used with indicative)	
no dudar	estar seguro/a (de)
no cabe duda de	es cierto
no hay duda de	es seguro
no negar (e:ie)	es verdad
creer	es obvio

► The infinitive is used after these expressions when there is no change of subject.

1.3 The subjunctive with conjunctions

pp. 34–35

Conjunctions that require the subjunctive	
a menos que	en caso (de) que
antes (de) que	para que
con tal (de) que	sin que

- The infinitive is used after the prepositions **antes de**, **para**, and **sin** when there is no change of subject.

Te llamamos **antes de salir** de casa.

Te llamamos mañana **antes de que salgas**.

Conjunctions used with subjunctive or indicative	
cuando después de que en cuanto	hasta que tan pronto como

3 Reacciones Reacciona a estas oraciones según las pistas (*clues*). Sigue el modelo. 30 pts.

modelo

Tú casi nunca reciclas nada.
(yo, molestar)
A mí me molesta que tú casi nunca recicles nada.

1. La Ciudad de México tiene un problema grave de contaminación. (ser una lástima)
2. En ese safari permiten tocar a los animales. (ser extraño)
3. Julia y Víctor no pueden ir a las montañas. (yo, sentir)
4. El nuevo programa de reciclaje es un éxito. (nosotros, esperar)
5. A María no le gustan los perros. (ser una lástima)
6. Existen leyes ecológicas en este país. (Juan, alegrarse de)
7. El gobierno no busca soluciones. (ellos, temer)
8. La mayoría de la población no cuida el medio ambiente. (ser triste)
9. Muchas personas cazan animales en esta región. (yo, sorprender)
10. La situación mejora día a día. (ojalá que)

4 Oraciones Forma oraciones con estos elementos. Usa el subjuntivo cuando sea necesario. 24 pts.

1. ser ridículo / los coches / contaminar tanto
2. no caber duda de / tú y yo / poder / hacer mucho más
3. los ecologistas / temer / no conservarse / los recursos naturales
4. yo / alegrarse de / en mi ciudad / reciclarse / el plástico, el vidrio y el aluminio
5. todos (nosotros) / ir a respirar / mejor / cuando / (nosotros) llegar / a la montaña
6. tú / negar / el gobierno / resolver / los problemas ecológicos

5 Canción Completa estos versos de una canción de Juan Luis Guerra. 6 pts.

"Ojalá que _________ (llover)
café en el campo.
Pa'° que todos los niños
_________ (cantar) en el campo."

Pa' *short for* Para

Lectura

Antes de leer

Estrategia

Recognizing the purpose of a text

When you are faced with an unfamiliar text, it is important to determine the writer's purpose. If you are reading an editorial in a newspaper, for example, you know that the journalist's objective is to persuade you of his or her point of view. Identifying the purpose of a text will help you better comprehend its meaning.

Examinar los textos

Primero, utiliza la estrategia de lectura para familiarizarte con los textos. Después contesta estas preguntas.

- ¿De qué tratan los textos?°
- ¿Son fábulas°, poemas, artículos de periódico...?
- ¿Cómo lo sabes?

Predicciones

Lee estas predicciones sobre la lectura e indica si estás de acuerdo° con ellas.

1. Los textos son del género° de ficción.
2. Los personajes son animales.
3. La acción de los textos tiene lugar en un zoológico.
4. Hay alguna moraleja°.

Determinar el propósito

Piensa en los posibles propósitos° de los textos. Considera estas preguntas:

- ¿Qué te dice el género de los textos sobre los posibles propósitos de los textos?
- ¿Piensas que los textos pueden tener más de un propósito? ¿Por qué?

¿De qué tratan los textos? *What are the texts about?*
fábulas *fables* estás de acuerdo *you agree*
género *genre* moraleja *moral* propósitos *purposes*

Sobre los autores

Félix María Samaniego (1745–1801) nació en España y escribió las *Fábulas morales* que ilustran de manera humorística el carácter humano. Los protagonistas de muchas de sus fábulas son animales que hablan.

El perro y el cocodrilo

Bebiendo un perro en el Nilo°,
al mismo tiempo corría.
"Bebe quieto°", le decía
un taimado° cocodrilo.

Díjole° el perro prudente:
"Dañoso° es beber y andar°;
pero ¿es sano el aguardar
a que me claves el diente°? "

¡Oh qué docto° perro viejo!
Yo venero° su sentir°
en esto de no seguir
del enemigo el consejo.

Tomás de Iriarte (1750–1791) nació en las islas Canarias y tuvo gran éxito° con su libro *Fábulas literarias.* Su tendencia a representar la lógica a través de° símbolos de la naturaleza fue de gran influencia para muchos autores de su época°.

El pato° y la serpiente

A orillas° de un estanque°,
diciendo estaba un pato:
"¿A qué animal dio el cielo°
los dones que me ha dado°?

"Soy de agua, tierra y aire:
cuando de andar me canso°,
si se me antoja, vuelo°;
si se me antoja, nado".

Una serpiente astuta
que le estaba escuchando,
le llamó con un silbo°,
y le dijo "¡Seo° guapo!

"No hay que echar tantas plantas°;
pues ni anda como el gamo°,
ni vuela como el sacre°,
ni nada como el barbo°;

"y así tenga sabido
que lo importante y raro°
no es entender de todo,
sino ser diestro° en algo".

Nilo *Nile* quieto *in peace* taimado *sly* Díjole *Said to him* Dañoso *Harmful* andar *to walk* ¿es sano... diente? *Is it good for me to wait for you to sink your teeth into me?* docto *wise* venero *revere* sentir *wisdom* éxito *success* a través de *through* época *time* pato *duck* orillas *banks* estanque *pond* cielo *heaven* los dones... dado *the gifts that it has given me* me canso *I get tired* si se... vuelo *if I feel like it, I fly* silbo *hiss* Seo *Señor* No hay... plantas *There's no reason to boast* gamo *deer* sacre *falcon* barbo *barbel (a type of fish)* raro *rare* diestro *skillful*

Después de leer

Comprensión

Escoge la mejor opción para completar cada oración.

1. El cocodrilo ____ perro.
   a. está preocupado por el b. quiere comerse al
   c. tiene miedo del
2. El perro ____ cocodrilo.
   a. tiene miedo del b. es amigo del
   c. quiere quedarse con el
3. El pato cree que es un animal ____.
   a. muy famoso b. muy hermoso
   c. de muchos talentos
4. La serpiente cree que el pato es ____.
   a. muy inteligente b. muy tonto c. muy feo

Preguntas

Contesta las preguntas.

1. ¿Qué representa el cocodrilo?
   ____
2. ¿Qué representa el pato?
   ____
3. ¿Cuál es la moraleja (*moral*) de "El perro y el cocodrilo"?
   ____
4. ¿Cuál es la moraleja de "El pato y la serpiente"?
   ____

Coméntalo

Contesta estas preguntas.
¿Estás de acuerdo con las moralejas de estas fábulas? ¿Por qué? ¿Cuál de estas fábulas te gusta más? ¿Por qué? ¿Conoces otras fábulas? ¿Cuál es su propósito?

Escribir

Escribe una fábula. Puedes escoger algunos animales de la lista o escoger otros. ¿Qué características deben tener estos animales?

- una abeja (*bee*)
- un gato
- un mono
- un burro
- un perro
- una tortuga
- un águila (*eagle*)
- un pavo real (*peacock*)

Escritura

Estrategia

Considering audience and purpose

Writing always has a specific purpose. During the planning stages, a writer must determine to whom he or she is addressing the piece, and what he or she wants to express to the reader. Once you have defined both your audience and your purpose, you will be able to decide which genre, vocabulary, and grammatical structures will best serve your literary composition.

Let's say you want to share your thoughts on local traffic problems. Your audience can be either the local government or the community. You could choose to write a newspaper article, a letter to the editor, or a letter to the city's governing board. But first you should ask yourself these questions:

1. Are you going to comment on traffic problems in general, or are you going to point out several specific problems?
2. Are you simply intending to register a complaint?
3. Are you simply intending to inform others and increase public awareness of the problems?
4. Are you hoping to persuade others to adopt your point of view?
5. Are you hoping to inspire others to take concrete actions?

The answers to these questions will help you establish the purpose of your writing and determine your audience. Of course, your writing can have more than one purpose. For example, you may intend for your writing to both inform others of a problem and inspire them to take action.

Tema

Escribir una carta o un artículo

Escoge uno de estos temas. Luego decide si vas a escribir una carta a un(a) amigo/a, una carta a un periódico, un artículo de periódico o de revista, etc.

1. Escribe sobre los programas que existen para proteger la naturaleza en tu comunidad. ¿Funcionan bien? ¿Participan todos los vecinos de tu comunidad en los programas? ¿Tienes dudas sobre la eficacia° de estos programas?
2. Describe uno de los atractivos naturales de tu región. ¿Te sientes optimista sobre el futuro del medio ambiente en tu región? ¿Qué están haciendo el gobierno y los ciudadanos° de tu región para proteger la naturaleza? ¿Es necesario hacer más?
3. Escribe sobre algún programa para la protección del medio ambiente a nivel° nacional. ¿Es un programa del gobierno o de una empresa° privada°? ¿Cómo funciona? ¿Quiénes participan? ¿Tienes dudas sobre el programa? ¿Crees que debe cambiarse o mejorarse? ¿Cómo?

eficacia *effectiveness* **ciudadanos** *citizens* **nivel** *level* **empresa** *company* **privada** *private*

Escuchar

Estrategia

Using background knowledge/
Guessing meaning from context

Listening for the general idea, or gist, can help you follow what someone is saying even if you can't hear or understand some of the words. When you listen for the gist, you simply try to capture the essence of what you hear without focusing on individual words.

To practice these strategies, you will listen to a paragraph written by Jaime Urbinas, an urban planner. Before listening to the paragraph, write down what you think it will be about, based on Jaime Urbinas' profession. As you listen to the paragraph, jot down any words or expressions you don't know and use context clues to guess their meanings.

Preparación

Mira el dibujo. ¿Qué pistas° te da sobre el tema del discurso° de Soledad Morales?

Ahora escucha

Vas a escuchar un discurso de Soledad Morales, una activista preocupada por el medio ambiente. Antes de escuchar, marca las palabras y frases que tú crees que ella va a usar en su discurso. Después marca las palabras y frases que escuchaste.

Palabras	Antes de escuchar	Después de escuchar
el futuro	_______	_______
el cine	_______	_______
los recursos naturales	_______	_______
el aire	_______	_______
los ríos	_______	_______
la contaminación	_______	_______
el reciclaje	_______	_______
las diversiones	_______	_______

pistas *clues* discurso *speech* Subraya *Underline*

Comprensión

Escoger

Subraya° el equivalente correcto de cada palabra.

1. patrimonio (fatherland, heritage, acrimony)
2. ancianos (elderly, ancient, antiques)
3. entrelazadas (destined, interrupted, intertwined)
4. aguantar (to hold back, to destroy, to pollute)
5. apreciar (to value, to imitate, to consider)
6. tala (planting, cutting, watering)

Ahora tú

Escribe seis recomendaciones que crees que la señora Morales va a darle al gobierno colombiano para mejorar los problemas del medio ambiente.

1. ______________________________
2. ______________________________
3. ______________________________
4. ______________________________
5. ______________________________
6. ______________________________

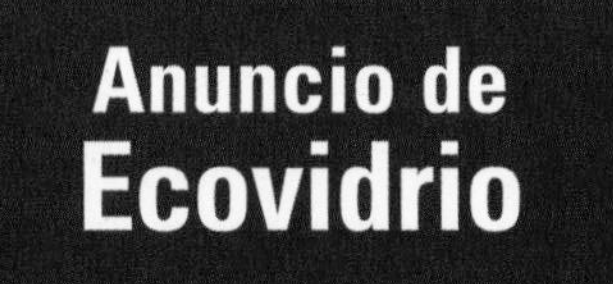

Preparación

¿Reciclas el vidrio? ¿Qué otros materiales reciclas? ¿Qué opinas de la gente que no recicla? ¿Crees que existen excusas válidas para no reciclar?

La asociación sin ánimo de lucro° Ecovidrio lanza una campaña publicitaria para fomentar° el reciclaje de vidrio. La campaña se compone de° tres spots publicitarios protagonizados por el famoso humorista español José Mota. Ecovidrio utiliza el humor y la ironía para animar° a la sociedad a que deposite el vidrio en el contenedor verde. El objetivo es que el reciclaje se convierta en un hábito, sin excepciones, sin excusas.

sin ánimo de lucro *nonprofit* fomentar *to encourage*
se compone de *consists of* animar *to encourage*

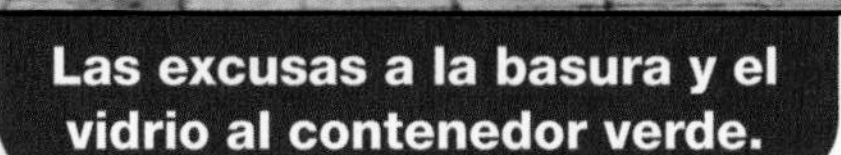

Vocabulario útil

colleja	*slap on the back of the neck*
contenedor	*container*
excusa de libro	*typical excuse*
sitio	*room; space*
tirar	*to throw away*

Comprensión

Elige la opción correcta.

1. El señor tira una botella de _____ a la basura.
   a. plástico b. vidrio
2. La excusa del hombre para no reciclar es que _____.
   a. no hay sitio b. está muy ocupado
3. La mujer le _____ al hombre porque no recicló la botella.
   a. da una colleja b. pide explicaciones
4. El contenedor del vidrio es _____.
   a. azul b. verde

Conversación

Basados en el anuncio, discutan las siguientes preguntas en parejas:

1. ¿Por qué es necesario reciclar?
2. ¿Conoces a alguien que no recicle? ¿Por qué crees que no lo hace?
3. ¿Sabes si hay normas de reciclaje en tu comunidad? ¿Las puedes describir?

Aplicación

Trabajen en parejas para escribir un diálogo entre una persona que no recicla y sólo pone excusas, y otra que le explica cómo está dañando el medio ambiente al no reciclar. Usen el subjuntivo. Luego, utilizando el diálogo, preparen un anuncio que también sugiera una acción específica para mejorar el medio ambiente o proteger la naturaleza.

Centroamérica es una región con un gran crecimiento° en el turismo, especialmente ecológico, y no por pocas razones°. Con solamente el uno por ciento° de la superficie terrestre°, esta zona tiene el ocho por ciento de las reservas naturales del planeta. Algunas de estas maravillas son la isla Coiba en Panamá, la Reserva de la Biosfera Maya en Guatemala, el volcán Mombacho en Nicaragua, el parque El Imposible en El Salvador y Pico Bonito en Honduras. En este episodio de *Flash cultura* vas a conocer más tesoros° naturales en un país ecológico por tradición: Costa Rica.

Vocabulario útil	
aguas termales	*hot springs*
hace erupción	*erupts*
los poderes curativos	*healing powers*
rocas incandescentes	*incandescent rocks*

Preparación

¿Qué sabes de los volcanes de Costa Rica? ¿Y de sus aguas termales? Si no sabes nada, escribe tres predicciones sobre cada tema.

¿Cierto o falso?

Indica si estas oraciones son **ciertas** o **falsas**.

1. Centroamérica es una zona de pocos volcanes.
2. El volcán Arenal está en un parque nacional.
3. El volcán Arenal hace erupción pocas veces.
4. Las aguas termales cerca del volcán vienen del mar.
5. Cuando Alberto sale del agua, tiene calor.
6. Se pueden ver las rocas incandescentes desde algunos hoteles.

crecimiento *growth* razones *reasons* por ciento *percent*
superficie terrestre *earth's surface* tesoros *treasures* rugido *roar*

Naturaleza en Costa Rica

Aquí existen más de cien volcanes. Hoy visitaremos el Parque Nacional Volcán Arenal.

En los alrededores del volcán [...] nacen aguas termales de origen volcánico...

Puedes escuchar cada rugido° del volcán Arenal...

Colombia

El país en cifras

- **Área:** 1.138.910 km² (439.734 millas²), *tres veces el área de Montana*
- **Población:** 46.245.000

De todos los países de habla hispana, sólo México tiene más habitantes que Colombia. Casi toda la población colombiana vive en las áreas montañosas y la costa occidental° del país. Aproximadamente el 55% de la superficie° del país está sin poblar°.

- **Capital:** Bogotá —8.744.000
- **Ciudades principales:** Medellín —3.497.000, Cali —2.352.000, Barranquilla —1.836.000, Cartagena —978.600

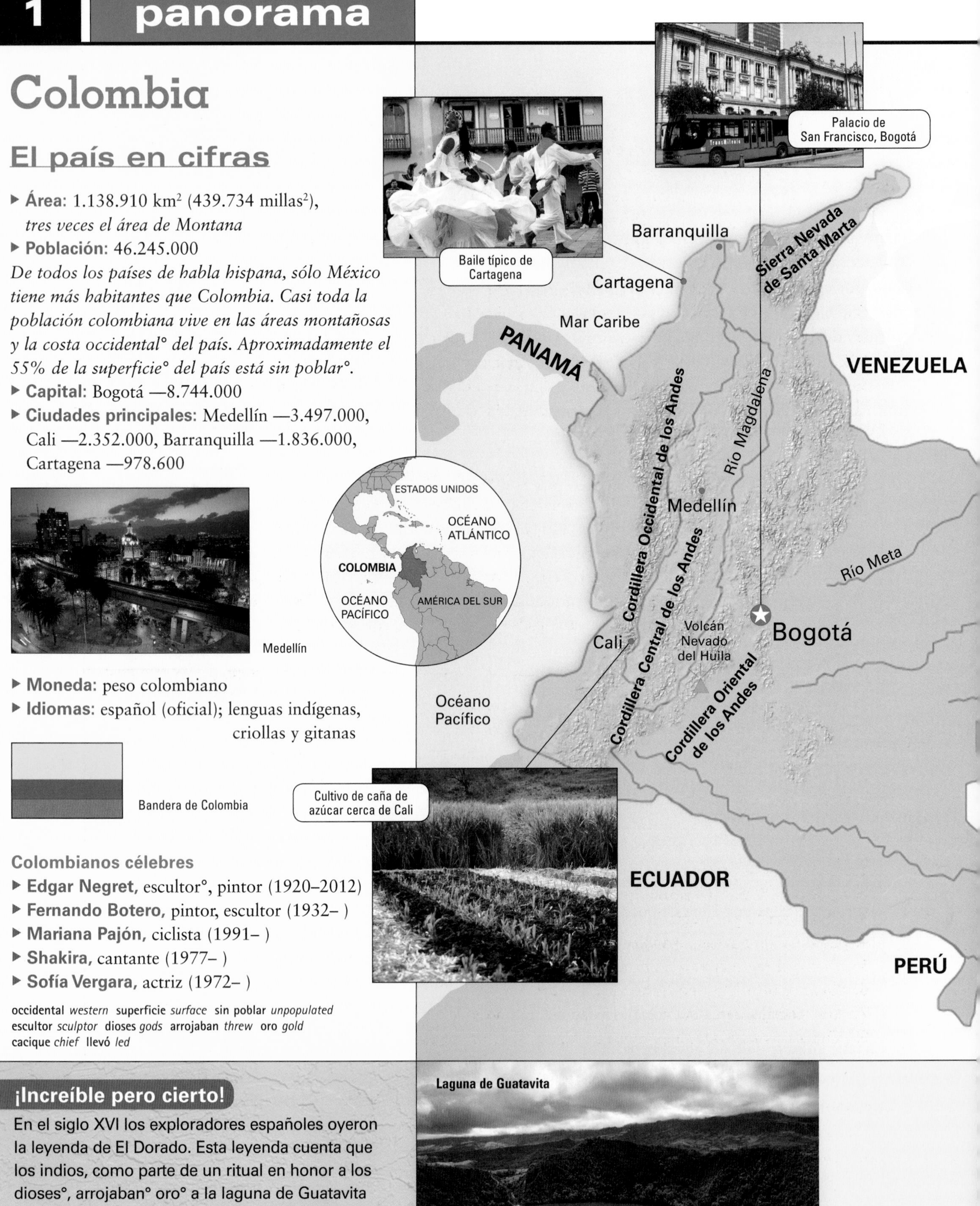

Medellín

- **Moneda:** peso colombiano
- **Idiomas:** español (oficial); lenguas indígenas, criollas y gitanas

Bandera de Colombia

Colombianos célebres

- **Edgar Negret,** escultor°, pintor (1920–2012)
- **Fernando Botero,** pintor, escultor (1932–)
- **Mariana Pajón,** ciclista (1991–)
- **Shakira,** cantante (1977–)
- **Sofía Vergara,** actriz (1972–)

occidental *western* superficie *surface* sin poblar *unpopulated* escultor *sculptor* dioses *gods* arrojaban *threw* oro *gold* cacique *chief* llevó *led*

¡Increíble pero cierto!

En el siglo XVI los exploradores españoles oyeron la leyenda de El Dorado. Esta leyenda cuenta que los indios, como parte de un ritual en honor a los dioses°, arrojaban° oro° a la laguna de Guatavita y el cacique° se sumergía en sus aguas cubierto de oro. Aunque esto era cierto, muy pronto la exageración llevó° al mito de una ciudad de oro.

Laguna de Guatavita

Lugares • El Museo del Oro

El famoso Museo del Oro del Banco de la República fue fundado° en Bogotá en 1939 para preservar las piezas de orfebrería° de la época precolombina. Tiene más de 30.000 piezas de oro y otros materiales; en él se pueden ver joyas°, ornamentos religiosos y figuras que representaban ídolos. El cuidado con el que se hicieron los objetos de oro refleja la creencia° de las tribus indígenas de que el oro era la expresión física de la energía creadora° de los dioses.

Literatura • Gabriel García Márquez (1927–2014)

Gabriel García Márquez, ganador del Premio Nobel de Literatura en 1982, es considerado uno de los escritores más importantes de la literatura universal. García Márquez publicó su primer cuento° en 1947, cuando era estudiante universitario. Su libro más conocido, *Cien años de soledad,* está escrito en el estilo° literario llamado "realismo mágico", un estilo que mezcla° la realidad con lo irreal y lo mítico°.

Historia • Cartagena de Indias

Los españoles fundaron la ciudad de Cartagena de Indias en 1533 y construyeron a su lado la fortaleza° más grande de las Américas, el Castillo de San Felipe de Barajas. En la ciudad de Cartagena se conservan muchos edificios de la época colonial, como iglesias, monasterios, palacios y mansiones. Cartagena es conocida también por el Festival Internacional de Música y su prestigioso Festival Internacional de Cine.

Costumbres • El Carnaval

Durante el Carnaval de Barranquilla, la ciudad vive casi exclusivamente para esta fiesta. Este festival es una fusión de las culturas que han llegado° a las costas caribeñas de Colombia y de sus grupos autóctonos°. El evento más importante es la Batalla° de Flores, un desfile° de carrozas° decoradas con flores. En 2003, la UNESCO declaró este carnaval como Patrimonio de la Humanidad°.

BRASIL

¿Qué aprendiste? Contesta cada pregunta con una oración completa.

1. ¿Cuáles son las principales ciudades de Colombia?
2. ¿Qué país de habla hispana tiene más habitantes que Colombia?
3. ¿Quién era Edgar Negret?
4. ¿Cuándo oyeron los españoles la leyenda de El Dorado?
5. ¿Para qué fue fundado el Museo del Oro?
6. ¿Quién ganó el Premio Nobel de Literatura en 1982?
7. ¿Qué construyeron los españoles al lado de la ciudad de Cartagena de Indias?
8. ¿Cuál es el evento más importante del Carnaval de Barranquilla?

Conexión Internet Investiga estos temas en Internet.

1. Busca información sobre las ciudades más grandes de Colombia. ¿Qué lugares de interés hay en estas ciudades? ¿Qué puede hacer un(a) turista en estas ciudades?
2. Busca información sobre pintores y escultores colombianos como Edgar Negret, Débora Arango o Fernando Botero. ¿Cuáles son algunas de sus obras más conocidas? ¿Cuáles son sus temas?

fundado *founded* **orfebrería** *goldsmithing* **joyas** *jewelry* **creencia** *belief* **creadora** *creative* **cuento** *story* **estilo** *style* **mezcla** *mixes* **mítico** *mythical* **fortaleza** *fortress* **han llegado** *have arrived* **autóctonos** *indigenous* **Batalla** *Battle* **desfile** *parade* **carrozas** *floats* **Patrimonio de la Humanidad** *World Heritage*

La naturaleza

el árbol	*tree*
el bosque (tropical)	*(tropical; rain) forest*
el cielo	*sky*
el cráter	*crater*
el desierto	*desert*
la estrella	*star*
la flor	*flower*
la hierba	*grass*
el lago	*lake*
la luna	*moon*
la naturaleza	*nature*
la nube	*cloud*
la piedra	*stone*
la planta	*plant*
el río	*river*
la selva, la jungla	*jungle*
el sendero	*trail; path*
el sol	*sun*
la tierra	*land; soil*
el valle	*valley*
el volcán	*volcano*

Los animales

el animal	*animal*
el ave, el pájaro	*bird*
la ballena	*whale*
el gato	*cat*
el mono	*monkey*
el perro	*dog*
el pez (sing.), los peces (pl.)	*fish*
la tortuga (marina)	*(sea) turtle*
la vaca	*cow*

El medio ambiente

el calentamiento global	*global warming*
el cambio climático	*climate change*
la conservación	*conservation*
la contaminación (del aire; del agua)	*(air; water) pollution*
la deforestación	*deforestation*
la ecología	*ecology*
el/la ecologista	*ecologist*
el ecoturismo	*ecotourism*
la energía (nuclear, solar)	*(nuclear, solar) energy*
el envase	*container*
la extinción	*extinction*
la fábrica	*factory*
el gobierno	*government*
la lata	*(tin) can*
la ley	*law*
el medio ambiente	*environment*
el peligro	*danger*
la (sobre)población	*(over)population*
el reciclaje	*recycling*
el recurso natural	*natural resource*
la solución	*solution*
cazar	*to hunt*
conservar	*to conserve*
contaminar	*to pollute*
controlar	*to control*
cuidar	*to take care of*
dejar de (+ *inf.*)	*to stop (doing something)*
desarrollar	*to develop*
descubrir	*to discover*
destruir	*to destroy*
estar afectado/a (por)	*to be affected (by)*
estar contaminado/a	*to be polluted*
evitar	*to avoid*
mejorar	*to improve*
proteger	*to protect*
reciclar	*to recycle*
recoger	*to pick up*
reducir	*to reduce*
resolver (o:ue)	*to resolve; to solve*
respirar	*to breathe*
de aluminio	*(made) of aluminum*
de plástico	*(made) of plastic*
de vidrio	*(made) of glass*
ecológico/a	*ecological*
puro/a	*pure*
renovable	*renewable*

Las emociones

alegrarse (de)	*to be happy*
esperar	*to hope; to wish*
sentir (e:ie)	*to be sorry; to regret*
temer	*to be afraid*
es extraño	*it's strange*
es una lástima	*it's a shame*
es ridículo	*it's ridiculous*
es terrible	*it's terrible*
es triste	*it's sad*
ojalá (que)	*I hope (that); I wish (that)*

Las dudas y certezas

(no) creer	*(not) to believe*
(no) dudar	*(not) to doubt*
(no) negar (e:ie)	*(not) to deny*
es imposible	*it's impossible*
es improbable	*it's improbable*
es obvio	*it's obvious*
no cabe duda de	*there is no doubt that*
no hay duda de	*there is no doubt that*
(no) es cierto	*it's (not) certain*
(no) es posible	*it's (not) possible*
(no) es probable	*it's (not) probable*
(no) es seguro	*it's (not) certain*
(no) es verdad	*it's (not) true*

Conjunciones

a menos que	*unless*
antes (de) que	*before*
con tal (de) que	*provided (that)*
cuando	*when*
después de que	*after*
en caso (de) que	*in case (that)*
en cuanto	*as soon as*
hasta que	*until*
para que	*so that*
sin que	*without*
tan pronto como	*as soon as*

Expresiones útiles	*See page 21.*

2 En la ciudad

Communicative Goals

You will learn how to:

- **Give advice to others**
- **Give and receive directions**
- **Discuss daily errands and city life**

A PRIMERA VISTA

- ¿Viven estas personas en un bosque, un pueblo o una ciudad?
- ¿Dónde están, en una calle o en un sendero?
- ¿Es posible que estén afectadas por la contaminación? ¿Por qué?
- ¿Está limpio o sucio el lugar donde están?

En la ciudad

Más vocabulario

la frutería	*fruit store*
la heladería	*ice cream shop*
la pastelería	*pastry shop*
la pescadería	*fish market*
la cuadra	*(city) block*
la dirección	*address*
la esquina	*corner*
el estacionamiento	*parking lot*
derecho	*straight (ahead)*
enfrente de	*opposite; facing*
hacia	*toward*
cruzar	*to cross*
doblar	*to turn*
hacer diligencias	*to run errands*
quedar	*to be located*
el cheque (de viajero)	*(traveler's) check*
la cuenta corriente	*checking account*
la cuenta de ahorros	*savings account*
ahorrar	*to save (money)*
cobrar	*to cash (a check)*
depositar	*to deposit*
firmar	*to sign*
llenar (un formulario)	*to fill out (a form)*
pagar a plazos	*to pay in installments*
pagar al contado/ en efectivo	*to pay in cash*
pedir prestado/a	*to borrow*
pedir un préstamo	*to apply for a loan*
ser gratis	*to be free of charge*

Variación léxica

cuadra ⟷ manzana (*Esp.*)
estacionamiento ⟷ aparcamiento (*Esp.*)
doblar ⟷ girar; virar; dar vuelta
hacer diligencias ⟷ hacer mandados

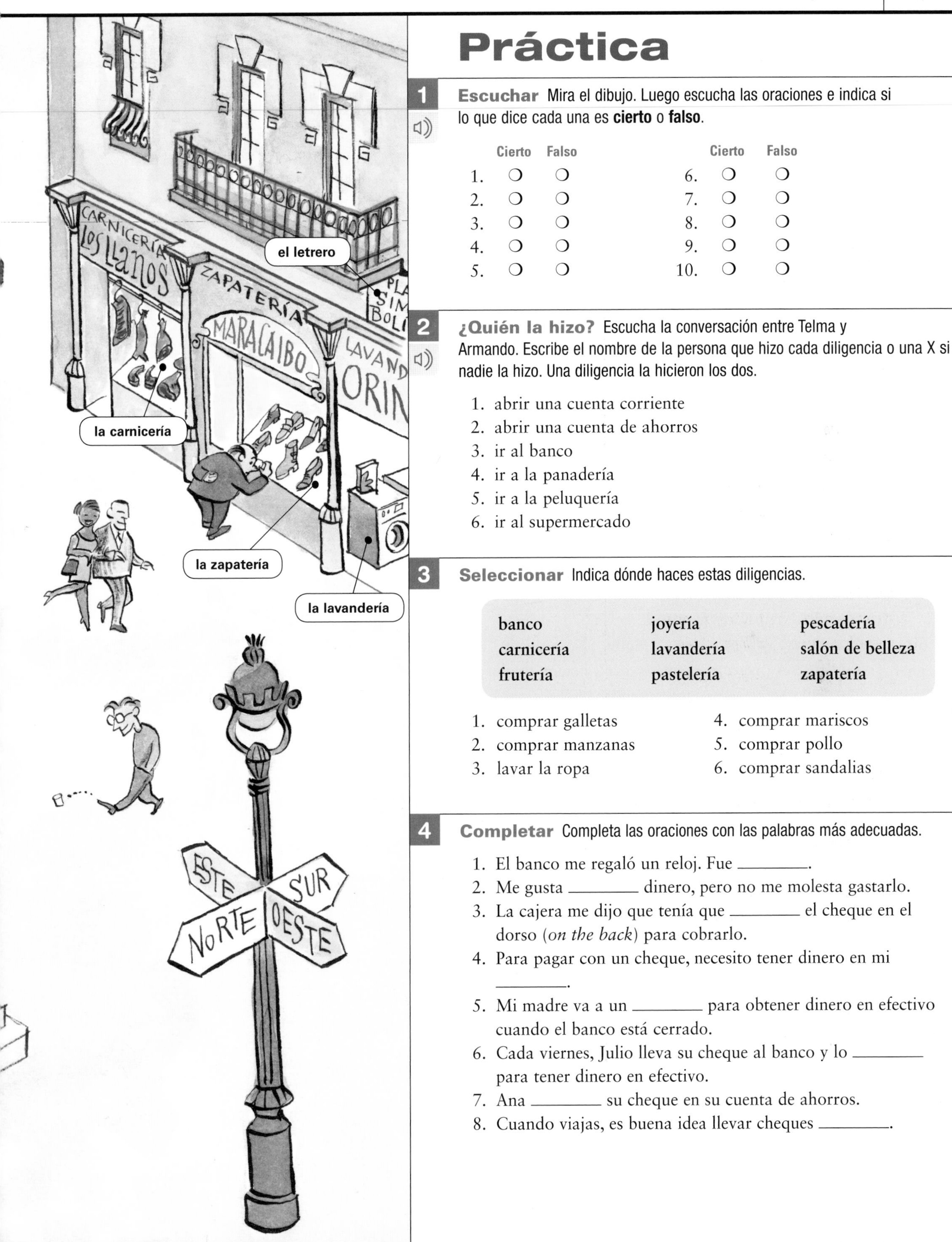

Práctica

1 Escuchar Mira el dibujo. Luego escucha las oraciones e indica si lo que dice cada una es **cierto** o **falso**.

	Cierto	Falso		Cierto	Falso
1.	❍	❍	6.	❍	❍
2.	❍	❍	7.	❍	❍
3.	❍	❍	8.	❍	❍
4.	❍	❍	9.	❍	❍
5.	❍	❍	10.	❍	❍

2 ¿Quién la hizo? Escucha la conversación entre Telma y Armando. Escribe el nombre de la persona que hizo cada diligencia o una X si nadie la hizo. Una diligencia la hicieron los dos.

1. abrir una cuenta corriente
2. abrir una cuenta de ahorros
3. ir al banco
4. ir a la panadería
5. ir a la peluquería
6. ir al supermercado

3 Seleccionar Indica dónde haces estas diligencias.

banco	joyería	pescadería
carnicería	lavandería	salón de belleza
frutería	pastelería	zapatería

1. comprar galletas
2. comprar manzanas
3. lavar la ropa
4. comprar mariscos
5. comprar pollo
6. comprar sandalias

4 Completar Completa las oraciones con las palabras más adecuadas.

1. El banco me regaló un reloj. Fue ________.
2. Me gusta ________ dinero, pero no me molesta gastarlo.
3. La cajera me dijo que tenía que ________ el cheque en el dorso (*on the back*) para cobrarlo.
4. Para pagar con un cheque, necesito tener dinero en mi ________.
5. Mi madre va a un ________ para obtener dinero en efectivo cuando el banco está cerrado.
6. Cada viernes, Julio lleva su cheque al banco y lo ________ para tener dinero en efectivo.
7. Ana ________ su cheque en su cuenta de ahorros.
8. Cuando viajas, es buena idea llevar cheques ________.

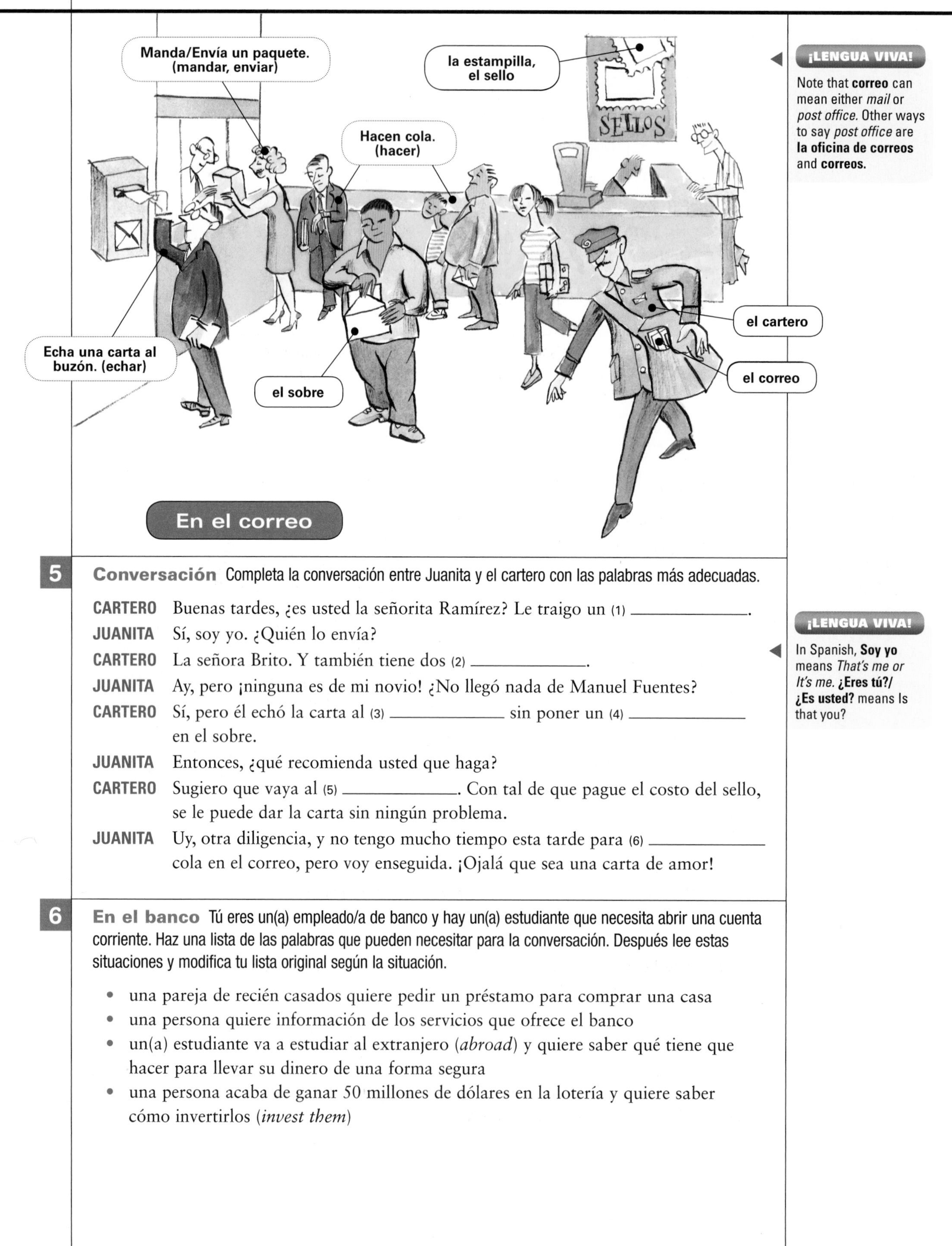

¡LENGUA VIVA!

Note that **correo** can mean either *mail* or *post office.* Other ways to say *post office* are **la oficina de correos** and **correos.**

5 **Conversación** Completa la conversación entre Juanita y el cartero con las palabras más adecuadas.

CARTERO Buenas tardes, ¿es usted la señorita Ramírez? Le traigo un (1) ____________.

JUANITA Sí, soy yo. ¿Quién lo envía?

CARTERO La señora Brito. Y también tiene dos (2) ____________.

JUANITA Ay, pero ¡ninguna es de mi novio! ¿No llegó nada de Manuel Fuentes?

CARTERO Sí, pero él echó la carta al (3) ____________ sin poner un (4) ____________ en el sobre.

JUANITA Entonces, ¿qué recomienda usted que haga?

CARTERO Sugiero que vaya al (5) ____________. Con tal de que pague el costo del sello, se le puede dar la carta sin ningún problema.

JUANITA Uy, otra diligencia, y no tengo mucho tiempo esta tarde para (6) ____________ cola en el correo, pero voy enseguida. ¡Ojalá que sea una carta de amor!

¡LENGUA VIVA!

In Spanish, **Soy yo** means *That's me or It's me.* **¿Eres tú?/ ¿Es usted?** means Is that you?

6 **En el banco** Tú eres un(a) empleado/a de banco y hay un(a) estudiante que necesita abrir una cuenta corriente. Haz una lista de las palabras que pueden necesitar para la conversación. Después lee estas situaciones y modifica tu lista original según la situación.

- una pareja de recién casados quiere pedir un préstamo para comprar una casa
- una persona quiere información de los servicios que ofrece el banco
- un(a) estudiante va a estudiar al extranjero (*abroad*) y quiere saber qué tiene que hacer para llevar su dinero de una forma segura
- una persona acaba de ganar 50 millones de dólares en la lotería y quiere saber cómo invertirlos (*invest them*)

Comunicación

7 **Conversación** Escucha la conversación entre María y Daniel. Luego, indica a quién se refiere cada una de las afirmaciones, según lo que escuchaste.

	María	Daniel
1. Tiene que ir al banco.	❍	❍
2. Su carro está en el estacionamiento.	❍	❍
3. Cambió de pelo.	❍	❍
4. Va a comer algo dulce.	❍	❍
5. Tiene mucha ropa sucia.	❍	❍
6. No sabe la dirección de la otra persona.	❍	❍

8 **El Hatillo** Trabajen en parejas para representar los papeles de un(a) turista que está perdido/a en El Hatillo y de un(a) residente de la ciudad que quiere ayudarlo/la.

NOTA CULTURAL

El Hatillo es un municipio del área metropolitana de Caracas. Forma parte del Patrimonio Cultural de Venezuela y es muy popular por su arquitectura pintoresca, sus restaurantes y sus tiendas de artesanía.

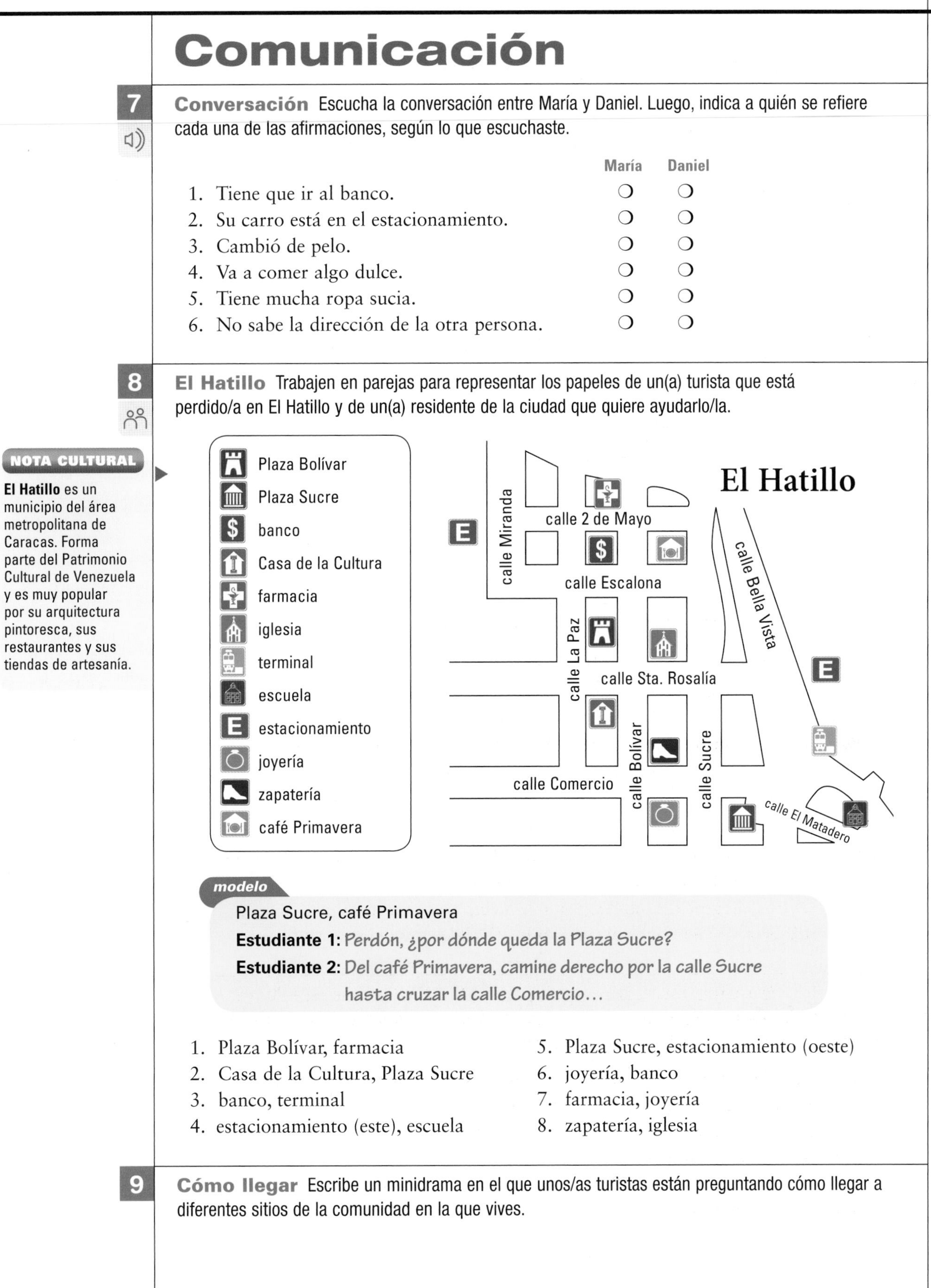

modelo

Plaza Sucre, café Primavera

Estudiante 1: *Perdón, ¿por dónde queda la Plaza Sucre?*

Estudiante 2: *Del café Primavera, camine derecho por la calle Sucre hasta cruzar la calle Comercio…*

1. Plaza Bolívar, farmacia
2. Casa de la Cultura, Plaza Sucre
3. banco, terminal
4. estacionamiento (este), escuela
5. Plaza Sucre, estacionamiento (oeste)
6. joyería, banco
7. farmacia, joyería
8. zapatería, iglesia

9 **Cómo llegar** Escribe un minidrama en el que unos/as turistas están preguntando cómo llegar a diferentes sitios de la comunidad en la que vives.

Corriendo por la ciudad

Maru necesita entregar unos documentos en el Museo de Antropología.

PERSONAJES — **MARU** — **MIGUEL**

MARU Miguel, ¿estás seguro de que tu coche está estacionado en la calle de Independencia? Estoy en la esquina de Zaragoza y Francisco Sosa. OK. Estoy enfrente del salón de belleza.

MIGUEL Dobla a la avenida Hidalgo. Luego cruza la calle Independencia y dobla a la derecha. El coche está enfrente de la pastelería.

MARU ¡Ahí está! Gracias, cariño. Hablamos luego.

MARU Vamos, arranca. Pensé que podías aguantar unos kilómetros más. Necesito un coche que funcione bien. (*en el teléfono*) Miguel, tu coche está descompuesto. Voy a pasar al banco porque necesito dinero, y luego me voy en taxi al museo.

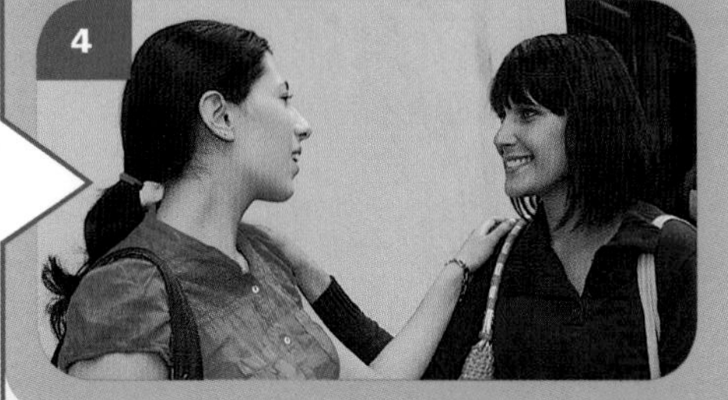

MARU Hola, Moni. Lo siento, tengo que ir a entregar un paquete y todavía tengo que ir a un cajero.

MÓNICA ¡Uf! Y la cola está súper larga.

MARU ¿Me puedes prestar algo de dinero?

MÓNICA Déjame ver cuánto tengo. Estoy haciendo diligencias, y me gasté casi todo el efectivo en la carnicería y en la panadería y en la frutería.

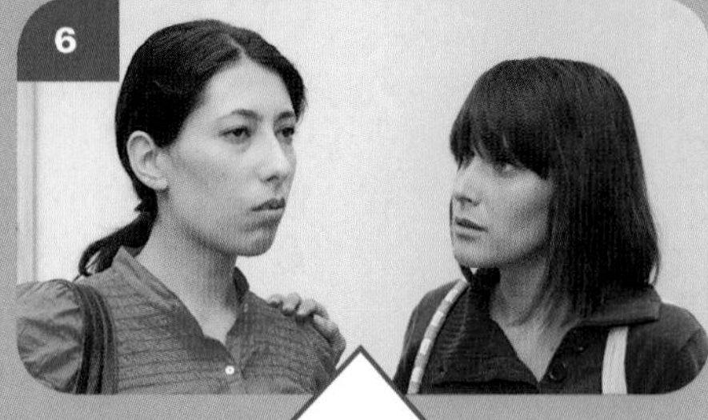

MÓNICA ¿Estás bien? Te ves pálida. Sentémonos un minuto.

MARU ¡No tengo tiempo! Tengo que llegar al Museo de Antropología. Necesito entregar...

MÓNICA ¡Ah, sí, tu proyecto!

MÓNICA

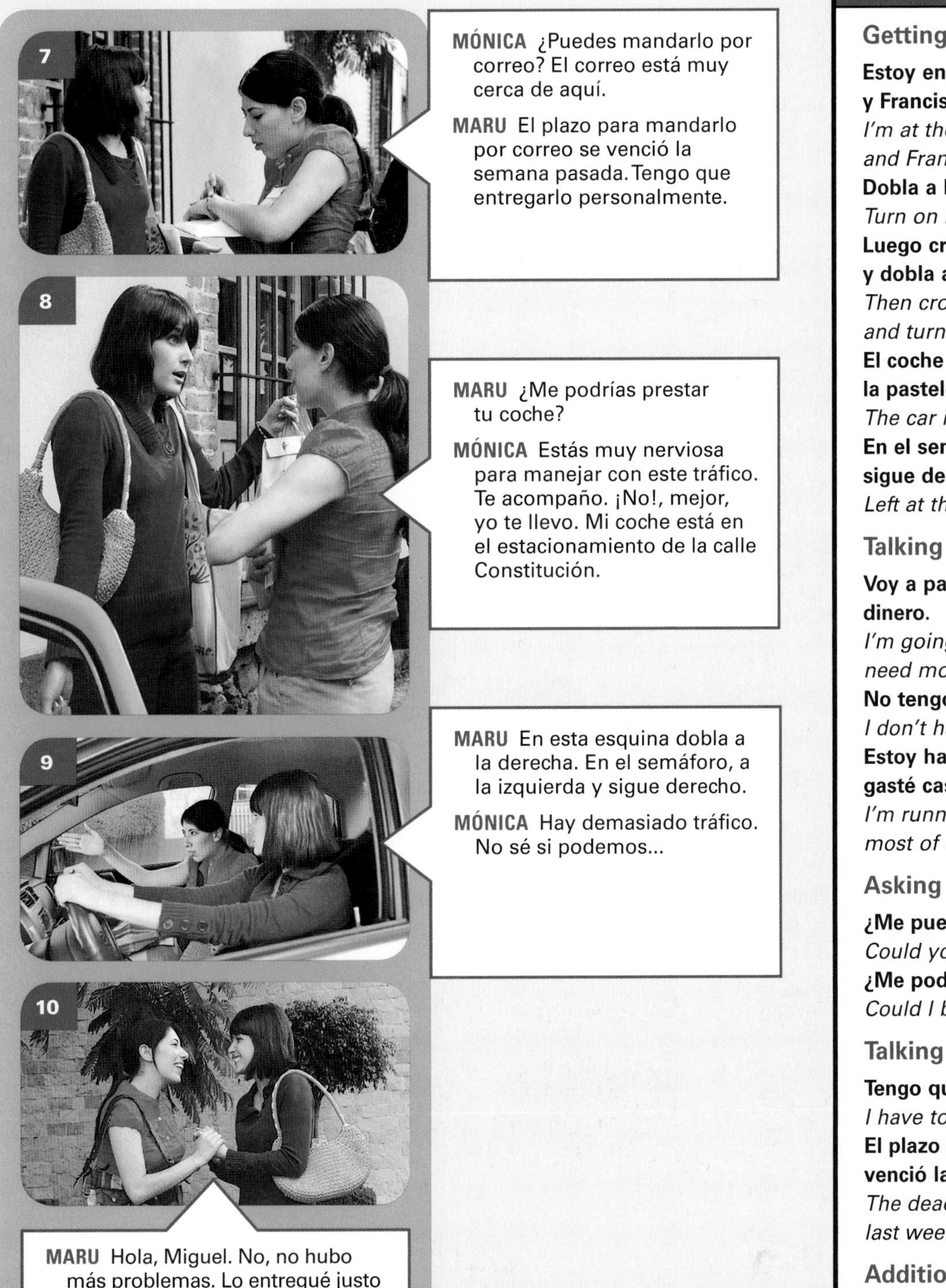

Expresiones útiles

Getting/giving directions

Estoy en la esquina de Zaragoza y Francisco Sosa.
I'm at the corner of Zaragoza and Francisco Sosa.
Dobla a la avenida Hidalgo.
Turn on Hidalgo Avenue.
Luego cruza la calle Independencia y dobla a la derecha.
Then cross Independencia Street and turn right.
El coche está enfrente de la pastelería.
The car is in front of the bakery.
En el semáforo, a la izquierda y sigue derecho.
Left at the light, then straight ahead.

Talking about errands

Voy a pasar al banco porque necesito dinero.
I'm going to the bank because I need money.
No tengo tiempo.
I don't have time.
Estoy haciendo diligencias, y me gasté casi todo el efectivo.
I'm running errands, and I spent most of my cash.

Asking for a favor

¿Me puedes prestar algo de dinero?
Could you lend me some money?
¿Me podrías prestar tu coche?
Could I borrow your car?

Talking about deadlines

Tengo que entregar mi proyecto.
I have to turn in my project.
El plazo para mandarlo por correo se venció la semana pasada.
The deadline to mail it in passed last week.

Additional vocabulary

acompañar *to accompany*
aguantar *to endure, to hold up*
ándale *come on*
pálido/a *pale*
¿Qué onda? *What's up?*

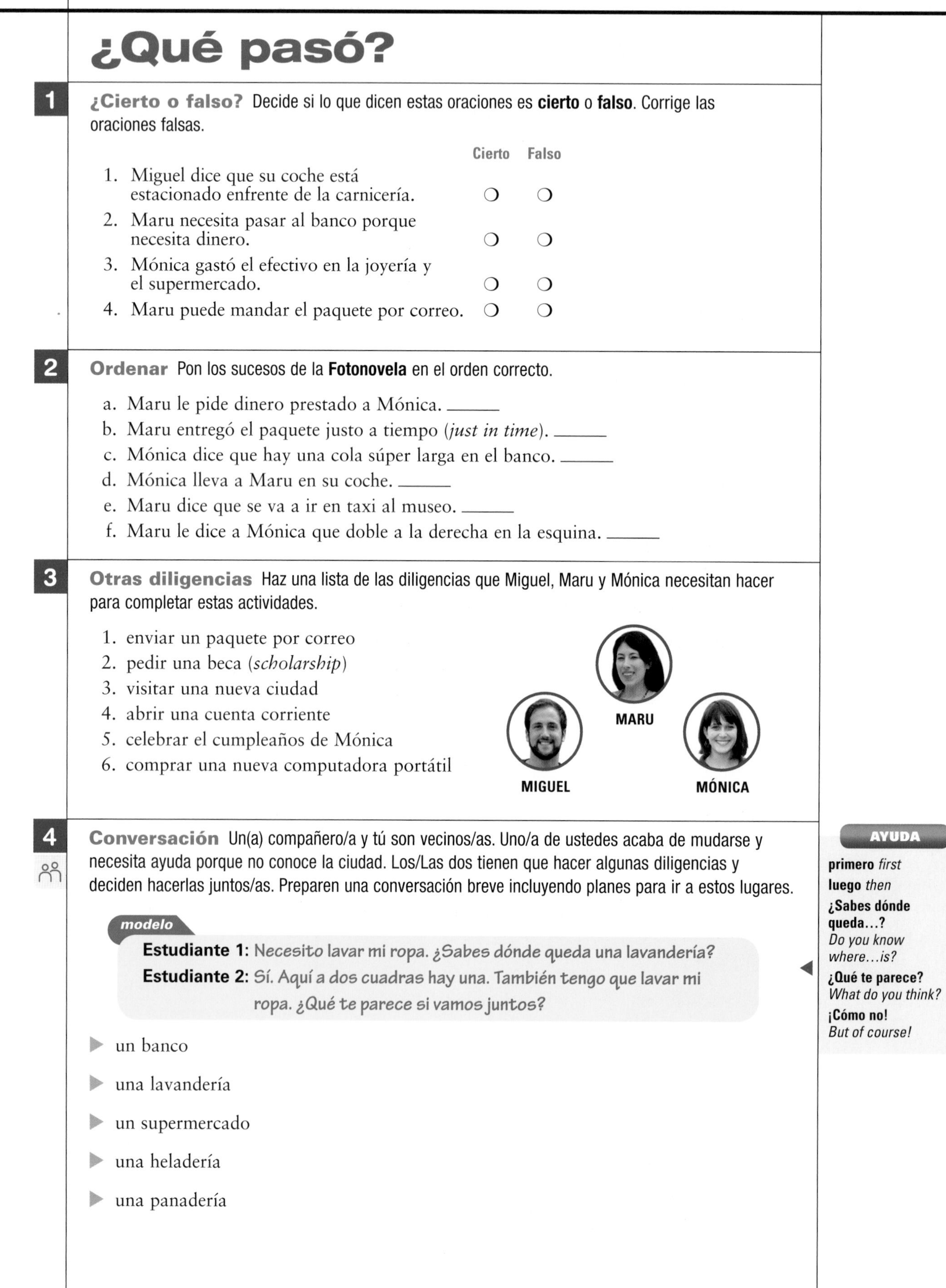

¿Qué pasó?

1 **¿Cierto o falso?** Decide si lo que dicen estas oraciones es **cierto** o **falso**. Corrige las oraciones falsas.

	Cierto	Falso
1. Miguel dice que su coche está estacionado enfrente de la carnicería.	❍	❍
2. Maru necesita pasar al banco porque necesita dinero.	❍	❍
3. Mónica gastó el efectivo en la joyería y el supermercado.	❍	❍
4. Maru puede mandar el paquete por correo.	❍	❍

2 **Ordenar** Pon los sucesos de la **Fotonovela** en el orden correcto.

a. Maru le pide dinero prestado a Mónica. ______
b. Maru entregó el paquete justo a tiempo (*just in time*). ______
c. Mónica dice que hay una cola súper larga en el banco. ______
d. Mónica lleva a Maru en su coche. ______
e. Maru dice que se va a ir en taxi al museo. ______
f. Maru le dice a Mónica que doble a la derecha en la esquina. ______

3 **Otras diligencias** Haz una lista de las diligencias que Miguel, Maru y Mónica necesitan hacer para completar estas actividades.

1. enviar un paquete por correo
2. pedir una beca (*scholarship*)
3. visitar una nueva ciudad
4. abrir una cuenta corriente
5. celebrar el cumpleaños de Mónica
6. comprar una nueva computadora portátil

MARU
MIGUEL
MÓNICA

4 **Conversación** Un(a) compañero/a y tú son vecinos/as. Uno/a de ustedes acaba de mudarse y necesita ayuda porque no conoce la ciudad. Los/Las dos tienen que hacer algunas diligencias y deciden hacerlas juntos/as. Preparen una conversación breve incluyendo planes para ir a estos lugares.

modelo

Estudiante 1: *Necesito lavar mi ropa. ¿Sabes dónde queda una lavandería?*
Estudiante 2: *Sí. Aquí a dos cuadras hay una. También tengo que lavar mi ropa. ¿Qué te parece si vamos juntos?*

- un banco
- una lavandería
- un supermercado
- una heladería
- una panadería

AYUDA

primero *first*
luego *then*
¿Sabes dónde queda...? *Do you know where...is?*
¿Qué te parece? *What do you think?*
¡Cómo no! *But of course!*

Ortografía y pronunciación

Las abreviaturas

In Spanish, as in English, abbreviations are often used in order to save space and time while writing. Here are some of the most commonly used abbreviations in Spanish.

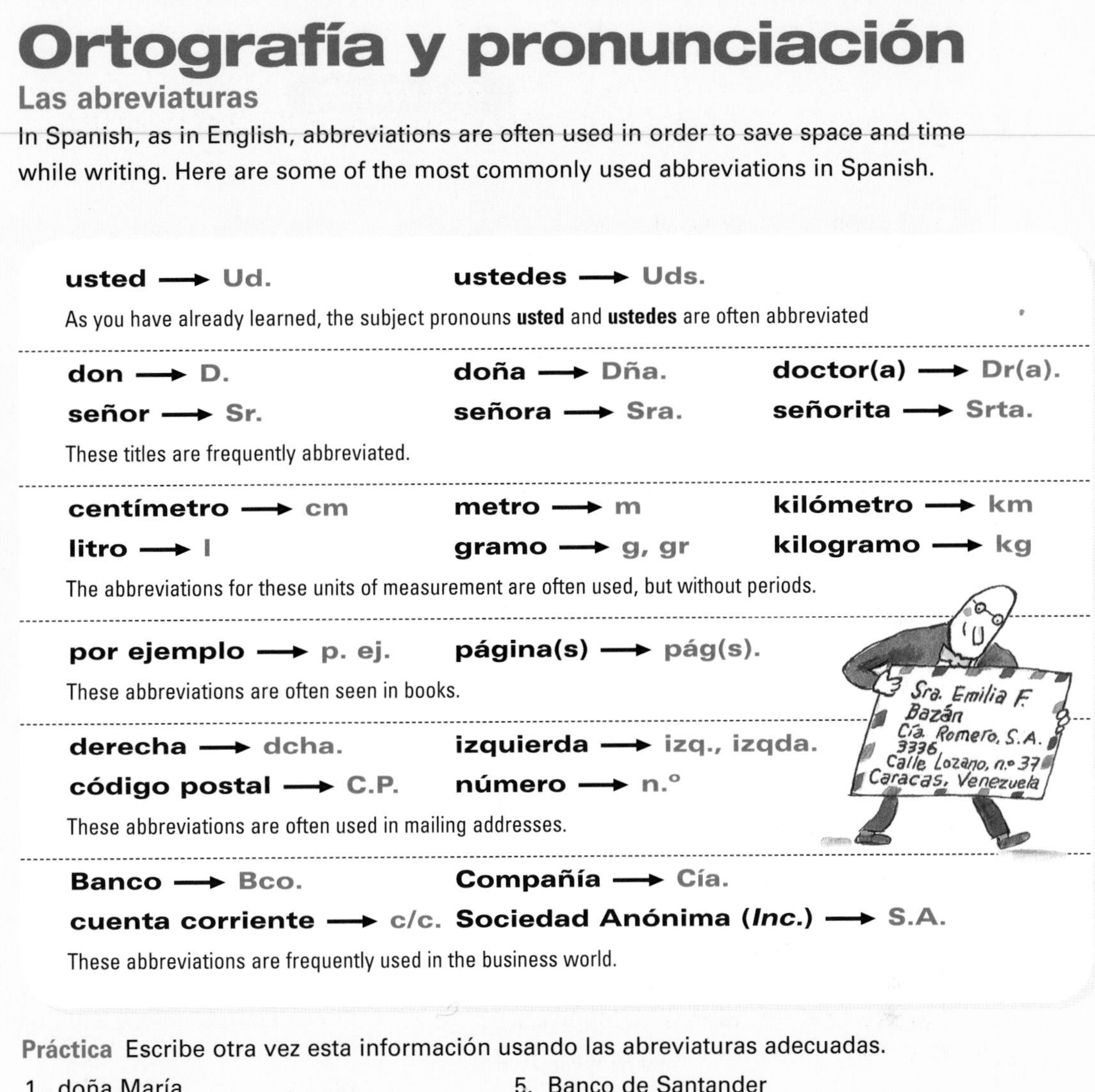

usted → Ud. **ustedes** → Uds.

As you have already learned, the subject pronouns **usted** and **ustedes** are often abbreviated

don → D. **doña** → Dña. **doctor(a)** → Dr(a).
señor → Sr. **señora** → Sra. **señorita** → Srta.

These titles are frequently abbreviated.

centímetro → cm **metro** → m **kilómetro** → km
litro → l **gramo** → g, gr **kilogramo** → kg

The abbreviations for these units of measurement are often used, but without periods.

por ejemplo → p. ej. **página(s)** → pág(s).

These abbreviations are often seen in books.

derecha → dcha. **izquierda** → izq., izqda.
código postal → C.P. **número** → n.º

These abbreviations are often used in mailing addresses.

Banco → Bco. **Compañía** → Cía.
cuenta corriente → c/c. **Sociedad Anónima (*Inc.*)** → S.A.

These abbreviations are frequently used in the business world.

Práctica Escribe otra vez esta información usando las abreviaturas adecuadas.

1. doña María
2. señora Pérez
3. Compañía Mexicana de Inversiones
4. usted
5. Banco de Santander
6. doctor Medina
7. Código Postal 03697
8. cuenta corriente número 20-453

Emparejar En la tabla hay nueve abreviaturas. Empareja los cuadros necesarios para formarlas.

S.	c.	C.	c	co.	U
B	c/	Sr	A.	D	dc
ta.	P.	ña.	ha.	m	d.

EN DETALLE

Paseando en metro

Hoy es el primer día de Teresa en la Ciudad de México. Debe tomar el metro para ir del centro de la ciudad a Coyoacán, en el sur. Llega a la estación Zócalo y compra un pasaje por el equivalente a treinta y nueve centavos° de dólar, ¡qué ganga! Con este pasaje puede ir a cualquier° parte de la ciudad o del área metropolitana.

No sólo en México, sino también en ciudades de Venezuela, Chile, Argentina y España, hay sistemas de transporte público eficientes y muy económicos. También suele haber° varios tipos de transporte: autobús, metro, tranvía°, microbús y tren. Generalmente se pueden comprar abonos° de uno o varios días para un determinado tipo de transporte. En algunas ciudades también existen abonos de transporte combinados que permiten usar, por ejemplo, el metro y el autobús o el autobús y el tren. En estas ciudades, los metros, autobuses y trenes pasan con mucha frecuencia. Las paradas° y estaciones están bien señalizadas°.

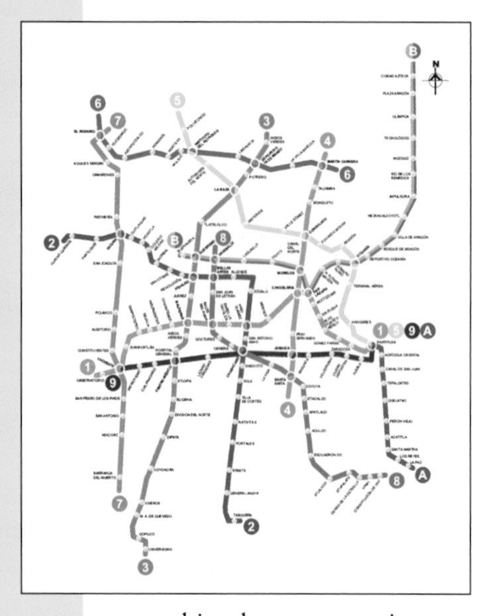

Vaya°, Teresa ya está llegando a Coyoacán. Con lo que ahorró en el pasaje del metro, puede comprarse un helado de mango y unos esquites° en el jardín Centenario.

El metro

El primer metro de Suramérica que se abrió al público fue el de Buenos Aires, Argentina (1913); el último, el de Lima, Perú (2011).

Ciudad	Pasajeros/Día (aprox.)
México D.F., México	5.200.000
Madrid, España	2.500.000
Santiago, Chile	2.400.000
Caracas, Venezuela	1.800.000
Buenos Aires, Argentina	1.000.000
Medellín, Colombia	770.000
Guadalajara, México	206.000

centavos *cents* **cualquier** *any* **suele haber** *there usually are* **tranvía** *streetcar* **abonos** *passes* **paradas** *stops* **señalizadas** *labeled* **Vaya** *Well* **esquites** *toasted corn kernels*

ACTIVIDADES

1 **¿Cierto o falso?** Indica si lo que dice cada oración es **cierto** o **falso**. Corrige la información falsa.

1. En la Ciudad de México, el pasaje de metro cuesta 39 dólares.
2. En México, un pasaje se puede usar sólo para ir al centro de la ciudad.
3. En Chile hay varios tipos de transporte público.
4. En ningún caso los abonos de transporte sirven para más de un tipo de transporte.
5. Los trenes, autobuses y metros pasan con mucha frecuencia.
6. Hay pocos letreros en las paradas y estaciones.
7. Los servicios de metro de México y España son los que mayor cantidad de viajeros transporta cada día.
8. La ciudad de Buenos Aires tiene el sistema de metro más viejo de Latinoamérica.
9. El metro que lleva menos tiempo en servicio es el de la ciudad de Medellín, Colombia.

ASÍ SE DICE

En la ciudad

el parqueadero (Col., Pan.) el parqueo (Bol., Cuba, Amér. C.)	el estacionamiento
dar un aventón (Méx.); dar botella (Cuba)	*to give (someone) a ride*
el subterráneo, el subte (Arg.)	el metro

EL MUNDO HISPANO

Apodos de ciudades

Así como Nueva York es la Gran Manzana, muchas ciudades hispanas tienen un apodo°.

- **La tacita de plata°** A Cádiz, España, se le llama así por sus edificios blancos de estilo árabe.
- **Ciudad de la eterna primavera** Arica, Chile; Cuernavaca, México, y Medellín, Colombia, llevan este sobrenombre por su clima templado° durante todo el año.
- **La docta°** Así se conoce a la ciudad argentina de Córdoba por su gran tradición universitaria.
- **La ciudad de los reyes** Así se conoce Lima, Perú, porque fue la capital del Virreinato° del Perú y allí vivían los virreyes°.
- **La arenosa** Barranquilla, Colombia, se le llama así por sus orillas del río cubiertas° de arena.

apodo *nickname* plata *silver* templado *mild* docta *erudite* Virreinato *Viceroyalty* virreyes *viceroys* cubiertas *covered*

PERFIL

Luis Barragán: arquitectura y emoción

Para el arquitecto mexicano **Luis Barragán** (1902–1988) los sentimientos° y emociones que despiertan sus diseños eran muy importantes. Afirmaba° que la arquitectura tiene una dimensión espiritual. Para él, era belleza, inspiración, magia°, serenidad, misterio, silencio, privacidad, asombro°...

Casa Barragán, Ciudad de México, 1947–1948

Las obras de Barragán muestran un suave° equilibrio entre la naturaleza y la creación humana. Su estilo también combina la arquitectura tradicional mexicana con conceptos modernos. Una característica de sus casas son las paredes envolventes° de diferentes colores con muy pocas ventanas.

En 1980, Barragán obtuvo° el Premio Pritzker, algo así como el Premio Nobel de Arquitectura. Está claro que este artista logró° que sus casas transmitieran sentimientos especiales.

sentimientos *feelings* Afirmaba *He stated* magia *magic* asombro *amazement* suave *smooth* envolventes *enveloping* obtuvo *received* logró *managed*

Conexión Internet

¿Qué otros arquitectos combinan las construcciones con la naturaleza?

Use the Web to find more cultural information related to this **Cultura** section.

ACTIVIDADES

2 **Comprensión** Contesta las preguntas.

1. ¿En qué país estás si te dicen "Dame botella al parqueo"?
2. ¿Qué ciudades tienen clima templado todo el año?
3. ¿Qué es más importante en los diseños de Barragán: la naturaleza o la creación humana?
4. ¿Qué premio obtuvo Barragán y cuándo?

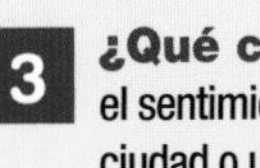

3 **¿Qué ciudad te gusta?** Escribe un párrafo breve sobre el sentimiento que despiertan las construcciones que hay en una ciudad o un pueblo que te guste mucho. Explica cómo es y cómo te sientes cuando estás allí. Inventa un apodo para este lugar.

2.1 The subjunctive in adjective clauses

ANTE TODO In **Lección 1**, you learned that the subjunctive is used in adverbial clauses after certain conjunctions. You will now learn how the subjunctive can be used in adjective clauses to express that the existence of someone or something is uncertain or indefinite.

▶ The subjunctive is used in an adjective (or subordinate) clause that refers to a person, place, thing, or idea that either does not exist or whose existence is uncertain or indefinite. In the examples below, compare the differences in meaning between the statements using the indicative and those using the subjunctive.

Indicative	Subjunctive
Necesito **el libro** que **tiene** información sobre Venezuela. *I need* ***the book*** *that has information about Venezuela.*	Necesito **un libro** que **tenga** información sobre Venezuela. *I need* ***a book*** *that has information about Venezuela.*
Quiero vivir en **esta casa** que **tiene** jardín. *I want to live in* ***this house*** *that has a garden.*	Quiero vivir en **una casa** que **tenga** jardín. *I want to live in* ***a house*** *that has a garden.*
En mi barrio, hay **una heladería** que **vende** helado de mango. *In my neighborhood,* ***there's an ice cream shop*** *that sells mango ice cream.*	En mi barrio no hay **ninguna heladería** que **venda** helado de mango. *In my neighborhood,* ***there is no ice cream shop*** *that sells mango ice cream.*

▶ When the adjective clause refers to a person, place, thing, or idea that is clearly known, certain, or definite, the indicative is used.

Quiero ir **al supermercado** que **vende** productos venezolanos.
I want to go to the supermarket that sells Venezuelan products.

Busco **al profesor** que **enseña** japonés.
I'm looking for the professor who teaches Japanese.

Conozco **a alguien** que **va** a esa peluquería.
I know someone who goes to that beauty salon.

Tengo **un amigo** que **vive** cerca de mi casa.
I have a friend who lives near my house.

¡ATENCIÓN!

Adjective clauses are subordinate clauses that modify a noun or pronoun in the main clause of a sentence. That noun or pronoun is called the *antecedent*.

¡ATENCIÓN!

Observe the important role that the indefinite article vs. the definite article plays in determining the use of the subjunctive in adjective clauses. Read the following sentences and notice why they are different:

¿Conoces *un* restaurante italiano que *esté* cerca de mi casa?

¿Conoces *el* restaurante italiano que *está* cerca de mi casa?

- The personal **a** is not used with direct objects that are hypothetical people. However, as you learned in **Senderos 2**, **alguien** and **nadie** are always preceded by the personal **a** when they function as direct objects.

Necesitamos **un empleado** que **sepa** usar computadoras.
We need an employee who knows how to use computers.

Necesitamos **al empleado** que **sabe** usar computadoras.
We need the employee who knows how to use computers.

Buscamos **a alguien** que **pueda** cocinar.
We're looking for someone who can cook.

No conocemos **a nadie** que **pueda** cocinar.
We don't know anyone who can cook.

- The subjunctive is commonly used in questions with adjective clauses when the speaker is trying to find out information about which he or she is uncertain. However, if the person who responds to the question knows the information, the indicative is used.

—¿Hay un parque que **esté** cerca de nuestro hotel?
Is there a park that's near our hotel?

—Sí, hay un parque que **está** muy cerca del hotel.
Yes, there's a park that's very near the hotel.

- **¡Atención!** Here are some verbs that are commonly followed by adjective clauses in the subjunctive:

Verbs commonly used with subjunctive	
buscar	**haber**
conocer	**necesitar**
encontrar	**querer**

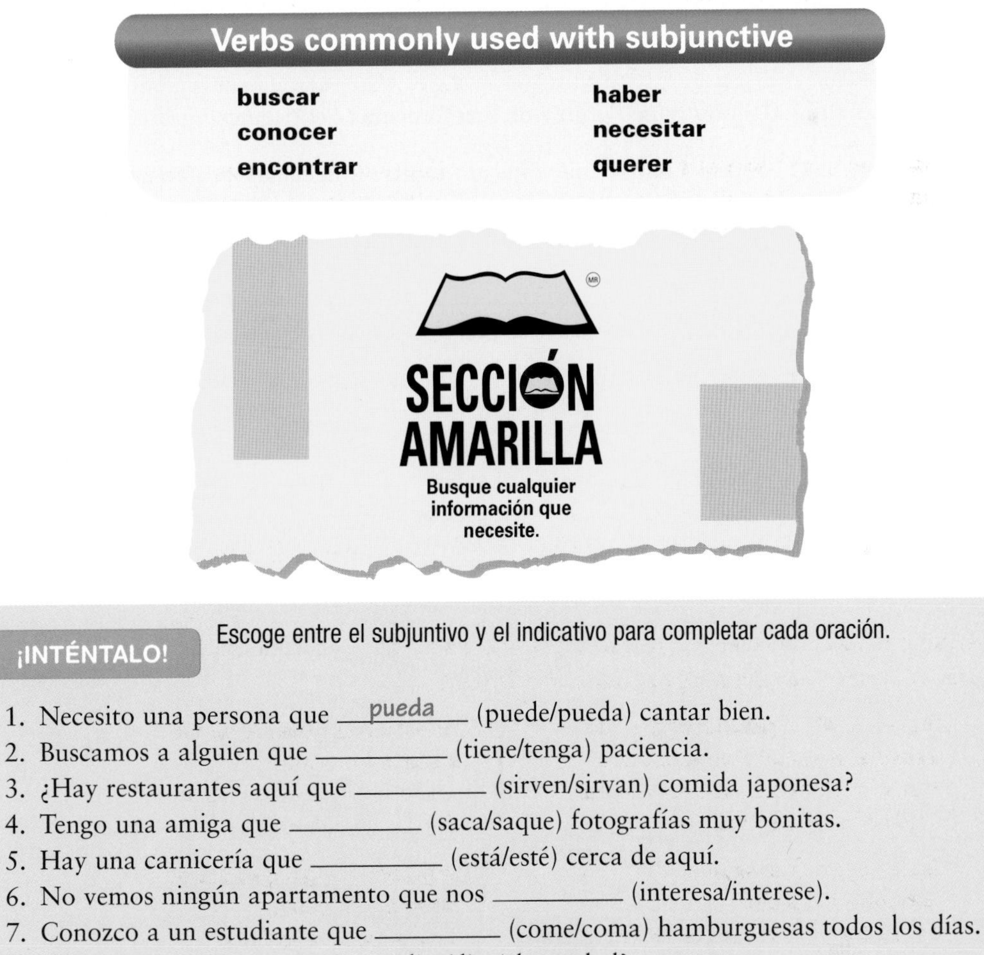

¡INTÉNTALO! Escoge entre el subjuntivo y el indicativo para completar cada oración.

1. Necesito una persona que ___pueda___ (puede/pueda) cantar bien.
2. Buscamos a alguien que __________ (tiene/tenga) paciencia.
3. ¿Hay restaurantes aquí que __________ (sirven/sirvan) comida japonesa?
4. Tengo una amiga que __________ (saca/saque) fotografías muy bonitas.
5. Hay una carnicería que __________ (está/esté) cerca de aquí.
6. No vemos ningún apartamento que nos __________ (interesa/interese).
7. Conozco a un estudiante que __________ (come/coma) hamburguesas todos los días.
8. ¿Hay alguien que __________ (dice/diga) la verdad?

Práctica

1

Completar Completa estas oraciones con la forma correcta del indicativo o del subjuntivo de los verbos entre paréntesis.

1. Buscamos un hotel que ________ (tener) piscina.
2. ¿Sabe usted dónde ________ (quedar) el Correo Central?
3. ¿Hay algún buzón por aquí donde yo ________ (poder) echar una carta?
4. Ana quiere ir a la carnicería que ________ (estar) en la avenida Lecuna.
5. Encontramos un restaurante que ________ (servir) comida típica venezolana.
6. ¿Conoces a alguien que ________ (saber) mandar un *fax* por computadora?
7. Llamas al empleado que ________ (entender) este nuevo programa de computación.
8. No hay nada en este mundo que ________ (ser) gratis.

2

Oraciones Marta está haciendo diligencias en Caracas con una amiga. Forma oraciones con estos elementos, usando el presente de indicativo o de subjuntivo. Haz los cambios que sean necesarios.

1. yo / conocer / un / panadería / que / vender / pan / cubano
2. ¿hay / alguien / que / saber / dirección / de / un / buen / carnicería?
3. yo / querer / comprarle / mi / hija / un / zapatos / que / gustar
4. ella / no / encontrar / nada / que / gustar / en / ese / zapatería
5. ¿tener / dependientas / algo / que / ser / más / barato?
6. ¿conocer / tú / alguno / banco / que / ofrecer / cuentas / corrientes / gratis?
7. nosotras / no / conocer / nadie / que / hacer / tanto / diligencias / como / nosotras
8. nosotras / necesitar / un / línea / de / metro / que / nos / llevar / a / casa

NOTA CULTURAL

El **metro** de Caracas empezó a funcionar en 1983, después de varios años de intensa publicidad para promoverlo (*promote it*). El arte fue un recurso importante en la promoción del metro. En las estaciones se pueden admirar obras (*works*) de famosos escultores venezolanos como Carlos Cruz-Diez y Jesús Rafael Soto.

3

Anuncios clasificados Lee estos anuncios y luego describe el tipo de persona u objeto que se busca.

CLASIFICADOS

VENDEDOR(A) Se necesita persona dinámica y responsable con buena presencia. Experiencia mínima de un año. Horario de trabajo flexible. Llamar a Joyería Aurora de 10 a 13h y de 16 a 18h. Tel: 263-7553

PELUQUERÍA UNISEX Se busca persona con experiencia en peluquería y maquillaje para trabajar tiempo completo. Llamar de 9 a 13: 30h. Tel: 261-3548

COMPARTIR APARTAMENTO Se necesita compañera para compartir apartamento de 2 dormitorios en el Chaco. Alquiler $500 por mes. No fumar. Llamar al 951-3642 entre 19 y 22h.

CLASES DE INGLÉS Profesor de Inglaterra con diez años de experiencia ofrece clases para grupos o instrucción privada para individuos. Llamar al 933-4110 de 16:30 a 18:30.

SE BUSCA CONDOMINIO Se busca condominio en Sabana Grande con 3 dormitorios, 2 baños, sala, comedor y aire acondicionado. Tel: 977-2018.

EJECUTIVO DE CUENTAS Se requiere joven profesional con al menos dos años de experiencia en el sector financiero. Se ofrecen beneficios excelentes. Enviar currículum vitae al Banco Unión, Avda. Urdaneta 263, Caracas.

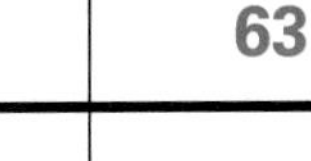

Comunicación

4 **Un apartamento** Luis es un estudiante de último año de secundaria. El próximo otoño comenzará la universidad y actualmente (*currently*) está buscando un apartamento. Lee la nota que Luis le escribe a un agente inmobiliario (*real estate agent*). Luego, indica si las conclusiones sobre Luis son **lógicas** o **ilógicas**, según lo que leíste.

> Necesito vivir en un barrio que tenga transporte público para poder ir a la universidad, porque no tengo carro. También necesito vivir cerca de una biblioteca que tenga libros en varias lenguas. Busco un apartamento que esté cerca del supermercado y del banco. También necesito que quede cerca de la lavandería. Prefiero vivir solo, pero también puedo buscar a un estudiante que necesite un cuarto para alquilar.
>
> Luis Herrera

	Lógico	Ilógico
1. Quiere vivir en la ciudad.	❍	❍
2. Va a estudiar lenguas extranjeras en la universidad.	❍	❍
3. Busca un edificio de apartamentos que tenga estacionamiento.	❍	❍
4. Necesita un apartamento que tenga lavadora y secadora.	❍	❍

5 **Preguntas** Contesta las preguntas de tu compañero/a. Usa el presente de indicativo o de subjuntivo, según corresponda.

modelo

hablar ruso

Estudiante 1: *¿Conoces a alguien que hable ruso?*

Estudiante 2: *No, no conozco a nadie que hable ruso./Sí, conozco a alguien que habla ruso.*

1. no usar el cajero automático
2. vivir enfrente de un correo
3. ser alérgico/a a los mariscos
4. no tener cuenta de ahorros
5. casarse este año
6. levantarse a las cinco
7. saber bailar tango
8. odiar hacer cola

6 **¿Compatibles?** Vas a mudarte a un apartamento con dos dormitorios. Como no quieres pagar el alquiler tú solo/a, estás buscando a un(a) compañero/a para que viva contigo. Entrevista a un(a) candidato/a para ver si tiene las cuatro características que consideres importantes. Puedes usar algunas de estas opciones u otras y no olvides usar el subjuntivo.

- cocinar
- escuchar hip-hop
- gustarle la política/el arte/los deportes
- llevarse bien con los animales
- ser vegetariano/a / limpio/a / optimista
- tener paciencia

Síntesis

7 **La ciudad ideal** Escribe un párrafo de al menos seis oraciones en el que describas cómo es la comunidad ideal donde te gustaría (*you would like*) vivir en el futuro y compárala con la comunidad donde vives ahora. Usa cláusulas adjetivas y el vocabulario de esta lección.

2.2 Nosotros/as commands

ANTE TODO You have already learned familiar (**tú**) commands and formal (**usted/ustedes**) commands. You will now learn **nosotros/as** commands, which are used to give orders or suggestions that include yourself and other people.

- **Nosotros/as** commands correspond to the English *Let's*.

- Both affirmative and negative **nosotros/as** commands are generally formed by using the first-person plural form of the present subjunctive.

Crucemos la calle. *Let's cross the street.*	**No crucemos** la calle. *Let's not cross the street.*

- The affirmative *Let's* + [*verb*] command may also be expressed with **vamos a** + [*infinitive*]. However, remember that **vamos a** + [*infinitive*] can also mean *we are going to (do something)*. Context and tone of voice determine which meaning is being expressed.

Vamos a cruzar la calle. *Let's cross the street.*	**Vamos a trabajar** mucho. *We're going to work a lot.*

- To express *Let's go*, the present indicative form of **ir** (**vamos**) is used, not the subjunctive. For the negative command, however, the subjunctive is used.

Vamos a la pescadería.	No **vayamos** a la pescadería.

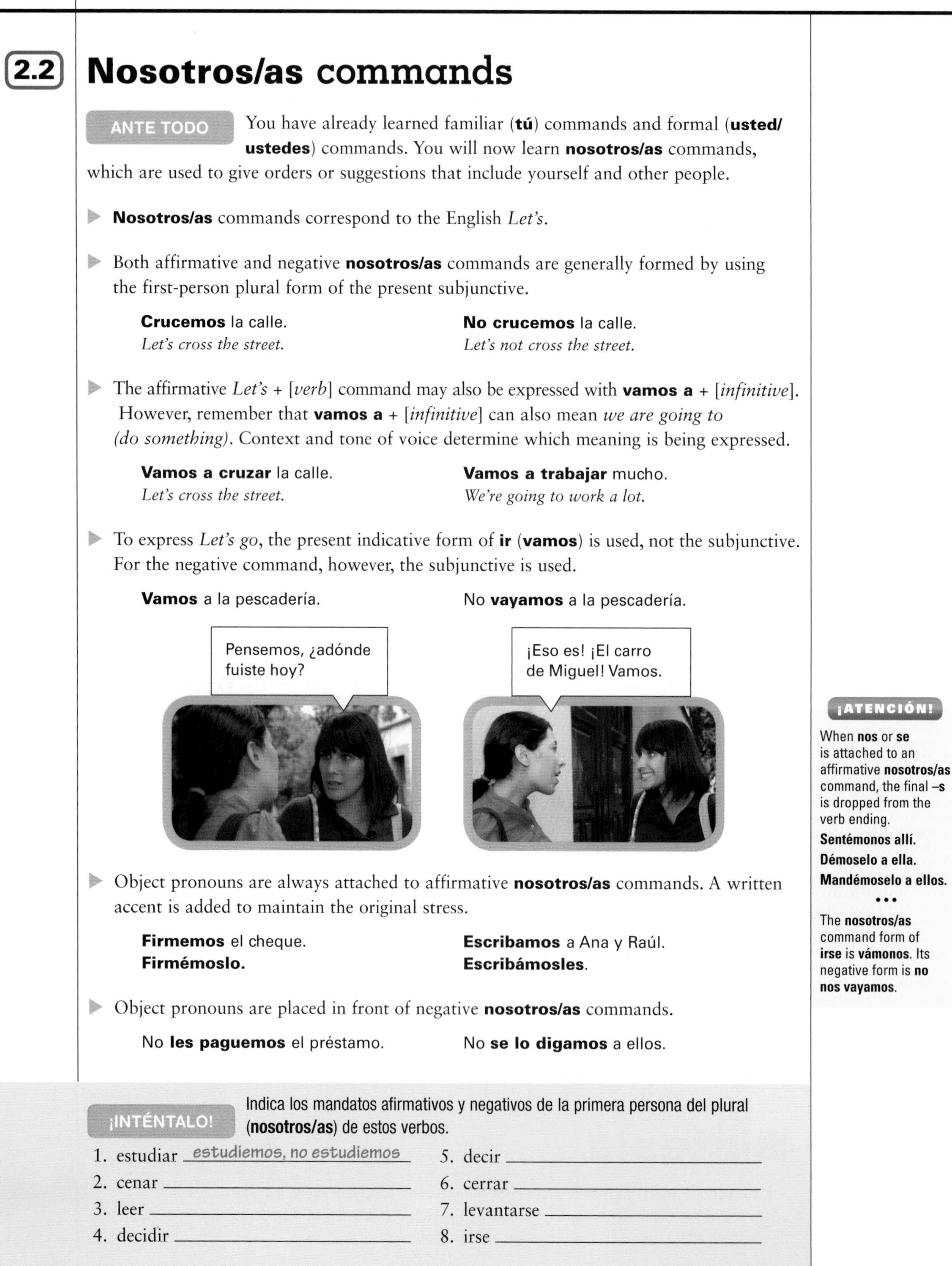

- Object pronouns are always attached to affirmative **nosotros/as** commands. A written accent is added to maintain the original stress.

Firmemos el cheque. **Firmémoslo.**	**Escribamos** a Ana y Raúl. **Escribámosles**.

- Object pronouns are placed in front of negative **nosotros/as** commands.

No **les paguemos** el préstamo.	No **se lo digamos** a ellos.

¡ATENCIÓN!

When **nos** or **se** is attached to an affirmative **nosotros/as** command, the final **–s** is dropped from the verb ending.

Sentémonos allí.

Démoselo a ella.

Mandémoselo a ellos.

•••

The **nosotros/as** command form of **irse** is **vámonos**. Its negative form is **no nos vayamos**.

¡INTÉNTALO! Indica los mandatos afirmativos y negativos de la primera persona del plural (**nosotros/as**) de estos verbos.

1. estudiar estudiemos, no estudiemos
2. cenar ______
3. leer ______
4. decidir ______
5. decir ______
6. cerrar ______
7. levantarse ______
8. irse ______

Práctica

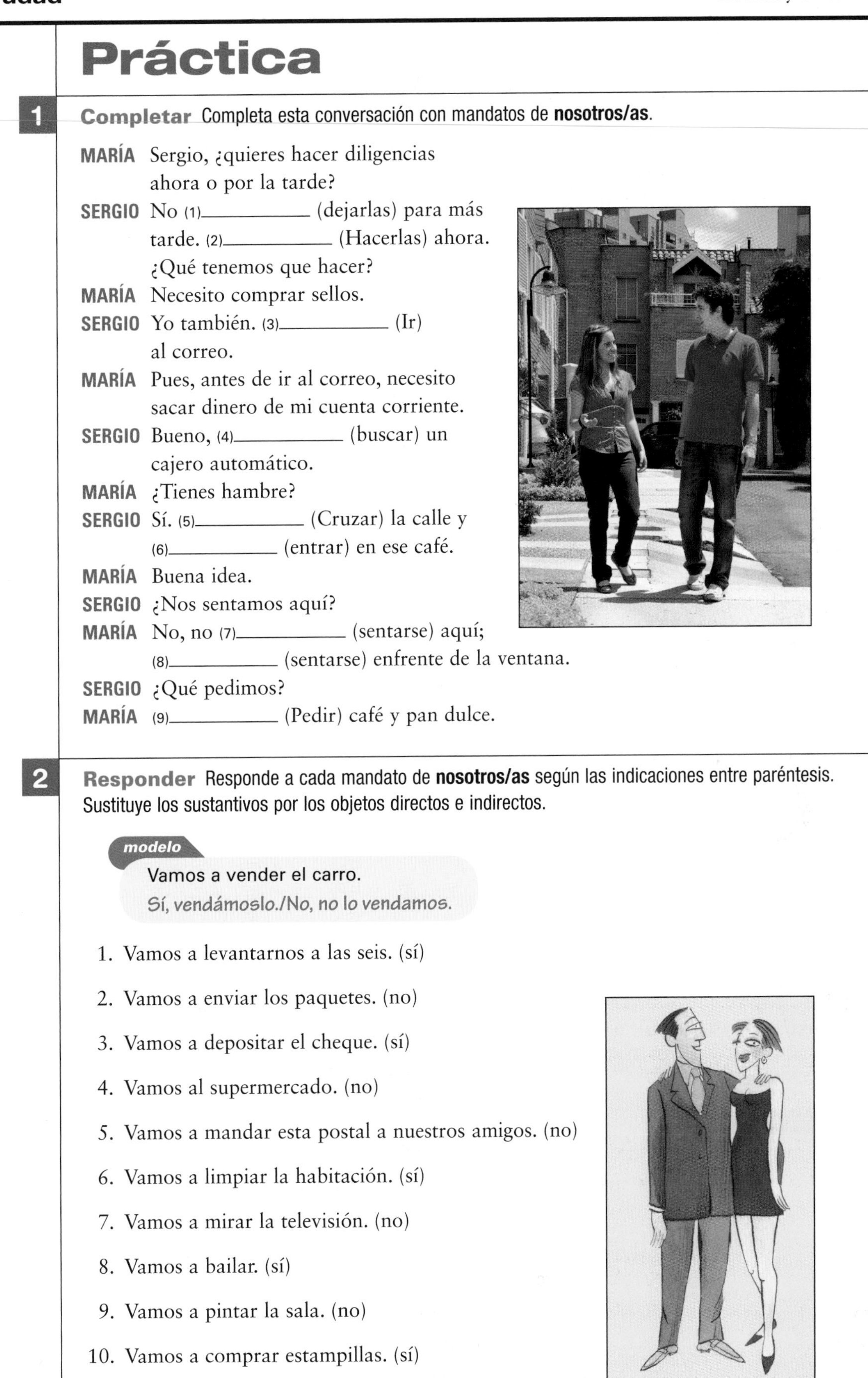

1 **Completar** Completa esta conversación con mandatos de **nosotros/as**.

MARÍA Sergio, ¿quieres hacer diligencias ahora o por la tarde?
SERGIO No (1)____________ (dejarlas) para más tarde. (2)____________ (Hacerlas) ahora. ¿Qué tenemos que hacer?
MARÍA Necesito comprar sellos.
SERGIO Yo también. (3)____________ (Ir) al correo.
MARÍA Pues, antes de ir al correo, necesito sacar dinero de mi cuenta corriente.
SERGIO Bueno, (4)____________ (buscar) un cajero automático.
MARÍA ¿Tienes hambre?
SERGIO Sí. (5)____________ (Cruzar) la calle y (6)____________ (entrar) en ese café.
MARÍA Buena idea.
SERGIO ¿Nos sentamos aquí?
MARÍA No, no (7)____________ (sentarse) aquí; (8)____________ (sentarse) enfrente de la ventana.
SERGIO ¿Qué pedimos?
MARÍA (9)____________ (Pedir) café y pan dulce.

2 **Responder** Responde a cada mandato de **nosotros/as** según las indicaciones entre paréntesis. Sustituye los sustantivos por los objetos directos e indirectos.

modelo

Vamos a vender el carro.
Sí, vendámoslo./No, no lo vendamos.

1. Vamos a levantarnos a las seis. (sí)
2. Vamos a enviar los paquetes. (no)
3. Vamos a depositar el cheque. (sí)
4. Vamos al supermercado. (no)
5. Vamos a mandar esta postal a nuestros amigos. (no)
6. Vamos a limpiar la habitación. (sí)
7. Vamos a mirar la televisión. (no)
8. Vamos a bailar. (sí)
9. Vamos a pintar la sala. (no)
10. Vamos a comprar estampillas. (sí)

Comunicación

3 **¡Quiero un celular!** Escucha la conversación entre Rosa, una adolescente mimada (*spoiled*), y su madre. Luego, indica si las conclusiones son **lógicas** o **ilógicas**, según lo que escuchaste.

	Lógico	Ilógico
1. Rosa es simpática.	❍	❍
2. La madre de Rosa necesita hacer diligencias.	❍	❍
3. Rosa es una chica muy obediente.	❍	❍
4. El padre de Rosa es más estricto que la madre.	❍	❍
5. Es probable que Rosa coma pizza.	❍	❍

4 **Preguntar** Tú y tu compañero/a están de vacaciones en Caracas y se hacen sugerencias para resolver las situaciones que se presentan. Inventen mandatos afirmativos o negativos de **nosotros/as**.

modelo

Se nos olvidaron las tarjetas de crédito.
Paguemos en efectivo./No compremos más regalos.

A

1. El museo está a sólo una cuadra de aquí.
2. Tenemos hambre.
3. Hay una cola larga en el cine.

B

1. Tenemos muchos cheques de viajero.
2. Tenemos prisa para llegar al cine.
3. Estamos cansados y queremos dormir.

5 **Decisiones** En parejas, decidan adónde quieren ir de vacaciones. Hablen de lo que quieren hacer y de lo que no quieren hacer en su viaje. Usen mandatos afirmativos y negativos de **nosotros/as**.

modelo

Estudiante 1: *Visitemos la Casa Natal de Simón Bolívar en Caracas.*
Estudiante 2: *No la visitemos. Vamos al Jardín Botánico.*

Síntesis

6 **Situación** Tú y tu compañero/a de apartamento tienen problemas económicos. Describe los problemas y sugiere algunas soluciones. Escribe oraciones con mandatos afirmativos o negativos de **nosotros/as**.

modelo

Hagamos un presupuesto (budget).
No gastemos tanto dinero.

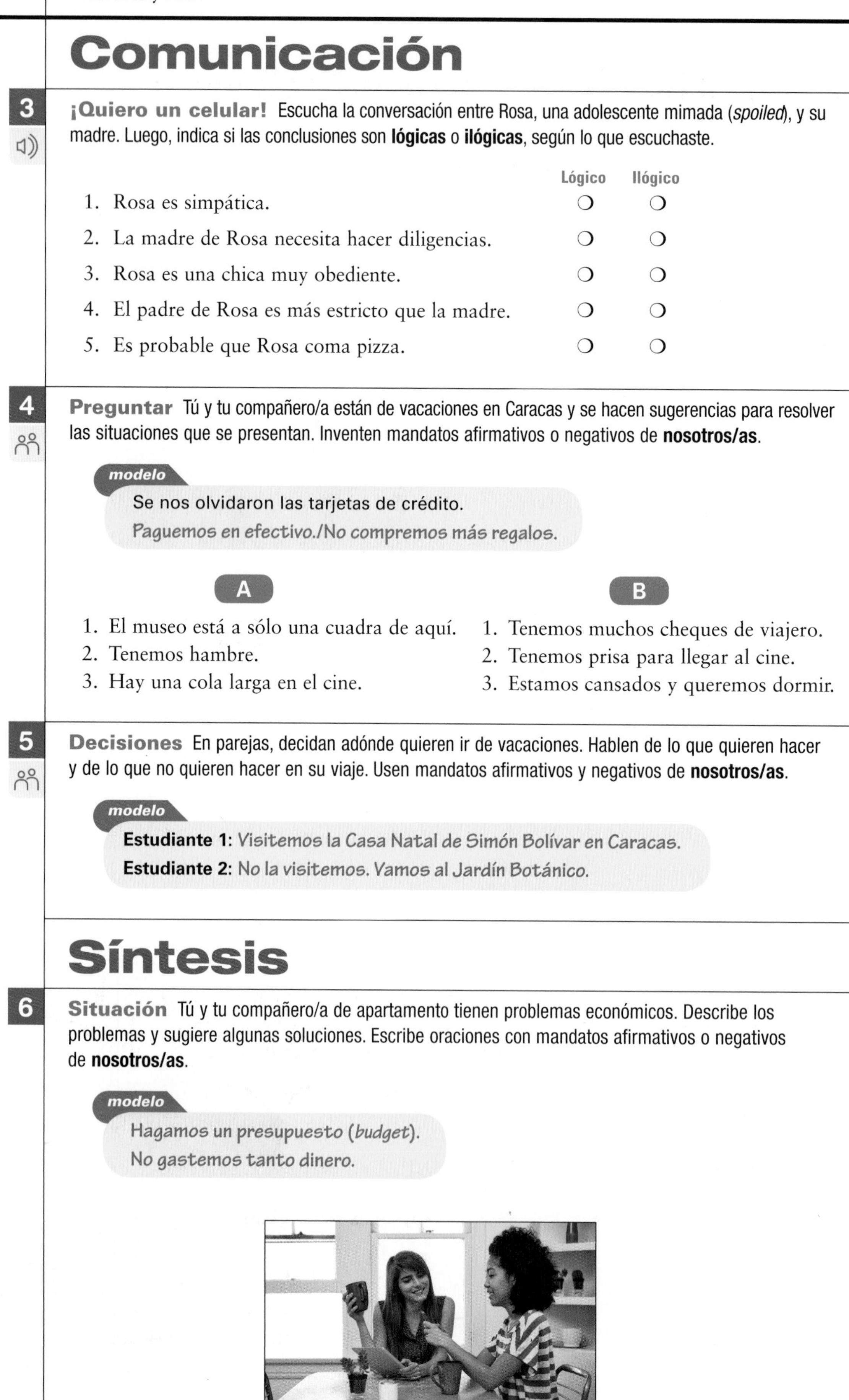

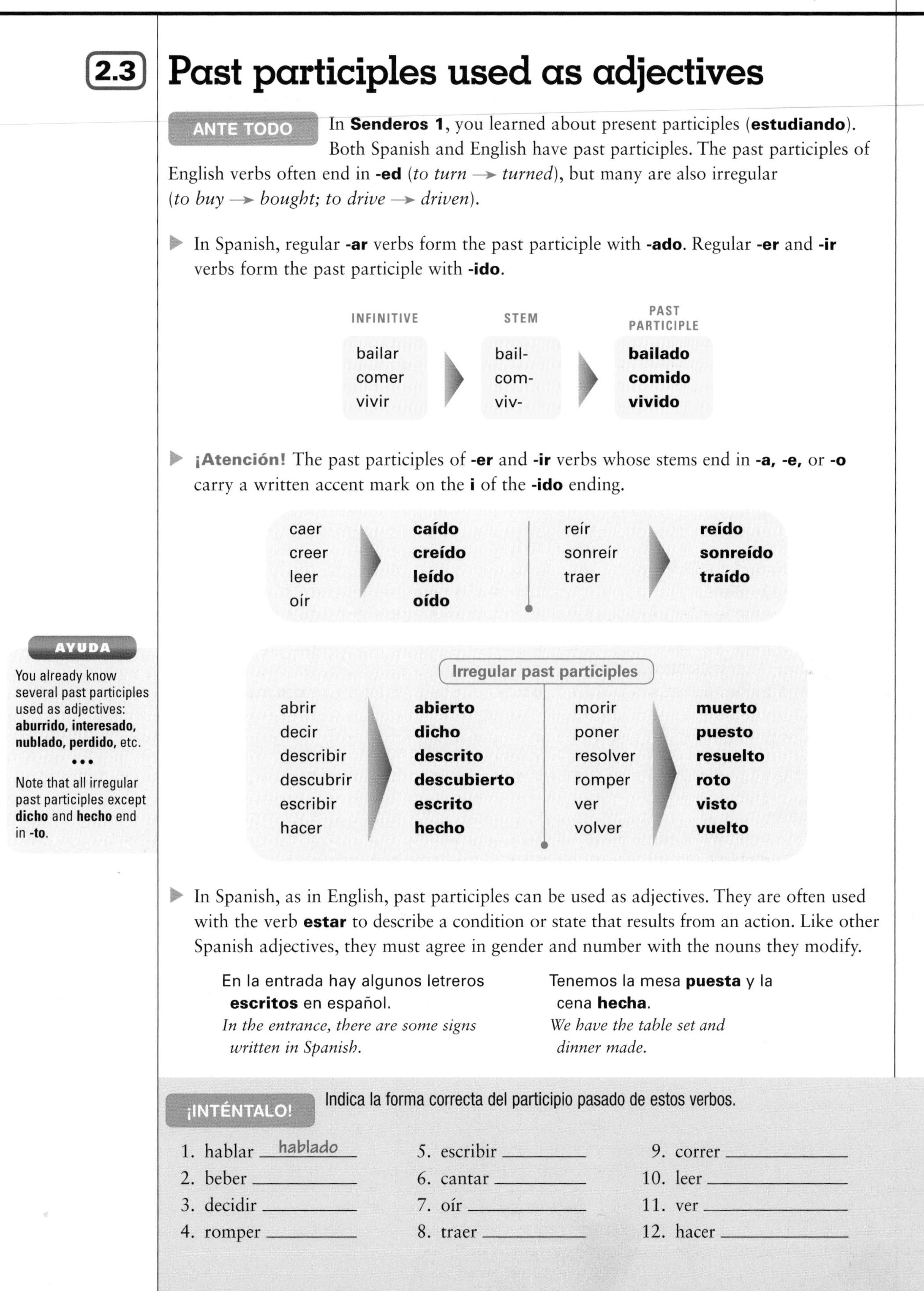

2.3 Past participles used as adjectives

ANTE TODO In **Senderos 1**, you learned about present participles (**estudiando**). Both Spanish and English have past participles. The past participles of English verbs often end in **-ed** (*to turn* → *turned*), but many are also irregular (*to buy* → *bought; to drive* → *driven*).

▶ In Spanish, regular **-ar** verbs form the past participle with **-ado**. Regular **-er** and **-ir** verbs form the past participle with **-ido**.

INFINITIVE	STEM	PAST PARTICIPLE
bailar	bail-	**bailado**
comer	com-	**comido**
vivir	viv-	**vivido**

▶ **¡Atención!** The past participles of **-er** and **-ir** verbs whose stems end in **-a, -e,** or **-o** carry a written accent mark on the **i** of the **-ido** ending.

caer	**caído**	reír	**reído**
creer	**creído**	sonreír	**sonreído**
leer	**leído**	traer	**traído**
oír	**oído**		

Irregular past participles

abrir	**abierto**	morir	**muerto**
decir	**dicho**	poner	**puesto**
describir	**descrito**	resolver	**resuelto**
descubrir	**descubierto**	romper	**roto**
escribir	**escrito**	ver	**visto**
hacer	**hecho**	volver	**vuelto**

AYUDA

You already know several past participles used as adjectives: **aburrido, interesado, nublado, perdido,** etc.

•••

Note that all irregular past participles except **dicho** and **hecho** end in **-to**.

▶ In Spanish, as in English, past participles can be used as adjectives. They are often used with the verb **estar** to describe a condition or state that results from an action. Like other Spanish adjectives, they must agree in gender and number with the nouns they modify.

En la entrada hay algunos letreros **escritos** en español.
In the entrance, there are some signs written in Spanish.

Tenemos la mesa **puesta** y la cena **hecha**.
We have the table set and dinner made.

¡INTÉNTALO! Indica la forma correcta del participio pasado de estos verbos.

1. hablar hablado
2. beber ________
3. decidir ________
4. romper ________
5. escribir ________
6. cantar ________
7. oír ________
8. traer ________
9. correr ________
10. leer ________
11. ver ________
12. hacer ________

Práctica

1

Completar Completa las oraciones con la forma adecuada del participio pasado del verbo que está entre paréntesis.

1. Hoy mi peluquería favorita está __________ (cerrar).
2. Por eso, voy a otro salón de belleza que está __________ (abrir) todos los días.
3. Queda en la Plaza Bolívar, una plaza muy __________ (conocer).
4. Todos los productos y servicios de esta tienda están __________ (describir) en un catálogo.
5. El nombre del salón está __________ (escribir) en el letrero y en la acera (*sidewalk*).
6. Cuando la tarea esté __________ (hacer), necesito pasar por el banco.

NOTA CULTURAL

Simón Bolívar (1783–1830) es considerado el "libertador" de cinco países de Suramérica: Venezuela, Perú, Bolivia, Colombia y Ecuador. Su apellido se ve en nombres como Bolivia, Ciudad Bolívar, la Universidad Simón Bolívar, el bolívar (la moneda venezolana) y en los nombres de muchas plazas y calles.

2

Preparativos Tú vas a hacer un viaje. Contesta estas preguntas sobre los preparativos (*preparations*). Responde afirmativamente y usa el participio pasado en tus respuestas.

modelo

¿Firmaste el cheque de viajero?
Sí, el cheque de viajero ya está firmado.

1. ¿Compraste los pasajes para el avión?
2. ¿Confirmaste las reservaciones para el hotel?
3. ¿Firmaste tu pasaporte?
4. ¿Lavaste la ropa?
5. ¿Resolviste el problema con el banco?
6. ¿Pagaste todas las cuentas?
7. ¿Hiciste todas las diligencias?
8. ¿Hiciste las maletas?

3

El estudiante competitivo Haz el papel de un(a) estudiante que es muy competitivo/a y siempre quiere ser mejor que los demás. Usa los participios pasados de los verbos subrayados.

modelo

A veces se me daña la computadora.
Yo sé mucho de computadoras. Mi computadora nunca está dañada.

1. Yo no hago la cama todos los días.
2. Casi nunca resuelvo mis problemas.
3. Nunca guardo mis documentos importantes.
4. Es difícil para mí terminar mis tareas.
5. Siempre se me olvida firmar mis tarjetas de crédito.
6. Nunca pongo la mesa cuando ceno.
7. No quiero escribir la composición para mañana.
8. Casi nunca lavo mi carro.

Comunicación

4 **Correo de voz** Escucha este correo de voz que Camila le deja a su madre. Luego, indica si las conclusiones son **lógicas** o **ilógicas**, según lo que escuchaste.

	Lógico	Ilógico
1. Camila es irresponsable.	❍	❍
2. Camila vive con sus padres.	❍	❍
3. El papá de Camila está muerto.	❍	❍
4. La familia de Camila se mudó recientemente.	❍	❍

5 **Preguntas** Contesta las preguntas de tu compañero/a.

1. ¿Dejas alguna luz prendida en tu casa por la noche?
2. ¿Está ordenado tu cuarto?
3. ¿Prefieres comprar libros usados o nuevos? ¿Por qué?
4. ¿Tienes mucho dinero ahorrado?
5. ¿Necesitas pedirles dinero prestado a tus padres?
6. ¿Estás preocupado/a por el medio ambiente?
7. ¿Qué haces cuando no estás preparado/a para una clase?
8. ¿Qué haces cuando estás perdido/a en una ciudad?

6 **Describir** Eres agente de policía y tienes que investigar un crimen. Mira el dibujo y describe lo que encontraste en la habitación del señor Villalonga. Usa el participio pasado en la descripción.

AYUDA

You may want to use the past participles of these verbs to describe the illustration: **abrir, desordenar, hacer, poner, romper, tirar** (*to throw*).

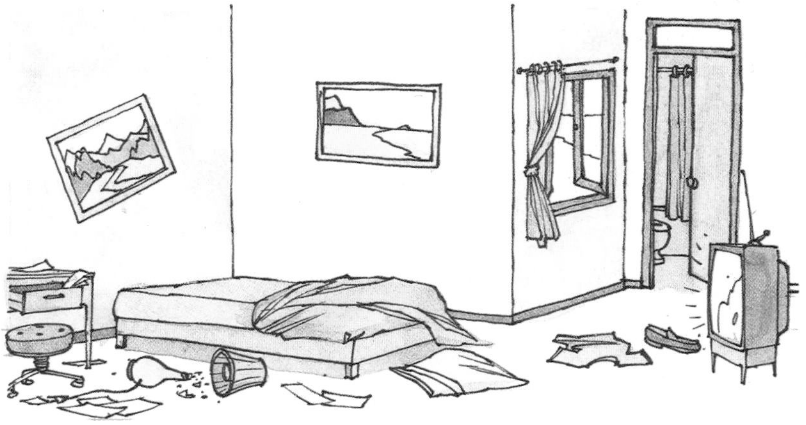

Síntesis

7 **Entre líneas** En parejas, representen una conversación entre un empleado de banco y una clienta. Usen las primeras dos líneas del diálogo para empezar y la última para terminar, pero inventen las líneas del medio (*middle*). Usen participios pasados.

EMPLEADO Buenos días, señora Ibáñez. ¿En qué la puedo ayudar?
CLIENTA Tengo un problema con este banco. ¡Todavía no está resuelto!
...
CLIENTA ¡No vuelvo nunca a este banco!

SUBJECT Javier CONJUGATED FORM empiezo Main clause Dudan

Recapitulación

Completa estas actividades para repasar los conceptos de gramática que aprendiste en esta lección.

1 Completar Completa la tabla con la forma correcta de los verbos. 16 pts.

Infinitivo	Participio	Infinitivo	Participio
completar	completada	hacer	
corregir		pagar	pagado
creer		pedir	
decir		perder	
escribir		poner	

2 Los novios Completa este diálogo entre dos novios con mandatos en la forma de **nosotros/as**. 30 pts.

SIMÓN ¿Quieres ir al cine mañana?

CARLA Sí, ¡qué buena idea! (1) __________ (Comprar) los boletos (*tickets*) por Internet.

SIMÓN No, mejor (2) __________ (pedírselos) a mi prima, quien trabaja en el cine y los consigue gratis.

CARLA ¡Fantástico!

SIMÓN Y también quiero visitar la nueva galería de arte el fin de semana que viene.

CARLA ¿Por qué esperar? (3) __________ (Visitarla) esta tarde.

SIMÓN Bueno, pero primero tengo que limpiar mi apartamento.

CARLA No hay problema. (4) __________ (Limpiarlo) juntos.

SIMÓN Muy bien. ¿Y tú no tienes que hacer diligencias hoy? (5) __________ (Hacerlas) también.

CARLA Sí, tengo que ir al correo y al banco. (6) __________ (Ir) al banco hoy, pero no (7) __________ (ir) al correo todavía. Antes tengo que escribir una carta.

SIMÓN ¿Una carta misteriosa? (8) __________ (Escribirla) ahora.

CARLA No, mejor no (9) __________ (escribirla) hasta que regresemos de la galería donde venden un papel reciclado muy lindo (*cute*).

SIMÓN ¿Papel lindo? Pues, ¿para quién es la carta?

CARLA No importa. (10) __________ (Empezar) a limpiar.

RESUMEN GRAMATICAL

2.1 The subjunctive in adjective clauses

pp. 60–61

- When adjective clauses refer to something that is known, certain, or definite, the indicative is used.

Necesito el **libro** que **tiene** fotos.

- When adjective clauses refer to something that is uncertain or indefinite, the subjunctive is used.

Necesito **un libro** que **tenga** fotos.

2.2 Nosotros/as commands

p. 64

- Same as **nosotros/as** form of present subjunctive.

Affirmative	Negative
Démosle un libro a Lola. Démoselo.	No le demos un libro a Lola. No se lo demos.

- While the subjunctive form of the verb **ir** is used for the negative **nosotros/as** command, the indicative is used for the affirmative command.

No **vayamos** a la plaza. **Vamos** a la plaza.

2.3 Past participles used as adjectives

p. 67

Past participles		
Infinitive	Stem	Past participle
bailar	bail-	**bail**ado
comer	com-	**com**ido
vivir	viv-	**viv**ido

Irregular past participles			
abrir	**abierto**	morir	**muerto**
decir	**dicho**	poner	**puesto**
describir	**descrito**	resolver	**resuelto**
descubrir	**descubierto**	romper	**roto**
escribir	**escrito**	ver	**visto**
hacer	**hecho**	volver	**vuelto**

- Like common adjectives, past participles must agree with the noun they modify.

Hay unos letreros **escritos** en español.

3 **Verbos** Escribe los verbos en el presente de indicativo o de subjuntivo. **30 pts.**

1. —¿Sabes dónde hay un restaurante donde nosotros (1) ________ (poder) comer paella valenciana? —No, no conozco ninguno que (2) ________ (servir) paella, pero conozco uno que (3) ________ (especializarse) en tapas españolas.
2. Busco vendedores que (4) ________ (ser) bilingües. No estoy seguro de conocer a alguien que (5) ________ (tener) esa característica. Pero ahora que lo pienso, ¡sí! Tengo dos amigos que (6) ________ (trabajar) en el almacén Excelencia. Los voy a llamar. Debo decirles que necesitamos que (ellos) (7) ________ (saber) hablar inglés.
3. Se busca apartamento que (8) ________ (estar) bien situado, que (9) ________ (costar) menos de $800 al mes y que (10) ________ (permitir) tener perros.

4 **La mamá de Pedro** Completa las respuestas de Pedro a las preguntas de su mamá. **20 pts.**

modelo

MAMÁ: ¿Te ayudo a guardar la ropa?
PEDRO: La ropa ya *está guardada*.

1. **MAMÁ** ¿Cuándo se van a vestir tú y tu hermano para la fiesta?
   PEDRO Nosotros ya ________ ________.
2. **MAMÁ** Hijo, ¿puedes ordenar tu habitación?
   PEDRO La habitación ya ________ ________.
3. **MAMÁ** ¿Ya se murieron tus peces?
   PEDRO No, todavía no ________ ________.
4. **MAMÁ** ¿Te ayudo a hacer tus diligencias?
   PEDRO Gracias, mamá, pero las diligencias ya ________ ________.
5. **MAMÁ** ¿Cuándo terminas tu proyecto?
   PEDRO El proyecto ya ________ ________.

5 **Adivinanza** Completa la adivinanza y adivina la respuesta. **4 pts.**

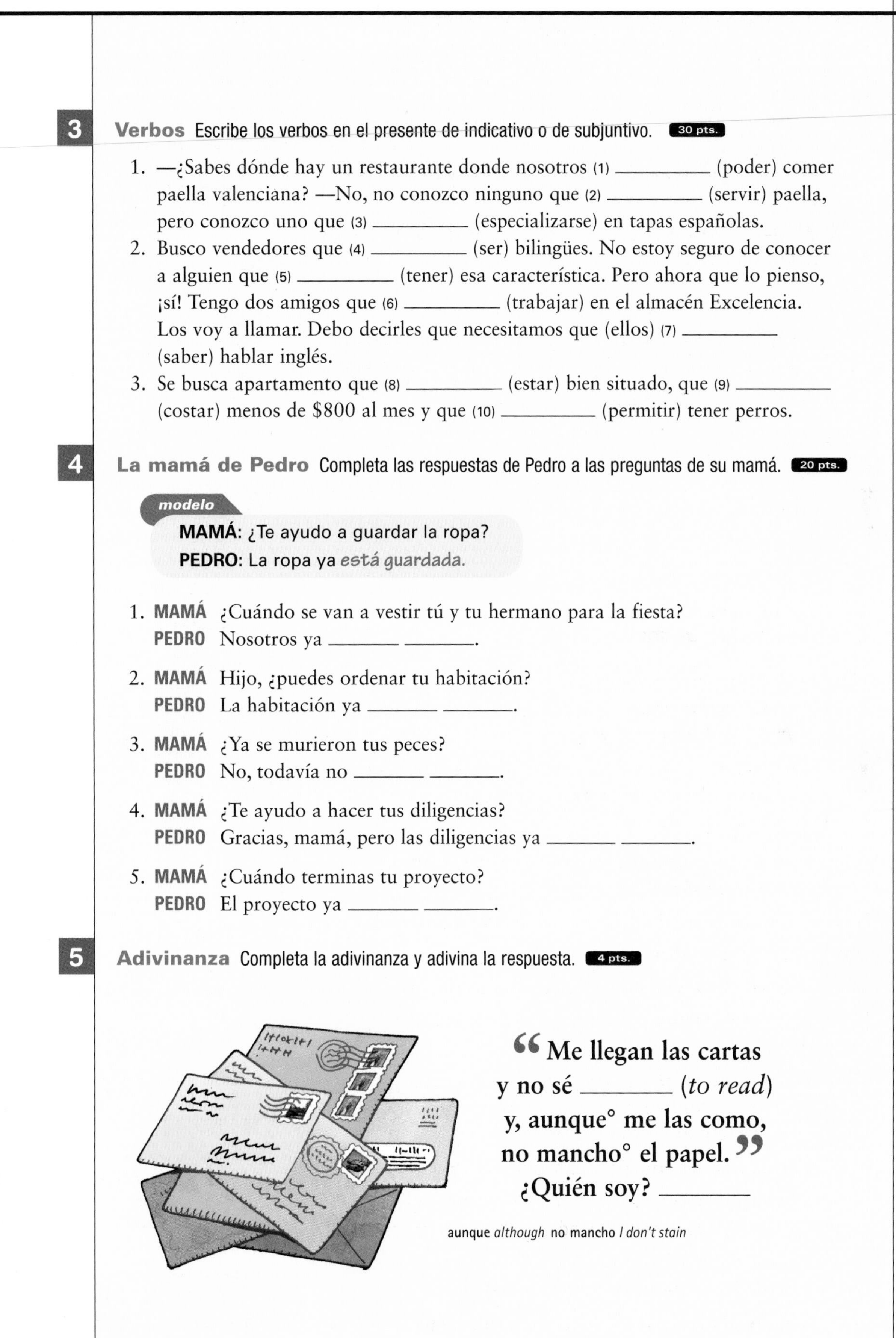

"Me llegan las cartas
y no sé ________ (*to read*)
y, aunque° me las como,
no mancho° el papel."
¿Quién soy? ________

aunque *although* no mancho *I don't stain*

Lectura

Antes de leer

Estrategia
Identifying point of view

You can understand a narrative more completely if you identify the point of view of the narrator. You can do this by simply asking yourself from whose perspective the story is being told. Some stories are narrated in the first person. That is, the narrator is a character in the story, and everything you read is filtered through that person's thoughts, emotions, and opinions. Other stories have an omniscient narrator who is not one of the story's characters and reports the thoughts and actions of all the characters.

Examinar el texto

Lee brevemente este cuento escrito por Abilio Estévez. ¿Crees que se narra en primera persona o tiene un narrador omnisciente? ¿Cómo lo sabes?

Punto de vista

Éstas son oraciones de ***Inventario secreto de La Habana*** **(fragmento)**. Reescríbelas desde el punto de vista (*point of view*) de un narrador omnisciente.

modelo

La primera impresión intensa la tenía yo cuando pasábamos ese puente.
La primera impresión intensa la tenía él cuando pasaban ese puente.

1. Siempre me llamó la atención no sólo el modo en que la frase de mis padres nos excluía de la ciudad, sino además los límites imprecisos que la ciudad misma parecía poseer.
2. En cuanto divisaba el Castillo, sabía que me hallaría de inmediato frente a la Quinta de los Molinos, antigua residencia de verano de los capitanes generales.

Inventario secreto de La Habana

Abilio Estévez

Mis padres decían «La Habana» y parecían referirse a un lugar remoto. Fuera de nuestra geografía habitual. «Prepárate, niño, hoy vamos a La Habana», decía mi madre. Casi todos los jueves iba de compras a Los Precios Fijos, un gran almacén, una tienda de la calle Reina, sin mucho glamour, junto al palacio Aldama, que tenía la ventaja° de que vendía a crédito. «Si vamos a La Habana», preguntaba yo, «¿dónde estamos ahora?» Nadie parecía interesado en aclarar° semejante contrasentido. Siempre me llamó la atención no sólo el modo en que la frase de mis padres nos excluía de la ciudad, sino además los límites imprecisos que la ciudad misma parecía poseer. «Vamos a La Habana», decía mi madre, como quien dice «Vamos a París» o «Vamos a Munich».

«Vamos a La Habana.» La frase significaba muchas cosas. Había que prepararse desde el día anterior, levantarse temprano, bañarse bien (sobre todo las orejas: mi madre vigilaba las orejas, los dientes, las uñas), vestirse lo mejor posible (a veces me hacían llevar camisa almidonada° y corbata o lazo), perfumarse de modo especial, tomar una guagua° en el Obelisco, una Ruta 22 que, aunque polvorienta°, no iba atestada° en aquellos años· y solía llegar más o menos a su hora. Y atravesar el puente sobre el Almendares.

La primera impresión intensa la tenía yo cuando pasábamos ese puente. Paisaje de mástiles°, de banderas, de velas°, de pequeños yates blancos en cantidad abrumadora°: promesa del viaje, el viaje como placer. Se franqueaba luego el Cementerio de Colón, con su pared amarilla de cruces blancas y tumbas suntuosas, bajo la sombra de los árboles. El Castillo de la Cabaña dominando la ciudad desde una colina° (fortaleza° inútil, levantada después de la toma de La Habana por los ingleses, cuando comenzaban los tiempos en que a una ciudad ya no se precisaba conquistarla con cañones°). En cuanto divisaba el Castillo, sabía que me hallaría de

Después de leer

¿Cierto o falso?

Indica si las oraciones son **ciertas** o **falsas**. Corrige las falsas.

Cierto	Falso	
____	____	1. El autor iba con su madre a La Habana casi todos los sábados.
____	____	2. La madre del autor lo hacía bañarse, vestirse bien y perfumarse cuando iban a La Habana.
____	____	3. La Ruta 22 atravesaba el puente sobre el río Almendares.
____	____	4. El Castillo de Cabaña había sido construido por los ingleses.

(*Activity continues on page 73*)

inmediato frente a la Quinta de los Molinos, antigua residencia de verano de los capitanes generales. Y entrábamos después en la calzada° de Carlos III, con sus espantosas° estatuas de caras borradas, estatuas ciegas°, inexpresivas, fatigadas de tanto sol, de tanta lluvia, que indicaban que ya habíamos llegado, que estábamos por fin en la ciudad. También nos avisaba° de la llegada el inmenso mapamundi° de la Gran Logia Masónica°.

Muchas veces he considerado el hecho de que fueran esas estatuas tan feas, y el globo terráqueo° de los masones, los que me dieran la idea de que estábamos en La Habana. Después, seguir la calle Reina, descender en Los Precios Fijos, frente a la Sears, es decir, junto a uno de los edificios más bellos del mundo, el palacio Aldama, donde, para colmo° de grandezas, comenzaba el Parque de la Fraternidad, y seguíamos de compras, visitábamos los grandes almacenes, paseábamos por las calles Monte, Galiano, San Rafael, incluso por la calle Muralla, vieja, oscura, repleta° de transeúntes°.

El viaje a La Habana contenía toda la carga de excitación y aventura que puede llevar implícita esa palabra maravillosa, «viaje». En el pequeño atlas de nuestra geografía familiar, La Habana era aquel paraje° no solo lejano, sino además extraño, ajeno°, incomprensible, o lo que es lo mismo: peligroso.

ventaja *advantage* **aclarar** *clarify* **almidonada** *starched* **guagua** *bus (Canary Islands and Cuba)* **polvorienta** *dusty* **atestada** *packed* **mástiles** *masts* **velas** *sails n.* **abrumadora** *overwhelming* **colina** *hill* **fortaleza** *fortress* **cañones** *cannons* **calzada** *avenue* **espantosas** *atrocious* **ciegas** *blind* **avisaba** *notified* **mapamundi** *world map* **Logia Masónica** *Masonic lodge* **terráqueo** *terrestrial* **para colmo** *to top it all* **repleta** *filled* **transeúntes** *pedestrians* **paraje** *place* **ajeno** *foreign*

Cierto **Falso**

_____ _____ 5. El edificio de la Sears indicaba al autor que ya se encontraba en La Habana.

_____ _____ 6. El viaje a La Habana era una actividad aburrida para el autor.

Comprensión

Contesta estas preguntas con oraciones completas.

1. ¿Qué es Los Precios Fijos y dónde se encuentra?
____
____
2. ¿Qué representaba para el autor el paisaje de yates blancos al cruzar el puente sobre el Almendares?
____
____
3. ¿Cuáles dos elementos le indicaban al autor que ya se encontraba en La Habana?
____
____

Coméntalo

En parejas, discutan las siguientes preguntas.

1. ¿Por qué al referirse a La Habana los padres del autor parecían referirse a un lugar remoto?
2. ¿Qué significa la expresión "Vamos a La Habana" para el autor? ¿Qué sentimientos e ideas le genera?
3. ¿Cuál es tu opinión sobre esta historia? ¿Por qué? ¿Te gustaría ir a La Habana?

Escritura

Estrategia

Avoiding redundancies

Redundancy is the needless repetition of words or ideas. To avoid redundancy with verbs and nouns, consult a Spanish language thesaurus (**Diccionario de sinónimos**). You can also avoid redundancy by using object pronouns, possessive adjectives, demonstrative adjectives and pronouns, and relative pronouns. Remember that, in Spanish, subject pronouns are generally used only for clarification, emphasis, or contrast. Study the example below:

Redundant:

Susana quería visitar a su amiga. Susana estaba en la ciudad. Susana tomó el tren y perdió el mapa de la ciudad. Susana estaba perdida en la ciudad. Susana estaba nerviosa. Por fin, la amiga de Susana la llamó a Susana y le indicó cómo llegar.

Improved:

Susana, quien estaba en la ciudad, quería visitar a su amiga. Tomó el tren y perdió el mapa. Estaba perdida y nerviosa. Por fin, su amiga la llamó y le indicó cómo llegar.

Tema

Escribir un mensaje electrónico

Vas a visitar a un(a) amigo/a que vive en una ciudad que no conoces. Vas a pasar allí una semana y tienes que hacer también un trabajo para tu clase de literatura. Tienes planes de alquilar un carro, pero no sabes cómo llegar del aeropuerto a la casa de tu amigo/a.

Escríbele a tu amigo/a un mensaje electrónico describiendo lo que te interesa hacer allí y dale sugerencias de actividades que pueden hacer juntos/as. Menciona lo que necesitas para hacer tu trabajo. Puedes basarte en una visita real o imaginaria.

Considera esta lista de datos que puedes incluir:

- El nombre de la ciudad que vas a visitar
- Los lugares que más te interesa visitar
- Lo que necesitas para hacer tu trabajo:
  - acceso a Internet
  - saber cómo llegar a la biblioteca pública
  - tiempo para estar solo/a
  - libros para consultar
- Mandatos para las actividades que van a compartir

Escuchar

Estrategia

Listening for specific information/ Listening for linguistic cues

As you already know, you don't have to hear or understand every word when listening to Spanish. You can often get the facts you need by listening for specific pieces of information. You should also be aware of the linguistic structures you hear. For example, by listening for verb endings, you can ascertain whether the verbs describe past, present, or future actions, and they can also indicate who is performing the action.

To practice these strategies, you will listen to a short paragraph about an environmental issue. What environmental problem is being discussed? What is the cause of the problem? Has the problem been solved, or is the solution under development?

Preparación

Describe la foto. Según la foto, ¿qué información específica piensas que vas a oír en el diálogo?

Ahora escucha

Lee estas frases y luego escucha la conversación entre Alberto y Eduardo. Indica si cada verbo se refiere a algo en el pasado, en el presente o en el futuro.

Acciones

1. Demetrio / comprar en Macro ________
2. Alberto / comprar en Macro ________
3. Alberto / estudiar psicología ________
4. carro / tener frenos malos ________
5. Eduardo / comprar un anillo para Rebeca ________
6. Eduardo / estudiar ________

Comprensión

Descripciones

Marca las oraciones que describen correctamente a Alberto.

1. ________ Es organizado en sus estudios.
2. ________ Compró unas flores para su novia.
3. ________ No le gusta tomar el metro.
4. ________ No conoce bien la zona de Sabana Grande y Chacaíto.
5. ________ No tiene buen sentido de la orientación°.
6. ________ Le gusta ir a los lugares que están de moda.

Preguntas

1. ¿Por qué Alberto prefiere ir en metro a Macro?
2. ¿Crees que Alberto y Eduardo viven en una ciudad grande o en un pueblo? ¿Cómo lo sabes?
3. ¿Va Eduardo a acompañar a Alberto? ¿Por qué?

Conversación

En parejas, hablen de sus tiendas favoritas y de cómo llegar a ellas. ¿En qué lugares tienen la última moda? ¿Los mejores precios? ¿Hay buenas tiendas cerca de tu casa?

sentido de la orientación *sense of direction*

Anuncio de Banco Ficensa

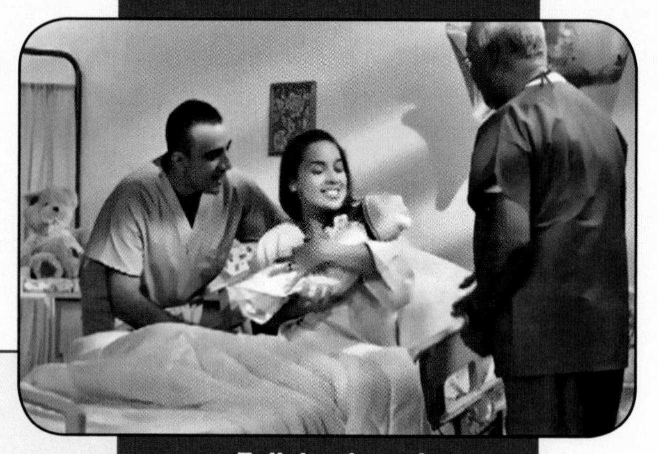

¡Felicitaciones! ¿Cómo se va a llamar?

Preparación

Contesta las preguntas. Después, comparte tus respuestas con un(a) compañero/a.

1. ¿Quién eligió tu nombre?
2. ¿Te gusta tu nombre, o prefieres otro? ¿Cuál? ¿Por qué?
3. ¿Crees que el nombre que se le ponga a un(a) bebé tendrá algún impacto en su vida de joven o adulto/a?

En algunas partes de Centroamérica, Bolivia, Chile, Colombia, Ecuador y Perú y en la mayor parte de Argentina, Uruguay y Paraguay, las personas tienen la costumbre° de usar **vos** en lugar de **tú** al hablar o escribir. Este uso es conocido como **el voseo** y se refleja también en la manera de conjugar los verbos. Por ejemplo, el presente del indicativo de los verbos regulares se conjuga con las terminaciones **-ás** (**vos hablás**), **-és** (**vos comés**) e **-ís** (**vos vivís**).

Vocabulario útil

cargar	*to carry*
parecerse a	*to look like*
peluquero	*hairdresser*
ponerle	*name him*
segundo nombre	*middle name*
trato	*treatment*

Comprensión

Elige la opción correcta.

1. El peluquero de la mamá del bebé se llama _____.
   a. José b. Tomás
2. Al papá del bebé le gustan las películas de _____.
   a. Harry Potter b. Sylvester Stallone
3. Tomás es el nombre del _____ de la mamá del bebé.
   a. abuelo b. hermano
4. El regalo para el bebé está _____.
   a. en el banco b. personalizado

Conversación

Contesta las siguientes preguntas con un(a) compañero/a.

1. ¿Qué tiene que ver un banco con el contenido del comercial?
2. ¿Cuál es la utilidad de los bancos en nuestras vidas?

Aplicación

Trabajen en grupos de tres y describan cinco pasos para abrir una cuenta de ahorros conjunta (*joint*). Usen mandatos de nosotros/as. Luego creen un anuncio donde presenten los pasos para abrir la cuenta de ahorros. Utilicen su imaginación y presenten el producto a la clase.

En una ciudad tan grande como el D.F., la vida es más fácil gracias al Sistema de Transporte Colectivo Metro y los viajes muchas veces pueden ser interesantes: en el metro se promueve° la cultura. Allí se construyó el primer museo del mundo en un transporte colectivo. También hay programas de préstamo de libros para motivar a los usuarios a leer en el tiempo muerto° que pasan dentro° del sistema. ¿Quieres saber más? Descubre qué hace tan especial al Metro del D.F. en este episodio de *Flash cultura*.

Vocabulario útil	
concurrido	*busy, crowded*
se esconde	*is hidden*
transbordo	*transfer, change*
tranvía	*streetcar*

Preparación

Imagina que estás en México, D.F., una de las ciudades más grandes del mundo. ¿Qué transporte usas para ir de un lugar a otro? ¿Por qué?

Seleccionar

Selecciona la respuesta correcta.

1. El Bosque de Chapultepec es uno de los lugares más (solitarios/concurridos) de la ciudad.
2. En las estaciones (de transbordo/subterráneas) los pasajeros pueden cambiar de trenes para llegar fácilmente a su destino.
3. Algunas líneas del Metro no son subterráneas, sino superficiales, es decir, (paran/circulan) al nivel de la calle.
4. Dentro de algunas estaciones hay (danzas indígenas/exposiciones de arte).

se promueve *is promoted* tiempo muerto *down time* dentro *inside*

El Metro del D.F.

Viajando en el Metro... puedes conocer más acerca de la cultura de este país.

Para la gente... mayor de 60 años, es el transporte totalmente gratuito.

... el Metro [...] está conectado con los demás sistemas de transporte...

Venezuela

El país en cifras

- **Área:** 912.050 km² (352.144 millas²), *aproximadamente dos veces el área de California*
- **Población:** 31.335.000
- **Capital:** Caracas —5.576.000
- **Ciudades principales:** Maracaibo —4.164.000, Valencia —2.585.000, Barquisimeto —1.600.000, Maracay —1.302.000
- **Moneda:** bolívar
- **Idiomas:** español (oficial), lenguas indígenas (oficiales)

El yanomami es uno de los idiomas indígenas que se habla en Venezuela. La cultura de los yanomami tiene su centro en el sur de Venezuela, en el bosque tropical. Son cazadores° y agricultores y viven en comunidades de hasta 400 miembros.

Bandera de Venezuela

Venezolanos célebres

- **Teresa Carreño,** compositora y pianista (1853–1917)
- **Rómulo Gallegos,** escritor y político (1884–1969)
- **Andrés Eloy Blanco,** poeta (1896–1955)
- **Gustavo Dudamel,** director de orquesta (1981–)
- **Baruj Benacerraf,** científico (1920–2011)

En 1980, Baruj Benacerraf, junto con dos de sus colegas, recibió el Premio Nobel por sus investigaciones en el campo° de la inmunología y las enfermedades autoinmunes. Nacido en Caracas, Benacerraf también vivió en París y los Estados Unidos.

cazadores *hunters* campo *field* caída *drop* Salto Ángel *Angel Falls* catarata *waterfall* la dio a conocer *made it known*

¡Increíble pero cierto!

Con una caída° de 979 metros (3.212 pies) desde la meseta de Auyan Tepuy, Salto Ángel°, en Venezuela, es la catarata° más alta del mundo, ¡diecisiete veces más alta que las cataratas del Niágara! James C. Angel la dio a conocer° en 1935. Los indígenas de la zona la denominan "Kerepakupai Merú".

Economía • El petróleo

La industria petrolera° es muy importante para la economía venezolana. La mayor concentración de petróleo del país se encuentra debajo del lago Maracaibo. En 1976 se nacionalizaron las empresas° petroleras y pasaron a ser propiedad° del estado con el nombre de *Petróleos de Venezuela*. Este producto representa más del 90% de las exportaciones del país, siendo los Estados Unidos su principal comprador°.

Actualidades • Caracas

El *boom* petrolero de los años cincuenta transformó a Caracas en una ciudad cosmopolita. Sus rascacielos° y excelentes sistemas de transporte la hacen una de las ciudades más modernas de Latinoamérica. El metro, construido en 1983, es uno de los más modernos del mundo y sus extensas carreteras y autopistas conectan la ciudad con el interior del país. El corazón de la capital es el Parque Central, una zona de centros comerciales, tiendas, restaurantes y clubes.

Historia • Simón Bolívar (1783–1830)

A principios del siglo° XIX, el territorio de la actual Venezuela, al igual que gran parte de América, todavía estaba bajo el dominio de la Corona° española. El general Simón Bolívar, nacido en Caracas, es llamado "El Libertador" porque fue el líder del movimiento independentista suramericano en el área que hoy es Venezuela, Colombia, Ecuador, Perú y Bolivia.

¿Qué aprendiste? Contesta cada pregunta con una oración completa.

1. ¿Cuál es la moneda de Venezuela?
2. ¿Quién fue Rómulo Gallegos?
3. ¿Cuándo se dio a conocer el Salto Ángel?
4. ¿Cuál es el producto más exportado de Venezuela?
5. ¿Qué ocurrió en 1976 con las empresas petroleras?
6. ¿Cómo se llama la capital de Venezuela?
7. ¿Qué hay en el Parque Central de Caracas?
8. ¿Por qué es conocido Simón Bolívar como "El Libertador"?

Sombreros y hamacas en Ciudad Bolívar

Conexión Internet Investiga estos temas en Internet.

1. Busca información sobre Simón Bolívar. ¿Cuáles son algunos de los episodios más importantes de su vida? ¿Crees que Bolívar fue un estadista (*statesman*) de primera categoría? ¿Por qué?
2. Prepara un plan para un viaje de ecoturismo por el Orinoco. ¿Qué quieres ver y hacer durante la excursión?

industria petrolera *oil industry* **empresas** *companies* **propiedad** *property* **comprador** *buyer* **rascacielos** *skyscrapers* **siglo** *century* **Corona** *Crown*

En la ciudad

el banco	*bank*
la carnicería	*butcher shop*
el correo	*post office*
el estacionamiento	*parking lot*
la frutería	*fruit store*
la heladería	*ice cream shop*
la joyería	*jewelry store*
la lavandería	*laundromat*
la panadería	*bakery*
la pastelería	*pastry shop*
la peluquería, el salón de belleza	*beauty salon*
la pescadería	*fish market*
el supermercado	*supermarket*
la zapatería	*shoe store*
hacer cola	*to stand in line*
hacer diligencias	*to run errands*

En el correo

el cartero	*mail carrier*
el correo	*mail; post office*
la estampilla, el sello	*stamp*
el paquete	*package*
el sobre	*envelope*
echar (una carta) al buzón	*to put (a letter) in the mailbox; to mail*
enviar, mandar	*to send; to mail*

En el banco

el cajero automático	*ATM*
el cheque (de viajero)	*(traveler's) check*
la cuenta corriente	*checking account*
la cuenta de ahorros	*savings account*
ahorrar	*to save (money)*
cobrar	*to cash (a check)*
depositar	*to deposit*
firmar	*to sign*
llenar (un formulario)	*to fill out (a form)*
pagar a plazos	*to pay in installments*
pagar al contado/ en efectivo	*to pay in cash*
pedir prestado/a	*to borrow*
pedir un préstamo	*to apply for a loan*
ser gratis	*to be free of charge*

Cómo llegar

la cuadra	*(city) block*
la dirección	*address*
la esquina	*corner*
el letrero	*sign*
cruzar	*to cross*
doblar	*to turn*
estar perdido/a	*to be lost*
indicar cómo llegar	*to give directions*
quedar	*to be located*
(al) este	*(to the) east*
(al) norte	*(to the) north*
(al) oeste	*(to the) west*
(al) sur	*(to the) south*
derecho	*straight (ahead)*
enfrente de	*opposite; facing*
hacia	*toward*

Past participles used as adjectives	*See page 67.*
Expresiones útiles	*See page 55.*

El bienestar

3

Communicative Goals

You will learn how to:

- **Talk about health, well-being, and nutrition**
- **Talk about physical activities**

A PRIMERA VISTA

- **¿Está la chica en un gimnasio o en un lugar al aire libre?**
- **¿Practica ella deportes frecuentemente?**
- **¿Es activa o sedentaria?**
- **¿Es probable que le importe su salud?**

El bienestar

Más vocabulario

adelgazar	*to lose weight; to slim down*
aliviar el estrés	*to reduce stress*
aliviar la tensión	*to reduce tension*
apurarse, darse prisa	*to hurry; to rush*
aumentar de peso, engordar	*to gain weight*
calentarse (e:ie)	*to warm up*
disfrutar (de)	*to enjoy; to reap the benefits (of)*
entrenarse	*to train*
estar a dieta	*to be on a diet*
estar en buena forma	*to be in good shape*
hacer gimnasia	*to work out*
llevar una vida sana	*to lead a healthy lifestyle*
mantenerse en forma	*to stay in shape*
sufrir muchas presiones	*to be under a lot of pressure*
tratar de (+ *inf.*)	*to try (to do something)*
activo/a	*active*
débil	*weak*
en exceso	*in excess; too much*
flexible	*flexible*
fuerte	*strong*
sedentario/a	*sedentary*
tranquilo/a	*calm; quiet*
el bienestar	*well-being*

Variación léxica

hacer ejercicios aeróbicos ⟷ hacer aeróbic *(Esp.)*
el/la entrenador(a) ⟷ el/la monitor(a)

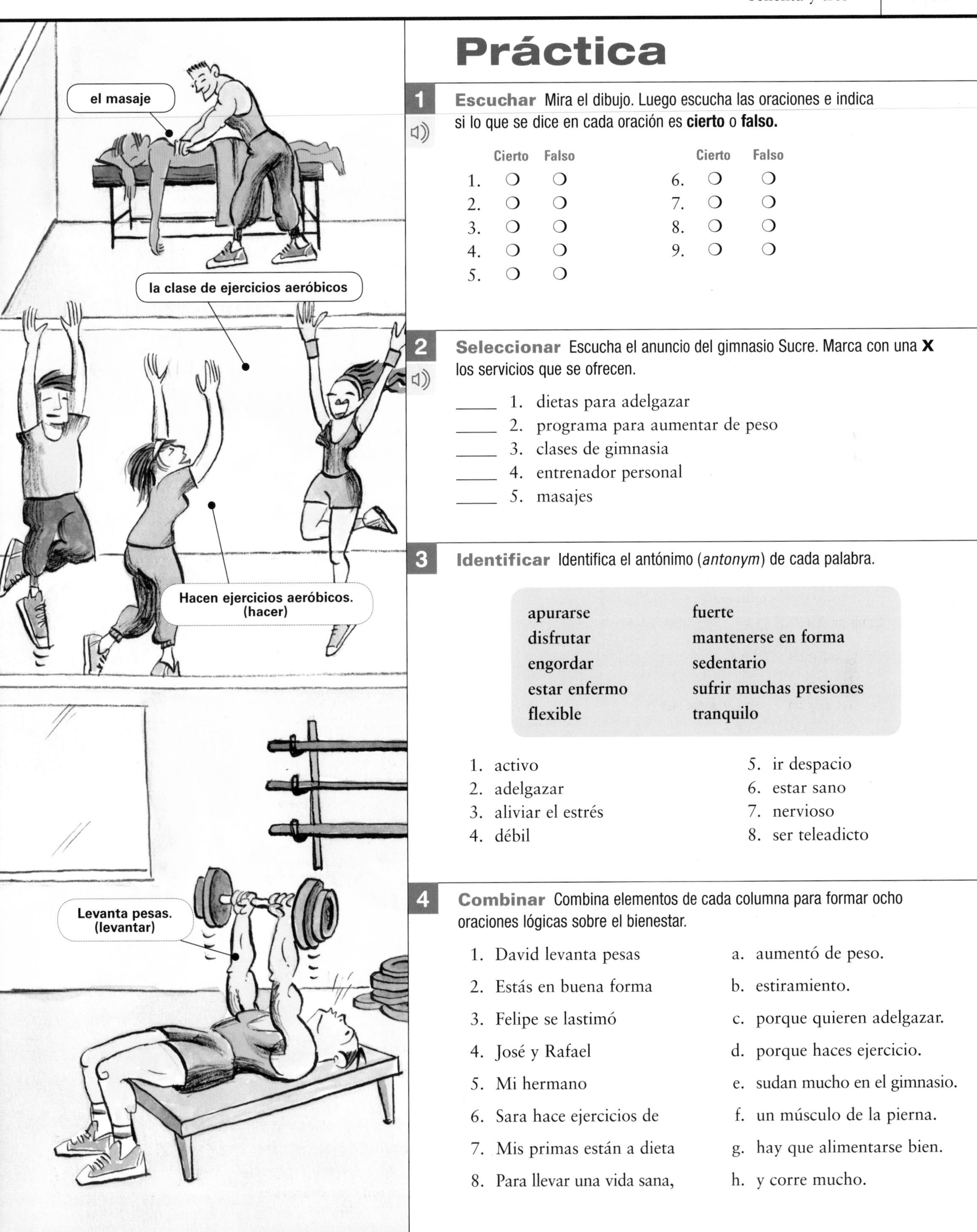

Práctica

1 **Escuchar** Mira el dibujo. Luego escucha las oraciones e indica si lo que se dice en cada oración es **cierto** o **falso.**

	Cierto	Falso
1.	❍	❍
2.	❍	❍
3.	❍	❍
4.	❍	❍
5.	❍	❍
6.	❍	❍
7.	❍	❍
8.	❍	❍
9.	❍	❍

2 **Seleccionar** Escucha el anuncio del gimnasio Sucre. Marca con una **X** los servicios que se ofrecen.

_____ 1. dietas para adelgazar
_____ 2. programa para aumentar de peso
_____ 3. clases de gimnasia
_____ 4. entrenador personal
_____ 5. masajes

3 **Identificar** Identifica el antónimo (*antonym*) de cada palabra.

apurarse	fuerte
disfrutar	mantenerse en forma
engordar	sedentario
estar enfermo	sufrir muchas presiones
flexible	tranquilo

1. activo
2. adelgazar
3. aliviar el estrés
4. débil
5. ir despacio
6. estar sano
7. nervioso
8. ser teleadicto

4 **Combinar** Combina elementos de cada columna para formar ocho oraciones lógicas sobre el bienestar.

1. David levanta pesas	a. aumentó de peso.
2. Estás en buena forma	b. estiramiento.
3. Felipe se lastimó	c. porque quieren adelgazar.
4. José y Rafael	d. porque haces ejercicio.
5. Mi hermano	e. sudan mucho en el gimnasio.
6. Sara hace ejercicios de	f. un músculo de la pierna.
7. Mis primas están a dieta	g. hay que alimentarse bien.
8. Para llevar una vida sana,	h. y corre mucho.

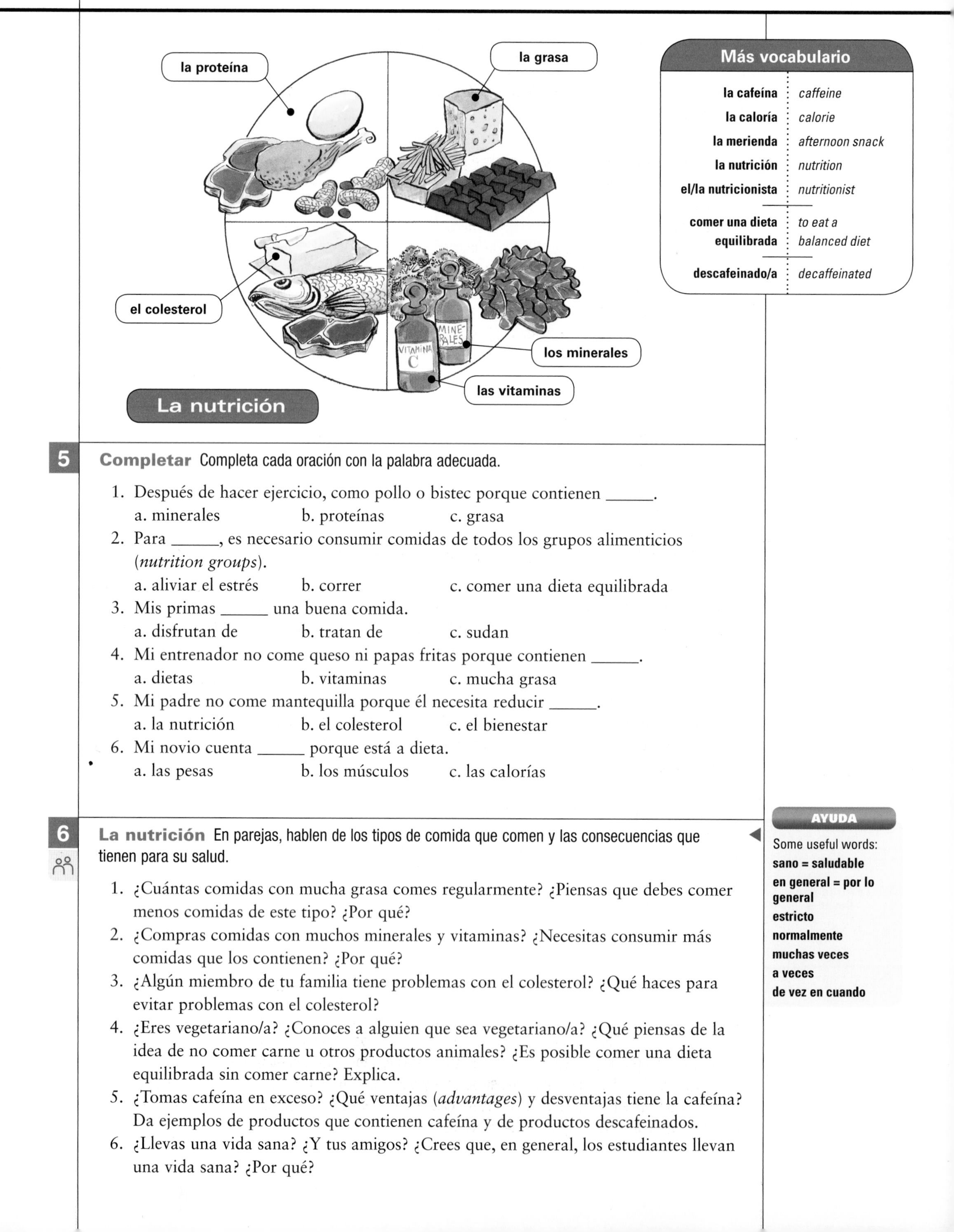

Más vocabulario

la cafeína	*caffeine*
la caloría	*calorie*
la merienda	*afternoon snack*
la nutrición	*nutrition*
el/la nutricionista	*nutritionist*
comer una dieta equilibrada	*to eat a balanced diet*
descafeinado/a	*decaffeinated*

5 Completar Completa cada oración con la palabra adecuada.

1. Después de hacer ejercicio, como pollo o bistec porque contienen ______.
   a. minerales   b. proteínas   c. grasa
2. Para ______, es necesario consumir comidas de todos los grupos alimenticios (*nutrition groups*).
   a. aliviar el estrés   b. correr   c. comer una dieta equilibrada
3. Mis primas ______ una buena comida.
   a. disfrutan de   b. tratan de   c. sudan
4. Mi entrenador no come queso ni papas fritas porque contienen ______.
   a. dietas   b. vitaminas   c. mucha grasa
5. Mi padre no come mantequilla porque él necesita reducir ______.
   a. la nutrición   b. el colesterol   c. el bienestar
6. Mi novio cuenta ______ porque está a dieta.
   a. las pesas   b. los músculos   c. las calorías

6 La nutrición En parejas, hablen de los tipos de comida que comen y las consecuencias que tienen para su salud.

1. ¿Cuántas comidas con mucha grasa comes regularmente? ¿Piensas que debes comer menos comidas de este tipo? ¿Por qué?
2. ¿Compras comidas con muchos minerales y vitaminas? ¿Necesitas consumir más comidas que los contienen? ¿Por qué?
3. ¿Algún miembro de tu familia tiene problemas con el colesterol? ¿Qué haces para evitar problemas con el colesterol?
4. ¿Eres vegetariano/a? ¿Conoces a alguien que sea vegetariano/a? ¿Qué piensas de la idea de no comer carne u otros productos animales? ¿Es posible comer una dieta equilibrada sin comer carne? Explica.
5. ¿Tomas cafeína en exceso? ¿Qué ventajas (*advantages*) y desventajas tiene la cafeína? Da ejemplos de productos que contienen cafeína y de productos descafeinados.
6. ¿Llevas una vida sana? ¿Y tus amigos? ¿Crees que, en general, los estudiantes llevan una vida sana? ¿Por qué?

AYUDA

Some useful words:
sano = saludable
en general = por lo general
estricto
normalmente
muchas veces
a veces
de vez en cuando

Comunicación

7 **El colesterol** Lee este párrafo sobre el colesterol. Luego, indica si las conclusiones son **lógicas** o **ilógicas**.

> El colesterol es una sustancia que el cuerpo necesita para funcionar apropiadamente, pero es necesario mantener un nivel (*level*) de colesterol adecuado. El nivel deseable es menos de 200. El colesterol alto puede provocar ataques al corazón y enfermedades cardíacas, entre otras. Para evitar el colesterol alto, es importante llevar una vida sana. Es esencial comer una dieta equilibrada; los productos derivados de los animales son una buena fuente (*source*) de proteínas, pero es importante limitar su consumo si se tiene el colesterol alto. Además de cuidar la dieta, es importante mantenerse en forma. La falta de ejercicio y el exceso de peso también contribuyen a que las personas sufran de colesterol alto. Por último, es recomendable dedicar un mínimo de 120 minutos semanales (*weekly*) al ejercicio.

	Lógico	Ilógico
1. El colesterol es necesario.	❍	❍
2. Se debe hacer algo si el nivel de colesterol es de 250.	❍	❍
3. Para evitar el colesterol alto, se debe consumir mucha carne.	❍	❍
4. Ser sedentario ayuda a mantener un nivel adecuado de colesterol.	❍	❍
5. El nivel de colesterol se puede elevar cuando se adelgaza.	❍	❍

8 **Recomendaciones para la salud** Imagina que estás preocupado/a por los malos hábitos de un(a) amigo/a que no está bien últimamente (*lately*). Habla de lo que está pasando en la vida de tu amigo/a y los cambios que necesita hacer para llevar una vida sana.

9 **Un anuncio** Imagina que eres dueño/a de un gimnasio con un equipo (*equipment*) moderno, entrenadores cualificados y un(a) nutricionista. Escribe un anuncio para la televisión que hable del gimnasio y atraiga (*attracts*) a una gran variedad de nuevos clientes. Incluye esta información en el anuncio.

- las ventajas de estar en buena forma
- el equipo que tienes
- los servicios y clases que ofreces
- las características únicas
- la dirección y el teléfono
- el precio para los socios (*members*)

10 **El teleadicto** Con un(a) compañero/a, representen los papeles de un(a) nutricionista y un(a) teleadicto/a. La persona sedentaria habla de sus malos hábitos para la comida y de que no hace ejercicio. También dice que toma demasiado café y que siente mucho estrés. El/La nutricionista le sugiere una dieta equilibrada con bebidas descafeinadas y una rutina para mantenerse en forma. El/La teleadicto/a le da las gracias por su ayuda.

Chichén Itzá

Los chicos exploran Chichén Itzá y se relajan en un spa.

PERSONAJES **MARISSA** **FELIPE**

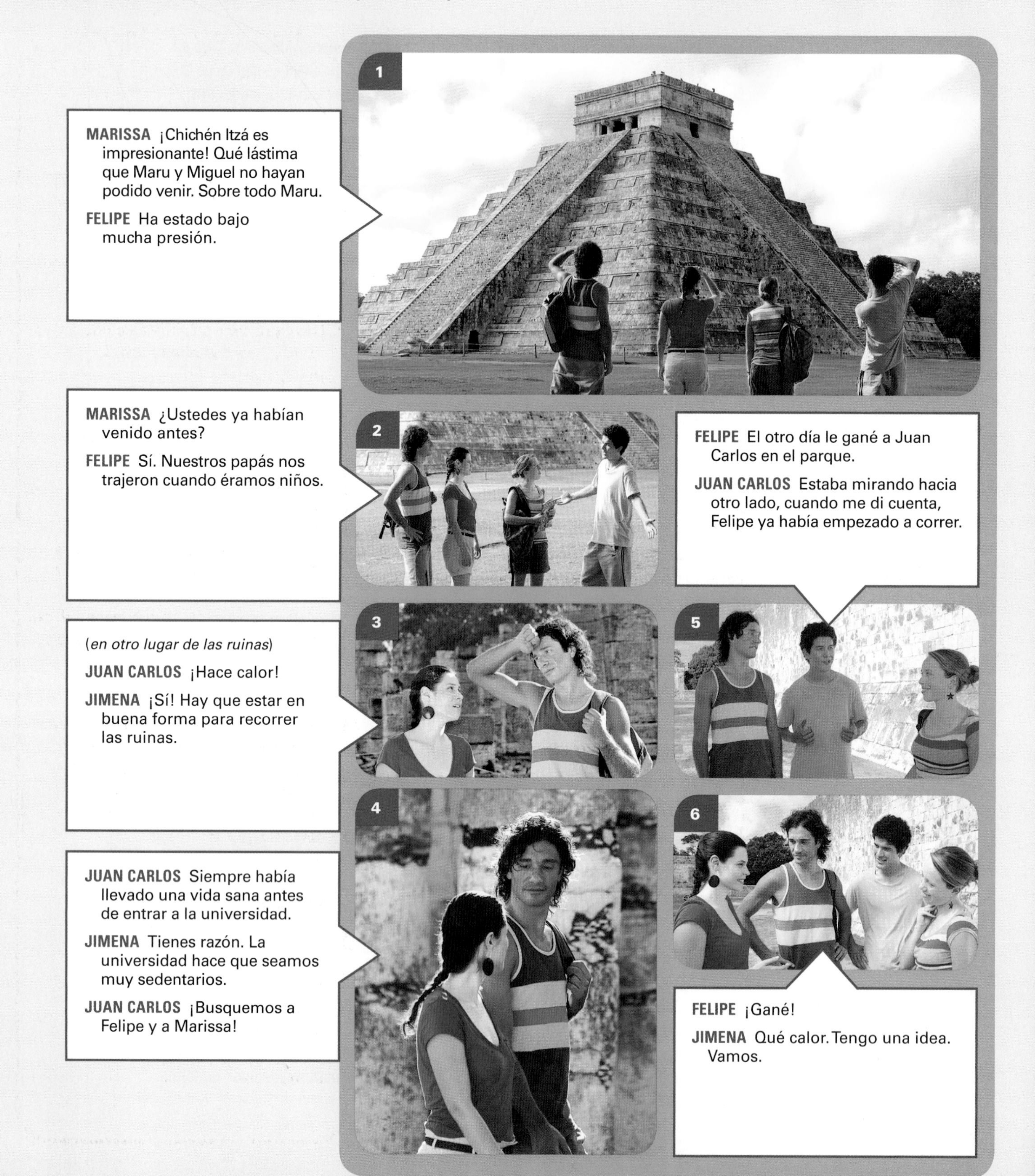

JUAN CARLOS **JIMENA** **EMPLEADA**

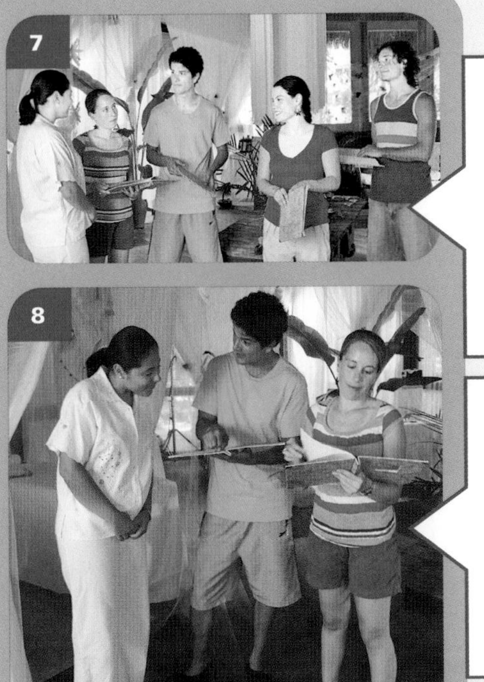

7

EMPLEADA Ofrecemos varios servicios para aliviar el estrés: masajes, saunas...

8

FELIPE Me gustaría un masaje.

MARISSA Yo prefiero un baño mineral.

9

JUAN CARLOS ¿Crees que tienes un poco de tiempo libre la semana que viene? Me gustaría invitarte a salir.

JIMENA ¿Sin Felipe?

JUAN CARLOS Sin Felipe.

10

EMPLEADA ¿Ya tomaron una decisión?

JIMENA Sí.

Expresiones útiles

Wishing a friend were with you

Qué lástima que no hayan podido venir.
What a shame that they were not able to come.
Sobre todo Maru.
Especially Maru.
Él/Ella ha estado bajo mucha presión.
He/She has been under a lot of pressure.
Creo que ellos ya habían venido antes.
I think they had already come (here) before.

Talking about trips

¿Ustedes ya habían venido antes?
Had you been (here) before?
Sí. He querido regresar desde que leí el Chilam Balam.
Yes. I have wanted to come back ever since I read the Chilam Balam.
¿Recuerdas cuando nos trajo papá?
Remember when Dad brought us?
Al llegar a la cima, comenzaste a llorar.
When we got to the top, you started to cry.

Talking about well-being

Siempre había llevado una vida sana antes de entrar a la universidad.
I had always maintained a healthy lifestyle before starting college.
Ofrecemos varios servicios para aliviar el estrés.
We offer many services to relieve stress.
Me gustaría un masaje.
I would like a massage.

Additional vocabulary

la cima *top, peak*
el escalón *step*
el muro *wall*
tomar una decisión *to make a decision*

¿Qué pasó?

1 Seleccionar Selecciona la respuesta que completa mejor cada oración.

1. Felipe y Marissa piensan que Maru ______.
   a. debe hacer ejercicio b. aumentó de peso c. ha estado bajo mucha presión
2. Felipe y Jimena visitaron Chichén Itzá ______.
   a. para aliviar el estrés b. cuando eran niños c. para llevar una vida sana
3. Jimena dice que la universidad hace a los estudiantes ______.
   a. comer una dieta equilibrada b. ser sedentarios c. levantar pesas
4. En el spa ofrecen servicios para ______.
   a. sudar b. aliviar el estrés c. ser flexibles
5. Felipe elige que le den un ______.
   a. baño mineral b. almuerzo c. masaje

2 Identificar Identifica quién puede decir estas oraciones.

1. No me di cuenta (*I didn't realize*) de que habías empezado a correr, por eso ganaste.
2. Miguel y Maru no visitaron Chichén Itzá, ¡qué lástima que no hayan podido venir!
3. Se necesita estar en buena forma para visitar este tipo de lugares.
4. Los masajes, saunas y baños minerales que ofrecemos alivian la tensión.
5. Si salimos, no invites a Felipe.
6. Yo corro más rápido que Juan Carlos.

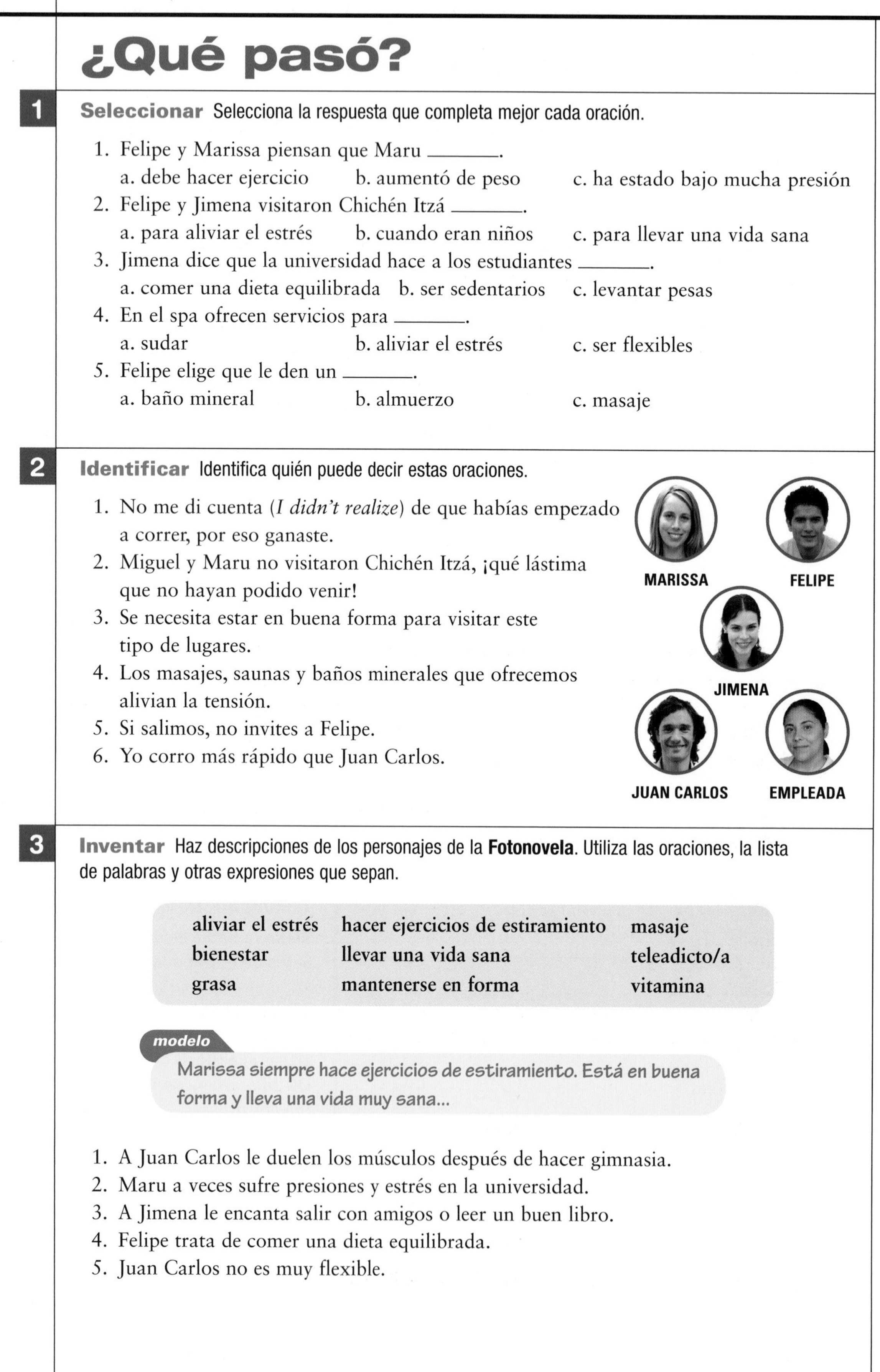

3 Inventar Haz descripciones de los personajes de la **Fotonovela**. Utiliza las oraciones, la lista de palabras y otras expresiones que sepan.

aliviar el estrés	hacer ejercicios de estiramiento	masaje
bienestar	llevar una vida sana	teleadicto/a
grasa	mantenerse en forma	vitamina

modelo

Marissa siempre hace ejercicios de estiramiento. Está en buena forma y lleva una vida muy sana...

1. A Juan Carlos le duelen los músculos después de hacer gimnasia.
2. Maru a veces sufre presiones y estrés en la universidad.
3. A Jimena le encanta salir con amigos o leer un buen libro.
4. Felipe trata de comer una dieta equilibrada.
5. Juan Carlos no es muy flexible.

Ortografía y pronunciación

Las letras b y v

Since there is no difference in pronunciation between the Spanish letters **b** and **v**, spelling words that contain these letters can be tricky. Here are some tips.

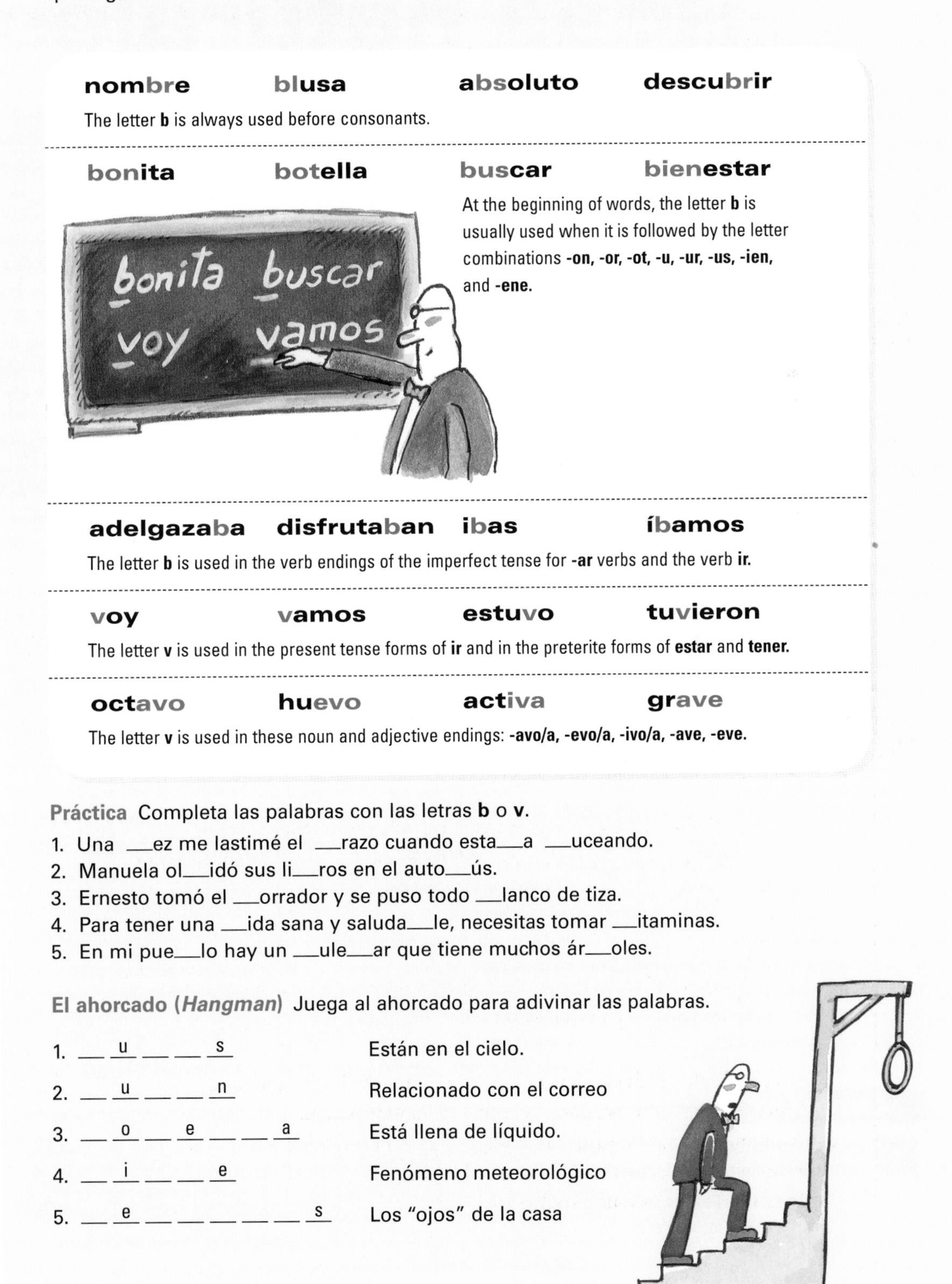

nombre **blusa** **absoluto** **descubrir**

The letter **b** is always used before consonants.

bonita **botella** **buscar** **bienestar**

At the beginning of words, the letter **b** is usually used when it is followed by the letter combinations **-on, -or, -ot, -u, -ur, -us, -ien,** and **-ene.**

adelgazaba **disfrutaban** **ibas** **íbamos**

The letter **b** is used in the verb endings of the imperfect tense for **-ar** verbs and the verb **ir.**

voy **vamos** **estuvo** **tuvieron**

The letter **v** is used in the present tense forms of **ir** and in the preterite forms of **estar** and **tener.**

octavo **huevo** **activa** **grave**

The letter **v** is used in these noun and adjective endings: **-avo/a, -evo/a, -ivo/a, -ave, -eve.**

Práctica Completa las palabras con las letras **b** o **v**.

1. Una __ez me lastimé el __razo cuando esta__a __uceando.
2. Manuela ol__idó sus li__ros en el auto__ús.
3. Ernesto tomó el __orrador y se puso todo __lanco de tiza.
4. Para tener una __ida sana y saluda__le, necesitas tomar __itaminas.
5. En mi pue__lo hay un __ule__ar que tiene muchos ár__oles.

El ahorcado (*Hangman*) Juega al ahorcado para adivinar las palabras.

1. __ u __ __ s — Están en el cielo.
2. __ u __ __ n — Relacionado con el correo
3. __ o __ e __ __ a — Está llena de líquido.
4. __ i __ __ e — Fenómeno meteorológico
5. __ e __ __ __ __ __ s — Los "ojos" de la casa

EN DETALLE

Spas naturales

¿Hay algo mejor que un buen baño° para descansar y aliviar la tensión? Y si el baño se toma en una terma°, el beneficio° es mayor. Los tratamientos con agua y lodo° para mejorar la salud y el bienestar son populares en las Américas desde hace muchos siglos°. Las termas son manantiales° naturales de agua caliente. La temperatura facilita la absorción de minerales y otros elementos que contiene el agua y que son buenos para la salud. El agua de las termas se usa en piscinas, baños y duchas o en el sitio natural en el que surge°: pozas°, estanques° o cuevas°.

Volcán de lodo El Totumo, Colombia

En Baños de San Vicente, en Ecuador, son muy populares los tratamientos° con lodo volcánico.

El lodo caliente se extiende por el cuerpo; así la piel° absorbe los minerales

Ecotermales en Arenal, Costa Rica

beneficiosos para la salud; también se usa para dar masajes. La lodoterapia es útil para tratar varias enfermedades, además hace que la piel se vea radiante.

En Costa Rica, la actividad volcánica también ha dado° origen a fuentes° y pozas termales. Si te gusta cuidarte y amas la naturaleza, recuerda estos nombres: Las Hornillas y Las Pailas. Son pozas naturales de aguas termales que están cerca del volcán Rincón de la Vieja. Un baño termal en medio de un paisaje tan hermoso es una experiencia única.

baño *bath* **terma** *hot spring* **beneficio** *benefit* **lodo** *mud* **siglos** *centuries* **manantiales** *springs* **surge** *springs forth* **pozas** *small pools* **estanques** *ponds* **cuevas** *caves* **tratamientos** *treatments* **piel** *skin* **ha dado** *has given* **fuentes** *springs* **balnearios** *spas* **cascadas** *waterfalls* **algas** *seaweed* **temazcales** *steam and medicinal herb baths*

Otros balnearios°

Todos ofrecen piscinas, baños, pozas y duchas de aguas termales y además...

Lugar	Servicios
El Edén y Yanasara, Curgos (Perú)	cascadas° de aguas termales
Montbrió del Camp, Tarragona (España)	baños de algas°
Puyuhuapi (Chile)	duchas de agua de mar; baños de algas
Termas de Río Hondo, Santiago del Estero (Argentina)	baños de lodo
Tepoztlán, Morelos (México)	temazcales° aztecas
Uyuni, Potosí (Bolivia)	baños de sal

ACTIVIDADES

1 **¿Cierto o falso?** Indica si lo que dicen las oraciones es **cierto** o **falso**. Corrige la información falsa.

1. Las aguas termales son beneficiosas para algunas enfermedades, incluido el estrés.
2. Los tratamientos con agua y lodo se conocen sólo desde hace pocos años.
3. Las termas son manantiales naturales de agua caliente.
4. La lodoterapia es un tratamiento con barro (*mud*).
5. La temperatura de las aguas termales no afecta la absorción de los minerales.
6. Mucha gente va a Baños de San Vicente, Ecuador, por sus playas.
7. Las Hornillas son pozas de aguas termales en Costa Rica.
8. Montbrió del Camp ofrece baños de sal.
9. Es posible ver aguas termales en forma de cascadas.
10. Tepoztlán ofrece temazcales aztecas.

ASÍ SE DICE

El ejercicio

los abdominales	*sit-ups*
la bicicleta estática	*stationary bicycle*
el calambre muscular	*(muscular) cramp*
el (fisi)culturismo; la musculación (Esp.)	*bodybuilding*
las flexiones de pecho; las lagartijas (Méx.; Col.); las planchas (Esp.)	*push-ups*
la cinta (trotadora) (Arg.; Chile)	**la cinta caminadora**

EL MUNDO HISPANO

Creencias° sobre la salud

- **Colombia** Como algunos suelos son de baldosas°, se cree que si uno anda descalzo° se enfrían° los pies y esto puede causar un resfriado o artritis.
- **Cuba** Por la mañana, muchas madres sacan a sus bebés a los patios y a las puertas de las casas. La creencia es que unos cinco minutos de sol ayudan a fijar° el calcio en los huesos y aumentan la inmunidad contra las enfermedades.
- **México** Muchas personas tienen la costumbre de tomar a diario un vaso de jugo del cactus conocido como "nopal". Se dice que es bueno para reducir el colesterol y el azúcar en la sangre y que ayuda a adelgazar.

Creencias *Beliefs* **baldosas** *tiles* **anda descalzo** *walks barefoot* **se enfrían** *get cold* **fijar** *to set*

PERFIL

La quinua

La quinua es una semilla° de gran valor° nutricional. Se produce en los Andes de Bolivia, Perú, Argentina, Colombia, Chile y Ecuador, y también en los Estados Unidos. Forma parte de la dieta básica de esos países andinos desde hace más de 5.000 años.

La quinua es rica en proteínas, hierro° y magnesio. Contiene los ocho aminoácidos básicos para el ser humano; por esto es un alimento muy completo, ideal para vegetarianos y veganos. Otra de las ventajas de la quinua es que no contiene gluten, por lo que la pueden consumir personas con alergias e intolerancia a esta proteína.

Aunque es técnicamente una semilla, la quinua es considerada un cereal por su composición y por su uso. Los granos° de la quinua pueden ser tostados para hacer harina° o se pueden cocinar de múltiples maneras. Se utiliza como reemplazo° del arroz o de la pasta, con verduras, carnes, etc., en ensaladas, o como reemplazo de la avena° en el desayuno.

semilla *seed* **valor** *value* **hierro** *iron* **granos** *grains* **harina** *flour* **reemplazo** *replacement* **avena** *oats*

Conexión Internet

¿Qué sistemas de ejercicio son más populares entre los hispanos?

Use the Web to find more cultural information related to this **Cultura** section.

ACTIVIDADES

2 Comprensión Contesta las preguntas.

1. Una argentina te dice: "Voy a usar la cinta." ¿Qué va a hacer?
2. Según los colombianos, ¿qué efectos negativos tiene el no usar zapatos en casa?
3. ¿Qué es la quinua?
4. ¿Qué proteína no contiene la quinua?

3 Para sentirte mejor Entrevista a un(a) compañero/a sobre las cosas que hace todos los días y las cosas que hace al menos una o dos veces a la semana para sentirse mejor. Hablen sobre actividades deportivas, la alimentación y lo que hacen en sus ratos libres.

3.1 The present perfect

ANTE TODO In **Lección 2**, you learned how to form past participles. You will now learn how to form the present perfect indicative (**el pretérito perfecto de indicativo**), a compound tense that uses the past participle. The present perfect is used to talk about what someone *has done*. In Spanish, it is formed with the present tense of the auxiliary verb **haber** and a past participle.

NOTA CULTURAL

El *Chilam Balam* es un grupo de libros sobre la civilización maya. Hablan sobre historia, rituales, medicina, astronomía y literatura, entre otros temas. Fueron escritos en diferentes épocas (*times*) por autores anónimos y en lengua maya.

Present indicative of haber

Singular forms		Plural forms	
yo	**he**	nosotros/as	**hemos**
tú	**has**	vosotros/as	**habéis**
Ud./él/ella	**ha**	Uds./ellos/ellas	**han**

Tú no **has aumentado** de peso.
You haven't gained weight.

Yo ya **he leído** esos libros.
I've already read those books.

¿**Ha asistido** Juan a la clase de yoga?
Has Juan attended the yoga class?

Hemos conocido al entrenador.
We have met the trainer.

CONSULTA

To review what you have learned about past participles, see **Estructura 2.3**, p. 67.

- The past participle does not change in form when it is part of the present perfect tense; it only changes in form when it is used as an adjective.

Clara **ha abierto** las ventanas.
Clara has opened the windows.

Yo **he cerrado** la puerta del gimnasio.
I've closed the door to the gym.

Las ventanas están **abiertas**.
The windows are open.

La puerta del gimnasio está **cerrada**.
The door to the gym is closed.

- In Spanish, the present perfect indicative generally is used just as in English: to talk about what someone has done or what has occurred. It usually refers to the recent past.

He trabajado cuarenta horas esta semana.
I have worked forty hours this week.

¿Cuál es el último libro que **has leído**?
What is the last book that you have read?

CONSULTA

Remember that the Spanish equivalent of the English *to have just* (*done something*) is **acabar de** + [*infinitive*]. Do not use the present perfect to express that English structure.

Juan acaba de llegar.
Juan has just arrived.

See **Estructura 6.3** in **Senderos 1**.

- In English, the auxiliary verb and the past participle are often separated. In Spanish, however, these two elements—**haber** and the past participle—cannot be separated by any word.

  Siempre **hemos vivido** en Bolivia.
  We have always lived in Bolivia.

  Usted nunca **ha venido** a mi oficina.
  You have never come to my office.

- The word **no** and any object or reflexive pronouns are placed immediately before **haber**.

  Yo **no he comido** la merienda.
  I haven't eaten the snack.

  ¿Por qué **no la has comido**?
  Why haven't you eaten it?

  Susana ya **se ha entrenado**.
  Susana has already practiced.

  Ellos **no lo han terminado**.
  They haven't finished it.

- Note that *to have* can be either a main verb or an auxiliary verb in English. As a main verb, it corresponds to **tener,** while as an auxiliary, it corresponds to **haber**.

  Tengo muchos amigos.
  I have a lot of friends.

  He tenido mucho éxito.
  I have had a lot of success.

- To form the present perfect of **hay,** use the third-person singular of **haber (ha) + habido**.

  Ha habido muchos problemas con el nuevo profesor.
  There have been a lot of problems with the new professor.

  Ha habido un accidente en la calle Central.
  There has been an accident on Central Street.

¡INTÉNTALO! Indica el pretérito perfecto de indicativo de estos verbos.

1. (disfrutar, comer, vivir) yo he disfrutado, he comido, he vivido
2. (traer, adelgazar, compartir) tú ____________
3. (venir, estar, correr) usted ____________
4. (leer, resolver, poner) ella ____________
5. (decir, romper, hacer) ellos ____________
6. (mantenerse, dormirse) nosotros ____________
7. (estar, escribir, ver) yo ____________
8. (vivir, correr, morir) él ____________

Práctica

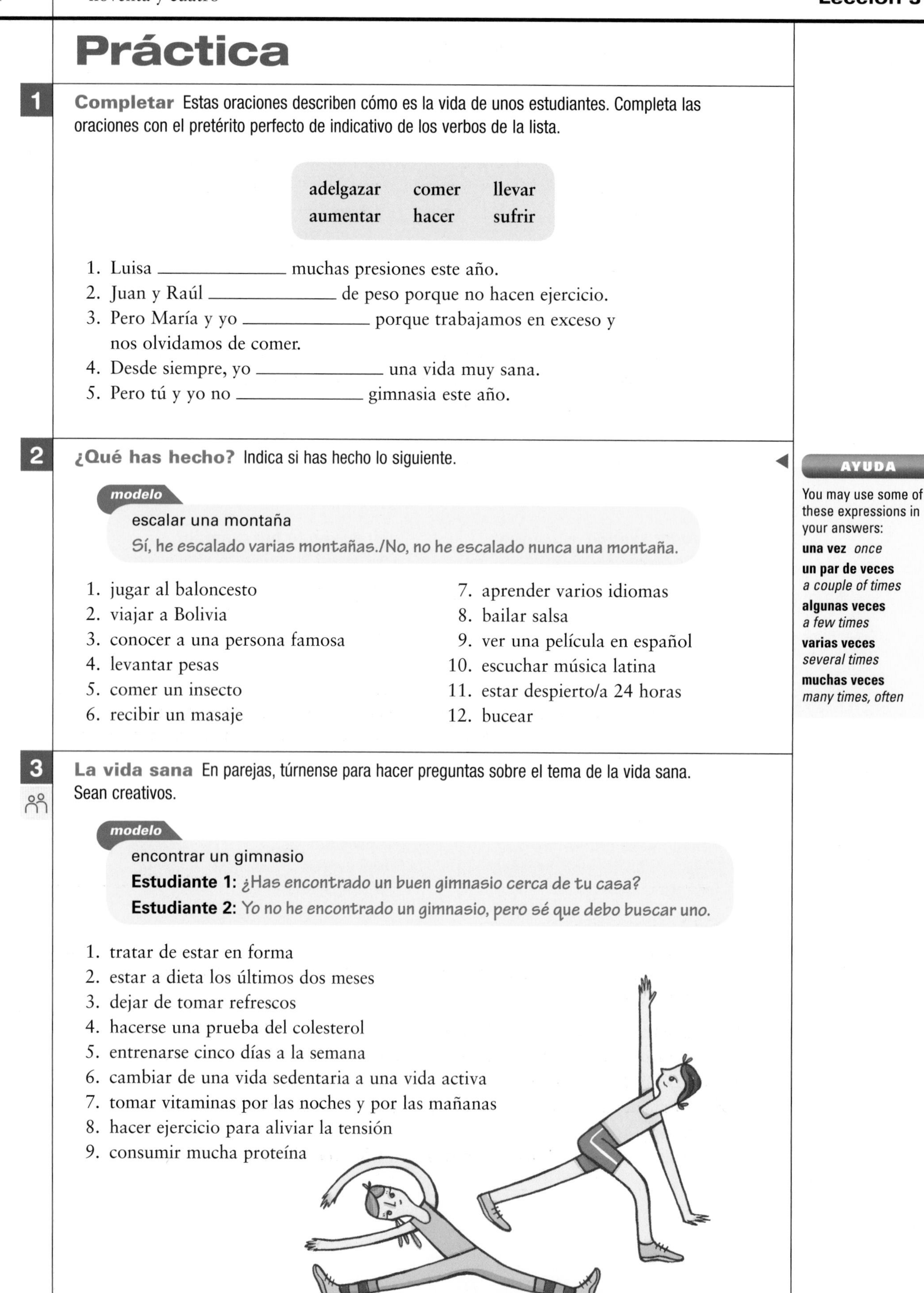

1 Completar Estas oraciones describen cómo es la vida de unos estudiantes. Completa las oraciones con el pretérito perfecto de indicativo de los verbos de la lista.

adelgazar	comer	llevar
aumentar	hacer	sufrir

1. Luisa ____________ muchas presiones este año.
2. Juan y Raúl ____________ de peso porque no hacen ejercicio.
3. Pero María y yo ____________ porque trabajamos en exceso y nos olvidamos de comer.
4. Desde siempre, yo ____________ una vida muy sana.
5. Pero tú y yo no ____________ gimnasia este año.

2 ¿Qué has hecho? Indica si has hecho lo siguiente.

modelo

escalar una montaña

Sí, he escalado varias montañas./No, no he escalado nunca una montaña.

1. jugar al baloncesto
2. viajar a Bolivia
3. conocer a una persona famosa
4. levantar pesas
5. comer un insecto
6. recibir un masaje
7. aprender varios idiomas
8. bailar salsa
9. ver una película en español
10. escuchar música latina
11. estar despierto/a 24 horas
12. bucear

AYUDA

You may use some of these expressions in your answers:

una vez *once*

un par de veces *a couple of times*

algunas veces *a few times*

varias veces *several times*

muchas veces *many times, often*

3 La vida sana En parejas, túrnense para hacer preguntas sobre el tema de la vida sana. Sean creativos.

modelo

encontrar un gimnasio

Estudiante 1: *¿Has encontrado un buen gimnasio cerca de tu casa?*

Estudiante 2: *Yo no he encontrado un gimnasio, pero sé que debo buscar uno.*

1. tratar de estar en forma
2. estar a dieta los últimos dos meses
3. dejar de tomar refrescos
4. hacerse una prueba del colesterol
5. entrenarse cinco días a la semana
6. cambiar de una vida sedentaria a una vida activa
7. tomar vitaminas por las noches y por las mañanas
8. hacer ejercicio para aliviar la tensión
9. consumir mucha proteína

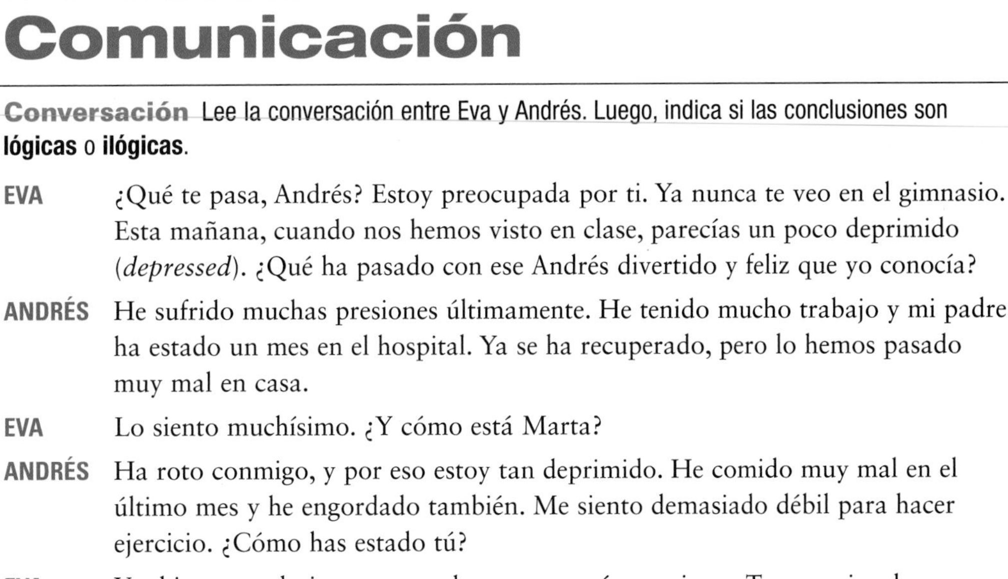

Comunicación

4 **Conversación** Lee la conversación entre Eva y Andrés. Luego, indica si las conclusiones son **lógicas** o **ilógicas**.

EVA ¿Qué te pasa, Andrés? Estoy preocupada por ti. Ya nunca te veo en el gimnasio. Esta mañana, cuando nos hemos visto en clase, parecías un poco deprimido (*depressed*). ¿Qué ha pasado con ese Andrés divertido y feliz que yo conocía?

ANDRÉS He sufrido muchas presiones últimamente. He tenido mucho trabajo y mi padre ha estado un mes en el hospital. Ya se ha recuperado, pero lo hemos pasado muy mal en casa.

EVA Lo siento muchísimo. ¿Y cómo está Marta?

ANDRÉS Ha roto conmigo, y por eso estoy tan deprimido. He comido muy mal en el último mes y he engordado también. Me siento demasiado débil para hacer ejercicio. ¿Cómo has estado tú?

EVA Yo, bien, pero lo importante ahora es que tú te mejores. Te voy a ir a buscar a casa. ¿Has comido ya el almuerzo? Desde hoy, vas a comenzar a comer una dieta equilibrada.

	Lógico	Ilógico
1. Andrés ha cambiado.	❍	❍
2. Andrés vive con sus padres.	❍	❍
3. Marta es la ex novia de Andrés.	❍	❍
4. Eva lleva una vida sana.	❍	❍
5. Andrés está en buena forma.	❍	❍

5 **Describir** Identifica a una persona que lleva una vida muy sana. Puede ser una persona que conoces o un personaje que aparece en una película o programa de televisión. Escribe una descripción de lo que esta persona ha hecho para llevar una vida sana.

NOTA CULTURAL

Nacido en San Diego e hijo de padres mexicanos, el actor **Mario López** se mantiene en forma haciendo ejercicio todos los días.

modelo

Mario López siempre ha hecho todo lo posible para mantenerse en forma. Él...

Síntesis

6 **Situación** Trabajen en parejas para representar una conversación entre un(a) enfermero/a de la clínica del colegio y un(a) estudiante.

- El/La estudiante no se siente nada bien.
- El/La enfermero/a debe averiguar de dónde viene el problema e investigar los hábitos del/de la estudiante.
- El/La estudiante le explica lo que ha hecho en los últimos meses y cómo se ha sentido.
- Luego el/la enfermero/a le da recomendaciones de cómo llevar una vida más sana.

3.2 The past perfect

ANTE TODO The past perfect indicative (**el pretérito pluscuamperfecto de indicativo**) is used to talk about what someone *had done* or what *had occurred* before another past action, event, or state. Like the present perfect, the past perfect uses a form of **haber**—in this case, the imperfect—plus the past participle.

Past perfect indicative

		cerrar	perder	asistir
SINGULAR FORMS	yo	**había** cerrado	**había** perdido	**había** asistido
	tú	**habías** cerrado	**habías** perdido	**habías** asistido
	Ud./él/ella	**había** cerrado	**había** perdido	**había** asistido
PLURAL FORMS	nosotros/as	**habíamos** cerrado	**habíamos** perdido	**habíamos** asistido
	vosotros/as	**habíais** cerrado	**habíais** perdido	**habíais** asistido
	Uds./ellos/ellas	**habían** cerrado	**habían** perdido	**habían** asistido

Antes de 2014, **había vivido** en La Paz.
Before 2014, I had lived in La Paz.

Cuando llegamos, Luis ya **había salido**.
When we arrived, Luis had already left.

- The past perfect is often used with the word **ya** (*already*) to indicate that an action, event, or state had already occurred before another. Remember that, unlike its English equivalent, **ya** cannot be placed between **haber** and the past participle.

Ella **ya había salido** cuando llamaron.
She had already left when they called.

Cuando llegué, Raúl **ya se había acostado**.
When I arrived, Raúl had already gone to bed.

- **¡Atención!** The past perfect is often used in conjunction with **antes de** + [*noun*] or **antes de** + [*infinitive*] to describe when the action(s) occurred.

Antes de este año, nunca **había estudiado español**.
Before this year, I had never studied Spanish.

Luis **me había llamado antes de venir**.
Luis had called me before he came.

¡INTÉNTALO! Indica el pretérito pluscuamperfecto de indicativo de cada verbo.

1. Nosotros ya habíamos cenado (cenar) cuando nos llamaron.
2. Antes de tomar esta clase, yo no ______________ (estudiar) nunca el español.
3. Antes de ir a México, ellos nunca ______________ (ir) a otro país.
4. Eduardo nunca ______________ (entrenarse) tanto en invierno.
5. Tú siempre ______________ (llevar) una vida sana antes del año pasado.
6. Antes de conocerte, yo ya te ______________ (ver) muchas veces.

Práctica

1 Completar Completa los minidiálogos con las formas correctas del pretérito pluscuamperfecto de indicativo.

NOTA CULTURAL

El mate, una bebida similar al té, es muy popular en Argentina, Uruguay y Paraguay. Se dice que controla el estrés y la obesidad, y que estimula el sistema inmunológico.

1. **SARA** Antes de cumplir los 15 años, ¿_____________ (estudiar) tú otra lengua?
   JOSÉ Sí, _____________ (tomar) clases de inglés y de italiano.
2. ▶ **DOLORES** Antes de ir a Argentina, ¿_____________ (probar) tú y tu familia el mate?
   TOMÁS Sí, ya _____________ (tomar) mate muchas veces.
3. **ANTONIO** Antes de este año, ¿_____________ (correr) usted en un maratón?
   SRA. VERA No, nunca lo _____________ (hacer).
4. **SOFÍA** Antes de su enfermedad, ¿_____________ (sufrir) muchas presiones tu tío?
   IRENE Sí... y él nunca _____________ (mantenerse) en forma.

2 Quehaceres Indica lo que ya había hecho cada miembro de la familia antes de la llegada de la madre, la señora Ferrer.

3 Tu vida Indica si ya habías hecho estas cosas antes de cumplir los dieciséis años.

1. hacer un viaje en avión
2. escalar una montaña
3. escribir un poema
4. filmar un video
5. enamorarte
6. tomar clases de ejercicios aeróbicos
7. montar a caballo
8. ir de pesca
9. manejar un carro
10. cantar frente a 50 o más personas

Comunicación

4 **Gimnasio Olímpico** Lee el anuncio. Luego, indica si las conclusiones son **lógicas** o **ilógicas**.

	Lógico	Ilógico
1. Hasta el año pasado, el chico del anuncio no había estado en buena forma.	❍	❍
2. El chico del anuncio todavía es sedentario.	❍	❍
3. El chico del anuncio come mucha grasa.	❍	❍
4. Ahora el chico del anuncio mira menos la televisión.	❍	❍
5. El chico del anuncio disfruta de salud física y mental.	❍	❍

5 **Preguntas** En parejas, túrnense para preguntarse si ya habían hecho actividades a ciertas edades: cinco, diez, quince años, etc. Pueden usar las sugerencias de la lista o incluir otras actividades.

modelo

levantar pesas
Estudiante 1: *Cuando tenías quince años, ¿habías levantado pesas?*
Estudiante 2: *No, todavía no había levantado pesas. ¿Y tú?*

- esquiar
- cocinar
- ir en barco
- probar sushi
- abrir una cuenta de ahorros
- ser paciente en un hospital

Síntesis

6 **Manteniéndote en forma** Escribe al menos cinco oraciones para describir cómo te has mantenido en forma este año. Di qué cosas han cambiado este año en relación con el año pasado.

3.3 The present perfect subjunctive

ANTE TODO The present perfect subjunctive (**el pretérito perfecto de subjuntivo**), like the present perfect indicative, is used to talk about what *has happened*. The present perfect subjunctive is formed using the present subjunctive of the auxiliary verb **haber** and a past participle.

Present perfect indicative		
	PRESENT INDICATIVE OF **HABER**	PAST PARTICIPLE
yo	**he**	**hablado**

Present perfect subjunctive		
	PRESENT SUBJUNCTIVE OF **HABER**	PAST PARTICIPLE
yo	**haya**	**hablado**

Present perfect subjunctive

		cerrar	**perder**	**asistir**
SINGULAR FORMS	yo	**haya** cerrado	**haya** perdido	**haya** asistido
	tú	**hayas** cerrado	**hayas** perdido	**hayas** asistido
	Ud./él/ella	**haya** cerrado	**haya** perdido	**haya** asistido
PLURAL FORMS	nosotros/as	**hayamos** cerrado	**hayamos** perdido	**hayamos** asistido
	vosotros/as	**hayáis** cerrado	**hayáis** perdido	**hayáis** asistido
	Uds./ellos/ellas	**hayan** cerrado	**hayan** perdido	**hayan** asistido

▶ The same conditions that trigger the use of the present subjunctive apply to the present perfect subjunctive.

Present subjunctive	Present perfect subjunctive
Espero que **duermas** bien. *I hope that you sleep well.*	Espero que **hayas dormido** bien. *I hope that you have slept well.*
No creo que **aumente** de peso. *I don't think he will gain weight.*	No creo que **haya aumentado** de peso. *I don't think he has gained weight.*

▶ The action expressed by the present perfect subjunctive is seen as occurring before the action expressed in the main clause.

Me alegro de que ustedes **se hayan reído** tanto esta tarde.
I'm glad that you have laughed so much this afternoon.

Dudo que tú **te hayas divertido** mucho con tu suegra.
I doubt that you have enjoyed yourself much with your mother-in-law.

¡ATENCIÓN!

In Spanish the present perfect subjunctive is used to express a recent action.

No creo que lo **hayas dicho** bien.
I don't think that you have said it right.

Espero que él **haya llegado**.
I hope that he has arrived.

¡INTÉNTALO! Indica el pretérito perfecto de subjuntivo de los verbos entre paréntesis.

1. Me gusta que ustedes <u>hayan dicho</u> (decir) la verdad.
2. No creo que tú ______________ (comer) tanto.
3. Es imposible que usted ______________ (poder) hacer tal (*such a*) cosa.
4. Me alegro de que tú y yo ______________ (merendar) juntas.
5. Es posible que yo ______________ (adelgazar) un poco esta semana.
6. Espero que ellas ______________ (sentirse) mejor después de la clase.

Práctica

1 **Completar** Laura está preocupada por su familia y sus amigos/as. Completa las oraciones con la forma correcta del pretérito perfecto de subjuntivo de los verbos entre paréntesis.

1. ¡Qué lástima que Julio ______________ (sentirse) tan mal en la competencia! Dudo que ______________ (entrenarse) lo suficiente.
2. No creo que Lourdes y su amiga ______________ (irse) de ese trabajo donde siempre tienen tantos problemas. Espero que Lourdes ______________ (aprender) a aliviar el estrés.
3. Es triste que Nuria y yo ______________ (perder) el partido. Esperamos que los entrenadores del gimnasio nos ______________ (preparar) un buen programa para ponernos en forma.
4. No estoy segura de que Samuel ______________ (llevar) una vida sana. Es bueno que él ______________ (decidir) mejorar su dieta.
5. Me preocupa mucho que Ana y Rosa ______________ (comer) tanto. Es increíble que ellas no ______________ (enfermarse).
6. Me alegro de que mi abuela ______________ (disfrutar) de buena salud toda su vida. Es maravilloso que ella ______________ (cumplir) noventa años.

2 **Describir** Usa el pretérito perfecto de subjuntivo para hacer dos comentarios sobre cada dibujo. Usa expresiones como **no creo que, dudo que, es probable que, me alegro de que, espero que** y **siento que**.

CONSULTA

To review expressions of doubt, disbelief, and denial, see **Estructura 1.2**, p. 30.

modelo

Es probable que Javier haya levantado pesas durante muchos años.

Me alegro de que Javier se haya mantenido en forma.

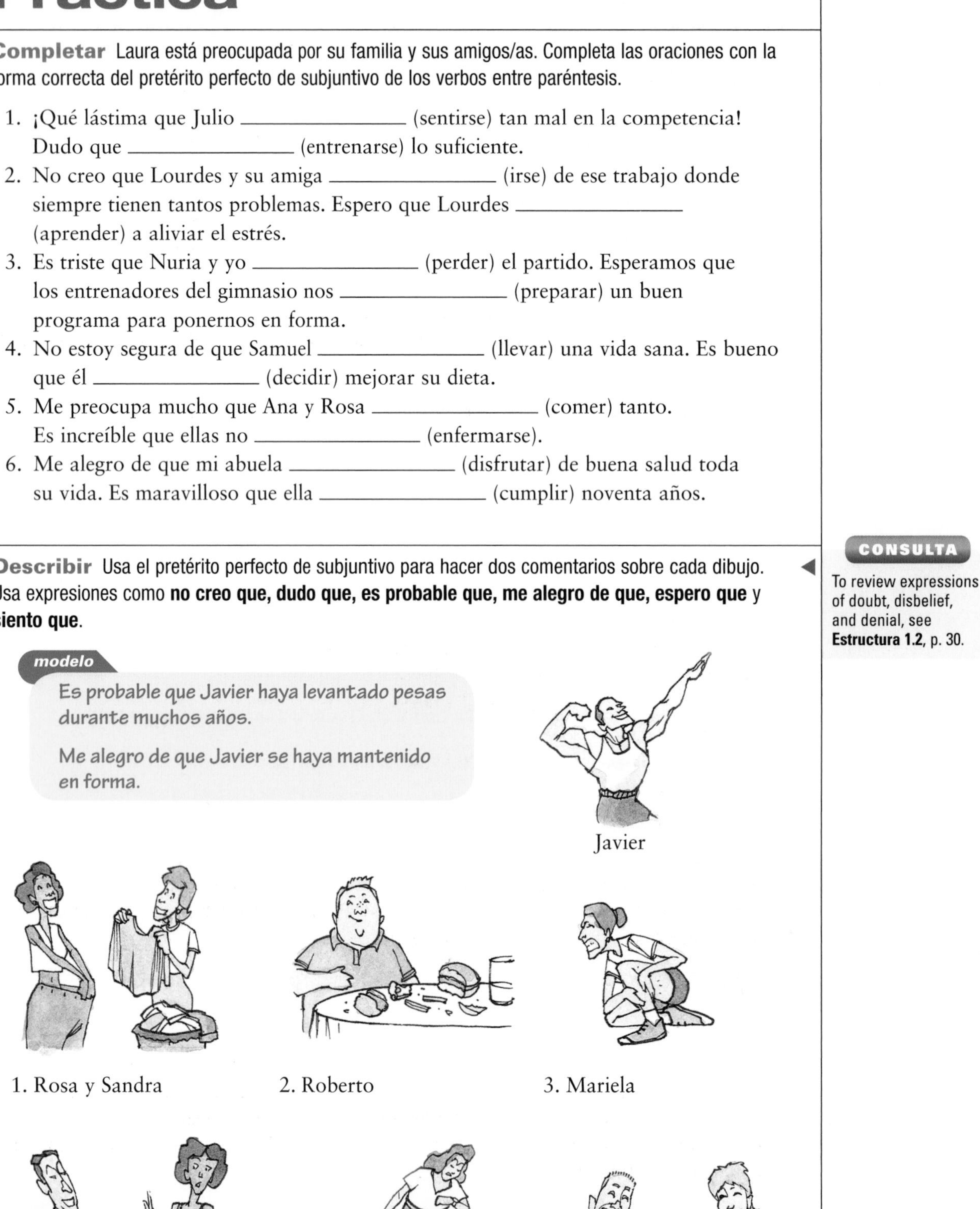

Javier

1. Rosa y Sandra

2. Roberto

3. Mariela

4. Lorena y su amigo

5. la señora Matos

6. Sonia y René

Comunicación

3 **En el gimnasio** Escucha la conversación entre Mariana y un entrenador. Luego, indica si las conclusiones son **lógicas** o **ilógicas.**

	Lógico	Ilógico
1. A Mariana no le gusta hacer ejercicio.	❍	❍
2. Mariana come frutas y verduras.	❍	❍
3. Mariana va al gimnasio porque quiere adelgazar.	❍	❍
4. Mariana estudia a las tres de la mañana.	❍	❍
5. Mariana va a sudar hoy.	❍	❍

4 **¿Sí o no?** En parejas, comenten estas afirmaciones (*statements*) usando las expresiones de la lista.

Dudo que...	Es imposible que...	Me alegro de que (no)...
Es bueno que (no)...	Espero que (no)...	No creo que...

modelo

Estudiante 1: *Ya llegó el fin del año escolar.*
Estudiante 2: *Es imposible que haya llegado el fin del año escolar.*

1. Recibí una A en la clase de español.
2. Tu mejor amigo/a aumentó de peso recientemente.
3. Beyoncé dio un concierto ayer con Jay-Z.
4. Mis padres ganaron un millón de dólares.
5. He aprendido a hablar japonés.
6. Nuestro/a profesor(a) nació en Bolivia.
7. Salí anoche con...
8. El año pasado mi familia y yo fuimos de excursión a...

5 **Acontecimientos** Piensa en seis acontecimientos (*events*) que hayas escuchado o leído recientemente en las noticias (*news*), o que te hayan ocurrido a ti. Describe tus opiniones e ideas acerca de cada uno de ellos. Utiliza el pretérito perfecto de subjuntivo.

modelo

Leí que la economía española mejoraba, pero dudo que haya mejorado.

6 **Dieta** En parejas, representen una conversación entre un(a) nutricionista y su cliente/a. El/La cliente/a explica qué ha hecho para mejorar su dieta. El/La nutricionista le expresa su opinión. Usen el pretérito perfecto de subjuntivo.

modelo

Cliente/a: *He limitado mi dieta a 2000 calorías diarias.*
Nutricionista: *Espero que hayas llevado una vida sana y que hayas comido una dieta equilibrada. El número de calorías no es tan importante como la gente piensa...*

Recapitulación

Completa estas actividades para repasar los conceptos de gramática que aprendiste en esta lección.

1 Completar Completa cada tabla con el pretérito pluscuamperfecto de indicativo y el pretérito perfecto de subjuntivo de los verbos. 24 pts.

PRETÉRITO PLUSCUAMPERFECTO

Infinitivo	tú	nosotros	ustedes
disfrutar			
apurarse			

PRETÉRITO PERFECTO DE SUBJUNTIVO

Infinitivo	yo	él	ellas
tratar			
entrenarse			

2 Preguntas Completa las preguntas para estas respuestas usando el pretérito perfecto de indicativo. 24 pts.

modelo

—¿*Has llamado* a tus padres? —Sí, los llamé ayer.

1. —¿Tú __________ ejercicio esta mañana en el gimnasio? —No, hice ejercicio en el parque.
2. —Y ustedes, ¿__________ ya? —Sí, desayunamos en el hotel.
3. —Y Juan y Felipe, ¿adónde __________? —Fueron al cine.
4. —Paco, ¿(nosotros) __________ la cuenta del gimnasio? —Sí, la recibimos la semana pasada.
5. —Señor Martín, ¿__________ algo ya? —Sí, pesqué uno grande. Ya me puedo ir a casa contento.
6. —Inés, ¿__________ mi pelota de fútbol? —Sí, la vi esta mañana en el coche.
7. —Yo no __________ café todavía. ¿Alguien quiere acompañarme? —No, gracias. Yo ya tomé mi café en casa.
8. —¿Ya te __________ el doctor que puedes comer chocolate? —Sí, me lo dijo ayer.

RESUMEN GRAMATICAL

3.1 The present perfect pp. 92–93

Present indicative of **haber**	
he	hemos
has	habéis
ha	han

Present perfect: present tense of **haber** + past participle

Present perfect indicative	
he empezado	**hemos** empezado
has empezado	**habéis** empezado
ha empezado	**han** empezado

He empezado a ir al gimnasio con regularidad.
*I **have begun** to go to the gym regularly.*

3.2 The past perfect p. 96

Past perfect: imperfect tense of **haber** + past participle

Past perfect indicative	
había vivido	**habíamos** vivido
habías vivido	**habíais** vivido
había vivido	**habían** vivido

Antes de 2013, yo ya **había vivido** en tres países diferentes. *Before 2013, I **had** already **lived** in three different countries.*

3.3 The present perfect subjunctive p. 99

Present perfect subjunctive: present subjunctive of **haber** + past participle

Present perfect subjunctive	
haya comido	**hayamos** comido
hayas comido	**hayáis** comido
haya comido	**hayan** comido

Espero que **hayas comido** bien.
*I hope that **you have eaten** well.*

3 **Oraciones** Forma oraciones completas con los elementos dados. Usa el pretérito pluscuamperfecto de indicativo y haz todos los cambios necesarios. Sigue el modelo. 24 pts.

modelo

yo / ya / conocer / muchos amigos *Yo ya había conocido a muchos amigos.*

1. tú / todavía no / aprender / mantenerse en forma
2. los hermanos Falcón / todavía no / perder / partido de vóleibol
3. Elías / ya / entrenarse / para / maratón
4. nosotros / siempre / sufrir / muchas presiones
5. yo / nunca / romperse / hueso
6. la entrenadora / ya / poner / cinta caminadora

4 Una carta Completa esta carta con el pretérito perfecto de indicativo o de subjuntivo. 24 pts.

Queridos papá y mamá:

¿Cómo (1) _______ (estar)? Mamá, espero que no (2) _______ (tú, enfermarse) otra vez. Yo sé que (3) _______ (tú, seguir) los consejos del doctor, pero estoy preocupada.

Y en mi vida, ¿qué (4) _______ (pasar) últimamente (*lately*)? Pues, nada nuevo, sólo trabajo. Los problemas en la compañía, yo los (5) _______ (resolver) casi todos. Pero estoy bien. Es verdad que (6) _______ (yo, adelgazar) un poco, pero no creo que (7) _______ (ser) a causa del estrés. Espero que no (8) _______ (ustedes, sentirse) mal porque no pude visitarlos. Es extraño que no (9) _______ (recibir) mis cartas. Tengo miedo de que (10) _______ (las cartas, perderse).

Me alegro de que papá (11) _______ (tomar) vacaciones para venir a visitarme. ¡Es increíble que nosotros no (12) _______ (verse) en casi un año!

Un abrazo y hasta muy pronto,

Belén

5 **Poema** Completa este fragmento de un poema de Nezahualcóyotl con el pretérito perfecto de indicativo de los verbos. 4 pts.

"_______ (Llegar) aquí,
soy Yoyontzin.
Sólo busco las flores
sobre la tierra, _______ (venir)
a cortarlas."

Lectura

Antes de leer

Estrategia

Making inferences

For dramatic effect and to achieve a smoother writing style, authors often do not explicitly supply the reader with all the details of a story or poem. Clues in the text can help you infer those things the writer chooses not to state in a direct manner. You simply "read between the lines" to fill in the missing information and draw conclusions. To practice making inferences, read these statements:

A Liliana le encanta ir al gimnasio. Hace años que empezó a levantar pesas.

Based on this statement alone, what inferences can you draw about Liliana?

El autor

Ve a la página 47 de tu libro y lee la biografía de Gabriel García Márquez.

El título

Sin leer el texto del cuento (*story*), lee el título. Escribe cinco oraciones que empiecen con la frase "Un día de éstos".

El cuento

Éstas son algunas palabras que vas a encontrar al leer *Un día de éstos*. Busca su significado en el diccionario. Según estas palabras, ¿de qué piensas que trata (*is about*) el cuento?

alcalde	**lágrimas**
dentadura postiza	**muela**
displicente	**pañuelo**
enjuto	**rencor**
guerrera	**teniente**

Un día de éstos

Gabriel García Márquez

El lunes amaneció tibio° y sin lluvia. Don Aurelio Escovar, dentista sin título y buen madrugador°, abrió su gabinete° a las seis. Sacó de la vidriera° una dentadura postiza° montada aún° en el molde de yeso° y puso sobre la mesa un puñado° de instrumentos que ordenó de mayor a menor, como en una exposición. Llevaba una camisa a rayas, sin cuello, cerrada arriba con un botón dorado°, y los pantalones sostenidos con cargadores° elásticos. Era rígido, enjuto, con una mirada que raras veces correspondía a la situación, como la mirada de los sordos°.

Cuando tuvo las cosas dispuestas sobre la mesa rodó la fresa° hacia el sillón de resortes y se sentó a pulir° la dentadura postiza. Parecía no pensar en lo que hacía, pero trabajaba con obstinación, pedaleando en la fresa incluso cuando no se servía de ella.

Después de las ocho hizo una pausa para mirar el cielo por la ventana y vio dos gallinazos° pensativos que se secaban al sol en el caballete° de la casa vecina. Siguió trabajando con la idea de que antes del almuerzo volvería a llover°. La voz destemplada° de su hijo de once años lo sacó de su abstracción.

—Papá.

—Qué.

—Dice el alcalde que si le sacas una muela.

—Dile que no estoy aquí.

Estaba puliendo un diente de oro°. Lo retiró a la distancia del brazo y lo examinó con los ojos a medio cerrar. En la salita de espera volvió a gritar su hijo.

—Dice que sí estás porque te está oyendo.

El dentista siguió examinando el diente. Sólo cuando lo puso en la mesa con los trabajos terminados, dijo:

amaneció tibio *dawn broke warm* **madrugador** *early riser* **gabinete** *office* **vidriera** *glass cabinet* **dentadura postiza** *dentures* **montada aún** *still set* **yeso** *plaster* **puñado** *handful* **dorado** *gold* **sostenidos con cargadores** *held by suspenders* **sordos** *deaf* **rodó la fresa** *he turned the drill* **pulir** *to polish* **gallinazos** *vultures* **caballete** *ridge* **volvería a llover** *it would rain again* **voz destemplada** *harsh voice* **oro** *gold* **cajita de cartón** *small cardboard box* **puente** *bridge* **te pega un tiro** *he will shoot you* **Sin apresurarse** *Without haste* **gaveta** *drawer* **Hizo girar** *He turned* **apoyada** *resting* **umbral** *threshold* **mejilla** *cheek* **hinchada** *swollen* **barba** *beard* **marchitos** *faded* **hervían** *were boiling* **pomos de loza** *china bottles* **cancel de tela** *cloth screen* **se acercaba** *was approaching* **talones** *heels* **mandíbula** *jaw* **cautelosa** *cautious* **cacerola** *saucepan* **pinzas** *pliers* **escupidera** *spittoon* **aguamanil** *washstand* **cordal** *wisdom tooth* **gatillo** *pliers* **se aferró** *clung* **barras** *arms* **descargó** *unloaded* **vacío helado** *icy hollowness* **riñones** *kidneys* **no soltó un suspiro** *he didn't let out a sigh* **muñeca** *wrist* **amarga ternura** *bitter tenderness* **teniente** *lieutenant* **crujido** *crunch* **a través de** *through* **sudoroso** *sweaty* **jadeante** *panting* **se desabotonó** *he unbuttoned* **a tientas** *blindly* **bolsillo** *pocket* **trapo** *cloth* **cielorraso desfondado** *ceiling with the paint sagging* **telaraña polvorienta** *dusty spiderweb* **haga buches de** *rinse your mouth out with* **vaina** *thing*

—Mejor.
Volvió a operar la fresa. De una cajita de cartón° donde guardaba las cosas por hacer, sacó un puente° de varias piezas y empezó a pulir el oro.
—Papá.
—Qué.
Aún no había cambiado de expresión.
—Dice que si no le sacas la muela te pega un tiro°.
Sin apresurarse°, con un movimiento extremadamente tranquilo, dejó de pedalear en la fresa, la retiró del sillón y abrió por completo la gaveta° inferior de la mesa. Allí estaba el revólver.
—Bueno —dijo—. Dile que venga a pegármelo.
Hizo girar° el sillón hasta quedar de frente a la puerta, la mano apoyada° en el borde de la gaveta. El alcalde apareció en el umbral°. Se había afeitado la mejilla° izquierda, pero en la otra, hinchada° y dolorida, tenía una barba° de cinco días. El dentista vio en sus ojos marchitos° muchas noches de desesperación. Cerró la gaveta con la punta de los dedos y dijo suavemente:
—Siéntese.
—Buenos días —dijo el alcalde.
—Buenos —dijo el dentista.
Mientras hervían° los instrumentos, el alcalde apoyó el cráneo en el cabezal de la silla y se sintió mejor. Respiraba un olor glacial. Era un gabinete pobre: una vieja silla de madera, la fresa de pedal y una vidriera con pomos de loza°. Frente a la silla, una ventana con un cancel de tela° hasta la altura de un hombre. Cuando sintió que el dentista se acercaba°, el alcalde afirmó los talones° y abrió la boca.
Don Aurelio Escovar le movió la cabeza hacia la luz. Después de observar la muela dañada, ajustó la mandíbula° con una presión cautelosa° de los dedos.
—Tiene que ser sin anestesia —dijo.
—¿Por qué?
—Porque tiene un absceso.
El alcalde lo miró en los ojos.
—Está bien —dijo, y trató de sonreír. El dentista no le correspondió. Llevó a la mesa de trabajo la cacerola° con los instrumentos hervidos y los sacó del agua con unas pinzas° frías, todavía sin apresurarse. Después rodó la escupidera° con la punta del zapato y fue a lavarse las manos en el aguamanil°. Hizo todo sin mirar al alcalde. Pero el alcalde no lo perdió de vista.
Era una cordal° inferior. El dentista abrió las piernas y apretó la muela con el gatillo° caliente. El alcalde se aferró° a las barras° de la silla, descargó° toda su fuerza en los pies y sintió un vacío helado° en los riñones°, pero no soltó un suspiro°. El dentista sólo movió la muñeca°. Sin rencor, más bien con una amarga ternura°, dijo:
—Aquí nos paga veinte muertos, teniente°.
El alcalde sintió un crujido° de huesos en la mandíbula y sus ojos se llenaron de lágrimas. Pero no suspiró hasta que no sintió salir la muela. Entonces la vio a través de° las lágrimas. Le pareció tan extraña a su dolor, que no pudo entender la tortura de sus cinco noches anteriores. Inclinado sobre la escupidera, sudoroso°, jadeante°, se desabotonó° la guerrera y buscó a tientas° el pañuelo en el bolsillo° del pantalón. El dentista le dio un trapo° limpio.
—Séquese las lágrimas —dijo.
El alcalde lo hizo. Estaba temblando. Mientras el dentista se lavaba las manos, vio el cielorraso desfondado° y una telaraña polvorienta° con huevos de araña e insectos muertos. El dentista regresó secándose. "Acuéstese —dijo— y haga buches de° agua de sal." El alcalde se puso de pie, se despidió con un displicente saludo militar, y se dirigió a la puerta estirando las piernas, sin abotonarse la guerrera.
—Me pasa la cuenta —dijo.
—¿A usted o al municipio?
El alcalde no lo miró. Cerró la puerta, y dijo, a través de la red metálica:
—Es la misma vaina°.

Después de leer

Comprensión

Completa las oraciones con la palabra o expresión correcta.

1. Don Aurelio Escovar es ______________ sin título.
2. Al alcalde le duele ______________.
3. Aurelio Escovar y el alcalde se llevan ______________.
4. El alcalde amenaza (*threatens*) al dentista con pegarle un ______________.
5. Finalmente, Aurelio Escovar ______________ la muela al alcalde.
6. El alcalde llevaba varias noches sin ______________.

Interpretación

Responde a estas preguntas.

1. ¿Cómo reacciona don Aurelio cuando escucha que el alcalde amenaza con pegarle un tiro? ¿Qué te dice esta actitud sobre las personalidades del dentista y del alcalde?
2. ¿Por qué crees que don Aurelio y el alcalde no se llevan bien?
3. ¿Crees que era realmente necesario no usar anestesia?
4. ¿Qué piensas que significa el comentario "aquí nos paga veinte muertos, teniente"? ¿Qué te dice esto del alcalde y su autoridad en el pueblo?
5. ¿Cómo se puede interpretar el saludo militar y la frase final del alcalde "es la misma vaina"?

Escritura

Estrategia

Organizing information logically

Many times a written piece may require you to include a great deal of information. You might want to organize your information in one of three different ways:

- chronologically (e.g., events in the history of a country)
- sequentially (e.g., steps in a recipe)
- in order of importance

Organizing your information beforehand will make both your writing and your message clearer to your readers. If you were writing a piece on weight reduction, for example, you would need to organize your ideas about two general areas: eating right and exercise. You would need to decide which of the two is more important according to your purpose in writing the piece. If your main idea is that eating right is the key to losing weight, you might want to start your piece with a discussion of good eating habits. You might want to discuss the following aspects of eating right in order of their importance:

- quantities of food
- selecting appropriate foods
- healthy recipes
- percentage of fat in each meal
- calorie count
- percentage of carbohydrates in each meal
- frequency of meals

You would then complete the piece by following the same process to discuss the various aspects of the importance of getting exercise.

Tema

Escribir un plan personal de bienestar

Desarrolla un plan personal para mejorar tu bienestar, tanto físico como emocional. Tu plan debe describir:

1. lo que has hecho para mejorar tu bienestar y llevar una vida sana
2. lo que no has podido hacer todavía
3. las actividades que debes hacer en los próximos meses

Considera también estas preguntas:

La nutrición

- ¿Comes una dieta equilibrada?
- ¿Consumes suficientes vitaminas y minerales?
- ¿Consumes demasiada grasa?
- ¿Quieres aumentar de peso o adelgazar?
- ¿Qué puedes hacer para mejorar tu dieta?

El ejercicio

- ¿Haces ejercicio? ¿Con qué frecuencia?
- ¿Vas al gimnasio? ¿Qué tipo de ejercicios haces allí?
- ¿Practicas algún deporte?
- ¿Qué puedes hacer para mejorar tu bienestar físico?

El estrés

- ¿Sufres muchas presiones?
- ¿Qué actividades o problemas te causan estrés?
- ¿Qué haces (o debes hacer) para aliviar el estrés y sentirte más tranquilo/a?
- ¿Qué puedes hacer para mejorar tu bienestar emocional?

Escuchar

Estrategia

Listening for the gist/
Listening for cognates

Combining these two strategies is an easy way to get a good sense of what you hear. When you listen for the gist, you get the general idea of what you're hearing, which allows you to interpret cognates and other words in a meaningful context. Similarly, the cognates give you information about the details of the story that you might not have understood when listening for the gist.

To practice these strategies, you will listen to a short paragraph. Write down the gist of what you hear and jot down a few cognates. Based on the gist and the cognates, what conclusions can you draw about what you heard?

Preparación

Mira la foto. ¿Qué pistas° te da de lo que vas a oír?

Ahora escucha

Escucha lo que dice Ofelia Cortez de Bauer. Anota algunos de los cognados que escuchas y también la idea general del discurso°.

____

____

____

____

Idea general: ______________________

Ahora contesta las siguientes preguntas.

1. ¿Cuál es el género° del discurso?
2. ¿Cuál es el tema?
3. ¿Cuál es el propósito°?

pistas *clues* **discurso** *speech* **género** *genre* **propósito** *purpose*
público *audience* **debía haber incluido** *should have included*

Comprensión

¿Cierto o falso?

Indica si lo que dicen estas oraciones es **cierto** o **falso**. Corrige las oraciones falsas.

	Cierto	Falso
1. La señora Bauer habla de la importancia de estar en buena forma y de hacer ejercicio.	❍	❍
2. Según ella, lo más importante es que lleves el programa sugerido por los expertos.	❍	❍
3. La señora Bauer participa en actividades individuales y de grupo.	❍	❍
4. El único objetivo del tipo de programa que ella sugiere es adelgazar.	❍	❍

Preguntas

Responde a las preguntas.

1. Imagina que el programa de radio sigue. Según las pistas que ella dio, ¿qué vas a oír en la segunda parte?
2. ¿A qué tipo de público° le interesa el tema del que habla la señora Bauer?
3. ¿Sigues los consejos de la señora Bauer? Explica tu respuesta.
4. ¿Qué piensas de los consejos que ella da? ¿Hay otra información que ella debía haber incluido°?

Iker pelos tiesos

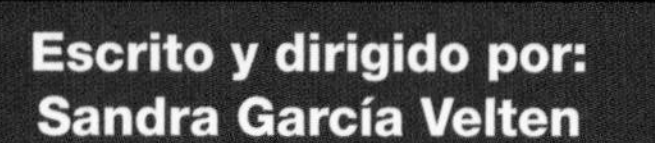

Escrito y dirigido por:
Sandra García Velten

Preparación

¿Cierto o falso?

Lee la lista de **Expresiones útiles** e indica si lo que dice cada oración es **cierto** o **falso**. Corrige las oraciones falsas.

_____ 1. Me prestaste tu balón (*ball*) y yo te lo tengo que devolver.

_____ 2. Si (*If*) quiero disimular algo, se lo digo a todos.

_____ 3. Es común que una hija salga igual a su madre.

_____ 4. Para hacerme un peinado especial, voy al salón de belleza.

_____ 5. Para cocinar el pan, lo meto en el congelador.

_____ 6. Si no hago ejercicios de estiramiento, me siento tieso.

Para Iker, cada persona se parece a un animal. Por ejemplo, su papá es un oso°. A Iker le habría gustado° ser un oso también, pero él es otro animal. Y eso es algo que nadie sabe en la escuela. Iker ha conseguido mantenerlo así gracias a algunos trucos°, pero tiene miedo de que los demás lo sepan. ¿Qué podría° pasar si° sus compañeros descubren el secreto de Iker?

oso *bear* le habría gustado *he would have liked* trucos *tricks* podría *could* si *if*

Expresiones útiles

devolver	*to return, to give back*
disimular	*to hide, to disguise*
me hubiera gustado	*I would have liked*
meter	*to put (something) in, to introduce*
el peinado	*hairstyle*
salir (igual) a	*to take after*
si supieran	*if they knew*
tieso/a	*stiff*

Para hablar del corto

burlarse (de)	*to make fun (of)*
esconder(se)	*to hide (onself)*
la fuerza	*strength*
orgulloso/a	*proud*
pelear(se)	*to fight (with one another)*
el rasgo	*feature, characteristic*
sentirse cohibido/a	*to feel self-conscious*

Conversación

Contesta las preguntas de tu compañero/a.

1. ¿Tienes rasgos particulares? ¿Cuáles son de tu apariencia física (*physical appearance*)? ¿Cuáles son de tu personalidad?
2. ¿Cuáles de tus rasgos son buenos? ¿Cuáles son malos? ¿Cómo determinas que son buenos o malos?
3. ¿Cuáles de tus rasgos particulares, buenos y malos, te hacen una persona única?
4. ¿Es común alguno de esos rasgos en tu familia? ¿Ha pasado de generación en generación?
5. ¿Tienes compañeros que comparten tus mismos rasgos? ¿Qué tienen en común ustedes?
6. ¿Qué animal crees que serías (*you would be*) según (*according to*) tus rasgos? Explica tu respuesta.

Escenas: Iker pelos tiesos

1

IKER: Tito es un mosquito; de esos que nunca dejan de molestar... ni en las noches.

2

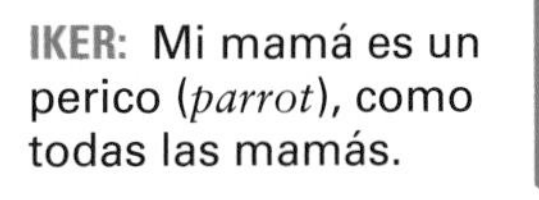

IKER: Mi mamá es un perico (*parrot*), como todas las mamás.

3

IKER: ... [yo] salí igual a mi abuelo... soy un puercoespín (*porcupine*).

4

IKER: ¿Qué me dirían si supieran mi secreto?

5

NIÑO 3: Ey, no hay paso. (*Hey, there's no way through.*)

IKER: Pero, ¿por qué?

6

IKER: ¿Y por qué ese niño está pasando?

NIÑO 5: Porque éste es nuestro territorio.

Comprensión

Escoger

Escoge la opción que completa mejor cada oración.

1. Iker siempre ___ su pelo tieso.
   a. muestra b. corta c. disimula
2. En la familia de Iker, ___ el mismo rasgo.
   a. no hay dos personas con b. él y su abuelo comparten c. el abuelo y Tito tienen
3. Para Iker, su ___ es un perico.
   a. hermana b. mamá c. maestra (*teacher*)
4. Para Iker, es probable que sus compañeros ___ si saben su secreto.
   a. lo acepten b. se burlen de él c. se escondan
5. Iker se sintió ___ cuando su compañero le dijo que le gustaba su peinado.
   a. aliviado (*relieved*) b. cohibido c. enojado
6. Al final, Iker estaba ___ de mostrar su peinado natural.
   a. avergonzado b. nervioso c. orgulloso

Preguntas

Contesta estas preguntas con oraciones completas.

1. ¿En qué situaciones se le pone el pelo tieso a Iker?
2. ¿Por qué esconde Iker su peinado natural?
3. ¿Cómo se sintió Iker después de pelearse con los niños en el patio?
4. ¿Te has sentido cohibido/a alguna vez?
5. ¿Cuáles son las consecuencias positivas de presentarte ante el mundo tal y como eres?
6. ¿Crees que la percepción que tienes de ti mismo/a influye en (*influences*) la manera en que ves a los demás? Explica tu respuesta.

Superhéroes

Imagina que un día descubres que tienes un superpoder (*superpower*). Escribe un párrafo donde describas tu experiencia. No te olvides de presentar esta información:

- cuál es tu superpoder
- cómo y cuándo lo descubriste
- quién, además de ti, sabe que tienes ese superpoder
- qué características positivas y negativas implica (*involves*) tener ese superpoder
- cómo has usado tu superpoder para ayudar a otros
- si has decidido usar tu superpoder para mejorar el mundo
- cuál es tu nombre de superhéroe/superheroína

modelo

Puedo saltar (*leap*) muros de hasta cinco metros de alto. Lo supe un día que mi gato quedó atrapado en el techo de un edificio...

¿Cómo sobrevivir° en la selva de concreto de una gran ciudad hispana? Sin duda, los parques públicos son la respuesta cuando se busca un oasis. Los Bosques de Palermo en Buenos Aires, el Bosque de Chapultepec en la Ciudad de México, el Parque Quinta Vergara en Viña del Mar o la Casa de Campo en Madrid son vitales para la salud física y mental de sus habitantes. Unos tienen museos, lagos y zoológicos, otros hasta parques de diversiones° y jardines. En ellos siempre vas a ver gente haciendo ejercicio, relajándose o reunida con familiares y amigos. A continuación conocerás uno de los muchos parques de Madrid, El Retiro, y vas a ver cómo se relajan los madrileños.

Vocabulario útil

árabe	*Moorish, Arab*
el bullicio	*hustle and bustle*
combatir el estrés	*to fight stress*
el ruido	*noise*

Preparación

¿Sufres de estrés? ¿Qué situaciones te producen estrés? ¿Qué haces para combatirlo?

¿Cierto o falso?

Indica si las oraciones son **ciertas** o **falsas**.

1. Madrid es la segunda ciudad más grande de España, después de Barcelona.
2. Madrid es una ciudad muy poco congestionada gracias a los policías de tráfico.
3. Un turista estadounidense intenta saltearse la cola (*cut the line*) para conseguir unos boletos para un espectáculo.
4. En el Parque del Retiro, puedes descansar, hacer gimnasia, etc.
5. Los baños termales Medina Mayrit son de influencia cristiana.
6. En Medina Mayrit es posible bañarse en aguas termales, tomar el té y hasta comer.

sobrevivir *to survive* **parques de diversiones** *amusement parks*

¿Estrés? ¿Qué estrés?

El tráfico, el ruido de las calles... Todos quieren llegar al trabajo a tiempo.

... es un lugar donde la gente viene a "retirarse", a escapar del estrés y el bullicio de la ciudad.

... en pleno centro de Madrid, encontramos los Baños Árabes [...]

Bolivia

El país en cifras

- **Área:** 1.098.580 km² (424.162 millas²), *equivalente al área total de Francia y España*
- **Población:** 10.631.000

Los indígenas quechua y aimará constituyen más de la mitad° de la población de Bolivia. Estos grupos indígenas han mantenido sus culturas y lenguas tradicionales. Las personas de ascendencia° indígena y europea representan la tercera parte de la población. Los demás son de ascendencia europea nacida en Latinoamérica. Una gran mayoría de los bolivianos, más o menos el 70%, vive en el altiplano°.

- **Capital:** La Paz, sede° del gobierno, capital administrativa—1.715.000; Sucre, sede del Tribunal Supremo, capital constitucional y judicial
- **Ciudades principales:** Santa Cruz de la Sierra—1.584.000; Cochabamba, Oruro, Potosí
- **Moneda:** peso boliviano
- **Idiomas:** español (oficial), aimará (oficial), quechua (oficial)

Bandera de Bolivia

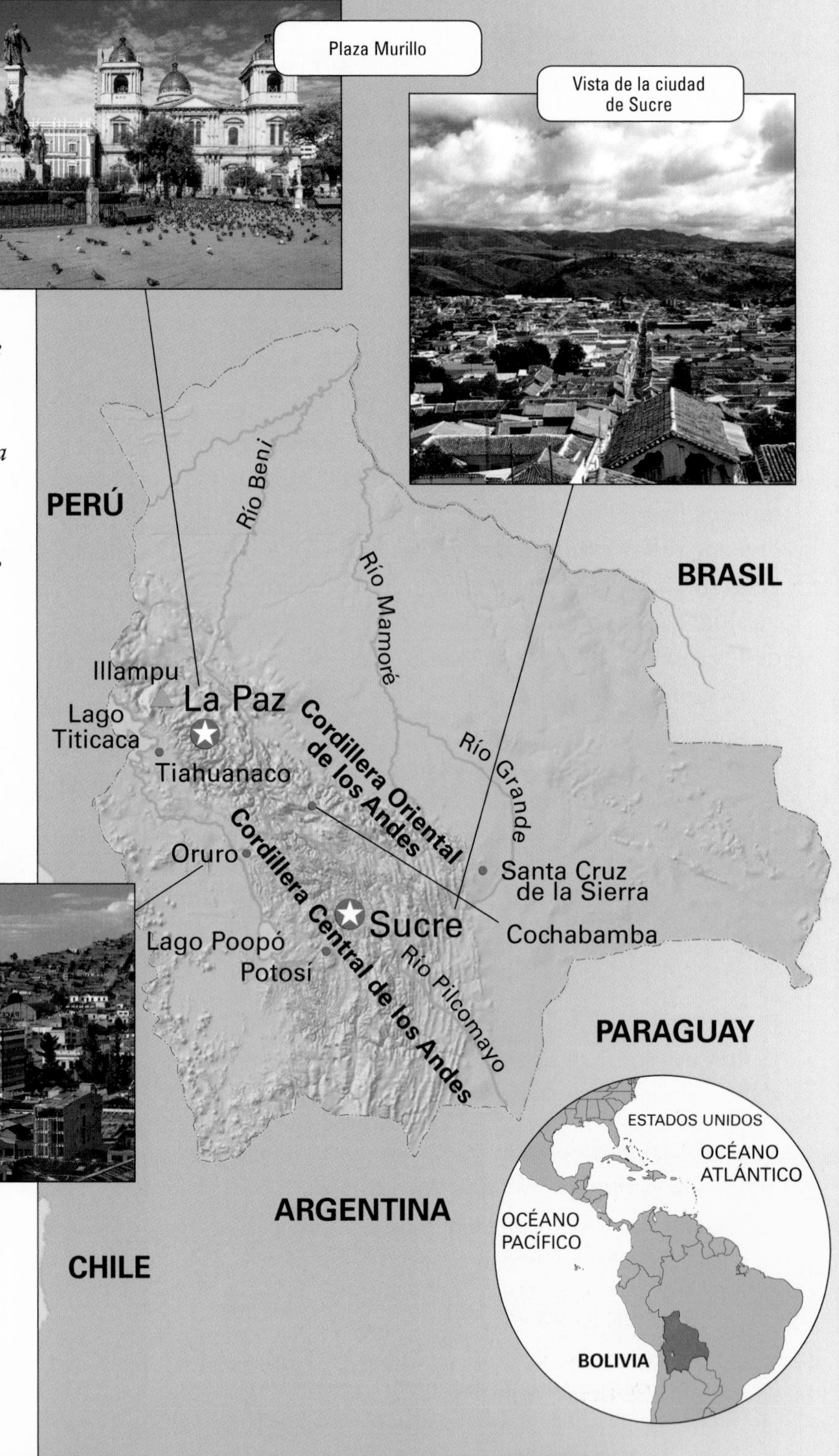

Bolivianos célebres

- **Jesús Lara,** escritor (1898–1980)
- **Víctor Paz Estenssoro,** político y presidente (1907–2001)
- **María Luisa Pacheco,** pintora (1919–1982)
- **Matilde Casazola,** poeta (1942–)
- **Edmundo Paz Soldán,** escritor (1967–)

mitad *half* ascendencia *descent* altiplano *high plateau* sede *seat* paraguas *umbrella* cascada *waterfall*

¡Increíble pero cierto!

La Paz es la capital más alta del mundo. Su aeropuerto está situado a una altitud de 4.061 metros (13.325 pies). Ah, y si viajas en carro hasta La Paz, ¡no te olvides del paraguas°! En la carretera, que cruza 9.000 metros de densa selva, te encontrarás con una cascada°.

Lugares • El lago Titicaca

Titicaca, situado en los Andes de Bolivia y Perú, es el lago navegable más alto del mundo, a una altitud de 3.810 metros (12.500 pies). Con un área de más de 8.300 kilómetros^2 (3.200 millas^2), también es el segundo lago más grande de Suramérica, después del lago de Maracaibo (Venezuela). La mitología inca cuenta que los hijos del dios° Sol emergieron de las profundas aguas del lago Titicaca para fundar su imperio°.

Artes • La música andina

La música andina, compartida por Bolivia, Perú, Ecuador, Chile y Argentina, es el aspecto más conocido de su folclore. Hay muchos conjuntos° profesionales que dan a conocer° esta música popular, de origen indígena, alrededor° del mundo. Algunos de los grupos más importantes y que llevan más de treinta años actuando en escenarios internacionales son Los Kjarkas (Bolivia), Inti Illimani (Chile), Los Chaskis (Argentina) e Illapu (Chile).

Historia • Tiahuanaco

Tiahuanaco, que significa "Ciudad de los dioses", es un sitio arqueológico de ruinas preincaicas situado cerca de La Paz y del lago Titicaca. Se piensa que los antepasados° de los indígenas aimará fundaron este centro ceremonial hace unos 15.000 años. En el año 1100, la ciudad tenía unos 60.000 habitantes. En este sitio se pueden ver el Templo de Kalasasaya, el Monolito Ponce, el Templete Subterráneo, la Puerta del Sol y la Puerta de la Luna. La Puerta del Sol es un impresionante monumento que tiene tres metros de alto y cuatro de ancho° y que pesa unas 10 toneladas.

¿Qué aprendiste? Contesta las preguntas con una oración completa.

1. ¿Qué idiomas se hablan en Bolivia?
2. ¿Dónde vive la mayoría de los bolivianos?
3. ¿Cuál es la capital administrativa de Bolivia?
4. Según la mitología inca, ¿qué ocurrió en el lago Titicaca?
5. ¿De qué países es la música andina?
6. ¿Qué origen tiene esta música?
7. ¿Cómo se llama el sitio arqueológico situado cerca de La Paz y el lago Titicaca?
8. ¿Qué es la Puerta del Sol?

Conexión Internet Investiga estos temas en Internet.

1. Busca información sobre un(a) boliviano/a célebre. ¿Cuáles son algunos de los episodios más importantes de su vida? ¿Qué ha hecho esta persona? ¿Por qué es célebre?
2. Busca información sobre Tiahuanaco u otro sitio arqueológico en Bolivia. ¿Qué han descubierto los arqueólogos en ese sitio?

dios *god* imperio *empire* conjuntos *groups* dan a conocer *make known* alrededor *around* antepasados *ancestors* ancho *wide*

El bienestar

el bienestar	*well-being*
el masaje	*massage*
el/la teleadicto/a	*couch potato*
adelgazar	*to lose weight; to slim down*
aliviar el estrés	*to reduce stress*
aliviar la tensión	*to reduce tension*
apurarse, darse prisa	*to hurry; to rush*
aumentar de peso, engordar	*to gain weight*
disfrutar (de)	*to enjoy; to reap the benefits (of)*
estar a dieta	*to be on a diet*
llevar una vida sana	*to lead a healthy lifestyle*
sufrir muchas presiones	*to be under a lot of pressure*
tratar de (+ *inf.*)	*to try (to do something)*
activo/a	*active*
débil	*weak*
en exceso	*in excess; too much*
flexible	*flexible*
fuerte	*strong*
sedentario/a	*sedentary*
tranquilo/a	*calm; quiet*

En el gimnasio

la cinta caminadora	*treadmill*
la clase de ejercicios aeróbicos	*aerobics class*
el/la entrenador(a)	*trainer*
el músculo	*muscle*
calentarse (e:ie)	*to warm up*
entrenarse	*to train*
estar en buena forma	*to be in good shape*
hacer ejercicio	*to exercise*
hacer ejercicios aeróbicos	*to do aerobics*
hacer ejercicios de estiramiento	*to do stretching exercises*
hacer gimnasia	*to work out*
levantar pesas	*to lift weights*
mantenerse en forma	*to stay in shape*
sudar	*to sweat*

La nutrición

la cafeína	*caffeine*
la caloría	*calorie*
el colesterol	*cholesterol*
la grasa	*fat*
la merienda	*afternoon snack*
el mineral	*mineral*
la nutrición	*nutrition*
el/la nutricionista	*nutritionist*
la proteína	*protein*
la vitamina	*vitamin*
comer una dieta equilibrada	*to eat a balanced diet*
descafeinado/a	*decaffeinated*

Expresiones útiles	*See page 87.*

El mundo del trabajo 4

Communicative Goals

You will learn how to:

- **Talk about your future plans**
- **Talk about and discuss work**
- **Interview for a job**
- **Express agreement and disagreement**

A PRIMERA VISTA

- ¿Está trabajando el chico en la foto?
- ¿Qué vende?
- ¿Lleva ropa profesional?
- ¿Está descansando o está ocupado?

El mundo del trabajo

Más vocabulario

el/la abogado/a	*lawyer*
el actor, la actriz	*actor*
el/la consejero/a	*counselor; advisor*
el/la contador(a)	*accountant*
el/la corredor(a) de bolsa	*stockbroker*
el/la diseñador(a)	*designer*
el/la electricista	*electrician*
el/la gerente	*manager*
el hombre/la mujer de negocios	*businessperson*
el/la jefe/a	*boss*
el/la maestro/a	*teacher*
el/la político/a	*politician*
el/la psicólogo/a	*psychologist*
el/la secretario/a	*secretary*
el/la técnico/a	*technician*
el ascenso	*promotion*
el aumento de sueldo	*raise*
la carrera	*career*
la compañía, la empresa	*company; firm*
el empleo	*job; employment*
los negocios	*business; commerce*
la ocupación	*occupation*
el oficio	*trade*
la profesión	*profession*
la reunión	*meeting*
el teletrabajo	*telecommuting*
el trabajo	*job; work*
la videoconferencia	*videoconference*
dejar	*to quit; to leave behind*
despedir (e:i)	*to fire*
invertir (e:ie)	*to invest*
renunciar (a)	*to resign (from)*
tener éxito	*to be successful*
comercial	*commercial; business-related*

Variación léxica

abogado/a ⟷ licenciado/a (*Amér. C.*)
contador(a) ⟷ contable (*Esp.*)

Práctica

1 Escuchar Escucha la descripción que hace Juan Figueres y luego completa las oraciones con las palabras adecuadas.

1. Juan Figueres quiere ser un ________.
   a. actor b. hombre de negocios c. pintor
2. Juan quiere ser el ________ de una compañía multinacional.
   a. secretario b. técnico c. gerente
3. Juan quería ________ en la cual pudiera (*he could*) trabajar en otros países.
   a. una carrera b. un ascenso c. un aumento de sueldo
4. Es probable que, al graduarse, Juan ________.
   a. tenga reuniones en otros países b. sea político
   c. tome muchas vacaciones

2 ¿Cierto o falso? Escucha las descripciones de las profesiones de Ana y Marco. Indica si lo que dice cada oración es **cierto** o **falso**.

1. Ana es maestra de inglés.
2. Ana asiste a muchas reuniones.
3. Ana recibió un aumento de sueldo.
4. Marco hace muchos viajes.
5. Marco quiere dejar su empresa.
6. El jefe de Marco es cocinero.

3 Escoger Escoge la ocupación que corresponda a cada descripción.

la arquitecta	el científico	la electricista
el bombero	el corredor de bolsa	el maestro
la carpintera	el diseñador	la técnica

1. Desarrolla teorías de biología, química, física, etc.
2. Nos ayuda a iluminar nuestras casas.
3. Combate los incendios (*fires*) que destruyen edificios.
4. Ayuda a la gente a invertir su dinero.
5. Enseña a los niños.
6. Diseña ropa.
7. Arregla las computadoras.
8. Diseña edificios.

4 Asociaciones ¿Qué profesiones asocias con estas palabras?

modelo
emociones *psicólogo/a*

1. pinturas
2. consejos
3. elecciones
4. comida
5. leyes
6. teatro
7. pirámide
8. periódico
9. pelo

5 Conversación Completa la entrevista con el nuevo vocabulario que se ofrece en la lista de la derecha.

ENTREVISTADOR Recibí la (1) ______________ que usted llenó y vi que tiene mucha experiencia.

ASPIRANTE Por eso decidí mandar una copia de mi (2) ______________ cuando vi su (3) ______________ en Internet.

ENTREVISTADOR Me alegro de que lo haya hecho. Pero dígame, ¿por qué dejó usted su (4) ______________ anterior?

ASPIRANTE Lo dejé porque quiero un mejor (5) ______________.

ENTREVISTADOR ¿Y cuánto quiere (6) ______________ usted?

ASPIRANTE Pues, eso depende de los (7) ______________ que me puedan ofrecer.

ENTREVISTADOR Muy bien. Pues, creo que usted tiene la experiencia necesaria, pero tengo que (8) ______________ a dos aspirantes más. Le vamos a llamar la semana que viene.

ASPIRANTE Hasta pronto, y gracias por la (9) ______________.

Más vocabulario

el anuncio	*advertisement*
el/la aspirante	*candidate; applicant*
los beneficios	*benefits*
el currículum	*résumé*
la entrevista	*interview*
el/la entrevistador(a)	*interviewer*
el puesto	*position; job*
el salario, el sueldo	*salary*
la solicitud (de trabajo)	*(job) application*
contratar	*to hire*
entrevistar	*to interview*
ganar	*to earn*
obtener	*to obtain; to get*
solicitar	*to apply (for a job)*

6 Completar Escoge la respuesta que completa cada oración.

1. Voy a ______ mi empleo.
   a. tener éxito b. renunciar a c. entrevistar
2. Quiero dejar mi ______ porque no me llevo bien con mi jefe.
   a. anuncio b. gerente c. puesto
3. Por eso, fui a una ______ con una consejera de carreras.
   a. profesión b. reunión c. ocupación
4. Ella me dijo que necesito revisar mi ______.
   a. currículum b. compañía c. aspirante
5. ¿Cuándo obtuviste ______ más reciente?, me preguntó.
   a. la reunión b. la videoconferencia c. el aumento de sueldo
6. Le dije que deseo trabajar en una empresa con excelentes ______.
   a. beneficios b. entrevistas c. solicitudes de trabajo
7. Y quiero tener la oportunidad de ______ en la nueva empresa.
   a. invertir b. obtener c. perder

¡LENGUA VIVA!

Trabajo, empleo, and **puesto** can all be translated as *job*, but each has additional meanings: **trabajo** means *work*, **empleo** means *employment*, and **puesto** means *position*.

7 Preguntas Contesta cada pregunta con una respuesta breve.

1. ¿En qué te gustaría especializarte?
2. ¿Has leído los anuncios de empleo en el periódico o en Internet?
3. ¿Piensas que una carrera que beneficia a otros es más importante que un empleo con un salario muy bueno? Explica tu respuesta.
4. ¿Tus padres consiguen los puestos que quieren?
5. ¿Te preparas bien para las entrevistas?
6. ¿Crees que una persona debe renunciar a un puesto si no le ofrecen ascensos?
7. ¿Te gustaría (*Would you like*) más un teletrabajo o un trabajo tradicional en una oficina?
8. ¿Piensas que los jefes siempre tienen razón?
9. ¿Quieres crear tu propia empresa? ¿Por qué?
10. ¿Cuál es tu carrera ideal?

Comunicación

8 **Anuncio** Lee el anuncio para un puesto. Luego, indica si las conclusiones son **lógicas** o **ilógicas**.

Oficina de abogados Álvarez & Asociados, en Santo Domingo, necesita SECRETARIO/A

Se requiere:
- Experiencia laboral en puesto similar
- Capacidad organizativa y comunicativa
- Nivel nativo de español e inglés
- Dominio de programas de computación

Se ofrece:
- Ambiente agradable de trabajo
- Horario de 9 de la mañana a 5 de la tarde
- Salario competitivo
- Seguro (*insurance*) médico y dental
- 20 días de vacaciones anuales

Los aspirantes al puesto deben enviar su currículum por correo electrónico.

	Lógico	Ilógico
1. Para obtener este puesto, hay que ser abogado/a.	❍	❍
2. Un aspirante antipático no debe solicitar este puesto.	❍	❍
3. Para obtener este puesto, hay que ser bilingüe.	❍	❍
4. El horario es flexible.	❍	❍
5. No se ofrecen beneficios.	❍	❍

9 **Currículum** Crea el currículum de una persona famosa. Incluye las siguientes categorías.

- objetivos profesionales
- experiencia laboral
- formación académica
- otros datos (*facts*) de interés

10 **Una entrevista** Trabaja con un(a) compañero/a para representar los papeles de un(a) aspirante a un puesto y un(a) entrevistador(a).

El/La entrevistador(a) debe describir...

- el puesto,
- las responsabilidades,
- el salario y
- los beneficios.

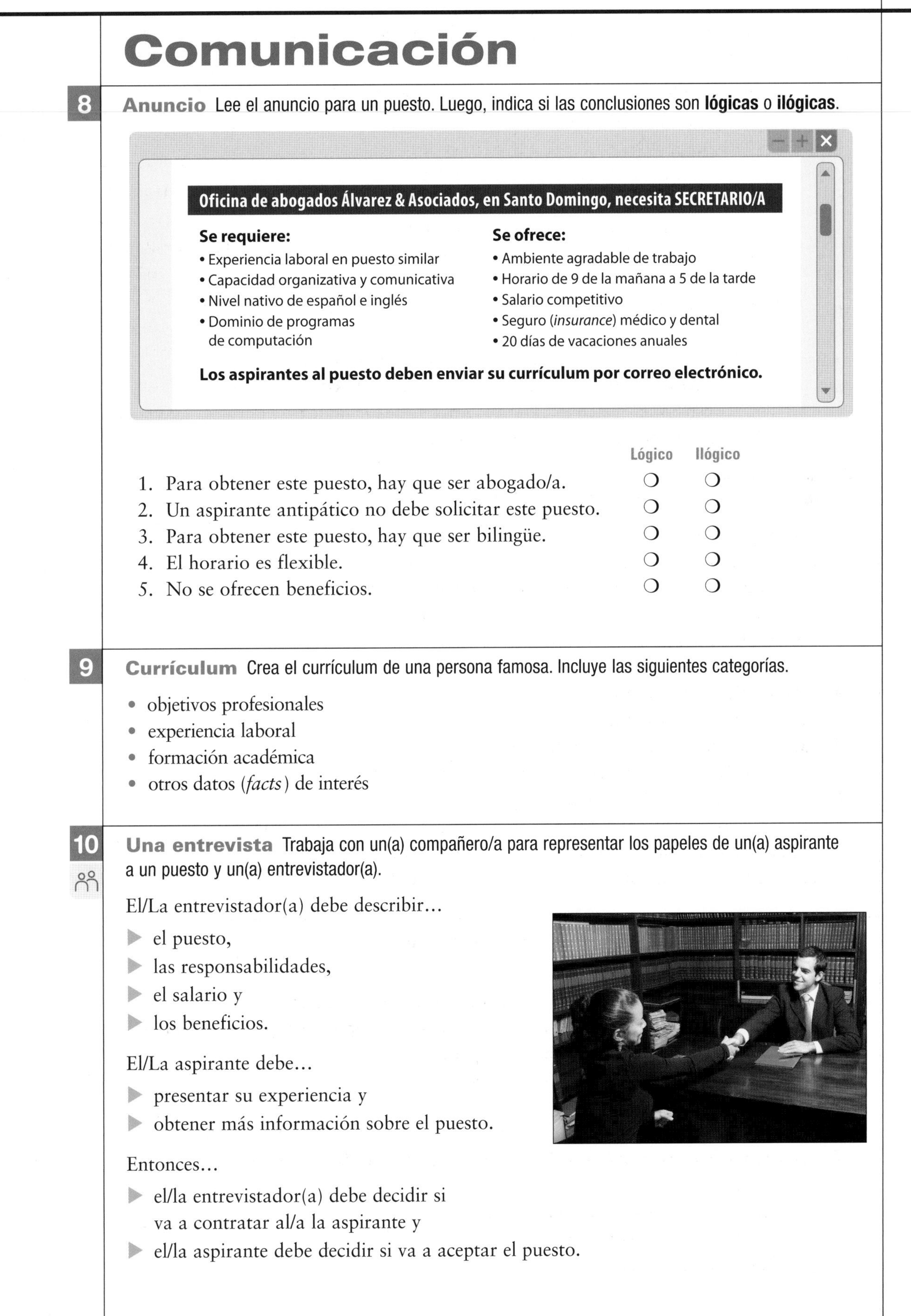

El/La aspirante debe...

- presentar su experiencia y
- obtener más información sobre el puesto.

Entonces...

- el/la entrevistador(a) debe decidir si va a contratar al/a la aspirante y
- el/la aspirante debe decidir si va a aceptar el puesto.

La entrevista de trabajo

Los chicos hablan de sus planes para el futuro. Y la Sra. Díaz prepara a Miguel para unas entrevistas de trabajo.

PERSONAJES

MARISSA

FELIPE

MARISSA En menos de dos meses, ya habré regresado a mi casa en Wisconsin.

FELIPE No pensé que el año terminara tan pronto.

JIMENA ¡Todavía no se ha acabado! Tengo que escribir tres ensayos.

MARISSA ¿Qué piensas hacer después de graduarte, Felipe?

JUAN CARLOS Vamos a crear una compañía de asesores de negocios.

FELIPE Les enseñaremos a las empresas a disminuir la cantidad de contaminación que producen.

MARISSA Estoy segura de que tendrán mucho éxito.

FELIPE También me gustaría viajar. Me muero por ir a visitarte a los Estados Unidos.

JIMENA Pues date prisa. Pronto estará lejos trabajando como arqueóloga.

MARISSA No sé cómo vaya a ser mi vida a los 30 años. Probablemente me habré ido de Wisconsin y seré arqueóloga en un país exótico.

JUAN CARLOS (*a Jimena*) Para entonces ya serás doctora.

(*Mientras tanto, en la oficina de la Sra. Díaz*)

MIGUEL Gracias por recibirme hoy.

SRA. DÍAZ De nada, Miguel. Estoy muy feliz de poder ayudarte con las entrevistas de trabajo.

SRA. DÍAZ Durante la entrevista, tienes que convencer al entrevistador de que tú eres el mejor candidato. ¿Estás listo para comenzar?

MIGUEL Sí.

JIMENA JUAN CARLOS MIGUEL SRA. DÍAZ

7

MIGUEL Mucho gusto. Soy Miguel Ángel Lagasca Martínez.

SRA. DÍAZ Encantada, Miguel. Veamos. Hábleme sobre su trabajo en el Museo Guggenheim de Bilbao.

MIGUEL Estuve allí seis meses en una práctica.

8

SRA. DÍAZ ¿Cuáles son sus planes para el futuro?

MIGUEL Seguir estudiando historia del arte, especialmente la española y la latinoamericana. Me encanta el arte moderno. En el futuro, quiero trabajar en un museo y ser un pintor famoso.

9

SRA. DÍAZ ¿Qué te hace especial, Miguel?

MIGUEL ¿Especial?

SRA. DÍAZ Bueno. Paremos un momento. Necesitas relajarte. Vamos a caminar.

10

MIGUEL Estamos esperando noticias del museo. (*al teléfono*) Hola. ¿Maru? ¡Genial! (*a la Sra. Díaz*) ¡La aceptaron!

SRA. DÍAZ Felicidades. Ahora quiero que tomes ese mismo entusiasmo y lo lleves a la entrevista.

Expresiones útiles

Talking about future plans

En menos de dos meses, ya habré regresado a mi casa en Wisconsin.
In less than two months, I'll have gone back home to Wisconsin.
¿Qué piensas hacer después de graduarte?
What do you think you'll be doing after graduation?
Vamos a crear una compañía de asesores de negocios.
We're going to open a consulting firm.
Les enseñaremos a las empresas a disminuir la cantidad de contaminación que producen.
We'll teach companies how to reduce the amount of pollution they produce.
No sé cómo vaya a ser mi vida a los treinta años.
I don't know what my life will be like when I am thirty.
Probablemente me habré ido de Wisconsin.
I'll probably have left Wisconsin.
Seré arqueóloga de un país exótico.
I'll be an archeologist in some exotic country.

Reactions

Estoy seguro/a de que tendrán mucho éxito.
I'm sure you'll be very successful.
¡Genial!
Great!

Additional Vocabulary

ejercer *to practice/exercise (a degree/profession)*
enterarse *to find out*
establecer *to establish*
extrañar *to miss*
por el porvenir *for/to the future*
el título *title*

¿Qué pasó?

1 **¿Cierto o falso?** Indica si lo que dicen estas oraciones es **cierto** o **falso**. Corrige las oraciones falsas.

	Cierto	Falso
1. Juan Carlos y Felipe quieren crear su propia empresa.	❍	❍
2. En el futuro, Marissa va a viajar porque va a ser psicóloga.	❍	❍
3. La Sra. Díaz ayuda a Miguel con su currículum.	❍	❍
4. Miguel quiere seguir estudiando historia del arte.	❍	❍

2 **Identificar** Identifica quién puede decir estas oraciones.

1. Nosotros vamos a ayudar a que se reduzca la contaminación.
2. Me gustan los hospitales, por eso quiero ser doctora.
3. No imagino cómo será mi vida en el futuro.
4. Quiero ser un pintor famoso, como Salvador Dalí.
5. Lleva ese entusiasmo a la entrevista y serás el mejor candidato.

SRA. DÍAZ
MIGUEL
JIMENA
MARISSA
FELIPE

NOTA CULTURAL

El pintor español **Salvador Dalí** es uno de los máximos representantes del **surrealismo**, tendencia estética que refleja el subconsciente (*subconscious*) del artista. Las obras de Dalí están llenas de símbolos e imágenes fantásticas que muestran sus sueños y su interpretación de la realidad.

3 **Profesiones** Los protagonistas de la **Fotonovela** mencionan estas profesiones. Define cada profesión.

1. arqueólogo/a
2. doctor(a)
3. administrador(a) de empresas
4. artista
5. hombre/mujer de negocios
6. abogado/a
7. pintor(a)
8. profesor(a)

4 **Mis planes** En parejas, hablen de sus planes para el futuro. Utilicen estas preguntas y frases.

- ¿Qué piensas hacer después de graduarte?
- ¿Quieres saber cuáles son mis planes para el futuro?
- ¿Cuáles son tus planes?
- ¿Dónde estudiarás?
- ¿Dónde trabajarás?
- El próximo año/verano, voy a...
- Seré...
- Trabajaré en...

AYUDA

Remember that the indefinite article is not used with professions, unless they are modified by an adjective.

José es **pintor**.

José es **un buen pintor**.

Ortografía y pronunciación

y, ll y h

The digraph **ll** and the letter **y** were not pronounced alike in Old Spanish. Nowadays, however, **ll** and **y** have the same or similar pronunciations in many parts of the Spanish-speaking world. This results in frequent misspellings. The letter **h**, as you already know, is silent in Spanish, and it is often difficult to know whether words should be written with or without it. Here are some of the word groups that are spelled with each letter.

talla **sello** **botella** **amarillo**

The digraph **ll** is used in these endings: **-allo/a**, **-ello/a**, **-illo/a**.

llave **llega** **llorar** **lluvia**

The digraph **ll** is used at the beginning of words in these combinations: **lla-**, **lle-**, **llo-**, **llu-**.

cayendo **leyeron** **oye** **incluye**

The letter **y** is used in some forms of the verbs **caer**, **leer**, and **oír** and in verbs ending in **-uir**.

hiperactivo **hospital** **hipopótamo** **humor**

The letter **h** is used at the beginning of words in these combinations: **hiper-**, **hosp-**, **hidr-**, **hipo-**, **hum-**.

hiato **hierba** **hueso** **huir**

The letter **h** is also used in words that begin with these combinations: **hia-**, **hie-**, **hue-**, **hui-**.

Práctica Llena los espacios con **h**, **ll** o **y**. Después escribe una oración con cada una de las palabras.

1. cuchi__o
2. __ielo
3. cue__o
4. estampi__a
5. estre__a
6. __uésped
7. destru__ó
8. pla__a

Adivinanza Aquí tienes una adivinanza (*riddle*). Intenta descubrir de qué se trata.

[1] El huevo

EN DETALLE

Beneficios en los empleos

¿Qué piensas si te ofrecen un trabajo que te da treinta días de vacaciones pagadas? Los beneficios laborales° en los Estados Unidos, España e Hispanoamérica son diferentes en varios sentidos°. En España, por ejemplo, todos los empleados, por ley, tienen treinta días de vacaciones pagadas al año. Otro ejemplo lo hallamos en las licencias por maternidad°. En los Estados Unidos se otorgan° doce semanas, dependiendo de la empresa si esos días son pagados o no. En muchos países hispanoamericanos, sin embargo, las leyes dictan que esta licencia sea pagada. Países como Chile y Venezuela ofrecen a las madres trabajadoras° dieciocho semanas de licencia pagada.

Otra diferencia está en los sistemas de jubilación° de los países hispanoamericanos. Hasta la década de 1990, la mayoría de los países de Centroamérica y Suramérica tenía un sistema de jubilación público. Es decir, las personas no tenían que pagar directamente por su jubilación, sino que el Estado la administraba. Sin embargo, en los últimos años las cosas han cambiado en Hispanoamérica: desde hace más de una década, casi todos los países han incorporado el sistema privado° de jubilación, y en muchos países podemos encontrar los dos sistemas (público y privado) funcionando al mismo tiempo, como en Colombia, Perú o Costa Rica.

El currículum vitae

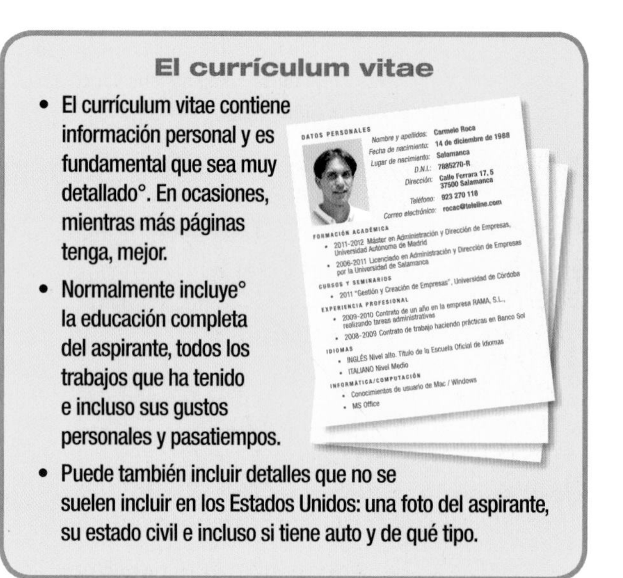

DATOS PERSONALES
Nombre y apellidos: Carmelo Roca
Fecha de nacimiento: 14 de diciembre de 1988
Lugar de nacimiento: Salamanca
D.N.I.: 7885270-R
Dirección: Calle Ferrara 17, 5 37500 Salamanca
Teléfono: 923 270 118
Correo electrónico: rocac@teleline.com

FORMACIÓN ACADÉMICA
- 2011-2012 Máster en Administración y Dirección de Empresas, Universidad Autónoma de Madrid
- 2006-2011 Licenciado en Administración y Dirección de Empresas por la Universidad de Salamanca

CURSOS Y SEMINARIOS
- 2011 "Gestión y Creación de Empresas", Universidad de Córdoba

EXPERIENCIA PROFESIONAL
- 2009-2010 Contrato de un año en la empresa RAMA, S.L., realizando tareas administrativas
- 2008-2009 Contrato de trabajo haciendo prácticas en Banco Sol

IDIOMAS
- INGLÉS Nivel alto. Título de la Escuela Oficial de Idiomas
- ITALIANO Nivel Medio

INFORMÁTICA/COMPUTACIÓN
- Conocimientos de usuario de Mac / Windows
- MS Office

- El currículum vitae contiene información personal y es fundamental que sea muy detallado°. En ocasiones, mientras más páginas tenga, mejor.
- Normalmente incluye° la educación completa del aspirante, todos los trabajos que ha tenido e incluso sus gustos personales y pasatiempos.
- Puede también incluir detalles que no se suelen incluir en los Estados Unidos: una foto del aspirante, su estado civil e incluso si tiene auto y de qué tipo.

beneficios laborales *job benefits* **varios sentidos** *many ways* **licencias por maternidad** *maternity leave* **se otorgan** *are given* **madres trabajadoras** *working mothers* **jubilación** *retirement* **privado** *private* **detallado** *detailed* **incluye** *includes*

ACTIVIDADES

1 **¿Cierto o falso?** Indica si lo que dicen estas oraciones es **cierto** o **falso**. Corrige la información falsa.

1. Los trabajadores de los Estados Unidos y los de España tienen beneficios laborales diferentes.
2. La licencia por maternidad es igual en Hispanoamérica y los Estados Unidos.
3. En Venezuela, la licencia por maternidad es de cuatro meses y medio.
4. En España, los empleados tienen treinta días de vacaciones al año.
5. Hasta 1990, muchos países hispanoamericanos tenían un sistema de jubilación privado.
6. En Perú sólo tienen sistema de jubilación privado.
7. En general, el currículum vitae hispano y el estadounidense tienen contenido distinto.
8. En Hispanoamérica, es importante que el currículum vitae tenga pocas páginas.

ASÍ SE DICE

El trabajo

la chamba (Méx.); el curro (Esp.); el laburo (Arg.); la pega (Chi.)	el trabajo
el/la cirujano/a	*surgeon*
la huelga	*strike*
el/la niñero/a	*babysitter*
el impuesto	*tax*

EL MUNDO HISPANO

Igualdad° laboral

- **United Fruit Company** fue, por casi cien años, la mayor corporación estadounidense. Monopolizó las exportaciones de frutas de Hispanoamérica, e influenció enormemente la economía y la política de la región hasta 1970.
- **Fair Trade Coffee** trabaja para proteger a los agricultores° de café de los abusos de las grandes compañías multinacionales. Ahora, en lugares como Centroamérica, los agricultores pueden obtener mayores ganancias° a través del comercio directo y los precios justos°.
- **Oxfam International** trabaja en países como Guatemala, Ecuador, Nicaragua y Perú para concientizar a la opinión pública° de que la igualdad entre las personas es tan importante como el crecimiento° económico de las naciones.

Igualdad *Equality* agricultores *farmers* ganancias *profits* justos *fair* concientizar a la opinión pública *to make public opinion aware* crecimiento *growth*

PERFIL

César Chávez

César Estrada Chávez (1927–1993) nació cerca de Yuma, Arizona. De padres mexicanos, empezó a trabajar en el campo a los diez años de edad. Comenzó a luchar contra la discriminación en los años 40, mientras estaba en la Marina°. Fue en esos tiempos cuando se sentó en la sección para blancos en un cine segregacionista y se negó° a moverse.

Junto a su esposa, Helen Fabela, fundó° en 1962 la Asociación Nacional de Trabajadores del Campo° que después se convertiría en la coalición Trabajadores del Campo Unidos. Participó y organizó muchas huelgas en grandes compañías para lograr mejores condiciones laborales° y salarios más altos y justos para los trabajadores. Es considerado un héroe del movimiento laboral estadounidense. Desde el año 2000, la fecha de su cumpleaños es un día festivo pagado° en California y otros estados.

Marina *Navy* se negó *he refused* fundó *he established* Trabajadores del Campo *Farm Workers* condiciones laborales *working conditions* día festivo pagado *paid holiday*

Conexión Internet

¿Qué industrias importantes hay en los países hispanos?

Use the Web to find more cultural information related to this **Cultura** section.

ACTIVIDADES

2 Comprensión Contesta las preguntas.

1. ¿Cómo dice un argentino "perdí mi trabajo"?
2. ¿Cuál es el principio fundamental del Fair Trade Coffee?
3. ¿Para qué César Chávez organizó huelgas contra grandes compañías?
4. ¿Qué día es un día festivo pagado en California?

3 Sus ambiciones laborales Haz una lista con al menos tres ideas sobre las expectativas que tienes sobre tu futuro como trabajador(a). Puedes describir las ideas y ambiciones sobre el trabajo que quieres tener. ¿Conoces bien las reglas que debes seguir para conseguir un trabajo? ¿Te gustan? ¿Te disgustan?

4.1 The future

ANTE TODO You have already learned ways of expressing the near future in Spanish. You will now learn how to form and use the future tense. Compare the different ways of expressing the future in Spanish and English.

Present indicative

Voy al cine mañana.
I'm going to the movies tomorrow.

Present subjunctive

Ojalá **vaya al cine** mañana.
I hope I will go to the movies tomorrow.

ir a + [*infinitive*]

Voy a ir al cine.
I'm going to go to the movies.

Future

Iré al cine.
I will go to the movies.

- In Spanish, the future is a simple tense that consists of one word, whereas in English it is made up of the auxiliary verb *will* or *shall*, and the main verb.

Future tense

		estudiar	aprender	recibir
SINGULAR FORMS	yo	estudiar**é**	aprender**é**	recibir**é**
	tú	estudiar**ás**	aprender**ás**	recibir**ás**
	Ud./él/ella	estudiar**á**	aprender**á**	recibir**á**
PLURAL FORMS	nosotros/as	estudiar**emos**	aprender**emos**	recibir**emos**
	vosotros/as	estudiar**éis**	aprender**éis**	recibir**éis**
	Uds./ellos/ellas	estudiar**án**	aprender**án**	recibir**án**

¡ATENCIÓN!

Note that **-ar**, **-er**, and **-ir** verbs all have the same endings in the future tense.

- **¡Atención!** Note that all of the future endings have a written accent except the **nosotros/as** form.

¿Cuándo **recibirás** el ascenso?
*When **will you receive** the promotion?*

Mañana **aprenderemos** más.
*Tomorrow **we will learn** more.*

- The future endings are the same for regular and irregular verbs. For regular verbs, simply add the endings to the infinitive. For irregular verbs, add the endings to the irregular stem.

Irregular verbs in the future

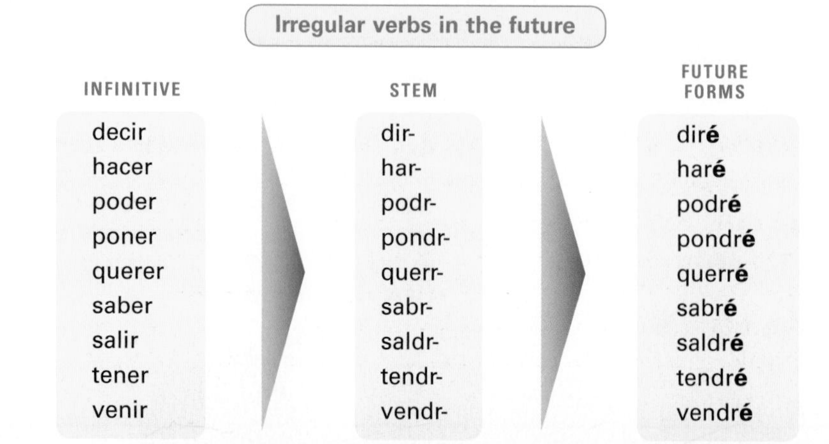

INFINITIVE	STEM	FUTURE FORMS
decir	dir-	dir**é**
hacer	har-	har**é**
poder	podr-	podr**é**
poner	pondr-	pondr**é**
querer	querr-	querr**é**
saber	sabr-	sabr**é**
salir	saldr-	saldr**é**
tener	tendr-	tendr**é**
venir	vendr-	vendr**é**

- The future of **hay** (*inf.* **haber**) is **habrá** *(there will be)*.

La próxima semana **habrá** dos reuniones.
Next week there will be two meetings.

Habrá muchos gerentes en la videoconferencia.
There will be many managers at the videoconference.

- Although the English word *will* can refer to future time, it also refers to someone's willingness to do something. In this case, Spanish uses **querer** + [*infinitive*], not the future tense.

¿Quieres llamarme, por favor?
Will you please call me?

¿Quieren ustedes escucharnos, por favor?
Will you please listen to us?

COMPARE & CONTRAST

In Spanish, the future tense has an additional use: expressing conjecture or probability. English sentences involving expressions such as *I wonder, I bet, must be, may, might,* and *probably* are often translated into Spanish using the *future of probability*.

—¿Dónde **estarán** mis llaves?
I wonder where my keys are.

—**Estarán** en la cocina.
They're probably in the kitchen.

—¿Qué hora **será**?
What time can it be? (I wonder what time it is.)

—**Serán** las once o las doce.
It must be (It's probably) eleven or twelve.

Note that although the future tense is used, these verbs express conjecture about *present* conditions, events, or actions.

CONSULTA

To review these conjunctions of time, see **Estructura 1.3**, p. 35.

- The future may also be used in the main clause of sentences in which the present subjunctive follows a conjunction of time such as **cuando, después (de) que, en cuanto, hasta que,** and **tan pronto como**.

Cuando llegues a la oficina, **hablaremos**.
When you arrive at the office, we will talk.

Saldremos tan pronto como termine su trabajo.
We will leave as soon as you finish your work.

¡INTÉNTALO! Conjuga en futuro los verbos entre paréntesis.

1. (dejar, correr, invertir) yo *dejaré, correré, invertiré*
2. (renunciar, beber, vivir) tú ______
3. (hacer, poner, venir) Lola ______
4. (tener, decir, querer) nosotros ______
5. (ir, ser, estar) ustedes ______
6. (solicitar, comer, repetir) usted ______
7. (saber, salir, poder) yo ______
8. (encontrar, jugar, servir) tú ______

Práctica

1 Planes Celia está hablando de sus planes. Repite lo que dice, usando el tiempo futuro.

modelo
Voy a consultar el índice de Empresas 500 en la biblioteca.
Consultaré el índice de Empresas 500 en la biblioteca.

1. Álvaro y yo nos vamos a casar pronto.
2. Julián me va a decir dónde puedo buscar trabajo.
3. Voy a buscar un puesto con un buen sueldo.
4. Voy a leer los anuncios clasificados todos los días.
5. Voy a obtener un puesto en mi especialización.
6. Mis amigos van a estar contentos por mí.

2 La predicción inolvidable Completa el párrafo con el futuro de los verbos.

asustarse	conseguir	estar	olvidar	tener
casarse	escribir	hacerse	ser	terminar

Nunca (1) ____________ lo que me dijo la vidente (*clairvoyant*) antes de que se quedara sin batería mi teléfono celular: "En cinco años (2) ____________ realidad todos tus deseos. (3) ____________ tus estudios, (4) ____________ un empleo rápidamente y tu éxito (5) ____________ asombroso. (6) ____________ con un hombre bueno y hermoso, del que (7) ____________ enamorada. Pero en realidad (8) ____________ una vida muy triste porque un día, cuando menos lo esperes..."

3 Preguntas Imagina que has aceptado uno de los puestos de los anuncios. Contesta las preguntas.

Laboratorios LUNA
Se busca científico con mucha imaginación para crear nuevos productos. Mínimo 3 años de experiencia. Puesto con buen sueldo y buenos beneficios.
Tel: 492-38-67

SE BUSCA CONTADOR(A)
Mínimo 5 años de experiencia. Debe hablar inglés, francés y alemán. Salario: 120.000 dólares al año. Envíen currículum por fax al: 924-90-34.

SE BUSCAN
Actores y actrices con experiencia para telenovela. Trabajarán por las noches. Salario: 40 dólares la hora. Soliciten puesto en persona. Calle El Lago n. 24, Managua.

SE NECESITAN
Jóvenes periodistas para el sitio web de un periódico nacional. Horario: 4:30 a 20:30. Comenzarán inmediatamente. Salario 20.000 dólares al año. Tel. contacto: 245-94-30.

1. ¿Cuál será el trabajo?
2. ¿Qué harás?
3. ¿Cuánto te pagarán?
4. ¿Sabes si te ofrecerán beneficios?
5. ¿Sabes el horario que tendrás? ¿Es importante saberlo?
6. ¿Crees que te gustará? ¿Por qué?
7. ¿Cuándo comenzarás a trabajar?
8. ¿Qué crees que aprenderás?

Comunicación

4 **Nos mudamos** Escucha la conversación entre Marisol y Fernando. Luego, indica si las conclusiones son **lógicas** o **ilógicas**, según lo que escuchaste.

	Lógico	Ilógico
1. Fernando vive en Managua.	❍	❍
2. Emilio comenzará a trabajar para otra empresa.	❍	❍
3. Marisol y Emilio quieren ver las playas y la selva de Nicaragua.	❍	❍
4. Julio y Mariana trabajan juntos.	❍	❍
5. Fernando no está totalmente contento con su sueldo.	❍	❍

5 **Planear** En parejas, hagan planes para formar una empresa privada. Usen las preguntas como guía.

1. ¿Cómo se llamará y qué tipo de empresa será?
2. ¿Cuántos empleados tendrá y cuáles serán sus oficios o profesiones?
3. ¿Qué tipo de beneficios se ofrecerán?
4. ¿Quién será el/la gerente y quién será el jefe/la jefa? ¿Por qué?
5. ¿Permitirá la empresa el teletrabajo? ¿Por qué?
6. ¿Dónde se pondrán anuncios para conseguir empleados?

6 **Conversar** Tú y tu compañero/a viajarán a la República Dominicana por siete días. Indiquen lo que harán y no harán. Digan dónde, cómo, con quién o en qué fechas lo harán, usando el anuncio como guía. Pueden usar sus propias ideas también.

modelo

Estudiante 1: *¿Qué haremos el martes?*
Estudiante 2: *Visitaremos el Jardín Botánico.*
Estudiante 1: *Pues, tú visitarás el Jardín Botánico y yo caminaré por el Mercado Modelo.*

¡Bienvenido a la República Dominicana!

Se divertirá desde el momento en que llegue al **Aeropuerto Internacional de las Américas**.
- Visite la ciudad colonial de **Santo Domingo** con su interesante arquitectura.
- Vaya al **Jardín Botánico** y disfrute de nuestra abundante naturaleza.
- En el **Mercado Modelo** no va a poder resistir la tentación de comprar artesanías.
- No deje de escalar el **Pico Duarte** (se recomiendan 3 días).
- ¿Le gusta bucear? **Cabarete** tiene todo el equipo que usted necesita.
- ¿Desea nadar? **Punta Cana** le ofrece hermosas playas.

NOTA CULTURAL

En la **República Dominicana** están el punto más alto y el más bajo de las Antillas. El Pico Duarte mide (*measures*) 3.087 metros y el lago Enriquillo está a 45 metros bajo el nivel del mar (*sea level*).

Síntesis

7 **Predicciones** Elige una persona que aparezca actualmente en las noticias (*news*). Escribe cinco predicciones sobre el futuro de esa persona. Usa el tiempo futuro.

4.2 The future perfect

ANTE TODO Like other compound tenses you have learned, the future perfect (**el futuro perfecto**) is formed with a form of **haber** and the past participle. It is used to talk about what will have happened by some future point in time.

Future perfect

		hablar	comer	vivir
SINGULAR FORMS	yo	**habré** hablado	**habré** comido	**habré** vivido
	tú	**habrás** hablado	**habrás** comido	**habrás** vivido
	Ud./él/ella	**habrá** hablado	**habrá** comido	**habrá** vivido
PLURAL FORMS	nosotros/as	**habremos** hablado	**habremos** comido	**habremos** vivido
	vosotros/as	**habréis** hablado	**habréis** comido	**habréis** vivido
	Uds./ellos/ellas	**habrán** hablado	**habrán** comido	**habrán** vivido

¡ATENCIÓN!

As with other compound tenses, the past participle never varies in the future perfect; it always ends in **-o**.

En dos meses, ya habré regresado a Wisconsin.

Tendremos una compañía muy exitosa.

Sí, porque muchas empresas habrán solicitado nuestros servicios.

- The phrases **para** + [*time expression*] and **dentro de** + [*time expression*] are used with the future perfect to talk about what will have happened by some future point in time.

Para el lunes, habré hecho todas las preparaciones.
By Monday, I will have made all the preparations.

Dentro de un año, habré renunciado a mi trabajo.
Within a year, I will have resigned from my job.

¡INTÉNTALO! Indica la forma apropiada del futuro perfecto.

1. Para el sábado, nosotros __habremos obtenido__ (obtener) el dinero.
2. Yo ________ (terminar) el trabajo para cuando lleguen mis amigos.
3. Silvia ________ (hacer) todos los planes para el próximo fin de semana.
4. Para el cinco de junio, ustedes ________ (llegar) a Quito.
5. Para esa fecha, Ernesto y tú ________ (recibir) muchas ofertas.
6. Para el ocho de octubre, nosotros ya ________ (llegar) a Colombia.
7. Para entonces, yo ________ (volver) de la República Dominicana.
8. Para cuando yo te llame, ¿tú ________ (decidir) lo que vamos a hacer?
9. Para las nueve, mi hermana ________ (salir).
10. Para las ocho, tú y yo ________ (limpiar) el piso.

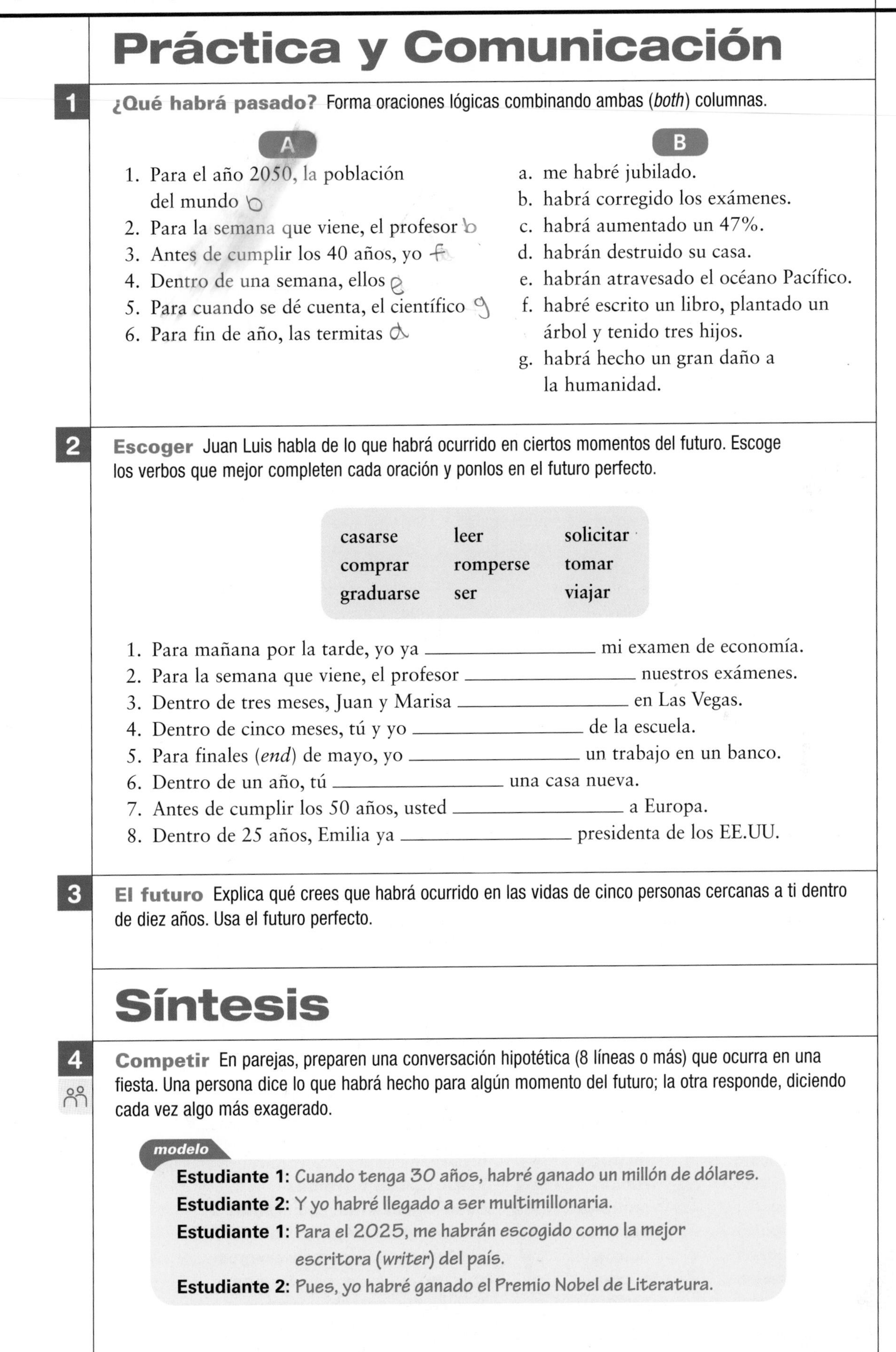

Práctica y Comunicación

1 **¿Qué habrá pasado?** Forma oraciones lógicas combinando ambas (*both*) columnas.

A

1. Para el año 2050, la población del mundo
2. Para la semana que viene, el profesor
3. Antes de cumplir los 40 años, yo
4. Dentro de una semana, ellos
5. Para cuando se dé cuenta, el científico
6. Para fin de año, las termitas

B

a. me habré jubilado.
b. habrá corregido los exámenes.
c. habrá aumentado un 47%.
d. habrán destruido su casa.
e. habrán atravesado el océano Pacífico.
f. habré escrito un libro, plantado un árbol y tenido tres hijos.
g. habrá hecho un gran daño a la humanidad.

2 **Escoger** Juan Luis habla de lo que habrá ocurrido en ciertos momentos del futuro. Escoge los verbos que mejor completen cada oración y ponlos en el futuro perfecto.

casarse	leer	solicitar
comprar	romperse	tomar
graduarse	ser	viajar

1. Para mañana por la tarde, yo ya ________________ mi examen de economía.
2. Para la semana que viene, el profesor ________________ nuestros exámenes.
3. Dentro de tres meses, Juan y Marisa ________________ en Las Vegas.
4. Dentro de cinco meses, tú y yo ________________ de la escuela.
5. Para finales (*end*) de mayo, yo ________________ un trabajo en un banco.
6. Dentro de un año, tú ________________ una casa nueva.
7. Antes de cumplir los 50 años, usted ________________ a Europa.
8. Dentro de 25 años, Emilia ya ________________ presidenta de los EE.UU.

3 **El futuro** Explica qué crees que habrá ocurrido en las vidas de cinco personas cercanas a ti dentro de diez años. Usa el futuro perfecto.

Síntesis

4 **Competir** En parejas, preparen una conversación hipotética (8 líneas o más) que ocurra en una fiesta. Una persona dice lo que habrá hecho para algún momento del futuro; la otra responde, diciendo cada vez algo más exagerado.

modelo

Estudiante 1: *Cuando tenga 30 años, habré ganado un millón de dólares.*
Estudiante 2: *Y yo habré llegado a ser multimillonaria.*
Estudiante 1: *Para el 2025, me habrán escogido como la mejor escritora (writer) del país.*
Estudiante 2: *Pues, yo habré ganado el Premio Nobel de Literatura.*

4.3 The past subjunctive

ANTE TODO You will now learn how to form and use the past subjunctive (**el pretérito imperfecto de subjuntivo**), also called the imperfect subjunctive. Like the present subjunctive, the past subjunctive is used mainly in multiple-clause sentences that express states and conditions such as will, influence, emotion, commands, indefiniteness, and non-existence.

The past subjunctive

		estudiar	aprender	recibir
SINGULAR FORMS	yo	estudia**ra**	aprendie**ra**	recibie**ra**
	tú	estudia**ras**	aprendie**ras**	recibie**ras**
	Ud./él/ella	estudia**ra**	aprendie**ra**	recibie**ra**
PLURAL FORMS	nosotros/as	estudiá**ramos**	aprendié**ramos**	recibié**ramos**
	vosotros/as	estudia**rais**	aprendie**rais**	recibie**rais**
	Uds./ellos/ellas	estudia**ran**	aprendie**ran**	recibie**ran**

¡ATENCIÓN!

Note that the **nosotros/as** form of the past subjunctive always has a written accent.

- The past subjunctive endings are the same for all verbs.

-ra	**-ramos**
-ras	**-rais**
-ra	**-ran**

¡LENGUA VIVA!

The past subjunctive has another set of endings:

-se	**-semos**
-ses	**-seis**
-se	**-sen**

It's a good idea to learn to recognize these endings because they are sometimes used in literary and formal contexts.

Deseaba que mi esposo recibiese un ascenso.

- The past subjunctive is formed using the **Uds./ellos/ellas** form of the preterite. By dropping the **-ron** ending from this preterite form, you establish the stem of all the past subjunctive forms. To this stem you then add the past subjunctive endings.

INFINITIVE	PRETERITE FORM	PAST SUBJUNCTIVE
hablar	ellos **habla**~~ron~~	habla**ra,** habla**ras,** hablá**ramos**
beber	ellos **bebie**~~ron~~	bebie**ra,** bebie**ras,** bebié**ramos**
escribir	ellos **escribie**~~ron~~	escribie**ra,** escribie**ras,** escribié**ramos**

- For verbs with irregular preterites, add the past subjunctive endings to the irregular stem.

INFINITIVE	PRETERITE FORM	PAST SUBJUNCTIVE
dar	**die**~~ron~~	die**ra,** die**ras,** dié**ramos**
decir	**dije**~~ron~~	dije**ra,** dije**ras,** dijé**ramos**
estar	**estuvie**~~ron~~	estuvie**ra,** estuvie**ras,** estuvié**ramos**
hacer	**hicie**~~ron~~	hicie**ra,** hicie**ras,** hicié**ramos**
ir/ser	**fue**~~ron~~	fue**ra,** fue**ras,** fué**ramos**
poder	**pudie**~~ron~~	pudie**ra,** pudie**ras,** pudié**ramos**
poner	**pusie**~~ron~~	pusie**ra,** pusie**ras,** pusié**ramos**
querer	**quisie**~~ron~~	quisie**ra,** quisie**ras,** quisié**ramos**
saber	**supie**~~ron~~	supie**ra,** supie**ras,** supié**ramos**
tener	**tuvie**~~ron~~	tuvie**ra,** tuvie**ras,** tuvié**ramos**
venir	**vinie**~~ron~~	vinie**ra,** vinie**ras,** vinié**ramos**

¡LENGUA VIVA!

Quisiera, the past subjunctive form of **querer**, is often used to make polite requests.

Quisiera hablar con Marco, por favor.
I would like to speak to Marco, please.

¿Quisieran ustedes algo más?
Would you like anything else?

▶ **-Ir** stem-changing verbs and other verbs with spelling changes follow a similar process to form the past subjunctive.

INFINITIVE	PRETERITE FORM	PAST SUBJUNCTIVE
preferir	**prefirie~~ron~~**	prefirie**ra,** prefirie**ras,** prefirié**ramos**
repetir	**repitie~~ron~~**	repitie**ra,** repitie**ras,** repitié**ramos**
dormir	**durmie~~ron~~**	durmie**ra,** durmie**ras,** durmié**ramos**
conducir	**conduje~~ron~~**	conduje**ra,** conduje**ras,** condujé**ramos**
creer	**creye~~ron~~**	creye**ra,** creye**ras,** creyé**ramos**
destruir	**destruye~~ron~~**	destruye**ra,** destruye**ras,** destruyé**ramos**
oír	**oye~~ron~~**	oye**ra,** oye**ras,** oyé**ramos**

AYUDA

When a situation that triggers the subjunctive is involved, most cases follow these patterns: *main verb in present indicative → subordinate verb in present subjunctive* **Espero** que María **venga** a la reunión. *main verb in past indicative → subordinate verb in past subjunctive* **Esperaba** que María **viniera** a la reunión.

▶ The past subjunctive is used in the same contexts and situations as the present subjunctive and the present perfect subjunctive, except that it generally describes actions, events, or conditions that have already happened.

Me pidieron que no **llegara** tarde.
They asked me not to arrive late.

Me sorprendió que ustedes no **vinieran** a la cena.
It surprised me that you didn't come to the dinner.

Salió antes de que yo **pudiera** hablar contigo.
He left before I could talk to you.

Ellos querían que yo **escribiera** una novela romántica.
They wanted me to write a romantic novel.

¡INTÉNTALO! Indica la forma apropiada del pretérito imperfecto de subjuntivo de los verbos entre paréntesis.

1. Quería que tú _vinieras_ (venir) más temprano.
2. Esperábamos que ustedes ________ (hablar) mucho más en la reunión.
3. No creían que yo ________ (poder) hacerlo.
4. No deseaba que nosotros ________ (invertir) el dinero.
5. Sentí mucho que ustedes no ________ (estar) con nosotros anoche.
6. No era necesario que ellas ________ (hacer) todo.
7. Me pareció increíble que tú ________ (saber) dónde encontrarlo.
8. No había nadie que ________ (creer) tu historia.
9. Mis padres insistieron en que yo ________ (ir) a la universidad.
10. Queríamos salir antes de que ustedes ________ (llegar).

Práctica

1 **Diálogos** Completa los diálogos con el pretérito imperfecto de subjuntivo de los verbos entre paréntesis.

1. —¿Qué le dijo el consejero a Andrés? Quisiera saberlo.
   —Le aconsejó que __________ (dejar) los estudios de arte y que __________ (estudiar) una carrera que __________ (pagar) mejor.
   —Siempre el dinero. ¿No se enojó Andrés de que le __________ (aconsejar) eso?
   —Sí, y le dijo que no creía que ninguna otra carrera le __________ (ir) a gustar más.
2. —Qué lástima que ellos no te __________ (ofrecer) el puesto de gerente.
   —Querían a alguien que __________ (tener) experiencia en el sector público.
   —Pero, ¿cómo? ¿Y tu maestría? ¿No te molestó que te __________ (decir) eso?
   —No, no tengo experiencia en esa área, pero les gustó mucho mi currículum. Me pidieron que __________ (volver) en un año y __________ (solicitar) el puesto otra vez. Para entonces habré obtenido la experiencia que necesito y podré conseguir el puesto que quiera.
3. —Cuánto me alegré de que tus hijas __________ (venir) ayer a visitarte. ¿Cuándo se van?
   —Bueno, yo esperaba que se __________ (quedar) dos semanas, pero no pueden. Ojalá __________ (poder). Hace mucho que no las veo.

2 **Año nuevo, vida nueva** El año pasado, Marta y Alberto querían cambiar de vida. Aquí tienen las listas con sus propósitos para el Año Nuevo (*New Year's resolutions*). Ellos no consiguieron hacer realidad ninguno. Lee las listas y escribe por qué crees que no los consiguieron. Usa el pretérito imperfecto de subjuntivo.

modelo

obtener un mejor puesto de trabajo

Era difícil que Alberto consiguiera un mejor puesto porque su novia le pidió que no cambiara de empleo.

AYUDA

Puedes usar estas expresiones:

No era verdad que...
Era difícil que...
Era imposible que...
No era cierto que...
Su novio/a no quería que...

Alberto

pedir un aumento de sueldo
tener una vida más sana
visitar más a su familia
dejar de fumar

Marta

querer mejorar su relación de pareja
terminar los estudios con buenas notas
cambiar de casa
ahorrar más

____

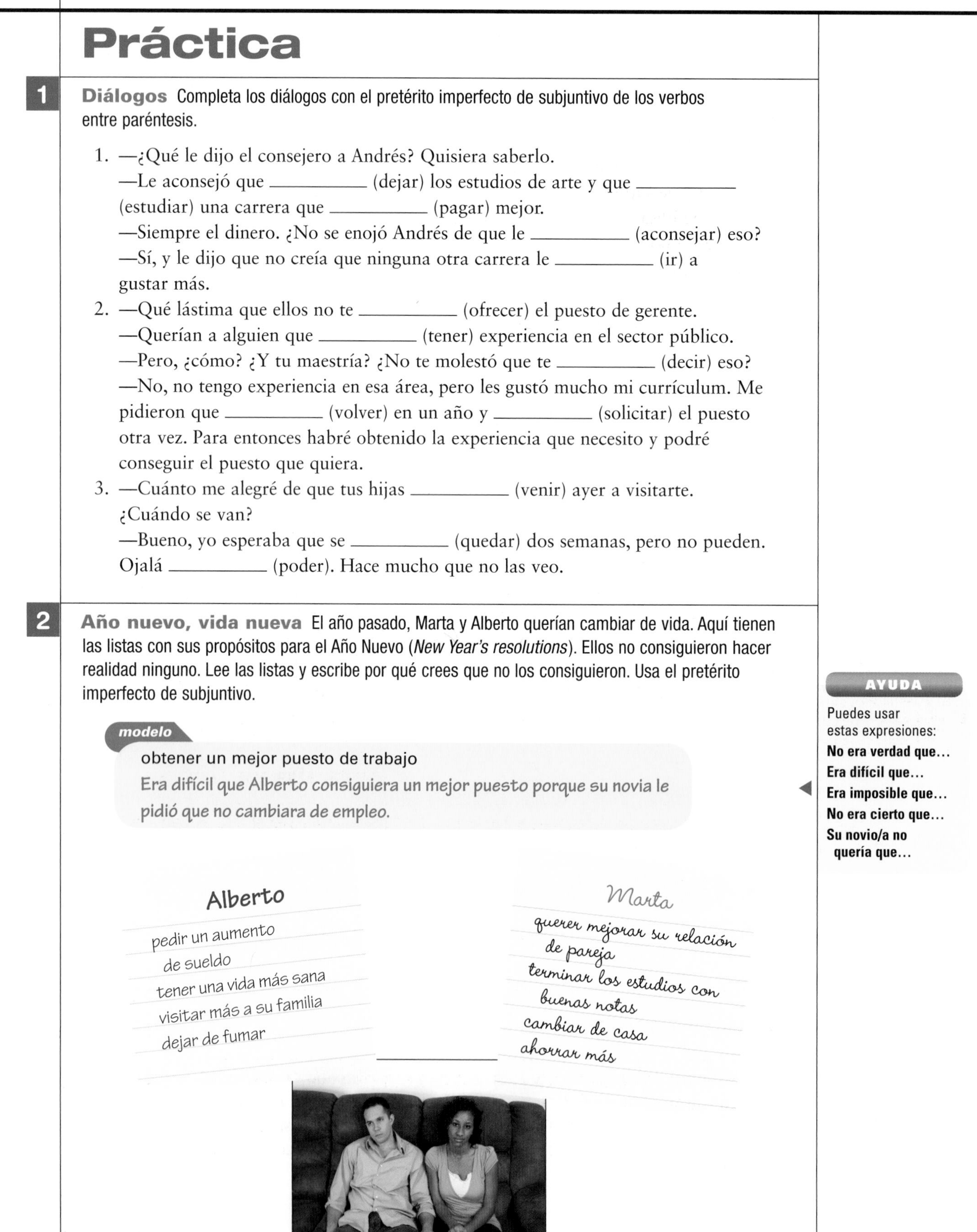

Comunicación

3 **El mundo de los negocios** Escucha la conversación entre Elisa y Carlota. Luego, indica si las conclusiones son **lógicas** o **ilógicas**, según lo que escuchaste.

	Lógico	Ilógico
1. Elisa ha pedido un aumento de sueldo.	❍	❍
2. A Carlota le sorprendió que Elisa renunciara a su puesto.	❍	❍
3. El jefe de Elisa es comunicativo con sus empleados.	❍	❍
4. Hoy, Elisa no ha trabajado.	❍	❍
5. Elisa ya solicitó otro puesto.	❍	❍

4 **Reaccionar** Ricardo acaba de llegar de Nicaragua. Reacciona a lo que te dice usando el pretérito imperfecto de subjuntivo.

modelo

El día que llegué, me esperaban mi abuela y tres primos.
¡Qué bien! Me alegré de que vieras a tu familia después de tantos años.

1. Fuimos al volcán Masaya. ¡Y vimos la lava del volcán!
2. Visitamos la Catedral de Managua, que fue dañada por el terremoto (*earthquake*) de 1972.
3. No tuvimos tiempo de ir a la playa, pero pasamos unos días en el Hotel Dariense en Granada.
4. Fui a conocer el nuevo museo de arte y también fui al Teatro Rubén Darío.
5. Nos divertimos haciendo compras en Metrocentro.

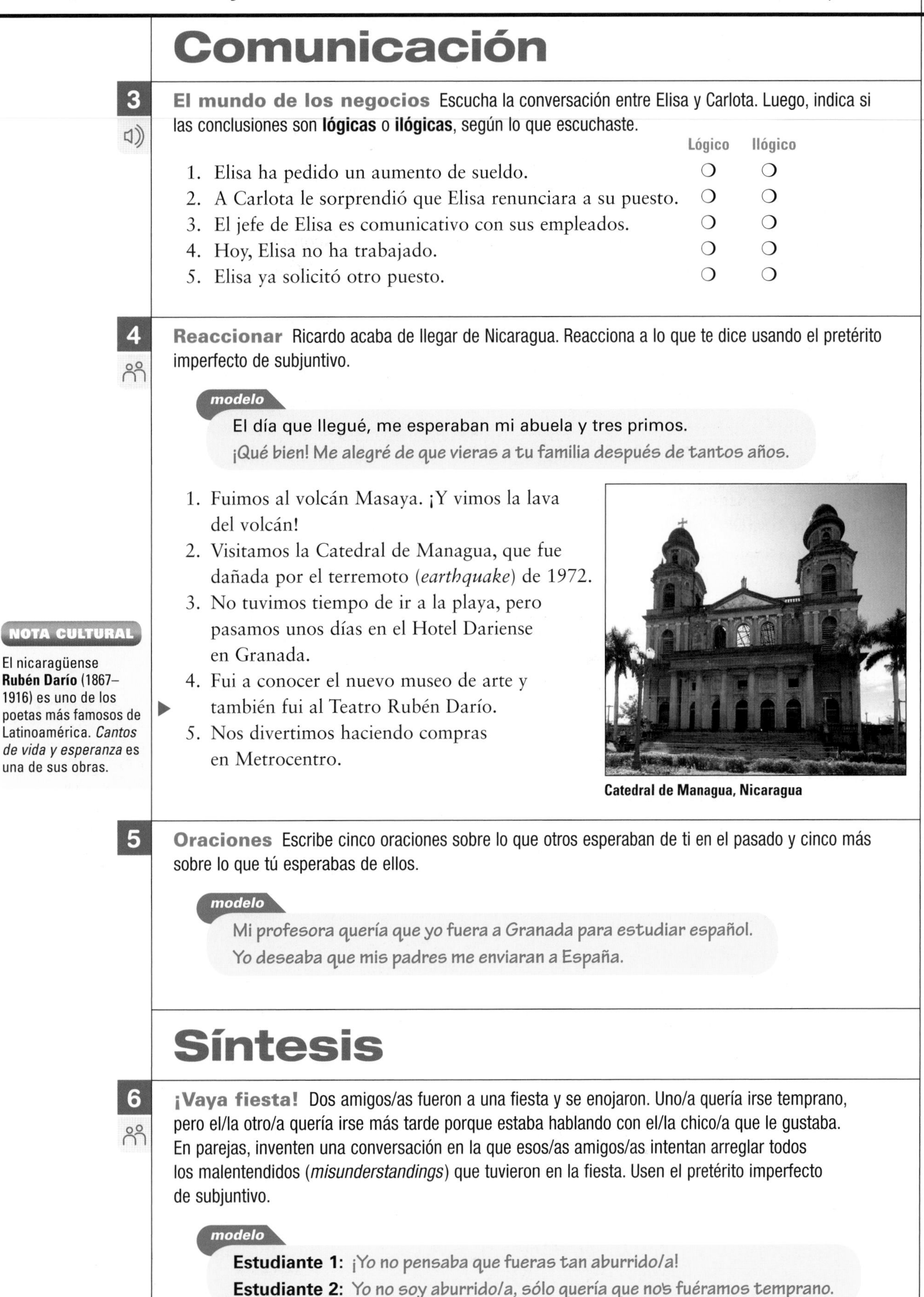

Catedral de Managua, Nicaragua

NOTA CULTURAL

El nicaragüense **Rubén Darío** (1867–1916) es uno de los poetas más famosos de Latinoamérica. *Cantos de vida y esperanza* es una de sus obras.

5 **Oraciones** Escribe cinco oraciones sobre lo que otros esperaban de ti en el pasado y cinco más sobre lo que tú esperabas de ellos.

modelo

Mi profesora quería que yo fuera a Granada para estudiar español.
Yo deseaba que mis padres me enviaran a España.

Síntesis

6 **¡Vaya fiesta!** Dos amigos/as fueron a una fiesta y se enojaron. Uno/a quería irse temprano, pero el/la otro/a quería irse más tarde porque estaba hablando con el/la chico/a que le gustaba. En parejas, inventen una conversación en la que esos/as amigos/as intentan arreglar todos los malentendidos (*misunderstandings*) que tuvieron en la fiesta. Usen el pretérito imperfecto de subjuntivo.

modelo

Estudiante 1: *¡Yo no pensaba que fueras tan aburrido/a!*
Estudiante 2: *Yo no soy aburrido/a, sólo quería que nos fuéramos temprano.*

Recapitulación

Completa estas actividades para repasar los conceptos de gramática que aprendiste en esta lección.

1 **Completar** Completa el cuadro con el futuro. 12 pts.

Infinitivo	yo	ella	nosotros
decir	diré		
poner			pondremos
salir		saldrá	

2 **Verbos** Completa el cuadro con el pretérito imperfecto de subjuntivo. 12 pts.

Infinitivo	tú	nosotros	ustedes
dar			dieran
saber		supiéramos	
ir	fueras		

3 **La oficina de empleo** La nueva oficina de empleo está un poco desorganizada. Completa los diálogos con expresiones de probabilidad, utilizando el futuro perfecto de los verbos. 15 pts.

SR. PÉREZ No encuentro el currículum de Mario Gómez.

SRA. MARÍN (1) ________________(Tomarlo) la secretaria.

LAURA ¿De dónde vienen estas ofertas de trabajo?

ROMÁN No estoy seguro. (2) ________________(Salir) en el periódico de hoy.

ROMÁN ¿Has visto la lista nueva de aspirantes?

LAURA No, (3) ________________(tú, ponerla) en el archivo.

SR. PÉREZ José Osorio todavía no ha recibido el informe.

LAURA (4) ________________(Nosotros, olvidarse) de enviarlo por correo.

SRA. MARÍN ¿Sabes dónde están las solicitudes de los aspirantes?

ROMÁN (5) ________________(Yo, dejarlas) en mi carro.

RESUMEN GRAMATICAL

4.1 The future *pp. 126–127*

Future tense of **estudiar***	
estudiaré	estudiaremos
estudiarás	estudiaréis
estudiará	estudiarán

*Same endings for **-ar**, **-er**, and **-ir** verbs.

Irregular verbs in the future

Infinitive	Stem	Future forms
decir	dir-	diré
hacer	har-	haré
poder	podr-	podré
poner	pondr-	pondré
querer	querr-	querré
saber	sabr-	sabré
salir	saldr-	saldré
tener	tendr-	tendré
venir	vendr-	vendré

- The future of **hay** is **habrá** (*there will be*).
- The future can also express conjecture or probability.

4.2 The future perfect *p. 130*

Future perfect of **vivir**	
habré vivido	**habremos** vivido
habrás vivido	**habréis** vivido
habrá vivido	**habrán** vivido

- The future perfect can also express probability in the past.

4.3 The past subjunctive *pp. 132–133*

Past subjunctive of **aprender***	
aprendiera	aprendiéramos
aprendieras	aprendierais
aprendiera	aprendieran

*Same endings for **-ar**, **-er**, and **-ir** verbs.

Irregular verbs in the future		
Infinitive	**Preterite form**	**Past subjunctive**
dar	dieron	diera
decir	dijeron	dijera
estar	estuvieron	estuviera
hacer	hicieron	hiciera
ir/ser	fueron	fuera
poder	pudieron	pudiera
poner	pusieron	pusiera
querer	quisieron	quisiera
saber	supieron	supiera
tener	tuvieron	tuviera
venir	vinieron	viniera

4 **Una decisión difícil** Completa el párrafo con el pretérito imperfecto de subjuntivo de los verbos. 27 pts.

aceptar	graduarse	resolver
contratar	invertir	trabajar
dejar	ir	
estudiar	poder	

Cuando yo tenía doce años, me gustaba mucho pintar y mi profesor de dibujo me aconsejó que (1) ________ a una escuela de arte cuando (2) ________ de la escuela secundaria. Mis padres, por el contrario, siempre quisieron que sus hijos (3) ________ en la empresa familiar, y me dijeron que (4) ________ el arte y que (5) ________ una carrera con más futuro. Ellos no querían que yo (6) ________ mi tiempo y mi juventud en el arte. Mi madre en particular nos sugirió a mi hermana y a mí la carrera de administración de empresas, para que los dos (7) ________ ayudarlos con los negocios en el futuro. No fue fácil que mis padres (8) ________ mi decisión de dedicarme a la pintura, pero están muy felices de tener mis obras en su sala de reuniones. Me alegré de que todo se (9) ________ por fin.

5 **La semana de Rita** Con el futuro de los verbos, completa la descripción que hace Rita de lo que hará la semana próxima. 30 pts.

El lunes por la mañana (1) ________ (llegar) el traje que pedí por Internet y por la tarde Luis (2) ________ (invitar, a mí) a ir al cine. El martes mi consejero y yo (3) ________ (comer) en La Delicia y a las cuatro (yo) (4) ________ (tener) una entrevista de trabajo en Industrias Levonox. El miércoles por la mañana (5) ________ (ir) a mi clase de inglés y por la tarde (6) ________ (visitar) a Luis. El jueves por la mañana, los gerentes de Levonox (7) ________ (llamar, a mí) por teléfono para decirme si conseguí el puesto. Por la tarde (yo) (8) ________ (cuidar) a mi sobrino Héctor. El viernes Ana y Luis (9) ________ (venir) a casa para trabajar conmigo y el sábado por fin (yo) (10) ________ (descansar).

6 **Canción** Escribe las palabras que faltan para completar este fragmento de la canción *Lo que pidas* de Julieta Venegas. 4 pts.

daré	fuera	quisiera	saldré

"Lo que más (1) ________ pedirte
es que te quedes conmigo,
niño te (2) ________ lo que pidas
sólo no te vayas nunca."

Lectura

Antes de leer

Estrategia

Recognizing similes and metaphors

Similes and metaphors are figures of speech that are often used in literature to make descriptions more colorful and vivid.

In English, a simile (**símil**) makes a comparison using the words *as* or *like*. In Spanish, the words **como** and **parece** are most often used. Example: **Estoy tan feliz como un niño con zapatos nuevos.**

A metaphor (**metáfora**) is a figure of speech that identifies one thing with the attributes and qualities of another. Whereas a simile says one thing is like another, a metaphor says that one thing *is* another. In Spanish, **ser** is most often used in metaphors. Example: **La vida es sueño.** (*Life is a dream.*)

Examinar el texto

Lee el texto una vez usando las estrategias de lectura de las lecciones anteriores. ¿Qué te indican sobre el contenido de la lectura? Toma nota de las metáforas y los símiles que encuentres. ¿Qué significan? ¿Qué te dicen sobre el tema de la lectura?

¿Cómo son?

Escribe sobre las diferencias entre el **yo interior** de una persona y su **yo social**. ¿Hay muchas diferencias entre su forma de ser "privada" y su forma de ser cuando están con otras personas?

***Las dos Fridas*, de Frida Kahlo**

A Julia de Burgos

Julia de Burgos

Julia de Burgos nació en 1914 en Carolina, Puerto Rico. Vivió también en La Habana, en Washington DC y en Nueva York, donde murió en 1953. Su poesía refleja temas como la muerte, la naturaleza, el amor y la patria°. Sus tres poemarios más conocidos se titulan *Poema en veinte surcos* (1938), *Canción de la verdad sencilla* (1939) y *El mar y tú* (publicado póstumamente).

Después de leer

Comprensión

Contesta las preguntas.

1. ¿Quiénes son las dos "Julias" presentes en el poema?
2. ¿Qué características tiene cada una?
3. ¿Quién es la que habla de las dos?
4. ¿Qué piensas que ella siente por la otra Julia?
5. ¿Qué diferencias hay en el aspecto físico de una y otra mujer? ¿Qué simboliza esto?
6. ¿Cuáles son los temas más importantes del poema?

Ya las gentes murmuran que yo soy tu enemiga
porque dicen que en verso doy al mundo tu yo.

Mienten°, Julia de Burgos. Mienten, Julia de Burgos.
La que se alza° en mis versos no es tu voz°: es mi voz;
5 porque tú eres ropaje° y la esencia soy yo;
y el más profundo abismo se tiende° entre las dos.

Tú eres fría muñeca° de mentira social,
y yo, viril destello° de la humana verdad.

Tú, miel° de cortesanas hipocresías; yo no;
10 que en todos mis poemas desnudo° el corazón.

Tú eres como tu mundo, egoísta; yo no;
que en todo me lo juego° a ser lo que soy yo.

Tú eres sólo la grave señora señorona°;
yo no; yo soy la vida, la fuerza°, la mujer.

15 Tú eres de tu marido, de tu amo°; yo no;
yo de nadie, o de todos, porque a todos, a todos,
en mi limpio sentir y en mi pensar me doy.

Tú te rizas° el pelo y te pintas°; yo no;
a mí me riza el viento; a mí me pinta el sol.

20 Tú eres dama casera°, resignada, sumisa,
atada° a los prejuicios de los hombres; yo no;
que yo soy Rocinante* corriendo desbocado°
olfateando° horizontes de justicia de Dios.

* **Rocinante:** El caballo de don Quijote, personaje literario de fama universal que se relaciona con el idealismo y el poder de la imaginación frente a la realidad.

Tú en ti misma no mandas°; a ti todos te mandan;
25 en ti mandan tu esposo, tus padres, tus parientes,
el cura°, la modista°, el teatro, el casino,
el auto, las alhajas°, el banquete, el champán,
el cielo y el infierno, y el qué dirán social°.

En mí no, que en mí manda mi solo corazón,
30 mi solo pensamiento; quien manda en mí soy yo.

Tú, flor de aristocracia; y yo la flor del pueblo.
Tú en ti lo tienes todo y a todos se lo debes,
mientras que yo, mi nada a nadie se la debo.

Tú, clavada° al estático dividendo ancestral°,
35 y yo, un uno en la cifra° del divisor social,
somos el duelo a muerte° que se acerca° fatal.

Cuando las multitudes corran alborotadas°
dejando atrás cenizas° de injusticias quemadas,
y cuando con la tea° de las siete virtudes,
40 tras los siete pecados°, corran las multitudes,
contra ti, y contra todo lo injusto y lo inhumano,
yo iré en medio de ellas con la tea en la mano.

patria *homeland* **Mienten** *They are lying* **se alza** *rises up* **voz** *voice* **ropaje** *apparel* **se tiende** *lies* **muñeca** *doll* **destello** *sparkle* **miel** *honey* **desnudo** *I uncover* **me lo juego** *I risk* **señorona** *matronly* **fuerza** *strength* **amo** *master* **te rizas** *curl* **te pintas** *put on makeup* **dama casera** *home-loving lady* **atada** *tied* **desbocado** *wildly* **olfateando** *sniffing* **no mandas** *are not the boss* **cura** *priest* **modista** *dressmaker* **alhajas** *jewelry* **el qué dirán social** *what society would say* **clavada** *stuck* **ancestral** *ancient* **cifra** *number* **duelo a muerte** *duel to the death* **se acerca** *approaches* **alborotadas** *rowdy* **cenizas** *ashes* **tea** *torch* **pecados** *sins*

Interpretación

Contesta las preguntas.

1. ¿Qué te resulta llamativo en el título de este poema?
2. ¿Por qué crees que se repite el "tú" y el "yo" en el poema? ¿Qué función tiene este desdoblamiento?
3. ¿Cómo interpretas los versos "tú eres fría muñeca de mentira social / y yo, viril destello de la humana verdad"? ¿Qué sustantivos (*nouns*) se contraponen en estos dos versos?
4. ¿Es positivo o negativo el comentario sobre la vida social: "miel de cortesanas hipocresías"?
5. Comenta la oposición entre "señorona" y "mujer" que aparece en los versos trece y catorce. ¿Podrías decir qué personas son las que dominan a la "señorona" y qué caracteriza, en cambio, a la mujer?

Monólogo

Imagina que eres un personaje famoso de la historia, la literatura o la vida actual. Escribe un monólogo breve. Debes escribirlo en segunda persona. Sigue el modelo.

modelo

Eres una mujer que vivió hace más de 150 años. La gente piensa que eres una gran poeta. Te gustaba escribir y pasar tiempo con tu familia y, además de poesías, escribías muchas cartas. Me gusta tu poesía porque es muy íntima y personal. (Emily Dickinson)

Escribe sobre estos temas:

- cómo lo/la ven las otras personas
- lo que te gusta y lo que no te gusta de él/ella
- lo que quieres o esperas que haga

Escritura

Estrategia

Using note cards

Note cards serve as valuable study aids in many different contexts. When you write, note cards can help you organize and sequence the information you wish to present.

Let's say you are going to write a personal narrative about a trip you took. You would jot down notes about each part of the trip on a different note card. Then you could easily arrange them in chronological order or use a different organization, such as the best parts and the worst parts, traveling and staying, before and after.

Here are some helpful techniques for using note cards to prepare for your writing:

- Label the top of each card with a general subject, such as **el avión** or **el hotel**.
- Number the cards in each subject category in the upper right corner to help you organize them.
- Use only the front side of each note card so that you can easily flip through them to find information.

Study the following example of a note card used to prepare a composition:

3

En el aeropuerto de Santo Domingo

Cuando llegamos al aeropuerto de Santo Domingo, después de siete horas de viaje, estábamos cansados pero felices. Hacía sol y viento.

Tema

Escribir una composición

Escribe una composición sobre tus planes profesionales y personales para el futuro. Utiliza el tiempo futuro. No te olvides de hacer planes para estas áreas de tu vida:

Lugar

- ¿Dónde vivirás?
- ¿Vivirás en la misma ciudad siempre? ¿Te mudarás mucho?

Familia

- ¿Te casarás? ¿Con quién?
- ¿Tendrás hijos? ¿Cuántos?

Empleo

- ¿En qué profesión trabajarás?
- ¿Tendrás tu propia empresa?

Finanzas

- ¿Ganarás mucho dinero?
- ¿Ahorrarás mucho? ¿Lo invertirás?

Termina tu composición con una lista de metas profesionales, utilizando el futuro perfecto.

Por ejemplo: **Para el año 2025, habré empezado mi propio negocio. Para el año 2035, habré ganado más dinero que Bill Gates.**

Escuchar

Estrategia

Using background knowledge/ Listening for specific information

If you know the subject of something you are going to hear, your background knowledge will help you anticipate words and phrases you're going to hear, and will help you identify important information that you should listen for.

To practice these strategies, you will listen to a radio advertisement for the **Hotel El Retiro**. Before you listen, write down a list of the things you expect the advertisement to contain. Then make another list of important information you would listen for if you were a tourist considering staying at the hotel. After listening to the advertisement, look at your lists again. Did they help you anticipate the content of the advertisement and focus on key information? Explain your answer.

Preparación

Mira la foto. ¿De qué crees que van a hablar? Haz una lista de la información que esperas oír en este tipo de situación.

Ahora escucha

Ahora vas a oír una entrevista entre la señora Sánchez y Rafael Ventura Romero. Antes de escuchar la entrevista, haz una lista de la información que esperas oír según tu conocimiento previo° del tema.

1. ____________________
2. ____________________
3. ____________________
4. ____________________

Mientras escuchas la entrevista, llena el formulario con la información necesaria. Si no oyes un dato° que necesitas, escribe *Buscar en el currículum*. ¿Oíste toda la información que habías anotado en tu lista?

Comprensión

Puesto solicitado ____________________
Nombre y apellidos del solicitante ____________________
Dirección ____________ **Tel.** ____________

- -

Educación ____________________
Experiencia profesional: Puesto ____________________
Empresa ____________________
¿Cuánto tiempo? ____________________

Referencias:
Nombre ____________________
Dirección ____________ Tel. ____________
Nombre ____________________
Dirección ____________ Tel. ____________

Preguntas

1. ¿Cuántos años hace que Rafael Ventura trabaja para Dulces González?
2. ¿Cuántas referencias tiene Rafael?
3. ¿Cuándo se gradúa Rafael?
4. ¿Cuál es la profesión de Armando Carreño?
5. ¿Cómo sabes si los resultados de la entrevista han sido positivos para Rafael Ventura?

conocimiento previo *prior knowledge* **dato** *fact; piece of information*

En una comida familiar, la conversación cotidiana° entre un adolescente y sus padres da un giro° insospechado° cuando éste les da una noticia desconcertante. Este breve° cortometraje° comienza como drama, se revela como tragicomedia y termina convirtiéndose en una sátira a la sociedad española y el drama del desempleo°.

cotidiana *everyday* **giro** *turnaround* **insospechado** *unsuspected* **breve** *brief* **cortometraje** *short film* **desempleo** *unemployment*

Preparación

Completa las oraciones. Después, comparte tus respuestas con un(a) compañero/a.

Cuando yo era chico/a...

1. ...quería ser ______________________.
2. ...quería tener ______________________.
3. ...quería viajar a ______________________.
4. ...quería vivir en ______________________.

Expresiones útiles	
apañarse	*to manage*
¡Cálmate!	*¡Calm down!*
contratar	*to hire*
destrozar	*to destroy*
egoísta	*selfish*
el paro	*unemployment*
Hace un par de días...	*A couple of days ago...*
idónea	*ideal*
¡Madre mía!	*¡Oh my God!*
tirarse	*to throw (oneself)*
tontería	*nonsense*

Preguntas

Responde a las preguntas:

1. ¿Cuáles son tus proyectos?
2. ¿Cómo encajan (*mesh*) tus proyectos con tu familia y amigos?
3. Si tus proyectos difieren de las expectativas y deseos de tu familia y amigos, ¿qué harás al respecto? ¿Por qué?

¿Son buenos o son malos?

Escoge una de estas ocupaciones y escribe sobre los puntos positivos y negativos de esa área de trabajo.

modelo

árbitro (*referee*)

Puede conocer a jugadores famosos. Y es quien hace que las reglas del juego se obedezcan (be obeyed). Pero si hace algo mal, todos lo odian.

- abogado(a)
- agente funerario (*mortician*)
- dentista
- leñador(a) (*logger*)
- policía de tránsito (*traffic*)
- político(a)
- profesor(a)
- soldado (*soldier*)

Escenas: Sinceridad

Comprensión

Comprensión

Con base en el cortometraje, elige la respuesta correcta para cada pregunta.

1. La noticia que David da a sus padres es que
   a. ha conseguido un empleo.
   b. ha sido despedido (*fired*).
2. Ante la noticia de David, los padres reaccionan con
   a. alegría y entusiasmo.
   b. enfado e indignación (*outrage*).
3. La hermana de David ha estado en el paro por
   a. tres años.
   b. un año.
4. Todos en la familia han estado en paro excepto
   a. Charo, la madre.
   b. David, el hijo.

Preguntas

Contesta las siguientes preguntas con oraciones completas.

1. ¿Cómo explicas la reacción de los padres ante la noticia de su hijo? ¿Por qué reaccionaron así?
2. En la parte final del corto, el padre pregunta a David en qué consiste el trabajo que consiguió. ¿Qué responde David? ¿Cómo crees que fue la reacción del padre ante la respuesta de David? ¿Por qué?

Conversación

Contesta las siguientes preguntas con un(a) compañero/a.

1. ¿Qué sabes sobre el desempleo en tu país?
2. ¿Sabes algo sobre el desempleo en España o América Latina?
3. ¿Cuáles crees que son las causas del desempleo? ¿Qué medidas se pueden tomar para combatir el desempleo?
4. ¿Les interesan los asuntos políticos? ¿Por qué?
5. ¿Por qué es importante que nos preocupemos por la política local y mundial?

Aplicación

En grupos, identifiquen un reto o problema contemporáneo de la sociedad que les interese a todos. Decidan su opinión e ideas al respecto y escríbanlas. Luego, organicen un debate donde demuestren claramente lo que tienen que decir a sus compañeros de clase y la comunidad en general sobre el problema elegido.

Viernes en la tarde, llega el esperado fin de semana… y si el lunes es día festivo°, ¡mejor aún!° En varios países hispanos, además de tener entre quince y treinta días de vacaciones pagadas, hay bastantes días festivos. Por ejemplo, Puerto Rico tiene veintiún feriados°, Colombia tiene dieciocho y Argentina, México y Chile tienen más de trece. Aunque parece que se trabaja menos, no siempre es el caso: las jornadas laborales° suelen ser más largas en Latinoamérica. Así que la gente aprovecha° los **puentes°** para descansar e incluso para hacer viajes cortos.

Vocabulario útil

el desarrollo	*development*
el horario	*schedule*
promover	*to promote*
las ventas	*sales*

Preparación

¿Trabajas? ¿Cuáles son tus metas (*goals*) profesionales?

Escoger

Escoge la opción correcta de cada par de afirmaciones.

1. a. Todos los ecuatorianos son muy felices en su trabajo.
   b. En Ecuador, como en todos los países del mundo, hay personas que aman su trabajo y hay otras que lo odian.
2. a. El objetivo principal de la agencia Klein Tours es mostrar al mundo las maravillas de Ecuador.
   b. La agencia de viajes Klein Tours quiere mostrar al mundo que tiene los empleados más fieles y profesionales de toda Latinoamérica.

día festivo *holiday* ¡mejor aún! *even better!* feriados *holidays* jornadas laborales *working days* aprovecha *make the most of* puentes *long weekends*

El mundo del trabajo

Gabriela, ¿qué es lo más difícil de ser una mujer policía?

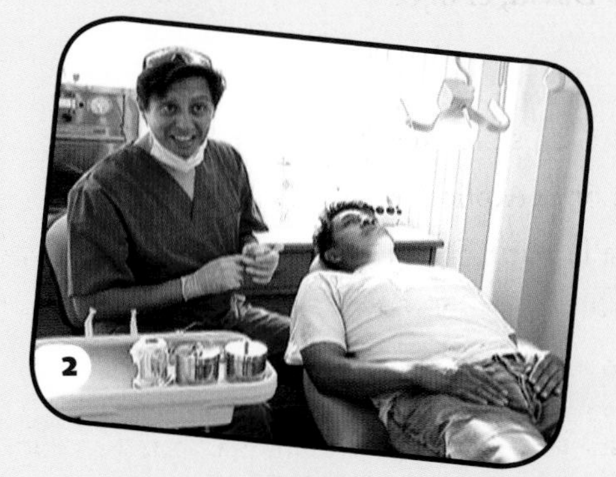

Amo mi trabajo. Imagínate, tengo la sonrisa del mundo entre mis manos.

Nuestra principal estrategia de ventas es promover nuestra naturaleza…

Nicaragua

El país en cifras

- **Área:** 129.494 km² (49.998 millas²), *aproximadamente el área de Nueva York. Nicaragua es el país más grande de Centroamérica. Su terreno es muy variado e incluye bosques tropicales, montañas, sabanas° y marismas°, además de unos 40 volcanes.*
- **Población:** 5.848.000
- **Capital:** Managua—934.000
Managua está en una región de una notable inestabilidad geográfica, con muchos volcanes y terremotos°. En décadas recientes, los nicaragüenses han decidido que no vale la pena° construir rascacielos° porque no resisten los terremotos.
- **Ciudades principales:** León, Masaya, Granada
- **Moneda:** córdoba
- **Idiomas:** español (oficial); lenguas indígenas y criollas (oficiales); inglés

Iglesia en León

Teatro Nacional Rubén Darío en Managua

Calle en Granada

Violeta Barrios de Chamorro

Bandera de Nicaragua

Nicaragüenses célebres

- **Rubén Darío,** poeta (1867–1916)
- **Violeta Barrios de Chamorro,** política y expresidenta (1929–)
- **Daniel Ortega,** político y presidente (1945–)
- **Gioconda Belli,** poeta (1948–)
- **Luis Enrique,** cantante y compositor (1962–)

sabanas *grasslands* marismas *marshes* terremotos *earthquakes* no vale la pena *it's not worthwhile* rascacielos *skyscrapers* agua dulce *fresh water* Surgió *Emerged* maravillas *wonders*

¡Increíble pero cierto!

Ometepe, que en náhuatl significa "dos montañas", es la isla más grande del mundo en un lago de agua dulce°. Surgió° en el lago de Nicaragua por la actividad de los volcanes Maderas y Concepción. Por su valor natural y arqueológico, fue nominada para las siete nuevas maravillas° del mundo en 2009.

Historia • Las huellas° de Acahualinca

La región de Managua se caracteriza por tener un gran número de sitios prehistóricos. Las huellas de Acahualinca son uno de los restos° más famosos y antiguos°. Se formaron hace más de 6.000 años, a orillas° del lago de Managua. Las huellas, tanto de humanos como de animales, se dirigen° hacia una misma dirección, hacia el lago.

Artes • Ernesto Cardenal (1925–)

Ernesto Cardenal, poeta, escultor y sacerdote° católico, es uno de los escritores más famosos de Nicaragua, país conocido por sus grandes poetas. Ha escrito más de 35 libros y es considerado uno de los principales autores de Latinoamérica. Desde joven creyó en el poder de la poesía para mejorar la sociedad y trabajó por establecer la igualdad° y la justicia en su país. En los años 60, Cardenal estableció la comunidad artística del archipiélago de Solentiname en el lago de Nicaragua. Fue ministro de cultura del país desde 1979 hasta 1988 y participó en la fundación de Casa de los Tres Mundos, una organización creada para el intercambio cultural internacional.

Naturaleza • El lago de Nicaragua

El lago de Nicaragua, con un área de más de 8.000 km^2 (3.100 millas^2), es el lago más grande de Centroamérica. Tiene más de 400 islas e islotes° de origen volcánico, entre ellas la isla Zapatera. Allí se han encontrado numerosos objetos de cerámica y estatuas prehispánicos. Se cree que la isla era un centro ceremonial indígena.

¿Qué aprendiste? Contesta cada pregunta con una oración completa.

1. ¿Por qué no hay muchos rascacielos en Managua?
2. Nombra dos poetas de Nicaragua.
3. Qué significa Ometepe en náhuatl?
4. ¿Cuándo y dónde se formaron las huellas de Acahualinca?
5. ¿Por qué es famoso el archipiélago de Solentiname?
6. ¿Qué cree Ernesto Cardenal acerca de la poesía?
7. ¿Cómo se formaron las islas del lago de Nicaragua?
8. ¿Qué hay de interés arqueológico en la isla Zapatera?

Conexión Internet Investiga estos temas en Internet.

1. ¿Dónde se habla inglés en Nicaragua y por qué?
2. ¿Qué información hay ahora sobre la economía y/o los derechos humanos en Nicaragua?

huellas *footprints* restos *remains* antiguos *ancient* orillas *shores* se dirigen *are headed* sacerdote *priest* igualdad *equality* islotes *islets*

La República Dominicana

El país en cifras

- **Área:** 48.730 km^2 (18.815 $millas^2$), *el área combinada de New Hampshire y Vermont*
- **Población:** 10.349.000

La isla La Española, llamada así tras° el primer viaje de Cristóbal Colón, estuvo bajo el completo dominio de la corona° española hasta 1697, cuando la parte oeste de la isla pasó a ser propiedad° francesa. Hoy día está dividida políticamente en dos países, la República Dominicana en la zona este y Haití en el oeste.

- **Capital:** Santo Domingo—2.191.000
- **Ciudades principales:** Santiago de los Caballeros, La Vega, Puerto Plata, San Pedro de Macorís
- **Moneda:** peso dominicano
- **Idiomas:** español (oficial), criollo haitiano

Bandera de la República Dominicana

Hombres tocando los palos en una misa en Nochebuena

Catedral de Santa María la Menor

Trabajadores del campo recogen la cosecha de ajos

Dominicanos célebres

- **Juan Pablo Duarte,** político y padre de la patria° (1813–1876)
- **Celeste Woss y Gil,** pintora (1891–1985)
- **Juan Luis Guerra,** compositor y cantante de merengue (1957–)
- **Pedro Martínez,** beisbolista (1971–)
- **Marcos Díaz,** nadador de ultradistancia (1975–)

tras *after* corona *crown* propiedad *property*
padre de la patria *founding father* restos *remains*
tumbas *graves* navegante *sailor* reemplazó *replaced*

¡Increíble pero cierto!

Los restos° de Cristóbal Colón pasaron por varias ciudades desde su muerte en el siglo XVI hasta el siglo XIX. Por esto, se conocen dos tumbas° de este navegante°: una en la Catedral de Sevilla, España y otra en el Museo Faro a Colón en Santo Domingo, que reemplazó° la tumba inicial en la catedral de la capital dominicana.

Ciudades • Santo Domingo

La zona colonial de Santo Domingo, ciudad fundada en 1496, posee° algunas de las construcciones más antiguas del hemisferio. Gracias a las restauraciones°, la arquitectura de la ciudad es famosa no sólo por su belleza sino también por el buen estado de sus edificios. Entre sus sitios más visitados se cuentan° la Calle de las Damas, llamada así porque allí paseaban las señoras de la corte del Virrey; el Alcázar de Colón, un palacio construido entre 1510 y 1514 por Diego Colón, hijo de Cristóbal; y la Fortaleza Ozama, la más vieja de las Américas, construida entre 1502 y 1508.

Deportes • El béisbol

El béisbol es un deporte muy practicado en el Caribe. Los primeros países hispanos en tener una liga fueron Cuba y México, donde se empezó a jugar al béisbol en el siglo° XIX. Hoy día este deporte es una afición° nacional en la República Dominicana. Albert Pujols (foto, derecha), Carlos Gómez y David Ortiz son sólo tres de los muchísimos beisbolistas dominicanos que han alcanzado° enorme éxito e inmensa popularidad entre los aficionados.

Artes • El merengue

El merengue, un ritmo originario de la República Dominicana, tiene sus raíces° en el campo. Tradicionalmente las canciones hablaban de los problemas sociales de los campesinos°. Sus instrumentos eran la guitarra, el acordeón, el guayano° y la tambora, un tambor° característico del lugar. Entre 1930 y 1960, el merengue se popularizó en las ciudades; adoptó un tono más urbano, en el que se incorporaron instrumentos como el saxofón y el bajo°, y empezaron a formarse grandes orquestas. Uno de los cantantes y compositores de merengue más famosos es Juan Luis Guerra.

¿Qué aprendiste? Contesta cada pregunta con una oración completa.

1. ¿Quién es Juan Luis Guerra?
2. ¿Cuándo se fundó la ciudad de Santo Domingo?
3. ¿Qué es el Alcázar de Colón?
4. Nombra dos beisbolistas famosos de la República Dominicana.
5. ¿De qué hablaban las canciones de merengue tradicionales?
6. ¿Qué instrumentos se utilizaban para tocar (*play*) el merengue?
7. ¿Cuándo se transformó el merengue en un estilo urbano?
8. ¿Qué cantante ha ayudado a internacionalizar el merengue?

Conexión Internet Investiga estos temas en Internet.

1. Busca más información sobre la isla La Española. ¿Cómo son las relaciones entre la República Dominicana y Haití?
2. Busca más información sobre la zona colonial de Santo Domingo: la Catedral de Santa María, la Casa de Bastidas o el Panteón Nacional. ¿Cómo son estos edificios? ¿Te gustan? Explica tus respuestas.

posee *possesses* restauraciones *restorations* se cuentan *are included* siglo *century* afición *pastime* han alcanzado *have reached* raíces *roots* campesinos *rural people* guayano *metal scraper* tambor *drum* bajo *bass*

Las ocupaciones

el/la abogado/a	*lawyer*
el actor, la actriz	*actor*
el/la arqueólogo/a	*archeologist*
el/la arquitecto/a	*architect*
el/la bombero/a	*firefighter*
el/la carpintero/a	*carpenter*
el/la científico/a	*scientist*
el/la cocinero/a	*cook; chef*
el/la consejero/a	*counselor; advisor*
el/la contador(a)	*accountant*
el/la corredor(a) de bolsa	*stockbroker*
el/la diseñador(a)	*designer*
el/la electricista	*electrician*
el hombre/la mujer de negocios	*businessperson*
el/la maestro/a	*teacher*
el/la peluquero/a	*hairdresser*
el/la pintor(a)	*painter*
el/la político/a	*politician*
el/la psicólogo/a	*psychologist*
el/la reportero/a	*reporter*
el/la secretario/a	*secretary*
el/la técnico/a	*technician*

La entrevista

el anuncio	*advertisement*
el/la aspirante	*candidate; applicant*
los beneficios	*benefits*
el currículum	*résumé*
la entrevista	*interview*
el/la entrevistador(a)	*interviewer*
el puesto	*position; job*
el salario, el sueldo	*salary*
la solicitud (de trabajo)	*(job) application*
contratar	*to hire*
entrevistar	*to interview*
ganar	*to earn*
obtener	*to obtain; to get*
solicitar	*to apply (for a job)*

El mundo del trabajo

el ascenso	*promotion*
el aumento de sueldo	*raise*
la carrera	*career*
la compañía, la empresa	*company; firm*
el empleo	*job; employment*
el/la gerente	*manager*
el/la jefe/a	*boss*
los negocios	*business; commerce*
la ocupación	*occupation*
el oficio	*trade*
la profesión	*profession*
la reunión	*meeting*
el teletrabajo	*telecommuting*
el trabajo	*job; work*
la videoconferencia	*videoconference*
dejar	*to quit; to leave behind*
despedir (e:i)	*to fire*
invertir (e:ie)	*to invest*
renunciar (a)	*to resign (from)*
tener éxito	*to be successful*
comercial	*commercial; business-related*

Palabras adicionales

dentro de (diez años)	*within (ten years)*
próximo/a	*next*

Expresiones útiles	*See page 121.*

Un festival de arte

5

Communicative Goals

You will learn how to:

- **Talk about and discuss the arts**
- **Express what you would like to do**
- **Express hesitation**

A PRIMERA VISTA

- ¿Estará trabajando la chica de la foto?
- ¿Es artista o arquitecta?
- ¿Tendrá un oficio?
- ¿Será una persona creativa o no?

Un festival de arte

Más vocabulario

el/la compositor(a)	*composer*
el/la director(a)	*director; (musical) conductor*
el/la dramaturgo/a	*playwright*
el/la escritor(a)	*writer*
el personaje (principal)	*(main) character*
las bellas artes	*(fine) arts*
el boleto	*ticket*
la canción	*song*
la comedia	*comedy; play*
el cuento	*short story*
la cultura	*culture*
el drama	*drama; play*
el espectáculo	*show*
el festival	*festival*
la historia	*history; story*
la obra	*work (of art, music, etc.)*
la obra maestra	*masterpiece*
la ópera	*opera*
la orquesta	*orchestra*
aburrirse	*to get bored*
dirigir	*to direct*
presentar	*to present; to put on (a performance)*
publicar	*to publish*
artístico/a	*artistic*
clásico/a	*classical*
dramático/a	*dramatic*
extranjero/a	*foreign*
folclórico/a	*folk*
moderno/a	*modern*
musical	*musical*
romántico/a	*romantic*
talentoso/a	*talented*

Variación léxica

banda ⟷ grupo musical (*Esp.*)
boleto ⟷ entrada (*Esp.*)

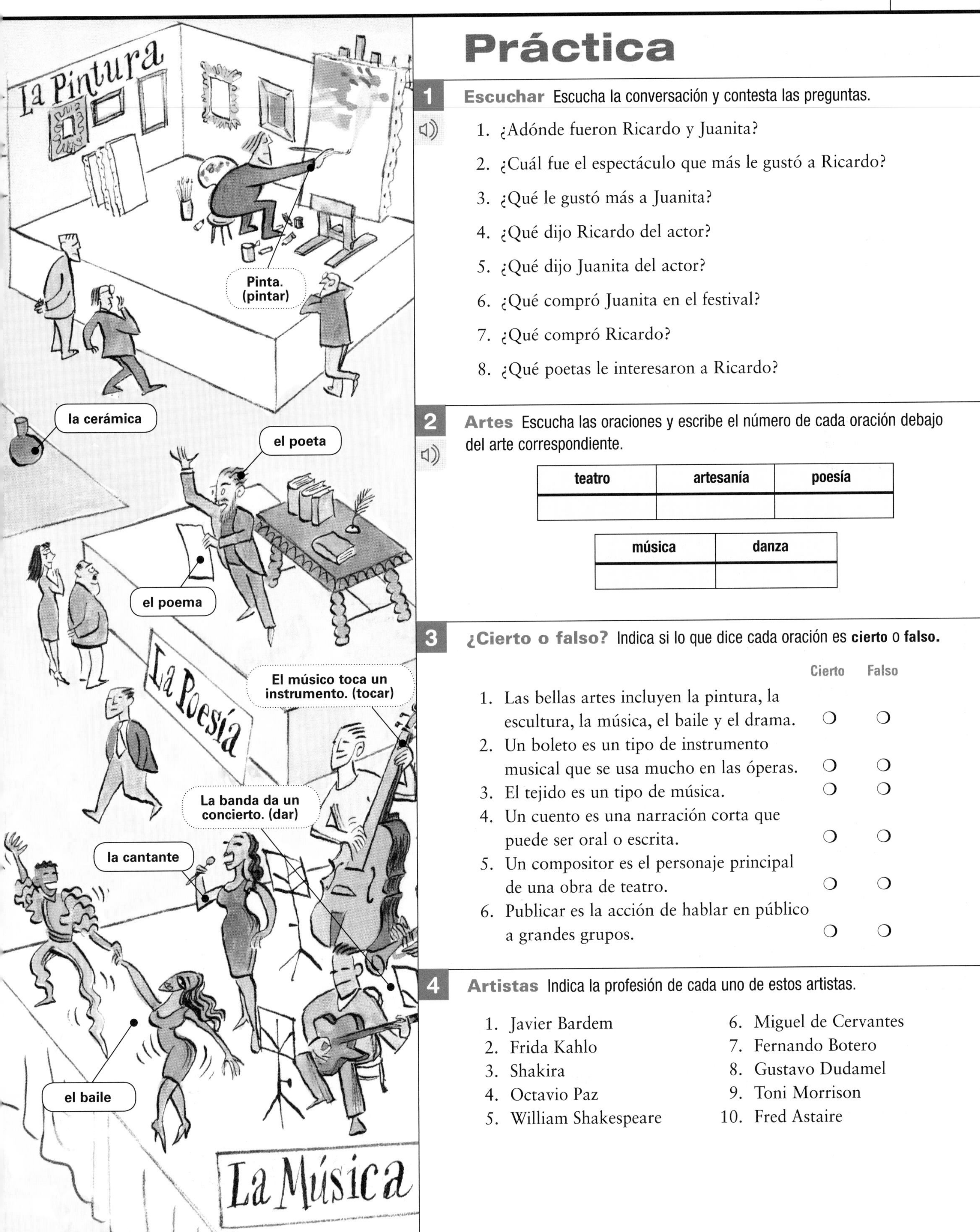

Práctica

1 **Escuchar** Escucha la conversación y contesta las preguntas.

1. ¿Adónde fueron Ricardo y Juanita?
2. ¿Cuál fue el espectáculo que más le gustó a Ricardo?
3. ¿Qué le gustó más a Juanita?
4. ¿Qué dijo Ricardo del actor?
5. ¿Qué dijo Juanita del actor?
6. ¿Qué compró Juanita en el festival?
7. ¿Qué compró Ricardo?
8. ¿Qué poetas le interesaron a Ricardo?

2 **Artes** Escucha las oraciones y escribe el número de cada oración debajo del arte correspondiente.

teatro	artesanía	poesía

música	danza

3 **¿Cierto o falso?** Indica si lo que dice cada oración es **cierto** o **falso.**

	Cierto	Falso
1. Las bellas artes incluyen la pintura, la escultura, la música, el baile y el drama.	❍	❍
2. Un boleto es un tipo de instrumento musical que se usa mucho en las óperas.	❍	❍
3. El tejido es un tipo de música.	❍	❍
4. Un cuento es una narración corta que puede ser oral o escrita.	❍	❍
5. Un compositor es el personaje principal de una obra de teatro.	❍	❍
6. Publicar es la acción de hablar en público a grandes grupos.	❍	❍

4 **Artistas** Indica la profesión de cada uno de estos artistas.

1. Javier Bardem
2. Frida Kahlo
3. Shakira
4. Octavio Paz
5. William Shakespeare
6. Miguel de Cervantes
7. Fernando Botero
8. Gustavo Dudamel
9. Toni Morrison
10. Fred Astaire

5 **Los favoritos** Indica cuál es tu película o programa favorito de cada categoría.

modelo

película musical
Mi película musical favorita es *Les Misérables.*

1. película de ciencia ficción ____________
2. programa de entrevistas ____________
3. telenovela ____________
4. película de horror ____________
5. película de acción ____________
6. concurso ____________
7. programa de realidad ____________
8. película de aventuras ____________
9. documental ____________
10. programa de dibujos animados ____________

El cine y la televisión

el canal	*channel*
el concurso	*game show; contest*
los dibujos animados	*cartoons*
el documental	*documentary*
la estrella (*m., f.*) de cine	*movie star*
el premio	*prize; award*
el programa de entrevistas/realidad	*talk/reality show*
la telenovela	*soap opera*
...de acción	*action*
...de aventuras	*adventure*
...de ciencia ficción	*science fiction*
...de horror	*horror*
...de vaqueros	*western*

6 **Completar** Completa las frases con las palabras adecuadas.

aburrirse	canal	estrella	musical
aplauden	de vaqueros	extranjera	romántica
artística	director	folclórica	talentosa

1. Una película que fue hecha en otro país es una película...
2. Si las personas que asisten a un espectáculo lo aprecian, ellos...
3. Una persona que puede hacer algo muy bien es una persona...
4. Una película que trata del amor y de las emociones es una película...
5. Una persona que pinta, esculpe y/o hace artesanía es una persona...
6. La música que refleja la cultura de una región o de un país es música...
7. Si la acción tiene lugar en el oeste de los EE.UU. durante el siglo XIX, probablemente es una película...
8. Una obra en la cual los actores presentan la historia por medio de (*by means of*) canciones y bailes es un drama...
9. Cuando una película no tiene una buena historia, el público empieza a...
10. Si quieres ver otro programa de televisión, es necesario que cambies de...

¡ATENCIÓN!

Apreciar means *to appreciate* only in the sense of evaluating what something is worth. Use **agradecer** to express the idea *to be thankful for.*

Ella **aprecia** la buena música.
She appreciates good music.

Le **agradezco** mucho su ayuda.
I thank you for your help.

7 **Analogías** Completa las analogías con las palabras adecuadas.

1. alegre ⟷ triste ⊜ comedia ⟷
2. escultor ⟷ escultora ⊜ bailarín ⟷
3. drama ⟷ dramaturgo ⊜ pintura ⟷
4. *Los Simpson* ⟷ dibujos animados ⊜ *Jeopardy* ⟷
5. de entrevistas ⟷ programa ⊜ de vaqueros ⟷
6. aplaudir ⟷ público ⊜ hacer el papel ⟷
7. poema ⟷ literatura ⊜ tejido ⟷
8. músico ⟷ tocar ⊜ cantante ⟷

¡LENGUA VIVA!

Remember that, in Spanish, last names do not have a plural form, although **los** may be used with a family name.

Los Simpson
The Simpsons

Comunicación

8 **Entrevista** Lee esta entrevista con un dramaturgo. Luego, indica si las conclusiones son **lógicas** o **ilógicas**, según lo que leíste.

Entrevista al dramaturgo Arturo Rodríguez

Entrevistadora: Díganos, ¿de qué trata (*is about*) su última obra?

Arturo Rodríguez: Bueno, básicamente trata de un escritor frustrado. El personaje principal es un joven muy talentoso, pero con muy mala suerte, al que le ocurren todo tipo de adversidades.

Entrevistadora: ¡Interesante! Y ¿podrá el público disfrutar de su obra en el teatro?

Arturo Rodríguez: Sí, se presentará a finales de este año, después de que se publique la obra.

Entrevistadora: ¡Muchas felicidades! Por último, todos sus fans se hacen la misma pregunta: ¿De dónde saca usted el tiempo para escribir? Para los espectadores que no lo sepan, Arturo Rodríguez se dedica a la escultura.

Arturo Rodríguez: La verdad es que no me aburro. Mi trabajo como escultor requiere que viaje a muchos países extranjeros, así que uso esas horas de avión para escribir. *El escritor frustrado* es el resultado de esos largos viajes.

Entrevistadora: ¡Impresionante! Aquí lo dejamos. Muchísimas gracias de nuevo. Y ahora el informe del tiempo...

	Lógico	Ilógico
1. Ésta es la primera obra de teatro de Arturo Rodríguez.	❍	❍
2. A Arturo Rodríguez le interesan diferentes tipos de arte.	❍	❍
3. *El escritor frustrado* se publicará este año.	❍	❍
4. Esta entrevista aparece en un periódico.	❍	❍

9 **Preguntas** Contesta las preguntas de tu compañero/a.

1. ¿Qué tipo de música prefieres? ¿Por qué?
2. ¿Tocas un instrumento? ¿Cuál?
3. ¿Hay algún instrumento que quisieras aprender a tocar?
4. ¿Con qué frecuencia vas al cine?
5. ¿Qué tipos de películas prefieres?
6. ¿Qué haces que se puede considerar artístico? ¿Pintas, dibujas, esculpes, haces artesanías, actúas en dramas, tocas un instrumento, cantas o escribes poemas?
7. ¿Con qué frecuencia vas a un museo de arte o asistes a conciertos, al teatro o a lecturas públicas de poesía?
8. ¿Es el arte una parte importante de tu vida? ¿Por qué?

10 **Un evento artístico** Escribe un anuncio para un evento artístico en tu comunidad: una exposición de arte, un concierto, una obra de teatro, una ópera, etc. Incluye la fecha, la hora, el lugar y una descripción del evento.

Una sorpresa para Maru

Miguel y Maru hacen una visita muy especial al Museo de Arte Popular. Por otra parte, Jimena y Juan Carlos hablan sobre arte.

PERSONAJES JUAN CARLOS JIMENA

JUAN CARLOS Cuando era niño, iba con frecuencia a espectáculos culturales con mi mamá. A ella le gustan el teatro, los conciertos, la poesía y especialmente la danza.

JIMENA Mi mamá hubiera querido que tocara algún instrumento. Pero la verdad es que no tengo nada de talento musical, y Felipe tampoco.

JIMENA Aunque no tengamos talento artístico, mi mamá nos enseñó a apreciar la música.

JUAN CARLOS Creo que tu mamá y la mía se llevarían bien. Tal vez algún día lleguen a conocerse.

(*Mientras tanto, en el Museo de Arte Popular*)

MARU Siempre había querido venir aquí. Me encantan las artesanías de cerámica y sus tejidos. El arte folclórico nos cuenta la historia de su gente y su país.

MARU ¿Todo bien, Miguel? ¿Qué tienes allí?

MIGUEL ¿Podría pedirte algo?

MARU Claro.

MIGUEL María Eugenia Castaño Ricaurte, ¿me harías el honor de casarte conmigo?

MIGUEL

MARU

FELIPE

7

(Juan Carlos y Jimena hablan de los espectáculos que les gustan.)

JUAN CARLOS ¿Qué clase de espectáculos te gustan?

JIMENA Me gusta la música en vivo y el teatro. Además, me encantan las películas.

8

JIMENA ¿Cuáles son tus películas favoritas?

JUAN CARLOS Las de ciencia ficción y las de terror.

9

JUAN CARLOS ¿Te gustan las películas de acción?

JIMENA Sí, me fascinan, y también los documentales.

JUAN CARLOS Bueno, podríamos ir a verlos juntos.

10

(Y... en el museo)

MARU Sí. ¡Sí acepto casarme contigo! Qué anillo tan hermoso.

Expresiones útiles

Talking about the arts

Mi mamá hubiera querido que tocara algún instrumento.
My mother would have wanted me to play some instrument.
Pero la verdad es que no tengo nada de talento musical.
But the truth is I don't have any musical talent.
Me encantan las artesanías de cerámica y los tejidos.
I love ceramic crafts and weavings.
El arte folclórico nos cuenta la historia de su gente y su país.
Folkloric art tells us the history of its people and its country.

Getting engaged

¿Podría pedirte algo?
Could I ask you for something?
¿Me harías el honor de casarte conmigo?
Would you do me the honor of marrying me?
Sí. ¡Sí acepto casarme contigo!
Yes. Yes, I'll marry you!
Qué anillo tan hermoso.
What a beautiful ring.

Additional vocabulary

(No) Estoy de acuerdo.
I (dis)agree.

¿Qué pasó?

1 Seleccionar Selecciona la respuesta correcta.

1. Cuando era niño, Juan Carlos iba a los ____ culturales.
   a. premios b. espectáculos c. boletos
2. Jimena dice que no tiene talento ____.
   a. musical b. moderno c. folclórico
3. A Maru le encanta ver las ____ en cerámica y los tejidos.
   a. bailarinas b. artesanías c. bellas artes
4. A Jimena le gusta escuchar música en vivo e ir al ____.
   a. cine b. festival c. teatro
5. A Juan Carlos le gustan las películas de ____.
   a. acción y de vaqueros b. aventuras y de drama c. ciencia ficción y de terror

2 Identificar Identifica quién puede decir estas oraciones.

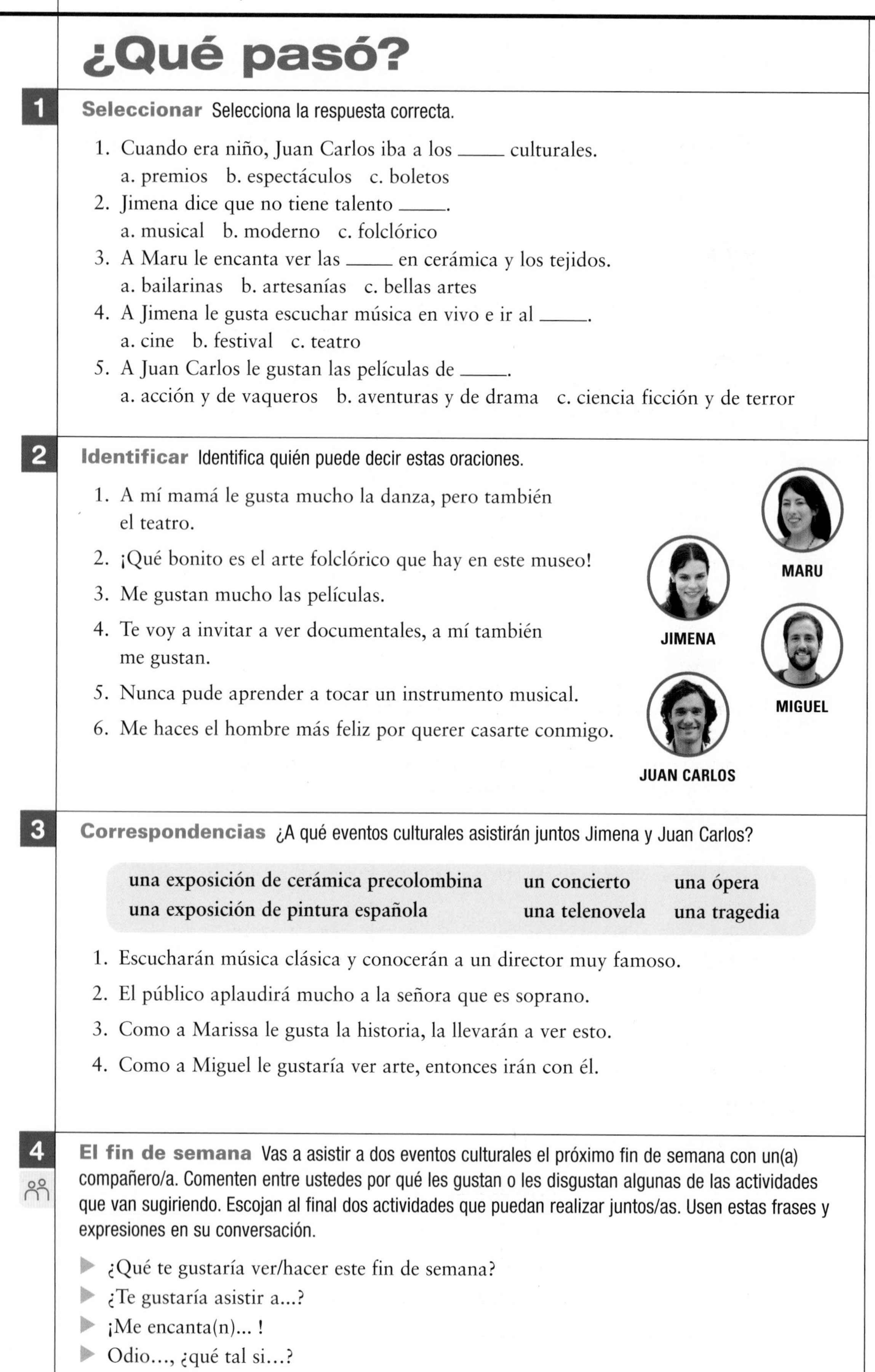

1. A mí mamá le gusta mucho la danza, pero también el teatro.
2. ¡Qué bonito es el arte folclórico que hay en este museo!
3. Me gustan mucho las películas.
4. Te voy a invitar a ver documentales, a mí también me gustan.
5. Nunca pude aprender a tocar un instrumento musical.
6. Me haces el hombre más feliz por querer casarte conmigo.

3 Correspondencias ¿A qué eventos culturales asistirán juntos Jimena y Juan Carlos?

una exposición de cerámica precolombina	un concierto	una ópera
una exposición de pintura española	una telenovela	una tragedia

1. Escucharán música clásica y conocerán a un director muy famoso.
2. El público aplaudirá mucho a la señora que es soprano.
3. Como a Marissa le gusta la historia, la llevarán a ver esto.
4. Como a Miguel le gustaría ver arte, entonces irán con él.

4 El fin de semana Vas a asistir a dos eventos culturales el próximo fin de semana con un(a) compañero/a. Comenten entre ustedes por qué les gustan o les disgustan algunas de las actividades que van sugiriendo. Escojan al final dos actividades que puedan realizar juntos/as. Usen estas frases y expresiones en su conversación.

- ¿Qué te gustaría ver/hacer este fin de semana?
- ¿Te gustaría asistir a...?
- ¡Me encanta(n)... !
- Odio..., ¿qué tal si...?

Ortografía y pronunciación

Las trampas ortográficas

Some of the most common spelling mistakes in Spanish occur when two or more words have very similar spellings. This section reviews some of those words.

compro **compró** **hablo** **habló**

There is no accent mark in the **yo** form of **–ar** verbs in the present tense. There is, however, an accent mark in the **Ud./él/ella** form of **–ar** verbs in the preterite.

este (adjective) **éste** (pronoun) **esté** (verb)

The demonstrative adjectives **esta** and **este** do not have an accent mark. The demonstrative pronouns **ésta** and **éste** have an accent mark on the first syllable. The verb forms **está** (*present indicative*) and **esté** (*present subjunctive*) have an accent mark on the last syllable.

jo-ven **jó-ve-nes** **bai-la-rín** **bai-la-ri-na**

The location of the stressed syllable in a word determines whether or not a written accent mark is needed. When a plural or feminine form has more syllables than the singular or masculine form, an accent mark must sometimes be added or deleted to maintain the correct stress.

No me gusta la ópera, sino el teatro.
No quiero ir al festival si no vienes conmigo.

The conjunction **sino** (*but rather*) should not be confused with **si no** (*if not*). Note also the difference between **mediodía** (*noon*) and **medio día** (*half a day*) and between **por qué** (*why*) and **porque** (*because*).

Práctica Completa las oraciones con las palabras adecuadas para cada ocasión.

1. Javier me explicó que __________ lo invitabas, él no iba a venir. (sino/si no)
2. Me gustan mucho las __________ folclóricas. (canciones/canciónes)
3. Marina __________ su espectáculo en El Salvador. (presento/presentó)
4. Yo prefiero __________. (éste/esté)

Palabras desordenadas Ordena las letras para descubrir las palabras correctas. Después, ordena las letras indicadas para descubrir la respuesta a la pregunta.

¿Adónde va Manuel?

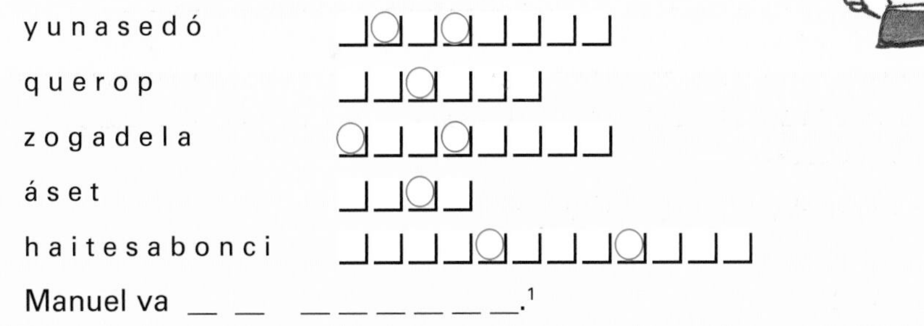

y u n a s e d ó

q u e r o p

z o g a d e l a

á s e t

h a i t e s a b o n c i

Manuel va __ __ ______.[1]

Respuestas: desayunó, porque, adelgazo, está, habitaciones

[1] Manuel va al teatro.

5.2 The conditional perfect

ANTE TODO Like other compound tenses you have learned—the present perfect, the past perfect, and the future perfect—the conditional perfect (**el condicional perfecto**) is formed with **haber** + [*past participle*].

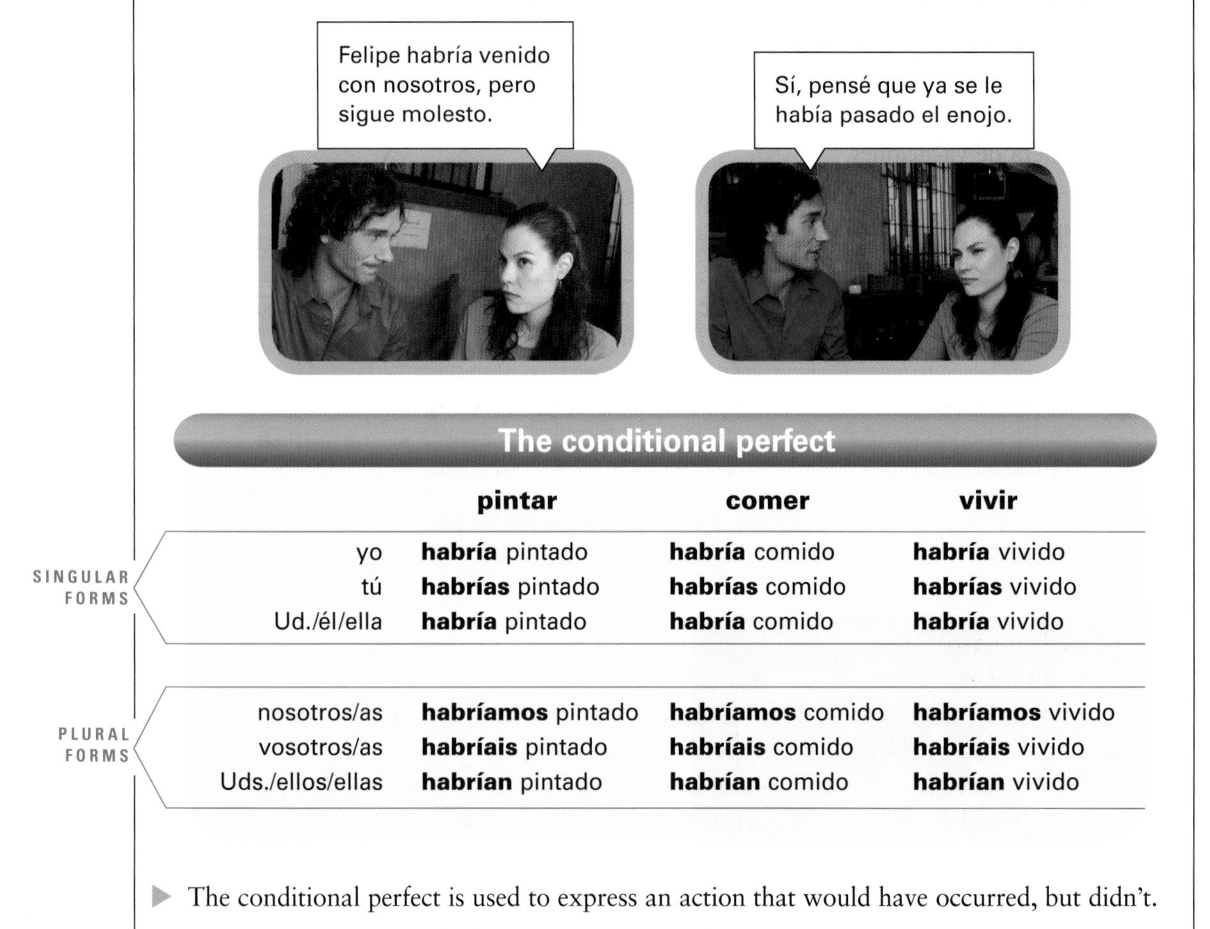

The conditional perfect

		pintar	comer	vivir
SINGULAR FORMS	yo	**habría** pintado	**habría** comido	**habría** vivido
	tú	**habrías** pintado	**habrías** comido	**habrías** vivido
	Ud./él/ella	**habría** pintado	**habría** comido	**habría** vivido
PLURAL FORMS	nosotros/as	**habríamos** pintado	**habríamos** comido	**habríamos** vivido
	vosotros/as	**habríais** pintado	**habríais** comido	**habríais** vivido
	Uds./ellos/ellas	**habrían** pintado	**habrían** comido	**habrían** vivido

▶ The conditional perfect is used to express an action that would have occurred, but didn't.

¿No fuiste al espectáculo? ¡Te **habrías divertido**!
You didn't go to the show? You would have had a good time!

Sandra **habría preferido** ir a la ópera, pero Omar prefirió ir al cine.
Sandra would have preferred to go to the opera, but Omar preferred to see a movie.

¡INTÉNTALO! Indica las formas apropiadas del condicional perfecto de los verbos.

1. Nosotros habríamos hecho (hacer) todos los quehaceres.
2. Tú ________ (apreciar) mi poesía.
3. Ellos ________ (pintar) un mural.
4. Usted ________ (tocar) el piano.
5. Ellas ________ (poner) la mesa.
6. Tú y yo ________ (resolver) los problemas.
7. Silvia y Alberto ________ (esculpir) una estatua.
8. Yo ________ (presentar) el informe.
9. Ustedes ________ (vivir) en el campo.
10. Tú ________ (abrir) la puerta.

Práctica

1 **Completar** Completa los diálogos con la forma apropiada del condicional perfecto de los verbos de la lista.

divertirse	presentar	sentir	tocar
hacer	querer	tener	venir

1. —Tú ______________ el papel de Aída mejor que ella. ¡Qué lástima!
   —Sí, mis padres ______________ desde California sólo para oírme cantar.
2. —Olga, yo esperaba algo más. Con un poco de dedicación y práctica la orquesta ______________ mejor y los músicos ______________ más éxito.
   —Menos mal que la compositora no los escuchó. Se ______________ avergonzada.
3. —Tania ______________ la comedia pero no pudo porque cerraron el teatro.
   —¡Qué lástima! Mi esposa y yo ______________ ir a la presentación de la obra. Siempre veo tragedias y sé que ______________.

¡LENGUA VIVA!

The expression **Menos mal que**... means *It's a good thing that*... or *It's just as well that*... It is followed by a verb in the indicative.

2 **Combinar** Imagina qué harían estas personas en las situaciones presentadas. Combina elementos de cada una de las tres columnas para formar ocho oraciones usando el condicional perfecto.

A	B	C
con talento artístico	yo	estudiar...
con más tiempo libre	tú	pintar...
en otro país	la gente	esculpir...
con más aprecio de las artes	mis compañeros y yo	viajar...
con más dinero	los artistas	escribir...
en otra película	Alejandro González Iñárritu	publicar...

NOTA CULTURAL

El director de cine **Alejandro González Iñárritu** forma parte de la nueva generación de directores mexicanos. Su película *Amores perros* fue nominada para el Oscar a la mejor película extranjera en 2001. Ganó tres premios Óscar por guion, dirección y producción de la película *Birdman* (2014).

3 **¿Qué habrías hecho?** Estos dibujos muestran situaciones poco comunes. No sabemos qué hicieron estas personas, pero tú, ¿qué habrías hecho?

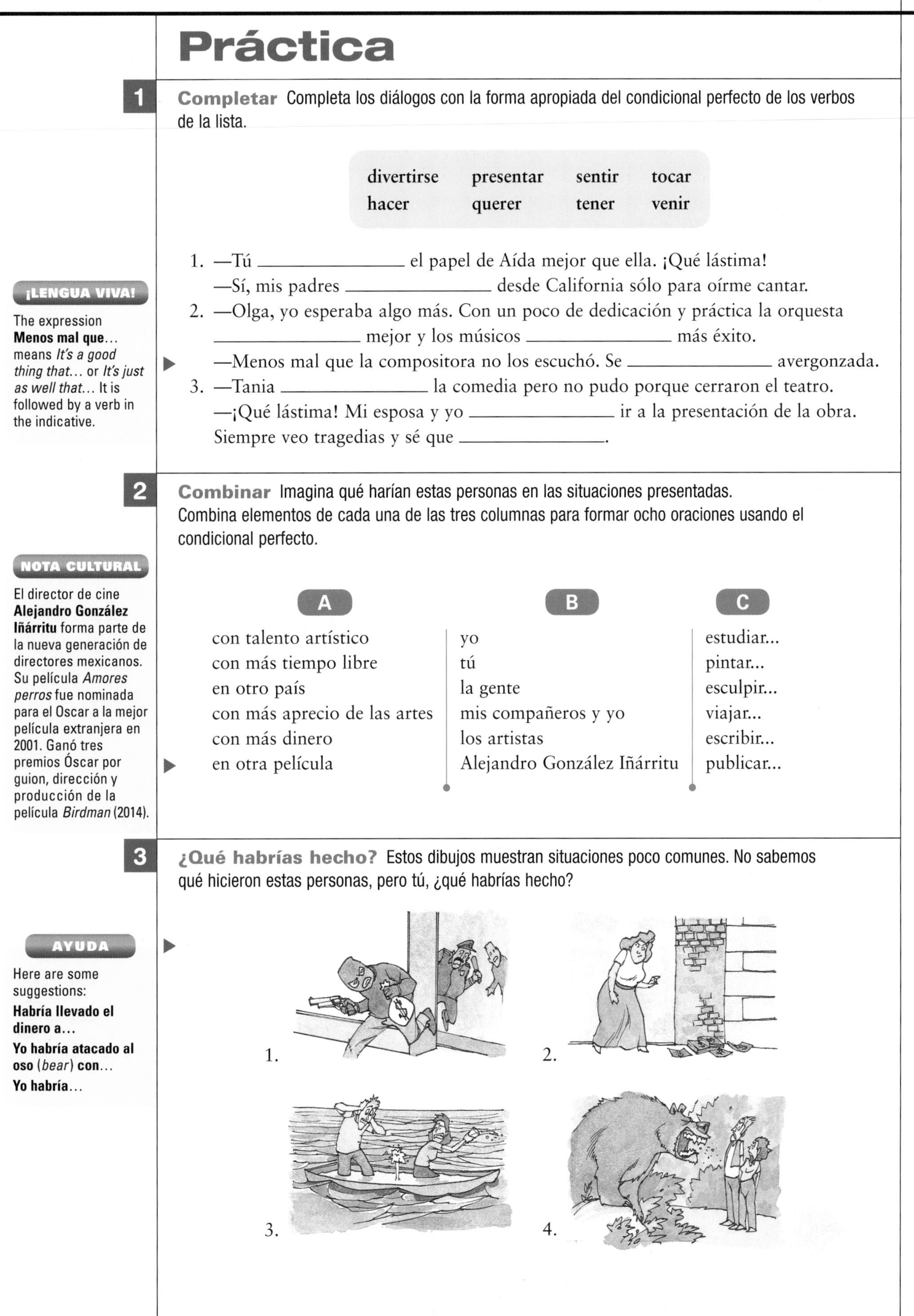
1. 2. 3. 4.

AYUDA

Here are some suggestions:

Habría llevado el dinero a...

Yo habría atacado al oso (*bear*) **con...**

Yo habría...

Comunicación

4 **Pobre Mario** Lee la carta que Mario le escribió a Enrique. Luego, indica si las conclusiones son **lógicas** o **ilógicas**, según lo que leíste.

Enrique:

Ya llegó el último día del musical. Yo creía que nunca iba a acabar. En general, los cantantes y actores eran bastante malos, pero no tuve tiempo de buscar otros, y además los buenos ya tenían trabajo en otras obras. Ayer todo salió muy mal. Como era la última noche, yo había invitado a unos críticos a ver la obra, pero no pudieron verla. El primer problema fue la cantante principal. Ella estaba enojada conmigo porque no quise pagarle todo el dinero que quería. Dijo que tenía problemas de garganta, y no salió a cantar. Conseguí otra cantante, pero los músicos de la orquesta todavía no habían llegado. Tenían que venir todos en un autobús no muy caro que yo había alquilado, pero el autobús salió a una hora equivocada. Entonces, el bailarín se enojó conmigo porque todo iba a empezar tarde. Quizás tenía razón mi padre. Seguramente soy mejor contador que director teatral.

Escríbeme,
Mario

	Lógico	Ilógico
1. Mario habría preferido no hacer el musical.	●	○
2. Mario no habría buscado otros cantantes y actores.	○	●
3. La cantante principal no habría aceptado más dinero.	○	●
4. El bailarín habría querido empezar antes.	●	○
5. Mario habría sido un contador malísimo.	○	●

5 **Este semestre** Escribe un párrafo de por lo menos cinco oraciones en el que expliques qué cosas habrías hecho de manera diferente este año. Utiliza el condicional perfecto.

modelo

Este semestre habría estudiado más para mi examen de economía; ¡me fue fatal!

Síntesis

6 **Yo en tu lugar** Primero, cada estudiante hace una lista con tres errores que ha cometido o tres problemas que ha tenido en su vida. Después, en parejas, túrnense para decirse qué habrían hecho en esas situaciones.

modelo

Estudiante 1: El año pasado saqué una mala nota en el examen de biología.
Estudiante 2: Yo no habría sacado una mala nota. Habría estudiado más.

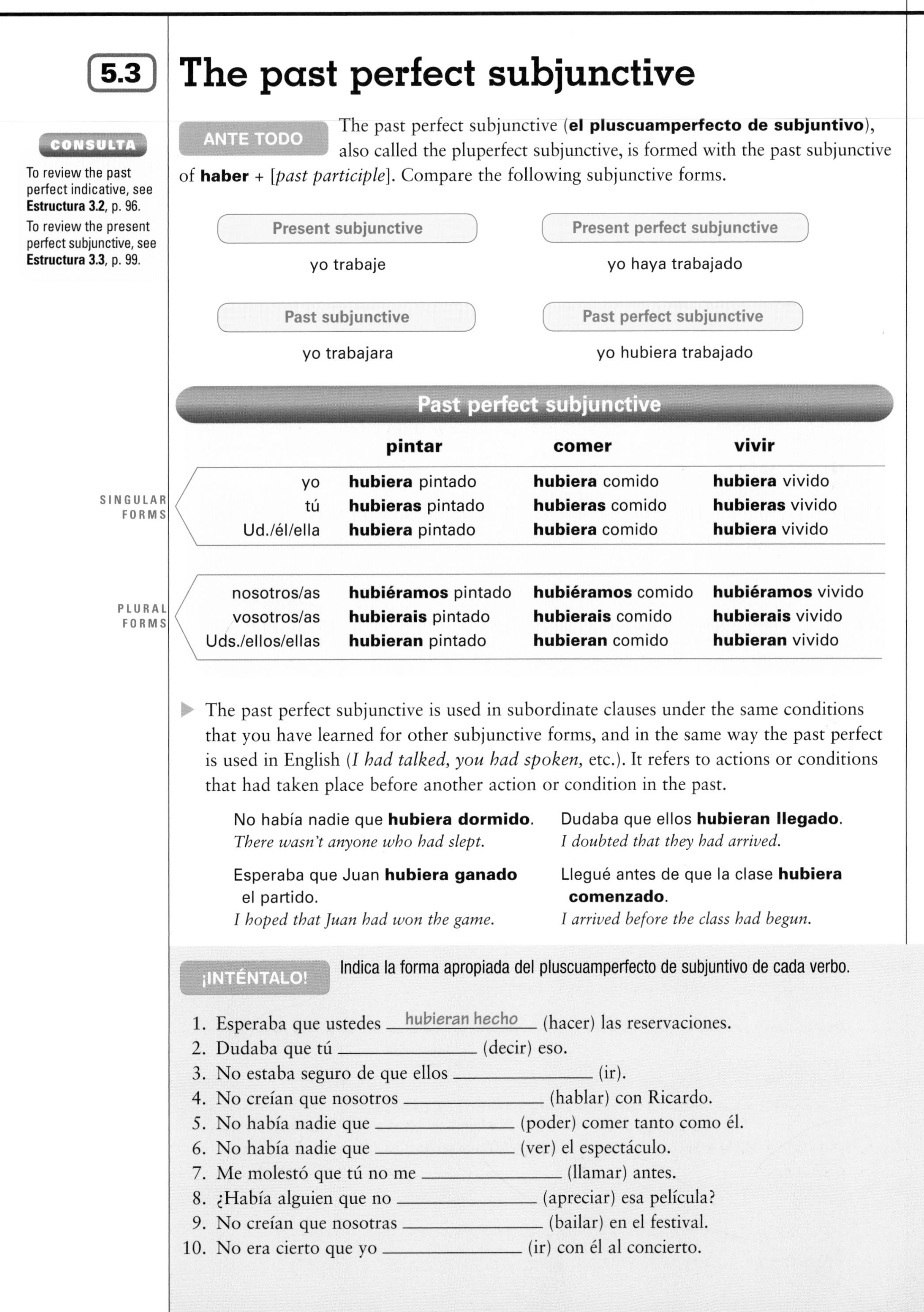

5.3 The past perfect subjunctive

CONSULTA

To review the past perfect indicative, see **Estructura 3.2**, p. 96.
To review the present perfect subjunctive, see **Estructura 3.3**, p. 99.

ANTE TODO The past perfect subjunctive (**el pluscuamperfecto de subjuntivo**), also called the pluperfect subjunctive, is formed with the past subjunctive of **haber** + [*past participle*]. Compare the following subjunctive forms.

Present subjunctive	Present perfect subjunctive
yo trabaje	yo haya trabajado
Past subjunctive	**Past perfect subjunctive**
yo trabajara	yo hubiera trabajado

Past perfect subjunctive

		pintar	comer	vivir
SINGULAR FORMS	yo	**hubiera** pintado	**hubiera** comido	**hubiera** vivido
	tú	**hubieras** pintado	**hubieras** comido	**hubieras** vivido
	Ud./él/ella	**hubiera** pintado	**hubiera** comido	**hubiera** vivido
PLURAL FORMS	nosotros/as	**hubiéramos** pintado	**hubiéramos** comido	**hubiéramos** vivido
	vosotros/as	**hubierais** pintado	**hubierais** comido	**hubierais** vivido
	Uds./ellos/ellas	**hubieran** pintado	**hubieran** comido	**hubieran** vivido

- The past perfect subjunctive is used in subordinate clauses under the same conditions that you have learned for other subjunctive forms, and in the same way the past perfect is used in English (*I had talked, you had spoken,* etc.). It refers to actions or conditions that had taken place before another action or condition in the past.

No había nadie que **hubiera dormido**.
There wasn't anyone who had slept.

Esperaba que Juan **hubiera ganado** el partido.
I hoped that Juan had won the game.

Dudaba que ellos **hubieran llegado**.
I doubted that they had arrived.

Llegué antes de que la clase **hubiera comenzado**.
I arrived before the class had begun.

¡INTÉNTALO! Indica la forma apropiada del pluscuamperfecto de subjuntivo de cada verbo.

1. Esperaba que ustedes hubieran hecho (hacer) las reservaciones.
2. Dudaba que tú ________ (decir) eso.
3. No estaba seguro de que ellos ________ (ir).
4. No creían que nosotros ________ (hablar) con Ricardo.
5. No había nadie que ________ (poder) comer tanto como él.
6. No había nadie que ________ (ver) el espectáculo.
7. Me molestó que tú no me ________ (llamar) antes.
8. ¿Había alguien que no ________ (apreciar) esa película?
9. No creían que nosotras ________ (bailar) en el festival.
10. No era cierto que yo ________ (ir) con él al concierto.

Práctica

1 **Completar** Completa las oraciones con el pluscuamperfecto de subjuntivo de los verbos.

1. Me alegré de que mi familia ______________ (irse) de viaje.
2. Me molestaba que Carlos y Miguel no ______________ (venir) a visitarme.
3. Dudaba que la música que yo escuchaba ______________ (ser) la misma que escuchaban mis padres.
4. No creían que nosotros ______________ (poder) aprender español en un año.
5. Los músicos se alegraban de que su programa le ______________ (gustar) tanto al público.
6. La profesora se sorprendió de que nosotros ______________ (hacer) la tarea antes de venir a clase.

2 **Transformar** María está hablando de las emociones que ha sentido ante ciertos acontecimientos (*events*). Transforma sus oraciones según el modelo.

modelo

Me alegro de que hayan venido los padres de Micaela.
Me alegré de que hubieran venido los padres de Micaela.

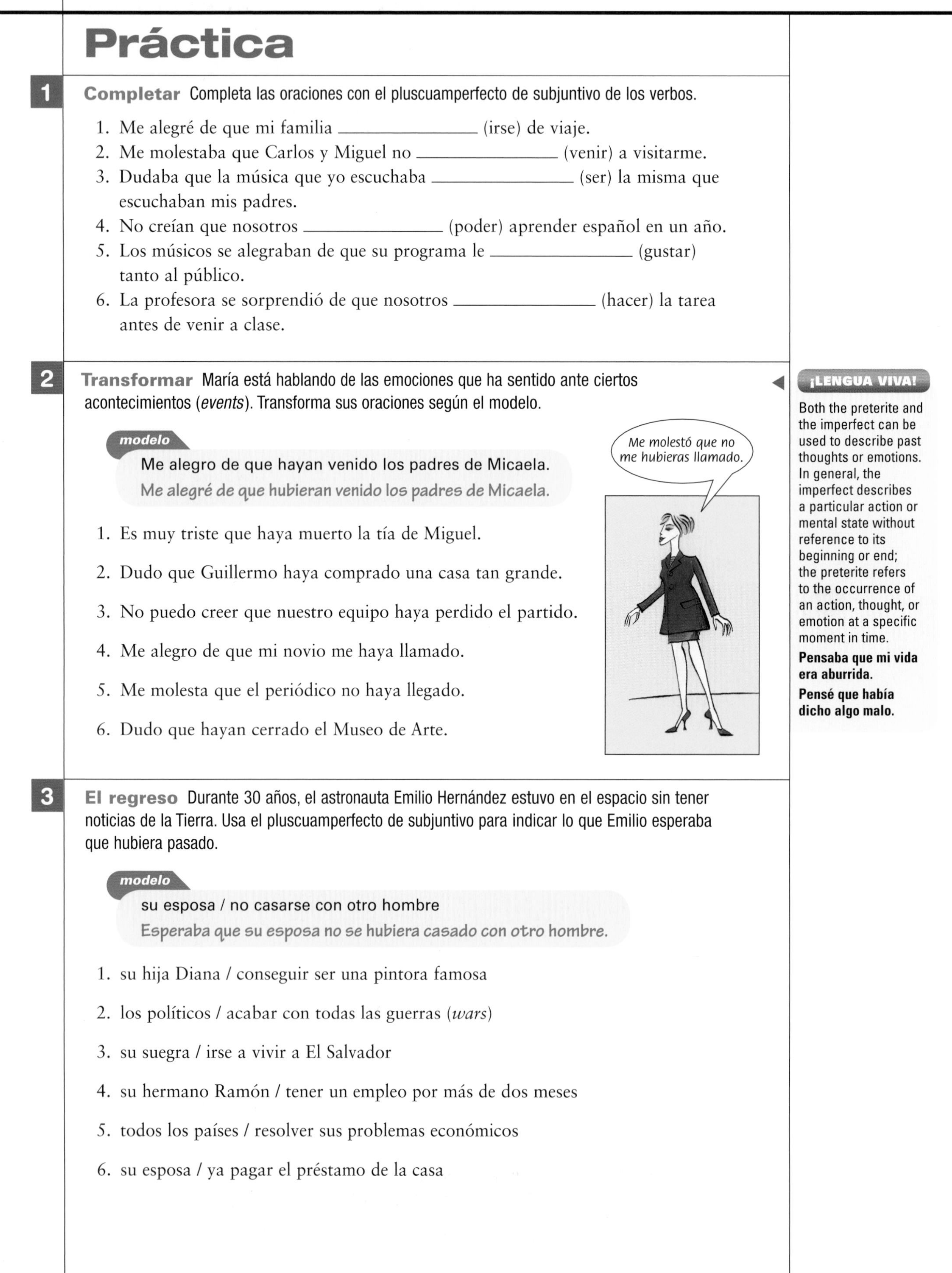

1. Es muy triste que haya muerto la tía de Miguel.
2. Dudo que Guillermo haya comprado una casa tan grande.
3. No puedo creer que nuestro equipo haya perdido el partido.
4. Me alegro de que mi novio me haya llamado.
5. Me molesta que el periódico no haya llegado.
6. Dudo que hayan cerrado el Museo de Arte.

¡LENGUA VIVA!

Both the preterite and the imperfect can be used to describe past thoughts or emotions. In general, the imperfect describes a particular action or mental state without reference to its beginning or end; the preterite refers to the occurrence of an action, thought, or emotion at a specific moment in time.

Pensaba que mi vida era aburrida.

Pensé que había dicho algo malo.

3 **El regreso** Durante 30 años, el astronauta Emilio Hernández estuvo en el espacio sin tener noticias de la Tierra. Usa el pluscuamperfecto de subjuntivo para indicar lo que Emilio esperaba que hubiera pasado.

modelo

su esposa / no casarse con otro hombre
Esperaba que su esposa no se hubiera casado con otro hombre.

1. su hija Diana / conseguir ser una pintora famosa
2. los políticos / acabar con todas las guerras (*wars*)
3. su suegra / irse a vivir a El Salvador
4. su hermano Ramón / tener un empleo por más de dos meses
5. todos los países / resolver sus problemas económicos
6. su esposa / ya pagar el préstamo de la casa

Comunicación

4 **Una mala obra** Escucha el mensaje telefónico que deja María Teresa, una espectadora, a una compañía de teatro. Luego, indica si las conclusiones son **lógicas** o **ilógicas**, según lo que escuchaste.

	Lógico	Ilógico
1. Era probable que María Teresa hubiera aplaudido mucho el martes.	❍	❍
2. La obra *La Celestina* fue gratis.	❍	❍
3. María Teresa fue sola al teatro.	❍	❍
4. Había una banda talentosa en el teatro.	❍	❍
5. María Teresa ha leído el libro *La Celestina*.	❍	❍

5 **Reacciones** Imagina que estos acontecimientos (*events*) ocurrieron la semana pasada. Indica cómo reaccionaste ante cada uno. Comparte tu reacción con un(a) compañero/a.

modelo

Vino a visitarte tu tía de El Salvador.
Me alegré de que hubiera venido a visitarme.

1. Perdiste tu mochila con tus documentos.
2. Conociste a un cantante famoso.
3. Encontraste cincuenta mil dólares cerca del banco.
4. Tus amigos/as te hicieron una fiesta sorpresa.

6 **Opinión** Escribe tu opinión sobre el último evento artístico al que asististe (un festival de cine, un concierto, una obra de teatro, etc.). Usa el pluscuamperfecto de subjuntivo.

modelo

El sábado vi un documental sobre el flamenco. Me alegré de que mi hermana hubiera comprado los boletos...

Síntesis

7 **Noticias** En parejas, lean estos titulares (*headlines*) e indiquen cuáles habrían sido sus reacciones si esto les hubiera ocurrido a ustedes. Utilicen el pluscuamperfecto de subjuntivo.

Un grupo de turistas se encuentra con Elvis en una gasolinera.
El cantante los saludó, les cantó unas canciones y después se marchó hacia las montañas, caminando tranquilamente.

Tres jóvenes estudiantes se perdieron en un bosque de Maine.
Después de estar tres horas perdidos, aparecieron en una gasolinera de un desierto de Australia.

Ayer, una joven hondureña, después de pasar tres años en coma, se despertó y descubrió que podía entender el lenguaje de los animales.
La joven, de momento, no quiere hablar con la prensa, pero una amiga suya nos dice que está deseando ir al zoológico.

Recapitulación

Completa estas actividades para repasar los conceptos de gramática que aprendiste en esta lección.

1 **Completar** Completa el cuadro con la forma correcta del condicional. 24 pts.

Infinitivo	tú	nosotros	ellas
pintar			
			querrían
		podríamos	
	habrías		

2 **Diálogo** Completa el diálogo con la forma adecuada del condicional de los verbos de la lista. 24 pts.

dejar	gustar	llover	sorprender
encantar	ir	poder	volver

OMAR ¿Sabes? El concierto al aire libre fue un éxito. Yo creía que (1) __________ , pero hizo sol.

NIDIA Ah, me alegro. Te dije que Jaime y yo (2) __________, pero tuvimos un imprevisto (*something came up*) y no pudimos. Y a Laura, ¿la viste allí?

OMAR Sí, ella fue. Al contrario que tú, al principio me dijo que ella y su esposo no (3) __________ ir, pero al final aparecieron. Necesitaba relajarse un poco; está muy estresada con su trabajo.

NIDIA A mí no me (4) __________ que lo dejara. Yo, en su lugar, (5) __________ esa compañía y (6) __________ a escribir poesía. En realidad no necesita el dinero.

OMAR Estoy de acuerdo. Oye, esta noche voy a ir al teatro. ¿(7) __________ ir conmigo? Jaime también puede acompañarnos. Es una comedia familiar.

NIDIA A nosotros (8) __________ ir. ¿A qué hora es?

OMAR A las siete y media.

RESUMEN GRAMATICAL

5.1 The conditional pp. 162–163

The conditional tense* of **aplaudir**	
aplaudiría	aplaudiríamos
aplaudirías	aplaudiríais
aplaudiría	aplaudirían

*Same endings for **-ar**, **-er**, and **-ir** verbs.

Irregular verbs		
Infinitive	**Stem**	**Conditional**
decir	dir-	diría
hacer	har-	haría
poder	podr-	podría
poner	pondr-	pondría
haber	habr-	habría
querer	querr-	querría
saber	sabr-	sabría
salir	saldr-	saldría
tener	tendr-	tendría
venir	vendr-	vendría

5.2 The conditional perfect p. 166

pintar	
habría pintado	habríamos pintado
habrías pintado	habríais pintado
habría pintado	habrían pintado

5.3 The past perfect subjunctive p. 169

cantar	
hubiera cantado	hubiéramos cantado
hubieras cantado	hubierais cantado
hubiera cantado	hubieran cantado

- To form the past perfect subjunctive, take the **Uds./ellos/ellas** form of the preterite of **haber**, drop the ending **(-ron)**, and add the past subjunctive endings **(-ra, -ras, -ra, -ramos, -rais, -ran)**.
- Note that the **nosotros/as** form takes an accent.

3 **Fin de curso** El espectáculo de fin de curso de la escuela se canceló por falta de interés y ahora todos se arrepienten (*regret it*). Completa las oraciones con el condicional perfecto. 24 pts.

1. La profesora de danza ______________ (convencer) a los mejores bailarines de que participaran.
2. Tú no ______________ (escribir) en el periódico que el comité organizador era incompetente.
3. Los profesores ______________ (animar) a todos a participar.
4. Nosotros ______________ (invitar) a nuestros amigos y familiares.
5. Tú ______________ (publicar) un artículo muy positivo sobre el espectáculo.
6. Los padres de los estudiantes ______________ (dar) más dinero y apoyo.
7. Mis compañeros de drama y yo ______________ (presentar) una comedia muy divertida.
8. El director ______________ (hacer) del espectáculo su máxima prioridad.

4 **El arte** Estos estudiantes están decepcionados (*disappointed*) con sus estudios de arte. Escribe oraciones a partir de los elementos dados. Usa el imperfecto de indicativo y el pluscuamperfecto de subjuntivo. Sigue el modelo. 24 pts.

modelo
yo / esperar / la escuela / poner / más énfasis en el arte
Yo esperaba que la escuela hubiera puesto más énfasis en el arte.

1. Sonia / querer / el departamento de arte / ofrecer / más clases
2. no haber nadie / oír / de ningún ex alumno / con éxito en el mundo artístico
3. nosotros / desear / haber / más exhibiciones de trabajos de estudiantes
4. ser una lástima / los profesores / no ser / más exigentes
5. Juanjo / dudar / nosotros / poder / escoger una escuela con menos recursos
6. ser increíble / la escuela / no tener / más materiales

5 **Adivinanza** Completa la adivinanza con la forma correcta del condicional del verbo **ser** y adivina la respuesta. 4 pts.

"Me puedes ver en tu piso,
y también en tu nariz;
sin mí no habría ricos
y nadie ________ (ser) feliz.
¿Quién soy?"

____

Lectura

Antes de leer

Estrategia

Identifying stylistic devices

There are several stylistic devices (**recursos estilísticos**) that can be used for effect in poetic or literary narratives. *Anaphora* consists of successive clauses or sentences that start with the same word(s). *Parallelism* uses successive clauses or sentences with a similar structure. *Repetition* consists of words or phrases repeated throughout the text. *Enumeration* uses the accumulation of words to describe something. Identifying these devices can help you to focus on topics or ideas that the author chose to emphasize.

Contestar

1. ¿Cuál es tu instrumento musical favorito? ¿Sabes tocarlo? ¿Puedes describir su forma?
2. Compara el sonido de ese instrumento con algunos sonidos de la naturaleza. (Por ejemplo: El piano suena como la lluvia.)
3. ¿Qué instrumento es el "protagonista" de estos poemas de García Lorca?
4. Localiza en estos tres poemas algunos ejemplos de los recursos estilísticos que aparecen en la **Estrategia**. ¿Qué elementos o temas se enfatizan mediante esos recursos?

Resumen

Completa el párrafo con palabras de la lista.

artesanía	música	poeta
compositor	poemas	talento

Los ________ se titulan *La guitarra*, *Las seis cuerdas* y *Danza*. Son obras del ________ Federico García Lorca. Estos textos reflejan la importancia de la ________ en la poesía de este escritor. Lorca es conocido por su ________.

Federico García Lorca

El escritor español Federico García Lorca nació en 1898 en Fuente Vaqueros, Granada. En 1919 se mudó a Madrid y allí vivió en una residencia estudiantil donde se hizo° amigo del pintor Salvador Dalí y del cineasta° Luis Buñuel. En 1920 estrenó° su primera obra teatral, El maleficio° de la mariposa°. *En 1929 viajó a los Estados Unidos, donde asistió a clases en la Universidad de Columbia. Al volver a España, dirigió la compañía de teatro universitario "La Barraca", un proyecto promovido° por el gobierno de la República para llevar el teatro clásico a los pueblos españoles. Fue asesinado en agosto de 1936 en Víznar, Granada, durante la dictadura° militar de Francisco Franco. Entre sus obras más conocidas están* Poema del cante jondo *(1931) y* Bodas de sangre *(1933). El amor, la muerte y la marginación son algunos de los temas presentes en su obra.*

Danza

EN EL HUERTO° DE LA PETENERA°

En la noche del huerto,
seis gitanas°,
vestidas de blanco
bailan.

En la noche del huerto,
coronadas°,
con rosas de papel
y biznagas°.

En la noche del huerto,
sus dientes de nácar°,
escriben la sombra°
quemada.

Y en la noche del huerto,
sus sombras se alargan°,
y llegan hasta el cielo
moradas.

Las seis cuerdas

La guitarra,
hace llorar° a los sueños°.
El sollozo° de las almas°
perdidas,
se escapa por su boca
redonda°.
Y como la tarántula
teje° una gran estrella
para cazar suspiros°,
que flotan en su negro
aljibe° de madera°.

La guitarra

Empieza el llanto°
de la guitarra.
Se rompen las copas
de la madrugada°.
Empieza el llanto
de la guitarra.
Es inútil
callarla°.
Es imposible
callarla.
Llora monótona
como llora el agua,
como llora el viento
sobre la nevada°.
Es imposible
callarla.
Llora por cosas
lejanas°.
Arena° del Sur caliente
que pide camelias blancas.
Llora flecha sin blanco°,
la tarde sin mañana,
y el primer pájaro muerto
sobre la rama°.
¡Oh guitarra!
Corazón malherido°
por cinco espadas°.

Después de leer

Comprensión

Completa cada oración con la opción correcta.

1. En el poema *La guitarra* se habla del "llanto" de la guitarra. La palabra "llanto" se relaciona con el verbo ________.
   a. llover b. cantar c. llorar
2. El llanto de la guitarra en *La guitarra* se compara con ________.
   a. el viento b. la nieve c. el tornado
3. En el poema *Las seis cuerdas* se personifica a la guitarra como ________.
   a. una tarántula b. un pájaro c. una estrella
4. En *Danza*, las gitanas bailan en el ________.
   a. teatro b. huerto c. patio

Interpretación

Responde a las preguntas.

1. En los poemas *La guitarra* y *Las seis cuerdas* se personifica a la guitarra. Analicen esa personificación. ¿Qué cosas humanas puede hacer la guitarra? ¿En qué se parece a una persona?
2. ¿Creen que la música de *La guitarra* y *Las seis cuerdas* es alegre o triste? ¿En qué tipo de música te hace pensar?
3. ¿Puede existir alguna relación entre las seis cuerdas de la guitarra y las seis gitanas bailando en el huerto en el poema *Danza*? ¿Cuál?

Conversación

Primero, comenta con un(a) compañero/a tus gustos musicales (instrumentos favoritos, grupos, estilo de música, cantantes). Después, intercambien las experiencias más intensas o importantes que hayan tenido con la música (un concierto, un recuerdo asociado a una canción, etc.).

se hizo *he became* **cineasta** *filmmaker* **estrenó** *premiered* **maleficio** *curse; spell* **mariposa** *butterfly* **promovido** *promoted* **dictadura** *dictatorship* **huerto** *orchard* **petenera** *Andalusian song* **gitanas** *gypsies* **coronadas** *crowned* **biznagas** *type of plant* **nácar** *mother-of-pearl* **sombra** *shadow* **se alargan** *get longer* **llorar** *to cry* **sueños** *dreams* **sollozo** *sobbing* **almas** *souls* **redonda** *round* **teje** *spins* **suspiros** *sighs* **aljibe** *well* **madera** *wood* **llanto** *crying* **madrugada** *dawn* **inútil callarla** *useless to silence her* **nevada** *snowfall* **lejanas** *far-off* **Arena** *Sand* **flecha sin blanco** *arrow without a target* **rama** *branch* **malherido** *wounded* **espadas** *swords*

Escritura

Estrategia

Finding biographical information

Biographical information can be useful for a great variety of writing topics. Whether you are writing about a famous person, a period in history, or even a particular career or industry, you will be able to make your writing both more accurate and more interesting when you provide detailed information about the people who are related to your topic.

To research biographical information, you may wish to start with general reference sources, such as encyclopedias and periodicals. Additional background information on people can be found in biographies or in nonfiction books about the person's field or industry. For example, if you wanted to write about Sonia Sotomayor, you could find background information from periodicals, including magazine interviews. You might also find information in books or articles related to contemporary politics and Law.

Biographical information may also be available on the Internet, and depending on your writing topic, you may even be able to conduct interviews to get the information you need. Make sure to confirm the reliability of your sources whenever your writing includes information about other people.

You might want to look for the following kinds of information:

- date of birth
- date of death
- childhood experiences
- education
- family life
- place of residence
- life-changing events
- personal and professional accomplishments

Tema

¿A quién te gustaría conocer?

Si pudieras invitar a cinco personas famosas a cenar en tu casa, ¿a quiénes invitarías? Pueden ser de cualquier (*any*) época de la historia y de cualquier profesión. Algunas posibilidades son:

- el arte
- la música
- el cine
- las ciencias
- la religión
- la política

Escribe una composición breve sobre la cena. Explica por qué invitarías a estas personas y describe lo que harías, lo que preguntarías y lo que dirías si tuvieras la oportunidad de conocerlas. Utiliza el condicional.

Escuchar

Estrategia

Listening for key words/ Using the context

The comprehension of key words is vital to understanding spoken Spanish. Use your background knowledge of the subject to help you anticipate what the key words might be. When you hear unfamiliar words, remember that you can use context to figure out their meaning.

To practice these strategies, you will now listen to a paragraph from a letter sent to a job applicant. Jot down key words, as well as any other words you figured out from the context.

Preparación

Basándote en el dibujo, ¿qué palabras crees que usaría un crítico en una reseña (*review*) de esta película?

Ahora escucha

Ahora vas a escuchar la reseña de la película. Mientras escuches al crítico, recuerda que las críticas de cine son principalmente descriptivas. La primera vez que la escuches, identifica las palabras clave (*key*) y escríbelas en la columna A. Luego, escucha otra vez la reseña e identifica el significado de las palabras en la columna B mediante el contexto.

A

1. ____________
2. ____________
3. ____________
4. ____________
5. ____________
6. ____________

B

1. estrenar
2. a pesar de
3. con reservas
4. supuestamente
5. la trama
6. conocimiento

Comprensión

Cierto o falso

	Cierto	Falso
1. *El fantasma del lago Enriquillo* es una película de ciencia ficción.	❍	❍
2. Los efectos especiales son espectaculares.	❍	❍
3. Generalmente se ha visto a Jorge Verdoso en comedias románticas.	❍	❍
4. Jaime Rebelde es un actor espectacular.	❍	❍

Preguntas

1. ¿Qué aspectos de la película le gustaron al crítico?
2. ¿Qué no le gustó al crítico de la película?
3. ¿Irías a ver esta película? ¿Por qué?
4. Para ti, ¿cuáles son los aspectos más importantes de una película? Explica tu respuesta.

Ahora tú

Escoge una película con actores muy famosos que no fue lo que esperabas. Escribe una reseña que describa el papel de los actores, la trama, los efectos especiales, la cinematografía u otros aspectos importantes de la película.

Anuncio de TV Azteca

Cantamos para no llorar.

Preparación

¿Qué sabes sobre las catrinas en México? ¿Has escuchado la leyenda de la Llorona?

La catrina es una figura cadavérica° maquillada, vestida con ropa elegante y un gran sombrero de flores, representada mediante disfraces° y artesanías. Popularizada por el mural de Diego Rivera *Sueño de una tarde dominical° en la Alameda° Central*, la catrina fue originalmente creada entre 1910 y 1913 en un grabado° de zinc como crítica social. Su creador, José Guadalupe Posada, decía: "La muerte es democrática, ya que a fin de cuentas, güera°, morena°, rica o pobre, toda la gente acaba° siendo calavera°". Desde entonces, la catrina se conviritió en un emblema de la mezcla de culturas, en el ícono del Día de Muertos, y en un símbolo de la riqueza° cultural, espiritual y artística de México.

cadavérica *cadaverous* **disfraces** *costumes* **dominical** *on Sunday* **Alameda** *avenue* **grabado** *etching* **a fin de cuentas** *after all* **güera** *light skinned* **morena** *dark skinned* **acaba** *ends up* **calavera** *skull* **riqueza** *wealth*

Vocabulario útil

¡Ay de mí!	*Alas!*
cobra vida	*comes to life*
olores	*scents*
sabores	*flavors*

Comprensión

Indica las expresiones que escuchas en el anuncio.

_____ 1. Llorona, llévame al río.
_____ 2. La gente prepara platos tradicionales.
_____ 3. Estos son días para celebrar y recordar.
_____ 4. Ayer maravilla fui y ahora ni sombra soy.
_____ 5. Una tradición que sólo cobra vida en México.

La Catrina, de José Guadalupe Posada.

Conversación

En pequeños grupos, interpreten la frase de José Guadalupe Posada: "La muerte es democrática, ya que a fin de cuentas, güera, morena, rica o pobre, toda la gente acaba siendo calavera". ¿Qué quiso decir? ¿Están de acuerdo?

Aplicación

En parejas, investiguen más sobre las catrinas, la Llorona, u otra leyenda latinoamericana. Preparen una corta presentación para sus compañeros, siendo creativos y utilizando ayudas visuales.

Todos los países hispanos cuentan con una gran variedad de museos, desde arte clásico o contemporáneo, hasta los que se especializan en la rica historia local que puede venir desde las antiguas° culturas prehispánicas. El Museo de Arte Popular, en la Ciudad de México, que viste en el episodio de ***Fotonovela***, tiene como misión difundir°, preservar y continuar las técnicas tradicionales de elaborar artesanías mexicanas. Algunas de ellas son la cerámica, la joyería°, los textiles y el papel maché. A continuación vas a ver otro tipo de museos en España.

Vocabulario útil

el lienzo	*canvas*
la muestra	*exhibit*
el primer plano	*foreground*

Preparación

¿Te interesa el arte? Cuando viajas, ¿visitas los museos del lugar al que vas? ¿Cuál es, de entre todas las artes, la que más te gusta o emociona?

¿Cierto o falso?

Indica si las oraciones son **ciertas** o **falsas.**

1. En Madrid, la oferta de arte es muy limitada.
2. En el Triángulo Dorado de los museos hay tres museos muy importantes de Madrid.
3. En la obra *Las meninas* de Velázquez, la perspectiva es muy real.
4. El Museo Reina Sofía está dedicado al arte contemporáneo y antiguo.
5. El lienzo *Guernica* de Picasso es pequeño.
6. La colección del Museo Thyssen era privada y luego fue donada (*donated*) al estado español.
7. El Greco era español.

Palacios del arte

... una ciudad [...] con una riquísima y selecta oferta de hoteles, restaurantes [...] y especialmente... ¡arte!

El edificio fue [...] un hospital. Hoy en día, está dedicado al arte contemporáneo.

Muchos aseguran° que es el primer surrealista.

antiguas *ancient* **difundir** *to spread* **joyería** *jewelry* **aseguran** *assure*

El Salvador

El país en cifras

- **Área**: 21.040 km^2 (8.124 millas^2), *el tamaño° de Massachusetts*
- **Población**: 6.125.000

El Salvador es el país centroamericano más pequeño y el más densamente poblado. Su población, al igual que la de Honduras, es muy homogénea: casi el 90 por ciento es mestiza.

- **Capital**: San Salvador—1.605.000
- **Ciudades principales**: Soyapango, Santa Ana, San Miguel, Mejicanos
- **Moneda**: dólar estadounidense
- **Idiomas**: español (oficial), náhuatl, lenca

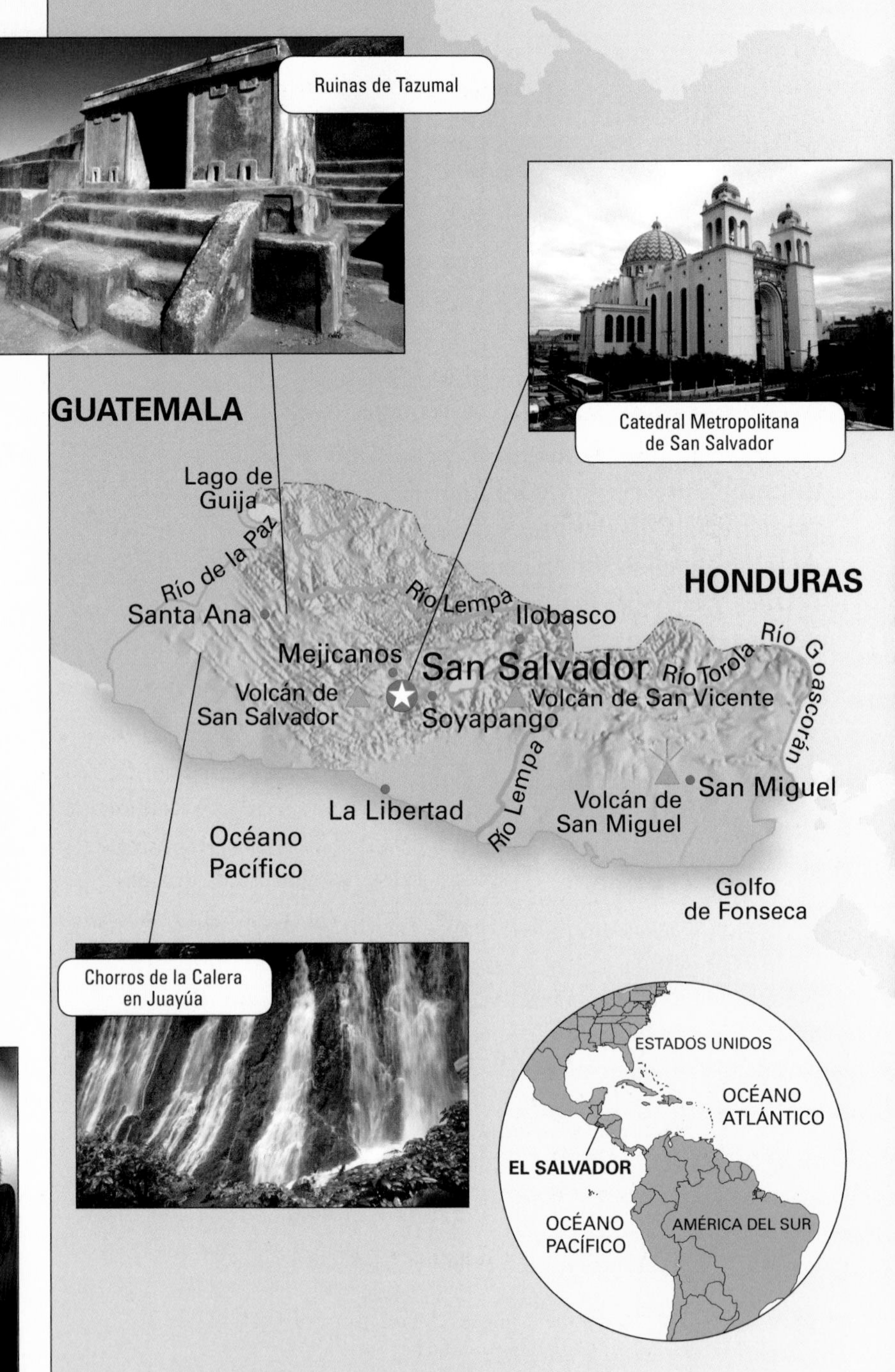

Bandera de El Salvador

Salvadoreños célebres

- **Óscar Romero**, arzobispo° y activista por los derechos humanos° (1917–1980)
- **Claribel Alegría**, poeta, novelista y cuentista (1924–)
- **Roque Dalton**, poeta, ensayista y novelista (1935–1975)
- **María Eugenia Brizuela**, política (1956–)
- **Francesca Miranda**, diseñadora (1957–)

Óscar Romero

tamaño *size* **arzobispo** *archbishop* **derechos humanos** *human rights* **laguna** *lagoon* **sirena** *mermaid*

¡Increíble pero cierto!

El rico folclor salvadoreño se basa sobre todo en sus extraordinarios recursos naturales. Por ejemplo, según una leyenda, las muertes que se producen en la laguna° de Alegría tienen su explicación en la existencia de una sirena° solitaria que vive en el lago y captura a los jóvenes atractivos.

Deportes • El surfing

El Salvador es uno de los destinos favoritos en Latinoamérica para la práctica del surfing. Cuenta con 300 kilómetros de costa a lo largo del océano Pacífico y sus olas° altas son ideales para quienes practican este deporte. De sus playas, La Libertad es la más visitada por surfistas de todo el mundo, gracias a que está muy cerca de la capital salvadoreña. Sin embargo, los fines de semana muchos visitantes prefieren viajar a la Costa del Bálsamo, donde se concentra menos gente.

Naturaleza • El Parque Nacional Montecristo

El Parque Nacional Montecristo se encuentra en la región norte del país. Se le conoce también como El Trifinio porque se ubica° en el punto donde se unen las fronteras de Guatemala, Honduras y El Salvador. Este bosque reúne a muchas especies vegetales y animales, como orquídeas, monos araña°, pumas, quetzales y tucanes. Además, las copas° de sus enormes árboles forman una bóveda° que impide° el paso de la luz solar. Este espacio natural se encuentra a una altitud de 2.400 metros (7.900 pies) sobre el nivel del mar y recibe 200 centímetros (80 pulgadas°) de lluvia al año.

Artes • La artesanía de Ilobasco

Ilobasco es un pueblo conocido por sus artesanías. En él se elaboran objetos con arcilla° y cerámica pintada a mano, como juguetes°, adornos° y utensilios de cocina. Además, son famosas sus "sorpresas", que son pequeñas piezas° de cerámica en cuyo interior se representan escenas de la vida diaria. Los turistas realizan excursiones para ver la elaboración, paso a paso°, de estos productos.

¿Qué aprendiste? Contesta cada pregunta con una oración completa.

1. ¿Qué tienen en común las poblaciones de El Salvador y Honduras?
2. ¿Qué es el náhuatl?
3. ¿Quién es María Eugenia Brizuela?
4. Hay muchos lugares ideales para el surfing en El Salvador. ¿Por qué?
5. ¿A qué altitud se encuentra el Parque Nacional Montecristo?
6. ¿Cuáles son algunos de los animales y las plantas que viven en este parque?
7. ¿Por qué se le llama El Trifinio al Parque Nacional Montecristo?
8. ¿Por qué es famoso el pueblo de Ilobasco?
9. ¿Qué se puede ver en un viaje a Ilobasco?
10. ¿Qué son las "sorpresas" de Ilobasco?

Conexión Internet Investiga estos temas en Internet.

1. El Parque Nacional Montecristo es una reserva natural; busca información sobre otros parques o zonas protegidas en El Salvador. ¿Cómo son estos lugares? ¿Qué tipos de plantas y animales se encuentran allí?
2. Busca información sobre museos u otros lugares turísticos en San Salvador (u otra ciudad de El Salvador).

olas *waves* **se ubica** *it is located* **monos araña** *spider monkeys* **copas** *tops* **bóveda** *cap* **impide** *blocks* **pulgadas** *inches* **arcilla** *clay* **juguetes** *toys* **adornos** *ornaments* **piezas** *pieces* **paso a paso** *step by step*

Honduras

El país en cifras

▶ **Área**: 112.492 km² (43.870 millas²), *un poco más grande que Tennessee*
▶ **Población**: 8.598.000
Cerca del 90 por ciento de la población de Honduras es mestiza. Todavía hay pequeños grupos indígenas como los jicaque, los misquito y los paya, que han mantenido su cultura sin influencias exteriores y que no hablan español.
▶ **Capital**: Tegucigalpa—1.088.000

Tegucigalpa

▶ **Ciudades principales**: San Pedro Sula, El Progreso, La Ceiba
▶ **Moneda**: lempira
▶ **Idiomas**: español (oficial), lenguas indígenas, inglés

Bandera de Honduras

Hondureños célebres

▶ **José Antonio Velásquez,** pintor (1906–1983)
▶ **Argentina Díaz Lozano,** escritora (1912–1999)
▶ **Carlos Roberto Reina,** juez° y presidente del país (1926–2003)
▶ **Roberto Sosa,** escritor (1930–2011)
▶ **Salvador Moncada,** científico (1944–)

juez *judge* presos *prisoners* madera *wood* hamacas *hammocks*

Guacamayo

Mercado en San Pedro Sula

Lago de Yojoa

¡Increíble pero cierto!

¿Irías de compras a una prisión? Hace un tiempo, cuando la Penitenciaría Central de Tegucigalpa aún funcionaba, los presos° hacían objetos de madera°, hamacas° y hasta instrumentos musicales y los vendían en una tienda dentro de la prisión. Allí, los turistas podían regatear con este especial grupo de artesanos.

Lugares • **Copán**

Copán es una zona arqueológica muy importante de Honduras. Fue construida por los mayas y se calcula que en el año 400 d. C. albergaba° a una ciudad con más de 150 edificios y una gran cantidad de plazas, patios, templos y canchas° para el juego de pelota°. Las ruinas más famosas del lugar son los edificios adornados con esculturas pintadas a mano, los cetros° ceremoniales de piedra y el templo Rosalila.

Economía • **Las plantaciones de bananas**

Desde hace más de cien años, las bananas son la exportación principal de Honduras y han tenido un papel fundamental en su historia. En 1899, la Standard Fruit Company empezó a exportar bananas del país centroamericano hacia Nueva Orleans. Esta fruta resultó tan popular en los Estados Unidos que generó grandes beneficios° para esta compañía y para la United Fruit Company, otra empresa norteamericana. Estas trasnacionales intervinieron muchas veces en la política hondureña debido° al enorme poder° económico que alcanzaron en la nación.

San Antonio de Oriente, 1957, José Antonio Velásquez

Artes • **José Antonio Velásquez (1906–1983)**

José Antonio Velásquez fue un famoso pintor hondureño. Es catalogado como primitivista° porque sus obras representan aspectos de la vida cotidiana. En la pintura de Velásquez es notorio el énfasis en los detalles°, la falta casi total de los juegos de perspectiva y la pureza en el uso del color. Por todo ello, el artista ha sido comparado con importantes pintores europeos del mismo género° como Paul Gauguin o Emil Nolde.

¿Qué aprendiste? Contesta cada pregunta con una oración completa.

1. ¿Qué es el lempira?
2. ¿Por qué es famoso Copán?
3. ¿Dónde está el templo Rosalila?
4. ¿Cuál es la exportación principal de Honduras?
5. ¿Qué fue la Standard Fruit Company?
6. ¿Cómo es el estilo de José Antonio Velásquez?
7. ¿Qué temas trataba Velásquez en su pintura?

Conexión Internet Investiga estos temas en Internet.

1. ¿Cuáles son algunas de las exportaciones principales de Honduras, además de las bananas? ¿A qué países exporta Honduras sus productos?
2. Busca información sobre Copán u otro sitio arqueológico en Honduras. En tu opinión, ¿cuáles son los aspectos más interesantes del sitio?

albergaba *housed* canchas *courts* juego de pelota *pre-Columbian ceremonial ball game* cetros *scepters* beneficios *profits* debido a *due to* poder *power* primitivista *primitivist* detalles *details* género *genre*

Las bellas artes

el baile, la danza	*dance*
la banda	*band*
las bellas artes	*(fine) arts*
el boleto	*ticket*
la canción	*song*
la comedia	*comedy; play*
el concierto	*concert*
el cuento	*short story*
la cultura	*culture*
el drama	*drama; play*
la escultura	*sculpture*
el espectáculo	*show*
la estatua	*statue*
el festival	*festival*
la historia	*history; story*
la música	*music*
la obra	*work (of art, music, etc.)*
la obra maestra	*masterpiece*
la ópera	*opera*
la orquesta	*orchestra*
el personaje (principal)	*(main) character*
la pintura	*painting*
el poema	*poem*
la poesía	*poetry*
el público	*audience*
el teatro	*theater*
la tragedia	*tragedy*
aburrirse	*to get bored*
aplaudir	*to applaud*
apreciar	*to appreciate*
dirigir	*to direct*
esculpir	*to sculpt*
hacer el papel (de)	*to play the role (of)*
pintar	*to paint*
presentar	*to present; to put on (a performance)*
publicar	*to publish*
tocar (un instrumento musical)	*to touch; to play (a musical instrument)*
artístico/a	*artistic*
clásico/a	*classical*
dramático/a	*dramatic*
extranjero/a	*foreign*
folclórico/a	*folk*
moderno/a	*modern*
musical	*musical*
romántico/a	*romantic*
talentoso/a	*talented*

Los artistas

el bailarín, la bailarina	*dancer*
el/la cantante	*singer*
el/la compositor(a)	*composer*
el/la director(a)	*director; (musical) conductor*
el/la dramaturgo/a	*playwright*
el/la escritor(a)	*writer*
el/la escultor(a)	*sculptor*
la estrella (*m., f.*) de cine	*movie star*
el/la músico/a	*musician*
el/la poeta	*poet*

El cine y la televisión

el canal	*channel*
el concurso	*game show; contest*
los dibujos animados	*cartoons*
el documental	*documentary*
el premio	*prize; award*
el programa de entrevistas/realidad	*talk /reality show*
la telenovela	*soap opera*
... de acción	*action*
... de aventuras	*adventure*
... de ciencia ficción	*science fiction*
... de horror	*horror*
... de vaqueros	*western*

La artesanía

la artesanía	*craftsmanship; crafts*
la cerámica	*pottery*
el tejido	*weaving*

Expresiones útiles	*See page 157.*

Las actualidades

6

Communicative Goals

You will learn how to:

- **Discuss current events and issues**
- **Talk about and discuss the media**
- **Reflect on experiences, such as travel**

A PRIMERA VISTA

- ¿Qué profesión tendrá esta persona? ¿Será una reportera?
- ¿Es una videoconferencia?
- ¿Está en una entrevista?
- ¿De qué estará hablando? ¿De política?

Las actualidades

Más vocabulario

el acontecimiento	*event*
las actualidades	*news; current events*
el artículo	*article*
la encuesta	*poll; survey*
el informe	*report*
los medios de comunicación	*media; means of communication*
las noticias	*news*
la prensa	*press*
el reportaje	*report*
el desastre (natural)	*(natural) disaster*
el huracán	*hurricane*
la inundación	*flood*
el terremoto	*earthquake*
el desempleo	*unemployment*
la (des)igualdad	*(in)equality*
la discriminación	*discrimination*
la guerra	*war*
la libertad	*liberty; freedom*
la paz	*peace*
el racismo	*racism*
el sexismo	*sexism*
el SIDA	*AIDS*
anunciar	*to announce; to advertise*
comunicarse (con)	*to communicate (with)*
durar	*to last*
informar	*to inform*
luchar (por/contra)	*to fight; to struggle (for/against)*
transmitir, emitir	*to broadcast*
(inter)nacional	*(inter)national*
peligroso/a	*dangerous*

Variación léxica

informe ⟷ trabajo (*Esp.*)
noticiero ⟷ informativo (*Esp.*)

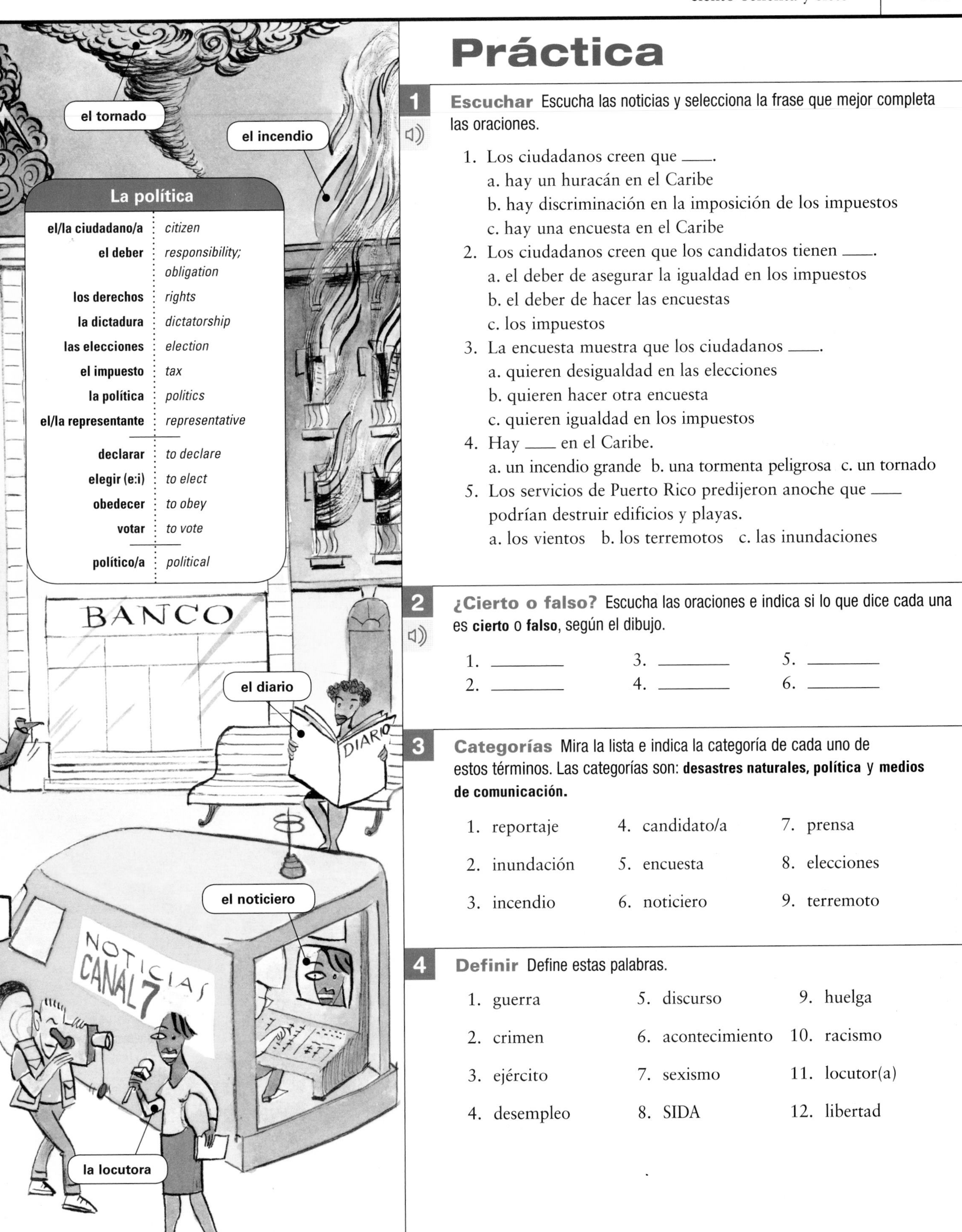

La política

el/la ciudadano/a	*citizen*
el deber	*responsibility; obligation*
los derechos	*rights*
la dictadura	*dictatorship*
las elecciones	*election*
el impuesto	*tax*
la política	*politics*
el/la representante	*representative*
declarar	*to declare*
elegir (e:i)	*to elect*
obedecer	*to obey*
votar	*to vote*
político/a	*political*

Práctica

1 Escuchar Escucha las noticias y selecciona la frase que mejor completa las oraciones.

1. Los ciudadanos creen que ____.
   a. hay un huracán en el Caribe
   b. hay discriminación en la imposición de los impuestos
   c. hay una encuesta en el Caribe
2. Los ciudadanos creen que los candidatos tienen ____.
   a. el deber de asegurar la igualdad en los impuestos
   b. el deber de hacer las encuestas
   c. los impuestos
3. La encuesta muestra que los ciudadanos ____.
   a. quieren desigualdad en las elecciones
   b. quieren hacer otra encuesta
   c. quieren igualdad en los impuestos
4. Hay ____ en el Caribe.
   a. un incendio grande b. una tormenta peligrosa c. un tornado
5. Los servicios de Puerto Rico predijeron anoche que ____ podrían destruir edificios y playas.
   a. los vientos b. los terremotos c. las inundaciones

2 ¿Cierto o falso? Escucha las oraciones e indica si lo que dice cada una es **cierto** o **falso**, según el dibujo.

1. ________ 3. ________ 5. ________
2. ________ 4. ________ 6. ________

3 Categorías Mira la lista e indica la categoría de cada uno de estos términos. Las categorías son: **desastres naturales, política** y **medios de comunicación.**

1. reportaje
2. inundación
3. incendio
4. candidato/a
5. encuesta
6. noticiero
7. prensa
8. elecciones
9. terremoto

4 Definir Define estas palabras.

1. guerra
2. crimen
3. ejército
4. desempleo
5. discurso
6. acontecimiento
7. sexismo
8. SIDA
9. huelga
10. racismo
11. locutor(a)
12. libertad

5 **Completar** Completa la noticia con los verbos adecuados para cada oración. Conjuga los verbos en el tiempo verbal correspondiente.

1. El grupo __________ a todos los medios de comunicación que iba a organizar una huelga general de los trabajadores.
   a. durar b. votar c. anunciar
2. Los representantes les pidieron a los ciudadanos que __________ al presidente.
   a. comer b. obedecer c. aburrir
3. La oposición, por otro lado, __________ a un líder para promover la huelga.
   a. publicar b. emitir c. elegir
4. El líder de la oposición dijo que si el gobierno ignoraba sus opiniones, la huelga iba a __________ mucho tiempo.
   a. transmitir b. obedecer c. durar
5. Hoy día, el líder de la oposición declaró que los ciudadanos estaban listos para __________ por sus derechos.
   a. informar b. comunicarse c. luchar

6 **Conversación** Completa esta conversación con las palabras adecuadas.

artículo	derechos	peligrosa
choque	dictaduras	transmitir
declarar	paz	violencia

RAÚL Oye, Agustín, ¿leíste el (1) __________ del diario *El País*?

AGUSTÍN ¿Cuál? ¿El del (2) __________entre dos autobuses?

RAÚL No, el otro sobre...

AGUSTÍN ¿Sobre la tormenta (3) __________ que viene mañana?

RAÚL No, hombre, el artículo sobre política...

AGUSTÍN ¡Ay, claro! Un análisis de las peores (4) __________ de la historia.

RAÚL ¡Agustín! Deja de interrumpir. Te quería hablar del artículo sobre la organización que lucha por los (5) __________ humanos y la (6) __________.

AGUSTÍN Ah, no lo leí.

RAÚL Parece que te interesan más las noticias sobre la (7) __________, ¿eh?

7 **La vida civil** ¿Estás de acuerdo con estas afirmaciones?

1. Los medios de comunicación nos informan bien de las noticias.
2. Los medios de comunicación nos dan una visión global del mundo.
3. Los candidatos para las elecciones deben aparecer en todos los medios de comunicación.
4. Nosotros y nuestros representantes nos comunicamos bien.
5. Es importante que todos obedezcamos las leyes.
6. Es importante leer el diario todos los días.
7. Es importante mirar o escuchar un noticiero todos los días.
8. Es importante votar.

AYUDA

You may want to use these expressions:
En mi opinión...
Está claro que...
(No) Estoy de acuerdo.
Según mis padres...
Sería ideal que...

Comunicación

8 **Noticias** Escucha el fragmento de un noticiero. Luego, indica si las conclusiones son **lógicas** o **ilógicas**, según lo que escuchaste.

	Lógico	Ilógico
1. El gobierno del país es una dictadura.	❍	❍
2. Si gana el Partido Progreso y Avance, los ciudadanos tendrán más sueldo neto.	❍	❍
3. Si gana el Partido Progreso y Avance, habrá más personas sin trabajo.	❍	❍
4. Para la candidata del Partido Progreso y Avance, la igualdad de los ciudadanos es muy importante.	❍	❍
5. En el noticiero sólo se habla de política.	❍	❍

9 **Las actualidades** Describe lo que ves en las fotos. Luego, cuenta una historia para explicar qué pasó en cada foto.

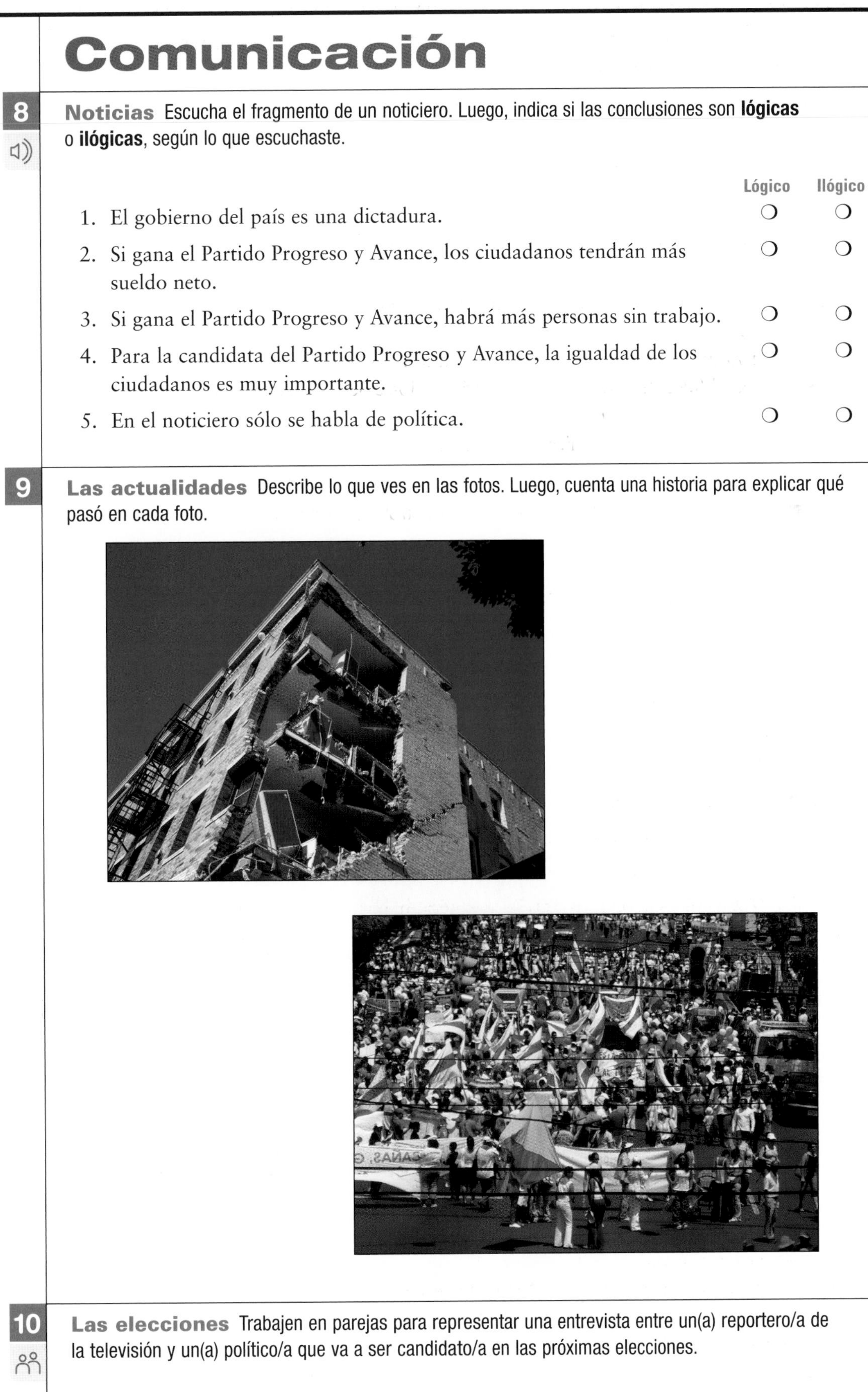

10 **Las elecciones** Trabajen en parejas para representar una entrevista entre un(a) reportero/a de la televisión y un(a) político/a que va a ser candidato/a en las próximas elecciones.

Hasta pronto, Marissa

Marissa debe regresar a Wisconsin y quiere despedirse de sus amigos.

PERSONAJES — **MARISSA** — **SR. DÍAZ**

MARISSA ¡Hola, don Roberto! ¿Dónde están todos?

SR. DÍAZ Todos me dijeron que te pidiera una disculpa de su parte.

MARISSA (*triste*) Ah. No hay problema. ¿Puedo poner la tele?

SR. DÍAZ Claro.

MAITE FUENTES Un incendio en el centro ha ocasionado daños en tres edificios. Los representantes de la policía nos informan que no hay heridos. Aunque las elecciones son en pocas semanas, las encuestas no muestran un líder definido.

MARISSA Si hubiera sabido que ellos no iban a estar aquí, me habría despedido anoche.

SR. DÍAZ ¡Ánimo! No es un adiós, Marissa. Vamos a seguir en contacto. Pero, creo que tenemos algo de tiempo antes de que te vayas. Te llevo a comer tu última comida mexicana.

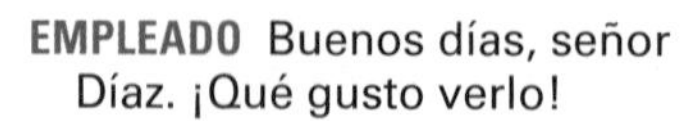

EMPLEADO Buenos días, señor Díaz. ¡Qué gusto verlo!

SR. DÍAZ Igualmente. Ella es Marissa. Pasó el año con nosotros. Quería que su última comida en México fuera la mejor de todas.

EMPLEADO Muy amable de su parte, señor. Su mesa está lista. Síganme, por favor.

(*La familia Díaz y sus amigos sorprenden a Marissa en el restaurante.*)

MARISSA No tenía ni idea. (*a Jimena*) Tu papá me hizo creer que no podría despedirme de ustedes.

SR. DÍAZ Chicos, me dicen que se van a casar. Felicidades.

MIGUEL Nos casamos aquí en México el año que viene. Ojalá usted y su esposa puedan ir. (*a Marissa*) Si tú no estás harta de nosotros, nos encantaría que también vinieras.

MAITE FUENTES | DON DIEGO | EMPLEADO | SRA. DÍAZ | JIMENA | MIGUEL | FELIPE | MARU | JUAN CARLOS

7

SRA. DÍAZ Marissa, ¿cuál fue tu experiencia favorita en México?

MARISSA Bueno, si tuviera que elegir una sola experiencia, tendría que ser el Día de Muertos. Chichén Itzá fue muy emocionante también. No puedo decidirme. ¡La he pasado de película!

8

SR. DÍAZ Mi hermana Ana María me pidió que te diera esto.

MARISSA *No way!*

JUAN CARLOS ¿Qué es?

MARISSA La receta del mole de la tía.

9

FELIPE Nosotros también tenemos algo para ti.

MARISSA ¡Mi diccionario! Lo dejo contigo, Felipe. Tenías razón. No lo necesito.

SR. DÍAZ Si queremos llegar a tiempo al aeropuerto, tenemos que irnos ya.

10

FELIZ VIAJE

MARU Te veremos en nuestra boda.

MARISSA ¡Sí, seguro!

SR. DÍAZ Bueno, vámonos.

MARISSA (*a todos*) Cuídense. Gracias por todo.

Expresiones útiles

Expressing delight and surprise

¡Qué gusto verlo/la!
How nice to see you! (form.)
¡Qué gusto verte!
How nice to see you! (fam.)
¡No tenía ni idea!
I had no idea!
¡Felicidades!
Congratulations!

Playing a joke on someone

Todos me dijeron que te pidiera una disculpa de su parte.
They all told me to ask you to excuse them / forgive them.
Tu papá me hizo creer que no podría despedirme de ustedes.
Your dad made me think I wouldn't be able to say goodbye to you.

Talking about past and future trips

Si tuviera que elegir una sola experiencia, tendría que ser el Día de Muertos.
If I had to pick just one experience, it would have to be the Day of the Dead.
¡La he pasado de película!
I've had an awesome time!
Ojalá usted y su esposa puedan ir.
I hope you and your wife can come.
Si tú no estás harta de nosotros, nos encantaría que también vinieras.
If you aren't sick of us, we'd love you to come, too.
Si queremos llegar a tiempo al aeropuerto, tenemos que irnos ya.
If we want to get to the airport on time, we should go now.

Additional vocabulary

despedirse
to say goodbye

¿Qué pasó?

1 ¿Cierto o falso? Decide si lo que se afirma en las oraciones es **cierto** o **falso**. Corrige las oraciones falsas.

	Cierto	Falso
1. Según la reportera, las elecciones son la próxima semana.	❍	❍
2. Marissa dice que una de sus experiencias favoritas en México fue el Día de Muertos.	❍	❍
3. La reportera dice que hay una inundación en el centro.	❍	❍
4. La Sra. Díaz le envía la receta de los tacos a Marissa.	❍	❍
5. Marissa le deja su diccionario a Jimena.	❍	❍

2 Identificar Identifica quién puede hacer estas afirmaciones.

1. Espero que disfrutes de tu última comida en México.
2. Los voy a extrañar mucho, ¡lo he pasado maravillosamente!
3. El presidente habló sobre los candidatos en estas elecciones.
4. ¿Qué fue lo que más te gustó de México?
5. No faltes a nuestra boda, nos dará mucho gusto verte de nuevo.

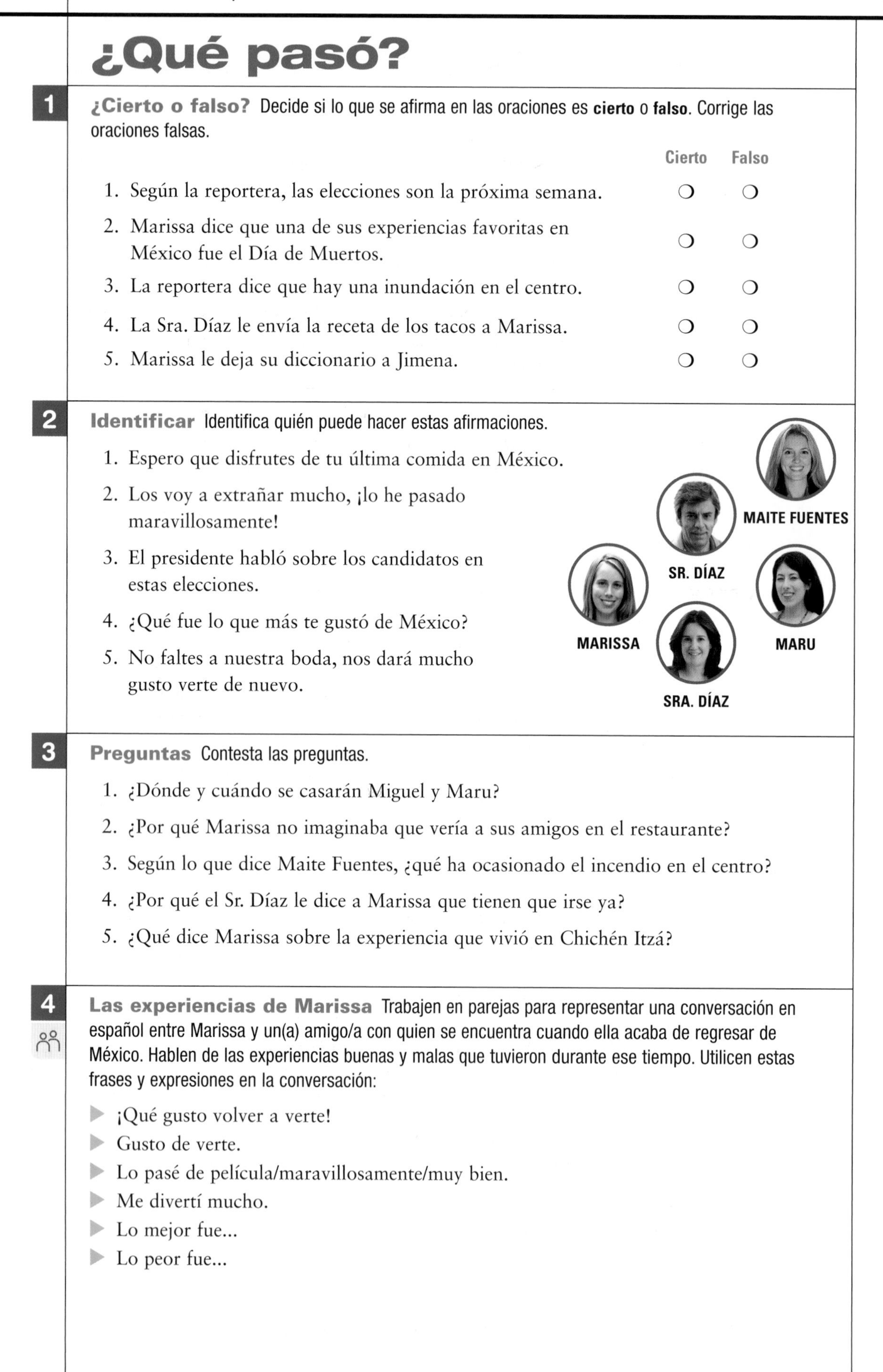

3 Preguntas Contesta las preguntas.

1. ¿Dónde y cuándo se casarán Miguel y Maru?
2. ¿Por qué Marissa no imaginaba que vería a sus amigos en el restaurante?
3. Según lo que dice Maite Fuentes, ¿qué ha ocasionado el incendio en el centro?
4. ¿Por qué el Sr. Díaz le dice a Marissa que tienen que irse ya?
5. ¿Qué dice Marissa sobre la experiencia que vivió en Chichén Itzá?

4 Las experiencias de Marissa Trabajen en parejas para representar una conversación en español entre Marissa y un(a) amigo/a con quien se encuentra cuando ella acaba de regresar de México. Hablen de las experiencias buenas y malas que tuvieron durante ese tiempo. Utilicen estas frases y expresiones en la conversación:

- ¡Qué gusto volver a verte!
- Gusto de verte.
- Lo pasé de película/maravillosamente/muy bien.
- Me divertí mucho.
- Lo mejor fue...
- Lo peor fue...

Ortografía y pronunciación

Neologismos y anglicismos

As societies develop and interact, new words are needed to refer to inventions and discoveries, as well as to objects and ideas introduced by other cultures. In Spanish, many new terms have been invented to refer to such developments, and additional words have been "borrowed" from other languages.

bajar un programa *download* | **borrar** *to delete* | **correo basura** *junk mail*
en línea *online* | **enlace** *link* | **herramienta** *tool*
navegador *browser* | **pirata** *hacker* | **sistema operativo** *operating system*

Many Spanish neologisms, or "new words," refer to computers and technology. Due to the newness of these words, more than one term may be considered acceptable.

cederrón, CD-ROM | **escáner** | **fax** | **zoom**

In Spanish, many anglicisms, or words borrowed from English, refer to computers and technology. Note that the spelling of these words is often adapted to the sounds of the Spanish language.

jazz, yaz | **rap** | **rock** | **walkman**

Music and music technology are another common source of anglicisms.

gángster | **hippy, jipi** | **póquer** | **blue(jeans)**

Other borrowed words refer to people or things that are strongly associated with another culture.

chárter | **esnob** | **estrés** | **flirtear**
gol | **hall** | **hobby** | **iceberg**
jersey | **júnior** | **récord** | **yogur**

There are many other sources of borrowed words. Over time, some anglicisms are replaced by new terms in Spanish, while others are accepted as standard usage.

Práctica Completa el diálogo usando las palabras de la lista.

borrar	correo basura	esnob
chárter	en línea	estrés

GUSTAVO Voy a leer el correo electrónico.
REBECA Bah, yo sólo recibo ________. Lo único que hago con la computadora es ________ mensajes.
GUSTAVO Mira, cariño, hay un anuncio en Internet: un viaje barato a Punta del Este. Es un vuelo ________.
REBECA Últimamente tengo tanto ________. Sería buena idea que fuéramos de vacaciones. Pero busca un hotel muy bueno.
GUSTAVO Rebeca, no seas ________, lo importante es ir y disfrutar. Voy a comprar los boletos ahora mismo ________.

Dibujo Describe el dibujo utilizando por lo menos cinco anglicismos.

EN DETALLE

Protestas sociales

¿Cómo reaccionas ante° una situación injusta? ¿Protestas? Las huelgas y manifestaciones° son expresiones de protesta. Mucha gente asocia las huelgas con "no trabajar", pero no siempre es así. Hay huelgas donde los empleados del gobierno aplican las regulaciones escrupulosamente, demorando° los procesos administrativos; en otras, los trabajadores aumentan la producción. En países como España, las huelgas muchas veces se anuncian con anticipación° y, en los lugares que van a ser afectados, se ponen carteles con información como: "Esta oficina cerrará el día 14 con motivo de la huelga. Disculpen las molestias°".

Las manifestaciones son otra forma de protesta: la gente sale a la calle llevando carteles con frases y eslóganes. Una forma original de manifestación son los "cacerolazos", en los cuales la gente golpea° cacerolas y sartenes°. Los primeros cacerolazos tuvieron lugar en Chile y más tarde pasaron a otros países. Otras veces, el buen humor ayuda a confrontar temas serios y los manifestantes° marchan bailando, cantando eslóganes y tocando silbatos° y tambores°.

Actualmente° se puede protestar sin salir de casa. Lo único que necesitas es tener una computadora con conexión a Internet para poder participar en manifestaciones virtuales. Y no sólo de tu país, sino de todo el mundo.

Los eslóganes

El pueblo unido jamás será vencido°. Es el primer verso° de una canción que popularizó el grupo chileno Quilapayún.

Basta ya°. Se ha usado en el País Vasco en España durante manifestaciones en contra del terrorismo.

Agua para todos. Se ha gritado en manifestaciones contra la privatización del agua en varios países hispanos.

Ni guerra que nos mate°, ni paz que nos oprima°. Surgió° en la **Movilización Nacional de Mujeres contra la Guerra,** en Colombia (2002) para expresar un no rotundo° a la guerra.

Ni un paso° atrás. Ha sido usado en muchos países, como en Argentina por las Madres de la Plaza de Mayo*.

* Las Madres de la Plaza de Mayo es un grupo de mujeres que tiene hijos o familiares que desaparecieron durante la dictadura militar en Argentina (1976–1983).

ante *in the presence of* **manifestaciones** *demonstrations* **demorando** *delaying* **con anticipación** *in advance* **Disculpen las molestias.** *We apologize for any inconvenience.* **golpea** *bang* **cacerolas y sartenes** *pots and pans* **manifestantes** *demonstrators* **silbatos** *whistles* **tambores** *drums* **Actualmente** *Currently* **vencido** *defeated* **verso** *line* **Basta ya.** *Enough.* **mate** *kills* **oprima** *oppresses* **Surgió** *It arose* **rotundo** *absolute* **paso** *step*

ACTIVIDADES

1 **¿Cierto o falso?** Indica si lo que dice cada oración es cierto o falso. Corrige la información falsa.

1. En algunas huelgas las personas trabajan más de lo normal.
2. En España, las huelgas se hacen sin notificación previa.
3. En las manifestaciones virtuales se puede protestar sin salir de casa.
4. En algunas manifestaciones la gente canta y baila.
4. "Basta ya" es un eslogan que se ha usado en España en manifestaciones contra el terrorismo.
6. En el año 2002 se llevó a cabo la Movilización Nacional de Mujeres contra la Guerra en Argentina.
7. Los primeros "cacerolazos" se hicieron en Venezuela.
8. "Agua para todos" es un eslogan del grupo Quilapayún.

ASÍ SE DICE

Periodismo y política

la campaña	*campaign*
el encabezado	*headline*
la prensa amarilla	*tabloid press*
el sindicato	*(labor) union*
el suceso, el hecho	**el acontecimiento**

EL MUNDO HISPANO

Hispanos en la historia

- **Sonia Sotomayor** (Nueva York, EE.UU., 1954–) Doctora en Derecho de ascendencia puertorriqueña. Es la primera mujer hispana en ocupar el cargo de Jueza Asociada en la Corte Suprema de los Estados Unidos.
- **Che Guevara** (Rosario, Argentina, 1928–La Higuera, Bolivia, 1967) Ernesto "Che" Guevara es una de las figuras más controversiales del siglo° XX. Médico de profesión, fue uno de los líderes de la revolución cubana y participó en las revoluciones de otros países.
- **Rigoberta Menchú Tum** (Laj Chimel, Guatemala, 1959–) De origen maya, desde niña sufrió la pobreza y la represión, lo que la llevó muy pronto a luchar por los derechos humanos. En 1992 recibió el Premio Nobel de la Paz.
- **José Martí** (La Habana, Cuba, 1853–Dos Ríos, Cuba, 1895) Fue periodista, filósofo, poeta, diplomático e independentista°. Desde su juventud se opuso al régimen colonialista español. Murió luchando por la independencia de Cuba.

siglo *century* **independentista** *supporter of independence*

PERFIL

Dos líderes en Latinoamérica

En 2006, la chilena **Michelle Bachelet Jeria** y el boliviano **Juan Evo Morales Ayma** fueron proclamados presidentes de sus respectivos países. Para algunos, estos nombramientos fueron una sorpresa.

Michelle Bachelet estudió Medicina y se especializó en pediatría y salud pública. Fue víctima de la represión de Augusto Pinochet, quien gobernó el país de 1973 a 1990, y vivió varios años exiliada. Regresó a Chile y en 2000 fue nombrada Ministra de Salud. En 2002 fue Ministra de Defensa Nacional. Y en 2006 se convirtió en la primera presidenta de Chile, cargo que ocupó hasta 2010. En 2014 asumió nuevamente la presidencia de Chile.

Evo Morales es un indígena del altiplano andino°. Su lengua materna es el aimará. De niño, trabajó como pastor° de llamas. Luego, se trasladó a Cochabamba donde participó en asociaciones campesinas°. Morales reivindicó la forma tradicional de vida y los derechos de los campesinos indígenas. En 2006 ascendió a la presidencia de Bolivia. En 2009, la ONU lo nombró "Héroe Mundial de la Madre Tierra". Fue reelegido en 2009.

altiplano andino *Andean high plateau* **pastor** *shepherd* **campesinas** *farmers'*

Conexión Internet

¿Quiénes son otros líderes y pioneros hispanos?

Use the Web to find more cultural information related to this **Cultura** section.

ACTIVIDADES

2 Comprensión Contesta las preguntas.

1. ¿Cuáles son los sinónimos de acontecimiento?
2. ¿En qué es pionera Sonia Sotomayor?
3. ¿Qué cargos políticos ocupó Michelle Bachelet antes de ser presidenta?
4. ¿Por qué luchó Evo Morales en varias asociaciones campesinas?

3 Líderes ¿Quién es el/la líder de tu comunidad o región que más admiras? Escribe un breve párrafo explicando quién es, qué hace y por qué lo/la admiras.

6.1 Si clauses

ANTE TODO **Si** (*If*) clauses describe a condition or event upon which another condition or event depends. Sentences with **si** clauses consist of a **si** clause and a main (or result) clause.

- **Si** clauses can speculate or hypothesize about a current event or condition. They express what *would happen* if an event or condition *were to occur*. This is called a contrary-to-fact situation. In such instances, the verb in the **si** clause is in the past subjunctive while the verb in the main clause is in the conditional.

Si **cambiaras** de empleo, **serías** más feliz.
If you changed jobs, you would be happier.

Iría de viaje a Suramérica si **tuviera** dinero.
I would travel to South America if I had money.

- **Si** clauses can also describe a contrary-to-fact situation in the past. They can express what *would have happened* if an event or condition *had occurred*. In these sentences, the verb in the **si** clause is in the past perfect subjunctive while the verb in the main clause is in the conditional perfect.

Si **hubiera sido** estrella de cine, **habría sido** rico.
If I had been a movie star, I would have been rich.

No **habrías tenido** hambre si **hubieras desayunado**.
You wouldn't have been hungry if you had eaten breakfast.

- **Si** clauses can also express conditions or events that are possible or likely to occur. In such instances, the **si** clause is in the present indicative while the main clause uses a present, near future, future, or command form.

Si **puedes** venir, **llámame**.
If you can come, call me.

Si **puedo** venir, **te llamo**.
If I can come, I'll call you.

Si **terminas** la tarea, **tendrás** tiempo para mirar la televisión.
If you finish your homework, you will have time to watch TV.

Si **terminas** la tarea, **vas a tener** tiempo para mirar la televisión.
If you finish your homework, you are going to have time to watch TV.

¡ATENCIÓN!

Remember the difference between **si** (*if*) and **sí** (*yes*).

¡LENGUA VIVA!

Note that in Spanish the conditional is never used immediately following **si**.

- When the **si** clause expresses habitual past conditions or events, *not* a contrary-to-fact situation, the imperfect is used in both the **si** clause and the main (or result) clause.

Si Alicia me **invitaba** a una fiesta, yo siempre **iba**.
If (Whenever) Alicia invited me to a party, I would (used to) go.

Mis padres siempre **iban** a la playa si **hacía** buen tiempo.
My parents always went to the beach if the weather was good.

- The **si** clause may be the first or second clause in a sentence. Note that a comma is used only when the **si** clause comes first.

Si tuviera tiempo, iría contigo.
If I had time, I would go with you.

Iría contigo **si tuviera tiempo.**
I would go with you if I had time.

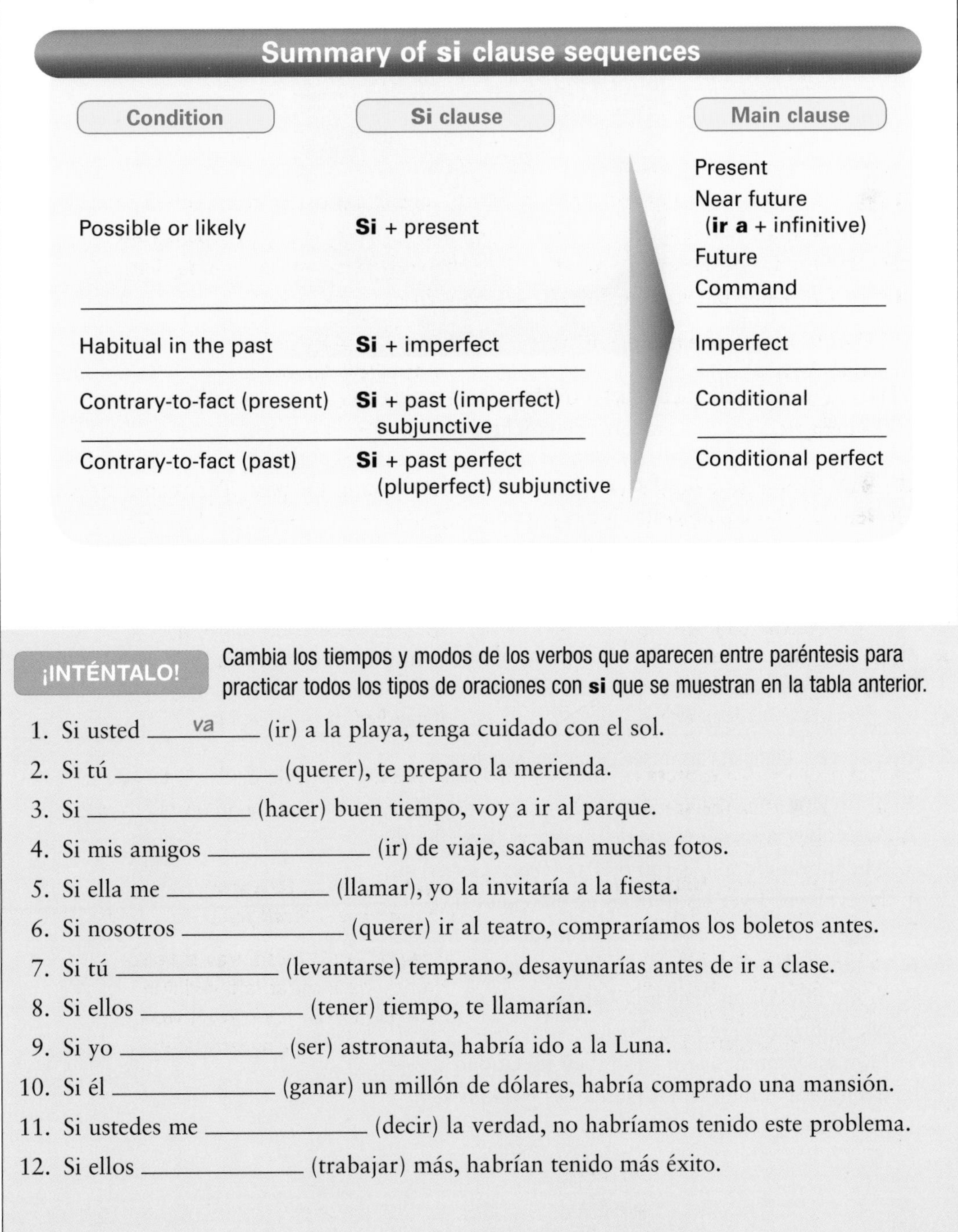

Summary of si clause sequences

Condition	Si clause	Main clause
Possible or likely	**Si** + present	Present Near future (**ir a** + infinitive) Future Command
Habitual in the past	**Si** + imperfect	Imperfect
Contrary-to-fact (present)	**Si** + past (imperfect) subjunctive	Conditional
Contrary-to-fact (past)	**Si** + past perfect (pluperfect) subjunctive	Conditional perfect

¡INTÉNTALO! Cambia los tiempos y modos de los verbos que aparecen entre paréntesis para practicar todos los tipos de oraciones con **si** que se muestran en la tabla anterior.

1. Si usted ___va___ (ir) a la playa, tenga cuidado con el sol.
2. Si tú ____________ (querer), te preparo la merienda.
3. Si ____________ (hacer) buen tiempo, voy a ir al parque.
4. Si mis amigos ____________ (ir) de viaje, sacaban muchas fotos.
5. Si ella me ____________ (llamar), yo la invitaría a la fiesta.
6. Si nosotros ____________ (querer) ir al teatro, compraríamos los boletos antes.
7. Si tú ____________ (levantarse) temprano, desayunarías antes de ir a clase.
8. Si ellos ____________ (tener) tiempo, te llamarían.
9. Si yo ____________ (ser) astronauta, habría ido a la Luna.
10. Si él ____________ (ganar) un millón de dólares, habría comprado una mansión.
11. Si ustedes me ____________ (decir) la verdad, no habríamos tenido este problema.
12. Si ellos ____________ (trabajar) más, habrían tenido más éxito.

Práctica

1 **Emparejar** Empareja frases de la columna A con las de la columna B para crear oraciones lógicas.

A

1. Si aquí hubiera terremotos, ____
2. Si me informo bien, ____
3. Si te doy el informe, ____
4. Si la guerra hubiera continuado, ____
5. Si la huelga dura más de un mes, ____

B

a. ¿se lo muestras al director?
b. habrían muerto muchos más.
c. muchos van a pasar hambre.
d. podré explicar el desempleo.
e. no permitiríamos edificios altos.

AYUDA

Remember these forms of **haber**:
(si) hubiera *(if) there were*
habría *there would be*

2 **Minidiálogos** Completa los minidiálogos entre Teresa y Anita.

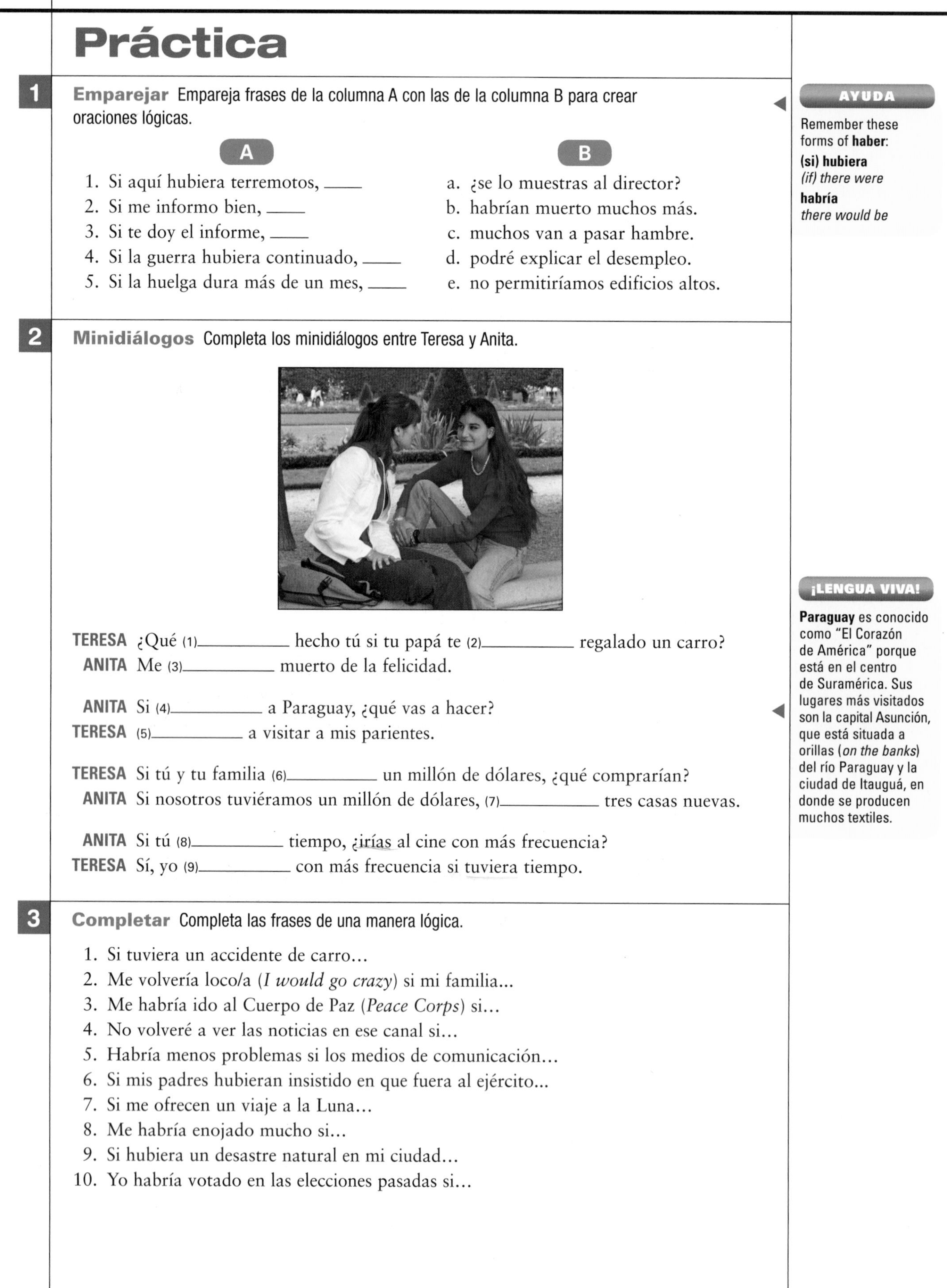

TERESA ¿Qué (1)__________ hecho tú si tu papá te (2)__________ regalado un carro?
ANITA Me (3)__________ muerto de la felicidad.

ANITA Si (4)__________ a Paraguay, ¿qué vas a hacer?
TERESA (5)__________ a visitar a mis parientes.

TERESA Si tú y tu familia (6)__________ un millón de dólares, ¿qué comprarían?
ANITA Si nosotros tuviéramos un millón de dólares, (7)__________ tres casas nuevas.

ANITA Si tú (8)__________ tiempo, ¿irías al cine con más frecuencia?
TERESA Sí, yo (9)__________ con más frecuencia si tuviera tiempo.

¡LENGUA VIVA!

Paraguay es conocido como "El Corazón de América" porque está en el centro de Suramérica. Sus lugares más visitados son la capital Asunción, que está situada a orillas (*on the banks*) del río Paraguay y la ciudad de Itauguá, en donde se producen muchos textiles.

3 **Completar** Completa las frases de una manera lógica.

1. Si tuviera un accidente de carro...
2. Me volvería loco/a (*I would go crazy*) si mi familia...
3. Me habría ido al Cuerpo de Paz (*Peace Corps*) si...
4. No volveré a ver las noticias en ese canal si...
5. Habría menos problemas si los medios de comunicación...
6. Si mis padres hubieran insistido en que fuera al ejército...
7. Si me ofrecen un viaje a la Luna...
8. Me habría enojado mucho si...
9. Si hubiera un desastre natural en mi ciudad...
10. Yo habría votado en las elecciones pasadas si...

Comunicación

4 **Un robo** Escucha la conversación entre Alicia y Fermín. Luego, indica quién diría con más probabilidad cada una de las afirmaciones, según lo que escuchaste.

	Alicia	Fermín
1. Si ocurre algo, yo soy la primera persona en llamar a la policía.	❍	❍
2. Si hubiéramos hecho las cosas de forma diferente, sería todo mucho mejor.	❍	❍
3. Si tomamos precauciones, no nos pasará nunca nada.	❍	❍
4. Si algo tiene que pasar, pasará. No importa lo que hagas para evitarlo.	❍	❍
5. Hoy tengo que trabajar.	❍	❍

5 **¿Qué harían?** En parejas, túrnense para hablar de lo que hacen, harían o habrían hecho en estas circunstancias.

1. si escuchas a tu amigo/a hablando mal de ti a otra persona
2. si hubieras ganado un viaje a Uruguay
3. si mañana tuvieras el día libre
4. si te casaras y tuvieras ocho hijos
5. si tuvieras que cuidar a tus padres cuando sean mayores
6. si no tuvieras que preocuparte por el dinero
7. si te acusaran de cometer un crimen
8. si hubieras vivido bajo una dictadura

6 **Escribir** Piensa en cómo cambiaría tu vida diaria si no existiera Internet. ¿Cómo te informarías de las actualidades del mundo y de las noticias locales? ¿Cómo te llegarían noticias de tus amigos si no existiera el correo electrónico ni las redes sociales en línea (*social networking websites*)? Escribe un mínimo de siete oraciones con **si**.

Síntesis

7 **Entrevista** Prepara cinco preguntas para hacerle a un(a) candidato/a a la presidencia de tu país. Luego, en parejas, túrnense para hacer el papel de entrevistador(a) y de candidato/a. El/La entrevistador(a) reacciona a cada una de las respuestas del/de la candidato/a.

modelo

Entrevistador(a): *¿Qué haría usted en cuanto a la obesidad infantil?*
Candidato/a: *Pues, dudo que podamos decirles a los padres cómo alimentar a sus hijos. Creo que ellos deben preocuparse por darles comida saludable.*
Entrevistador(a): *¿Entonces usted no haría nada para combatir la obesidad infantil?*
Candidato/a: *Si yo fuera presidente/a…*

6.2 Summary of the uses of the subjunctive

ANTE TODO Since **Senderos 2, Lección 6**, you have been learning about subjunctive verb forms and practicing their uses. The following chart summarizes the subjunctive forms you have studied. The chart on the next page summarizes the uses of the subjunctive you have seen and contrasts them with uses of the indicative and the infinitive. These charts will help you review and synthesize what you have learned about the subjunctive in this book.

Summary of subjunctive forms

-ar verbs		-er verbs		-ir verbs	
PRESENT SUBJUNCTIVE	PAST SUBJUNCTIVE	PRESENT SUBJUNCTIVE	PAST SUBJUNCTIVE	PRESENT SUBJUNCTIVE	PAST SUBJUNCTIVE
hable	hablara	beba	bebiera	viva	viviera
hables	hablaras	bebas	bebieras	vivas	vivieras
hable	hablara	beba	bebiera	viva	viviera
hablemos	habláramos	bebamos	bebiéramos	vivamos	viviéramos
habléis	hablarais	bebáis	bebierais	viváis	vivierais
hablen	hablaran	beban	bebieran	vivan	vivieran

-ar verbs	-er verbs	-ir verbs
PRESENT PERFECT SUBJUNCTIVE	PRESENT PERFECT SUBJUNCTIVE	PRESENT PERFECT SUBJUNCTIVE
haya hablado	haya bebido	haya vivido
hayas hablado	hayas bebido	hayas vivido
haya hablado	haya bebido	haya vivido
hayamos hablado	hayamos bebido	hayamos vivido
hayáis hablado	hayáis bebido	hayáis vivido
hayan hablado	hayan bebido	hayan vivido
PAST PERFECT SUBJUNCTIVE	PAST PERFECT SUBJUNCTIVE	PAST PERFECT SUBJUNCTIVE
hubiera hablado	hubiera bebido	hubiera vivido
hubieras hablado	hubieras bebido	hubieras vivido
hubiera hablado	hubiera bebido	hubiera vivido
hubiéramos hablado	hubiéramos bebido	hubiéramos vivido
hubierais hablado	hubierais bebido	hubierais vivido
hubieran hablado	hubieran bebido	hubieran vivido

CONSULTA

To review the subjunctive, refer to these sections:
Present subjunctive, **Senderos 2, Estructura 6.3,** pp. 208–210.
Present perfect subjunctive; **Senderos 3, Estructura 3.3,** p. 99.
Past subjunctive, **Estructura 4.3,** pp. 132–133.
Past perfect subjunctive, **Estructura 5.3,** p. 169.

The subjunctive is used...

1. After verbs and/or expressions of will and influence, when the subject of the subordinate clause is different from the subject of the main clause	Los ciudadanos **desean** que el candidato presidencial los **escuche.**
2. After verbs and/or expressions of emotion, when the subject of the subordinate clause is different from the subject of the main clause	Alejandra **se alegró** mucho de que le **dieran** el trabajo.
3. After verbs and/or expressions of doubt, disbelief, and denial	**Dudo** que **vaya** a tener problemas para encontrar su maleta.
4. After the conjunctions **a menos que, antes (de) que, con tal (de) que, en caso (de) que, para que,** and **sin que**	Cierra las ventanas **antes de que empiece** la tormenta.
5. After **cuando, después (de) que, en cuanto, hasta que,** and **tan pronto como** when they refer to future actions	**Tan pronto como haga** la tarea, podrá salir con sus amigos.
6. To refer to an indefinite or nonexistent antecedent mentioned in the main clause	Busco **un** empleado que **haya estudiado** computación.
7. After **si** to express something impossible, improbable, or contrary to fact	**Si hubieras escuchado** el noticiero, te habrías informado sobre el terremoto.

The indicative is used...

1. After verbs and/or expressions of certainty and belief	**Es cierto** que Uruguay **tiene** unas playas espectaculares.
2. After the conjunctions **cuando, después (de) que, en cuanto, hasta que,** and **tan pronto como** when they do not refer to future actions	Hay más violencia **cuando hay** desigualdad social.
3. To refer to a definite or specific antecedent mentioned in the main clause	Busco a **la** señora que me **informó** del crimen que ocurrió ayer.
4. After **si** to express something possible, probable, or not contrary to fact	Pronto habrá más igualdad **si luchamos** contra la discriminación.

The infinitive is used...

1. After expressions of will and influence when there is no change of subject	Martín **desea ir** a Montevideo este año.
2. After expressions of emotion when there is no change of subject	**Me alegro de conocer** a tu esposo.

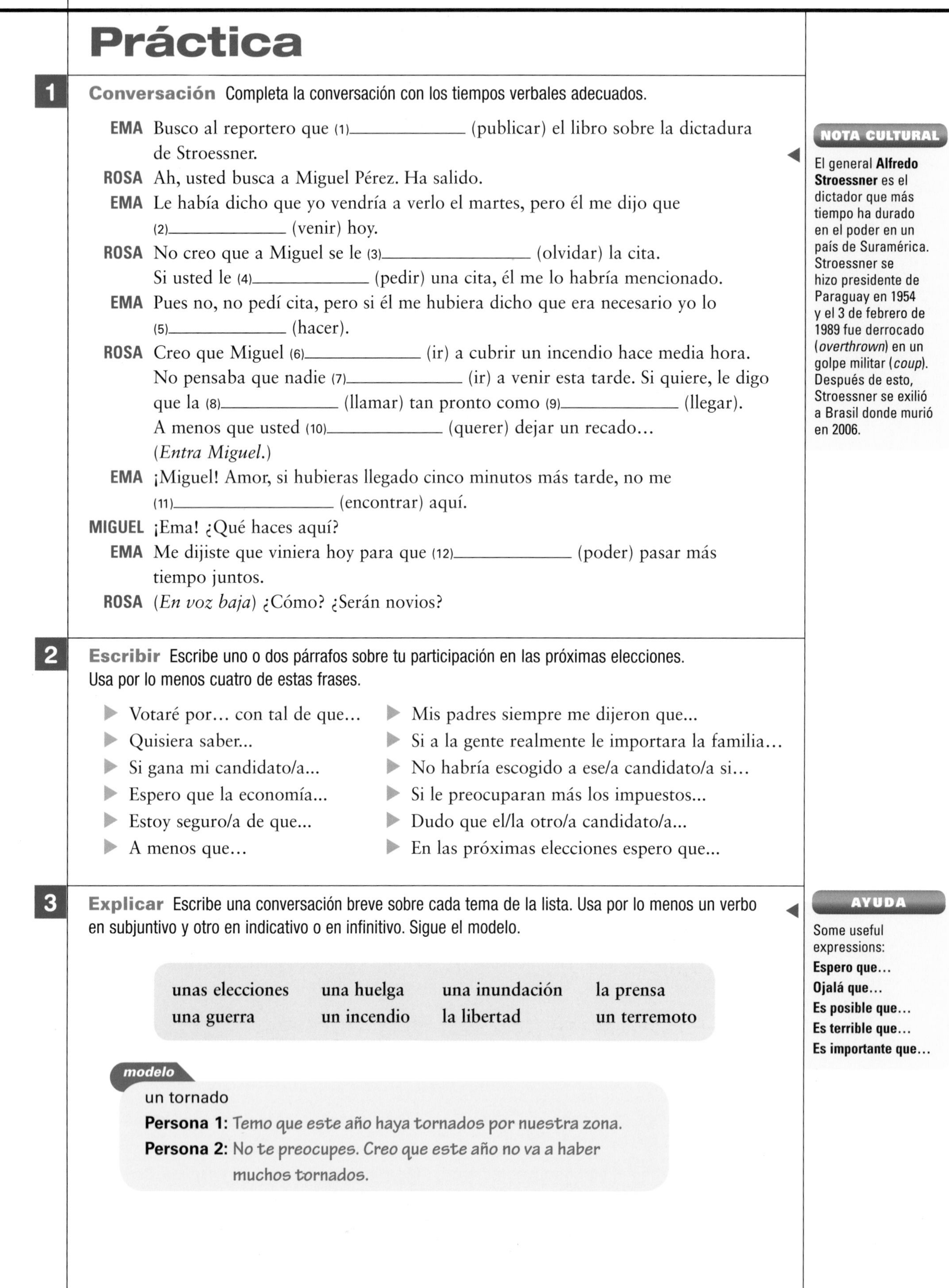

Práctica

1 Conversación Completa la conversación con los tiempos verbales adecuados.

EMA Busco al reportero que (1)_____________ (publicar) el libro sobre la dictadura de Stroessner.

ROSA Ah, usted busca a Miguel Pérez. Ha salido.

EMA Le había dicho que yo vendría a verlo el martes, pero él me dijo que (2)_____________ (venir) hoy.

ROSA No creo que a Miguel se le (3)_____________ (olvidar) la cita. Si usted le (4)_____________ (pedir) una cita, él me lo habría mencionado.

EMA Pues no, no pedí cita, pero si él me hubiera dicho que era necesario yo lo (5)_____________ (hacer).

ROSA Creo que Miguel (6)_____________ (ir) a cubrir un incendio hace media hora. No pensaba que nadie (7)_____________ (ir) a venir esta tarde. Si quiere, le digo que la (8)_____________ (llamar) tan pronto como (9)_____________ (llegar). A menos que usted (10)_____________ (querer) dejar un recado... (*Entra Miguel.*)

EMA ¡Miguel! Amor, si hubieras llegado cinco minutos más tarde, no me (11)_____________ (encontrar) aquí.

MIGUEL ¡Ema! ¿Qué haces aquí?

EMA Me dijiste que viniera hoy para que (12)_____________ (poder) pasar más tiempo juntos.

ROSA (*En voz baja*) ¿Cómo? ¿Serán novios?

NOTA CULTURAL

El general **Alfredo Stroessner** es el dictador que más tiempo ha durado en el poder en un país de Suramérica. Stroessner se hizo presidente de Paraguay en 1954 y el 3 de febrero de 1989 fue derrocado (*overthrown*) en un golpe militar (*coup*). Después de esto, Stroessner se exilió a Brasil donde murió en 2006.

2 Escribir Escribe uno o dos párrafos sobre tu participación en las próximas elecciones. Usa por lo menos cuatro de estas frases.

- Votaré por... con tal de que...
- Quisiera saber...
- Si gana mi candidato/a...
- Espero que la economía...
- Estoy seguro/a de que...
- A menos que...
- Mis padres siempre me dijeron que...
- Si a la gente realmente le importara la familia...
- No habría escogido a ese/a candidato/a si...
- Si le preocuparan más los impuestos...
- Dudo que el/la otro/a candidato/a...
- En las próximas elecciones espero que...

3 Explicar Escribe una conversación breve sobre cada tema de la lista. Usa por lo menos un verbo en subjuntivo y otro en indicativo o en infinitivo. Sigue el modelo.

unas elecciones	una huelga	una inundación	la prensa
una guerra	un incendio	la libertad	un terremoto

modelo

un tornado

Persona 1: *Temo que este año haya tornados por nuestra zona.*

Persona 2: *No te preocupes. Creo que este año no va a haber muchos tornados.*

AYUDA

Some useful expressions:

Espero que...

Ojalá que...

Es posible que...

Es terrible que...

Es importante que...

Comunicación

4 **Guía turística** Lee esta guía turística de Uruguay. Luego, indica si las conclusiones son **lógicas** o **ilógicas**, según lo que leíste.

NOTA CULTURAL

Uruguay tiene uno de los climas más moderados del mundo: la temperatura media es de 22° C (72° F) en el verano y de 13° C (55° F) en el invierno. La mayoría de los días son soleados, cuando llueve, lo hace moderadamente y nunca nieva.

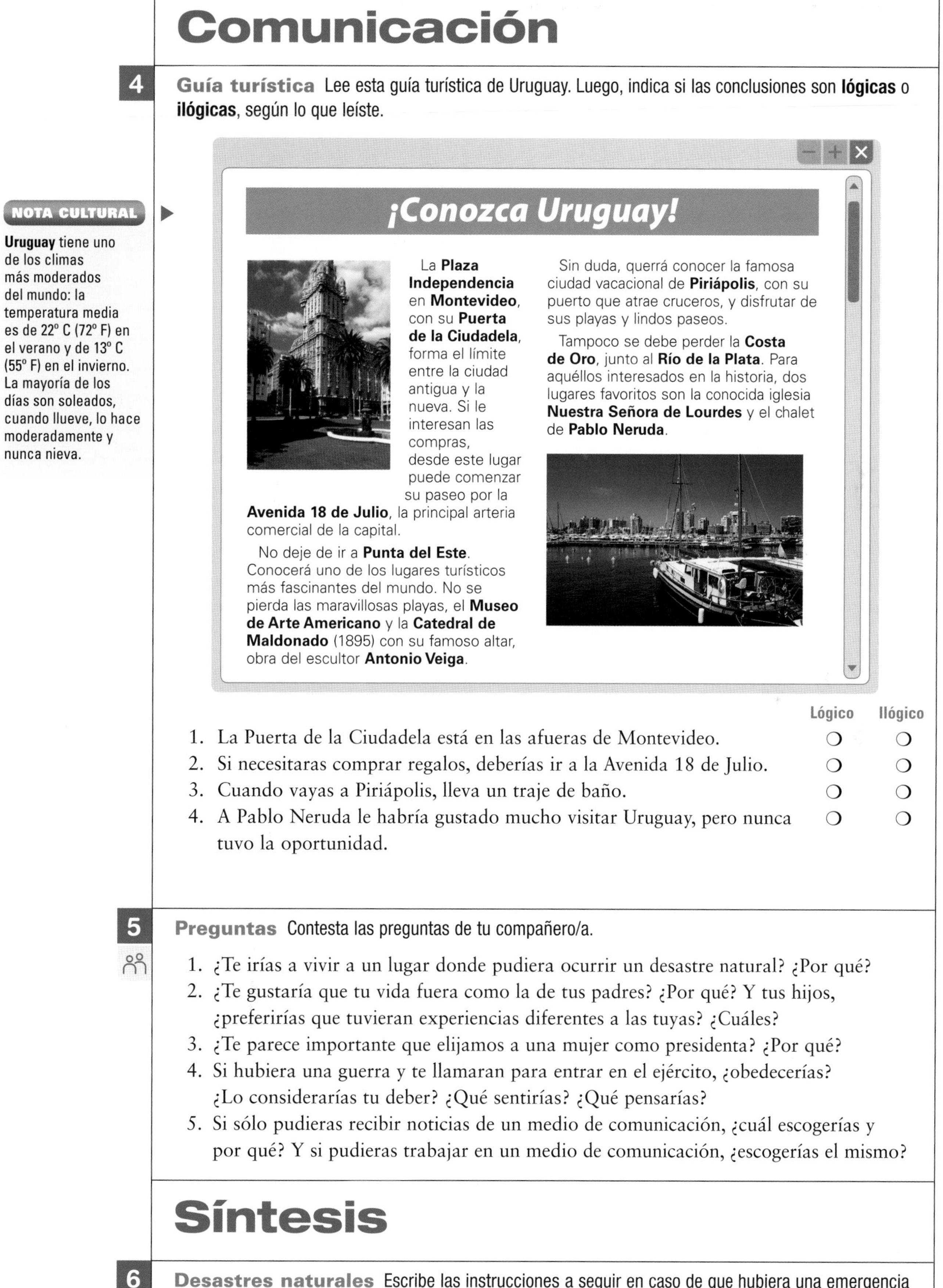

¡Conozca Uruguay!

La **Plaza Independencia** en **Montevideo**, con su **Puerta de la Ciudadela**, forma el límite entre la ciudad antigua y la nueva. Si le interesan las compras, desde este lugar puede comenzar su paseo por la **Avenida 18 de Julio**, la principal arteria comercial de la capital.

No deje de ir a **Punta del Este**. Conocerá uno de los lugares turísticos más fascinantes del mundo. No se pierda las maravillosas playas, el **Museo de Arte Americano** y la **Catedral de Maldonado** (1895) con su famoso altar, obra del escultor **Antonio Veiga**.

Sin duda, querrá conocer la famosa ciudad vacacional de **Piriápolis**, con su puerto que atrae cruceros, y disfrutar de sus playas y lindos paseos.

Tampoco se debe perder la **Costa de Oro**, junto al **Río de la Plata**. Para aquéllos interesados en la historia, dos lugares favoritos son la conocida iglesia **Nuestra Señora de Lourdes** y el chalet de **Pablo Neruda**.

	Lógico	Ilógico
1. La Puerta de la Ciudadela está en las afueras de Montevideo.	❍	❍
2. Si necesitaras comprar regalos, deberías ir a la Avenida 18 de Julio.	❍	❍
3. Cuando vayas a Piriápolis, lleva un traje de baño.	❍	❍
4. A Pablo Neruda le habría gustado mucho visitar Uruguay, pero nunca tuvo la oportunidad.	❍	❍

5 **Preguntas** Contesta las preguntas de tu compañero/a.

1. ¿Te irías a vivir a un lugar donde pudiera ocurrir un desastre natural? ¿Por qué?
2. ¿Te gustaría que tu vida fuera como la de tus padres? ¿Por qué? Y tus hijos, ¿preferirías que tuvieran experiencias diferentes a las tuyas? ¿Cuáles?
3. ¿Te parece importante que elijamos a una mujer como presidenta? ¿Por qué?
4. Si hubiera una guerra y te llamaran para entrar en el ejército, ¿obedecerías? ¿Lo considerarías tu deber? ¿Qué sentirías? ¿Qué pensarías?
5. Si sólo pudieras recibir noticias de un medio de comunicación, ¿cuál escogerías y por qué? Y si pudieras trabajar en un medio de comunicación, ¿escogerías el mismo?

Síntesis

6 **Desastres naturales** Escribe las instrucciones a seguir en caso de que hubiera una emergencia provocada por algún desastre natural. Escribe un mínimo de cinco instrucciones. Utiliza el subjuntivo.

Recapitulación

Completa estas actividades para repasar los conceptos de gramática que aprendiste en esta lección.

1 **Condicionales** Empareja las frases de la columna A con las de la columna B para crear oraciones lógicas. **24 pts.**

A

____ 1. Todos estaríamos mejor informados
____ 2. ¿Te sentirás mejor
____ 3. Si esos locutores no tuvieran tanta experiencia,
____ 4. ¿Votarías por un candidato como él
____ 5. Si no te gusta este noticiero,
____ 6. El candidato Díaz habría ganado las elecciones
____ 7. Si la tormenta no se va pronto,
____ 8. Ustedes se pueden ir

B

a. cambia el canal.
b. ya los habrían despedido.
c. si leyéramos el periódico todos los días.
d. la gente no podrá salir a protestar.
e. si no tienen nada más que decir.
f. si te digo que ya terminó la huelga?
g. Leopoldo fue a votar.
h. si supieras que no ha obedecido las leyes?
i. si hubiera hecho más entrevistas para la televisión.

2 **Escoger** Escoge la opción correcta para completar cada oración. **30 pts.**

1. Ojalá que aquí (hubiera/hay) un canal independiente.
2. Susana dudaba que (hubieras estudiado/estudias) medicina.
3. En cuanto (termine/terminé) mis estudios, buscaré trabajo.
4. Miguel me dijo que su familia nunca (veía/viera) los noticieros en la televisión.
5. Para estar bien informados, yo les recomiendo que (leen/lean) el diario *El Sol*.
6. Es terrible que en los últimos meses (haya habido/ha habido) tres desastres naturales.
7. Cuando (termine/terminé) mis estudios, encontré trabajo en un diario local.
8. El presidente no quiso (declarar/que declarara) la guerra.
9. Todos dudaban que la noticia (fuera/era) real.
10. Me sorprende que en el mundo todavía (exista/existe) la censura.

RESUMEN GRAMATICAL

6.1 Si clauses pp. 196–197

Summary of **si** clause sequences		
Possible or likely	**Si** + present	+ present + **ir a** + infinitive + future + command
Habitual in the past	**Si** + imperfect	+ imperfect
Contrary-to-fact (present)	**Si** + past subjunctive	+ conditional
Contrary-to-fact (past)	**Si** + past perfect subjunctive	+ conditional perfect

6.2 Summary of the uses of the subjunctive pp. 200–201

Summary of subjunctive forms

- **Present:** (**-ar**) hable, (**-er**) beba, (**-ir**) viva
- **Past:** (**-ar**) hablara, (**-er**) bebiera, (**-ir**) viviera
- **Present perfect: haya** + past participle
- **Past perfect: hubiera** + past participle

The subjunctive is used...
1. After verbs and/or expressions of: ► Will and influence (when subject changes) ► Emotion (when subject changes) ► Doubt, disbelief, denial
2. After **a menos que, antes (de) que, con tal (de) que, en caso (de) que, para que, sin que**
3. After **cuando, después (de) que, en cuanto, hasta que, tan pronto como** when they refer to future actions
4. To refer to an indefinite or nonexistent antecedent
5. After **si** to express something impossible, improbable, or contrary to fact

NOTA CULTURAL

En algunos países hispanos, las votaciones *(voting)* se realizan los fines de semana porque los gobiernos tratan de promover (*to promote*) la participación de la población rural. Las personas que viven en el campo generalmente van al mercado y a la iglesia los domingos. Por eso es un buen momento para ejercer (*exercise*) su derecho al voto.

3 **Las elecciones** Completa el diálogo con la forma correcta del verbo entre paréntesis eligiendo entre el subjuntivo, el indicativo y el infinitivo, según el contexto. 42 pts.

SERGIO ¿Ya has decidido por cuál candidato vas a votar en las elecciones del sábado?

MARINA No, todavía no. Es posible que no (1) __________ (yo, votar). Para mí es muy difícil (2) __________ (decidir) quién será el mejor representante. Y tú, ¿ya has tomado una decisión?

SERGIO Sí. Mi amigo Julio nos aconsejó que (3) __________ (leer) la entrevista que le hicieron al candidato Rodríguez en el diario *Tribuna*. En cuanto la (4) __________ (yo, leer), decidí votar por él.

MARINA ¿Hablas en serio? Espero que ya lo (5) __________ (tú, pensar) muy bien. El diario *Tribuna* no siempre es objetivo. Dudo que (6) __________ (ser) una fuente fiable (*reliable source*). No vas a tener una idea clara de las habilidades de cada candidato a menos que (7) __________ (tú, comparar) información de distintas fuentes.

SERGIO Tienes razón, hoy día no hay ningún medio de comunicación que (8) __________ (decir) toda la verdad de forma independiente.

MARINA Tengo una idea. Sugiero que (9) __________ (nosotros, ir) esta noche a mi casa para (10) __________ (ver) juntos el debate de los candidatos por televisión. ¿Qué te parece?

SERGIO Es una buena idea, pero no creo que (11) __________ (yo, tener) tiempo.

MARINA No te preocupes. Voy a grabarlo para que (12) __________ (tú, poder) verlo.

SERGIO Gracias. Lo veré mañana tan pronto como (13) __________ (yo, llegar) a casa.

MARINA Me alegro de que (14) __________ (nosotros, aprender) más sobre los candidatos.

4 **Canción** Completa estos versos de una canción de Juan Luis Guerra con el pretérito imperfecto de subjuntivo de los verbos en la forma **nosotros/as**. 4 pts.

"Y si aquí,
________ (luchar) juntos
por la sociedad
y ________ (hablar) menos
resolviendo más."

Lectura

Antes de leer

Estrategia

Recognizing chronological order

Recognizing the chronological order of events in a narrative is key to understanding the cause-and-effect relationship between them. When you are able to establish the chronological chain of events, you will easily be able to follow the plot. In order to be more aware of the order of events in a narrative, you may find it helpful to prepare a numbered list of the events as you read.

Examinar el texto

Lee el texto usando las estrategias de lectura que has aprendido.

- ¿Ves palabras nuevas o cognados? ¿Cuáles son?
- ¿Qué te dice el dibujo sobre el contenido?
- ¿Tienes algún conocimiento previo° sobre don Quijote?
- ¿Cuál es el propósito° del texto?
- ¿De qué trata° la lectura?

Ordenar

Lee el texto otra vez para establecer el orden cronológico de los eventos. Luego ordena estos eventos según la historia.

_____ Don Quijote lucha contra los molinos de viento pensando que son gigantes.

_____ Don Quijote y Sancho toman el camino hacia Puerto Lápice.

_____ Don Quijote y Sancho descubren unos molinos de viento en un campo.

_____ El primer molino da un mal golpe a don Quijote, a su lanza y a su caballo.

_____ Don Quijote y Sancho Panza salen de su pueblo en busca de aventuras.

Don Quijote y los molinos de viento

Miguel de Cervantes

Fragmento adaptado de
El ingenioso hidalgo don Quijote de la Mancha

Miguel de Cervantes Saavedra, el escritor más universal de la literatura española, nació en Alcalá de Henares en 1547 y murió en Madrid en 1616, tras° haber vivido una vida llena de momentos difíciles, llegando a estar en la cárcel° más de una vez. Su obra, sin embargo, ha disfrutado a través de los siglos de todo el éxito que se merece. Don Quijote representa no sólo la locura° sino también la búsqueda° del ideal. En esta ocasión presentamos el famoso episodio de los molinos de viento°.

Entonces descubrieron treinta o cuarenta molinos de viento que había en aquel campo°. Cuando don Quijote los vio, dijo a su escudero°:

—La fortuna va guiando nuestras cosas mejor de lo que deseamos; porque allí, amigo Sancho Panza, se ven treinta, o pocos más, enormes gigantes con los que pienso hacer batalla y quitarles a todos las vidas, y comenzaremos a ser ricos; que ésta es buena guerra, y es gran servicio de Dios quitar tan malos seres° de la tierra.

—¿Qué gigantes?

—Aquéllos que ves allí —respondió su amo°— de los brazos largos, que algunos normalmente los tienen de casi dos leguas°.

Después de leer

¿Realidad o fantasía?

Indica si las afirmaciones sobre la lectura pertenecen a la realidad o la fantasía.

1. Don Quijote desea matar° a los enemigos.
2. Su escudero no ve a ningún ser sobrenatural.
3. El caballero ataca a unas criaturas cobardes y viles.
4. Don Quijote no ganó la batalla porque los gigantes fueron transformados en molinos de viento.
5. El sabio Frestón transformó los gigantes en molinos de viento.

conocimiento previo *prior knowledge* **propósito** *purpose*
¿De qué trata...? *What is... about?* **matar** *to kill*

—Mire usted —respondió Sancho— que aquéllos que allí están no son gigantes, sino molinos de viento, y lo que parecen brazos son las aspas°, que movidas por el viento, hacen andar la piedra del molino.

—Bien veo —respondió don Quijote— que no estás acostumbrado a las aventuras: ellos son gigantes; y si tienes miedo, quítate de ahí y reza° mientras yo voy a combatir con ellos en fiera° batalla.

Y diciendo esto, dio de espuelas° a su caballo Rocinante, sin oír las voces que su escudero Sancho le daba, diciéndole que, sin duda alguna, eran molinos de viento, y no gigantes, aquéllos que iba a atacar. Pero él iba tan convencido de que eran gigantes, que ni oía las voces de su escudero Sancho, ni se daba cuenta, aunque estaba ya muy cerca, de lo que eran; antes iba diciendo en voz alta:

—No huyáis°, cobardes° y viles criaturas, que sólo os ataca un caballero°.

Se levantó entonces un poco de viento, y las grandes aspas comenzaron a moverse, y cuando don Quijote vio esto, dijo:

—Pues aunque mováis más brazos que los del gigante Briareo, me lo vais a pagar.

Y diciendo esto, y encomendándose de todo corazón° a su señora Dulcinea, pidiéndole que le ayudase en esta difícil situación, bien cubierto de su rodela°, con la lanza en posición de ataque, fue a todo el galope de Rocinante y embistió° el primer molino que estaba delante: y dándole con la lanza en el aspa, el viento la giró con tanta furia, que la rompió en pequeños fragmentos, llevándose con ella al caballo y al caballero, que fue dando vueltas por el campo. Fue rápidamente Sancho Panza a ayudarle, todo lo rápido que podía correr su asno°, y cuando llegó encontró que no se podía mover: tan grande fue el golpe° que se dio con Rocinante.

—¡Por Dios! —dijo Sancho—. ¿No le dije yo que mirase bien lo que hacía, que sólo eran molinos de viento, y la única persona que podía equivocarse era alguien que tuviese otros molinos en la cabeza?

—Calla°, amigo Sancho —respondió don Quijote—, que las cosas de la guerra, más que otras, cambian continuamente; estoy pensando que aquel sabio° Frestón, que me robó el estudio y los libros, ha convertido estos gigantes en molinos por quitarme la gloria de su vencimiento°: tan grande es la enemistad que me tiene; pero al final, sus malas artes no van a poder nada contra la bondad de mi espada°.

—Dios lo haga como pueda —respondió Sancho Panza.

Y ayudándole a levantarse, volvió a subir sobre Rocinante, que medio despaldado estaba°. Y hablando de la pasada aventura, siguieron el camino del Puerto Lápice.

tras *after* **cárcel** *jail* **locura** *insanity* **búsqueda** *search* **molinos de viento** *windmills* **campo** *field* **escudero** *squire* **seres** *beings* **amo** *master* **leguas** *leagues (measure of distance)* **aspas** *sails* **reza** *pray* **fiera** *vicious* **dio de espuelas** *he spurred* **No huyáis** *Do not flee* **cobardes** *cowards* **caballero** *knight* **encomendándose de todo corazón** *entrusting himself with all his heart* **rodela** *round shield* **embistió** *charged* **asno** *donkey* **golpe** *blow (knock into)* **Calla** *Be quiet* **sabio** *magician* **vencimiento** *defeat* **espada** *sword* **que medio despaldado estaba** *whose back was half-broken*

Personajes

1. En este fragmento, se mencionan estos personajes. ¿Quiénes son?
   - don Quijote
   - Rocinante
   - Dulcinea
   - Sancho Panza
   - los gigantes
   - Frestón
2. ¿Qué puedes deducir de los personajes según la información que se da en este episodio?
3. ¿Quiénes son los personajes principales?
4. ¿Cuáles son las diferencias entre don Quijote y Sancho Panza? ¿Qué tienen en común?

¿Un loco o un héroe?

En un párrafo da tu opinión del personaje de don Quijote, basándote en la aventura de los molinos de viento. Ten en cuenta las acciones, los motivos y los sentimientos de don Quijote en su batalla contra los molinos de viento.

Una entrevista

Trabajen en parejas para preparar una entrevista sobre los acontecimientos de este fragmento de la novela de Cervantes. Un(a) estudiante representará el papel del/de la entrevistador(a) y el/la otro/a asumirá el papel de don Quijote o de Sancho Panza, quien comentará el episodio desde su punto de vista.

Escritura

Estrategia

Writing strong introductions and conclusions

Introductions and conclusions serve a similar purpose: both are intended to focus the reader's attention on the topic being covered. The introduction presents a brief preview of the topic. In addition, it informs your reader of the important points that will be covered in the body of your writing. The conclusion reaffirms those points and concisely sums up the information that has been provided. A compelling fact or statistic, a humorous anecdote, or a question directed to the reader are all interesting ways to begin or end your writing.

For example, if you were writing a biographical report on Miguel de Cervantes, you might begin your essay with the fact that his most famous work, *Don Quijote de la Mancha*, is the second most widely published book ever. The rest of your introductory paragraph would outline the areas you would cover in the body of your paper, such as Cervantes' life, his works, and the impact of *Don Quijote* on world literature. In your conclusion, you would sum up the most important information in the report and tie this information together in a way that would make your reader want to learn even more about the topic. You could write, for example: "Cervantes, with his wit and profound understanding of human nature, is without peer in the history of world literature."

Introducciones y conclusiones

Escribe una oración de introducción y otra de conclusión sobre estos temas.

1. el episodio de los molinos de viento de *Don Quijote de la Mancha*
2. la definición de la locura
3. la realidad y la fantasía en la literatura

Tema

Escribir una composición

Si tuvieras la oportunidad, ¿qué harías para mejorar el mundo? Escribe una composición sobre los cambios que harías en el mundo si tuvieras el poder° y los recursos necesarios. Piensa en lo que puedes hacer ahora y en lo que podrás hacer en el futuro. Considera estas preguntas:

- ¿Pondrías fin a todas las guerras? ¿Cómo?
- ¿Protegerías el medio ambiente? ¿Cómo?
- ¿Promoverías° la igualdad y eliminarías el sexismo y el racismo? ¿Cómo?
- ¿Eliminarías la corrupción en la política? ¿Cómo?
- ¿Eliminarías la escasez de viviendas° y el hambre?
- ¿Educarías a los demás sobre el SIDA? ¿Cómo?
- ¿Promoverías el fin de la violencia entre seres humanos?
- ¿Promoverías tu causa en los medios de comunicación? ¿Cómo?
- ¿Te dedicarías a alguna causa específica dentro de tu comunidad? ¿Cuál?
- ¿Te dedicarías a solucionar problemas nacionales o internacionales? ¿Cuáles?

poder *power* **Promoverías** *Would you promote* **escasez de viviendas** *homelessness*

Escuchar

Estrategia

Recognizing genre/ Taking notes as you listen

If you know the genre or type of discourse you are going to encounter, you can use your background knowledge to write down a few notes about what you expect to hear. You can then make additions and changes to your notes as you listen.

To practice these strategies, you will now listen to a short toothpaste commercial. Before listening to the commercial, write down the information you expect it to contain. Then update your notes as you listen.

Preparación

Basándote en la foto, anticipa lo que vas a escuchar en el siguiente fragmento. Haz una lista y anota los diferentes tipos de información que crees que vas a oír.

Ahora escucha

Revisa la lista que hiciste para **Preparación.** Luego escucha el noticiero presentado por Sonia Hernández. Mientras escuchas, apunta los tipos de información que anticipaste y los que no anticipaste.

Tipos de información que anticipaste

1. ______
2. ______
3. ______

Tipos de información que no anticipaste

1. ______
2. ______
3. ______

Comprensión

Preguntas

1. ¿Dónde está Sonia Hernández?
______
2. ¿Quién es Jaime Pantufla?
______
3. ¿Dónde hubo una tormenta?
______
4. ¿Qué tipo de música toca el grupo Dictadura de Metal?
______
5. ¿Qué tipo de artista es Ugo Nespolo?
______
6. Además de lo que Sonia menciona, ¿de qué piensas que va a hablar en la próxima sección del programa?
______

Ahora tú

Usa la presentación de Sonia Hernández como modelo para escribir un breve noticiero para la comunidad donde vives. Incluye noticias locales, nacionales e internacionales.

Anuncio sobre elecciones chilenas

Preparación

¿Votas? ¿Participas en política? ¿Crees que es necesario votar? ¿Por qué?

Este anuncio corresponde a la campaña para las elecciones de consejeros regionales de Chile para el período 2014 a 2018. Estas elecciones se realizaron° en noviembre de 2013, junto a las elecciones presidenciales y parlamentarias. Por primera vez en la historia de Chile, los ciudadanos pudieron elegir a sus consejeros regionales. Anteriormente, los consejeros eran elegidos por los concejales° de cada región. Los consejeros regionales componen° el Consejo Regional y desempeñan° funciones regionales, como aprobar reglamentos° y planes de desarrollo° urbano y metropolitano.

se realizaron *took place* **concejales** *councillors* **componen** *make up* **desempeñan** *carry out* **reglamentos** *regulations* **desarrollo** *development*

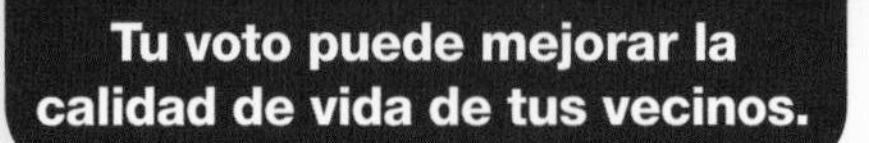

Vocabulario útil

avanza	*advances*
consejeros	*ministers*
crecer	*to grow*
voz	*voice*

Preguntas

Contesta las preguntas.

1. Según la campaña, ¿por qué es tan importante el voto de los ciudadanos?
2. ¿Crees que el voto de un individuo puede mejorar la calidad de vida de sus vecinos? ¿Por qué?
3. ¿A quién pueden elegir los ciudadanos por primera vez en estas elecciones? ¿Qué importancia crees que tiene este cambio?
4. ¿Cuál piensas que es el objetivo de las imágenes que se muestran de trasfondo (*background*)?
5. ¿Crees que esta campaña es efectiva? ¿Por qué?

Conversación

Con un(a) compañero/a, identifiquen los tres problemas sociales o políticos más importantes hoy en el mundo, y propongan posibles soluciones. Discútanlos con la clase.

Campaña electoral

Escribe el guión de una campaña electoral para la televisión. Utiliza el subjuntivo y oraciones con si.

modelo

Si quieres que los precios de las viviendas bajen, vota por nuestro partido…

En los años veinte, menos de 5.000 puertorriqueños vivían en Nueva York. Para el 2010 eran casi 725.000. Además de Nueva York, ciudades como Chicago, Philadelphia, Newark y Providence tienen grandes comunidades puertorriqueñas. Ahora son un poco más de 4.600.000 los que viven en todos los estados, principalmente en el noreste° del país y en el centro de Florida. Los boricuas° en los EE.UU. han creado nuevas manifestaciones de su cultura, como la música salsa en la ciudad de Nueva York y los multitudinarios° desfiles° que se realizan cada año en todo el país, una gran muestra del orgullo° y la identidad de los puertorriqueños.

Vocabulario útil	
la estadidad	*statehood*
la patria	*homeland*
las relaciones exteriores	*foreign policy*
la soberanía	*sovereignty*

Preparación

¿Qué sabes de Puerto Rico? ¿Sabes qué territorios estadounidenses tienen un estatus especial? ¿En qué se diferencian de un estado normal?

¿Cierto o falso?

Indica si las oraciones son **ciertas** o **falsas.**

1. Los puertorriqueños sirven en el ejército de los EE.UU.
2. Puerto Rico es territorio de los EE.UU., pero el congreso estadounidense no tiene autoridad en la isla.
3. En Puerto Rico se usa la misma moneda que en los EE.UU.
4. En la isla se pagan sólo impuestos locales.
5. El comercio de la isla está a cargo del gobernador de Puerto Rico.
6. La mayoría de los puertorriqueños quieren que la isla sea una nación independiente.

noreste *northeast* **boricuas** *people from Puerto Rico*
multitudinarios *with mass participation* **desfiles** *parades* **orgullo** *pride*

Puerto Rico: ¿nación o estado?

Cuando estás aquí, no sabes si estás en un país latinoamericano o si estás en los EE.UU.

... todo lo relacionado a la defensa, las relaciones exteriores [...] está a cargo del gobierno federal de los EE.UU.

—¿Cuál es su preferencia política?
—Yo quiero la estadidad...

Paraguay

El país en cifras

- **Área**: 406.750 km^2 (157.046 $millas^2$), *el tamaño° de California*
- **Población**: 6.703.000
- **Capital**: Asunción—2.139.000
- **Ciudades principales**: Ciudad del Este, San Lorenzo, Lambaré, Fernando de la Mora
- **Moneda**: guaraní
- **Idiomas**: español (oficial), guaraní (oficial)

Las tribus indígenas que habitaban la zona antes de la llegada de los españoles hablaban guaraní. Ahora el 90 por ciento de los paraguayos habla esta lengua, que se usa con frecuencia en canciones, poemas, periódicos y libros. Varios institutos y asociaciones, como el Teatro Guaraní, se dedican a preservar la cultura y la lengua guaraníes.

Bandera de Paraguay

Paraguayo con alfombras típicas del país

Agricultor indígena de la tribu maca

Itapúa

Paraguayos célebres

- **Agustín Barrios**, guitarrista y compositor (1885–1944)
- **Josefina Plá**, escritora y ceramista (1903–1999)
- **Augusto Roa Bastos**, escritor (1917–2005)
- **Olga Blinder**, pintora (1921–2008)
- **Berta Rojas**, guitarrista (1966–)

tamaño *size* multara *fined*

¡Increíble pero cierto!

¿Te imaginas qué pasaría si el gobierno multara° a los ciudadanos que no van a votar? En Paraguay es una obligación. Ésta es una ley nacional, que otros países también tienen, para obligar a los ciudadanos a participar en las elecciones. En Paraguay los ciudadanos que no van a votar tienen que pagar una multa al gobierno.

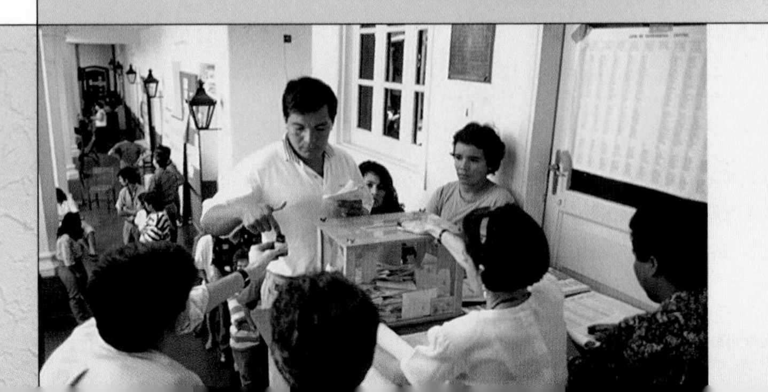

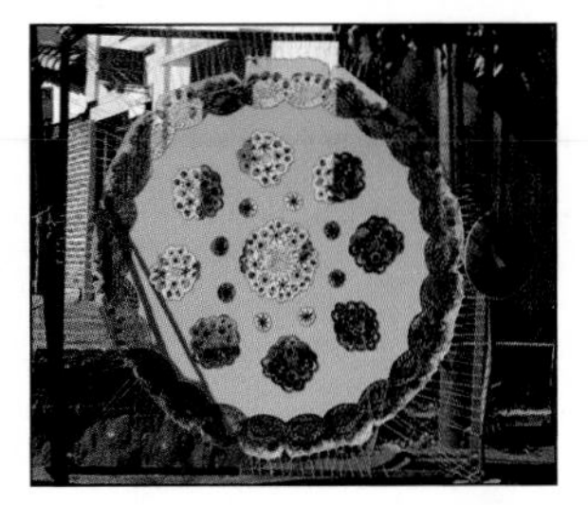

Artesanía • **El ñandutí**

La artesanía más famosa de Paraguay se llama ñandutí y es un encaje° hecho a mano originario de Itauguá. En guaraní, la palabra ñandutí significa telaraña° y esta pieza recibe ese nombre porque imita el trazado° que crean los arácnidos. Estos encajes suelen ser° blancos, pero también los hay de colores, con formas geométricas o florales.

Ciencias • **La represa Itaipú**

La represa° Itaipú es una instalación hidroeléctrica que se encuentra en la frontera entre Paraguay y Brasil. Su construcción inició en 1974 y duró 8 años. La cantidad de concreto que se utilizó durante los primeros cinco años de esta obra fue similar a la que se necesita para construir un edificio de 350 pisos. Cien mil trabajadores paraguayos participaron en el proyecto. En 1984 se puso en funcionamiento la Central Hidroeléctrica de Itaipú y gracias a su cercanía con las famosas cataratas del Iguazú, muchos turistas la visitan diariamente.

Naturaleza • **Los ríos Paraguay y Paraná**

Los ríos Paraguay y Paraná sirven de frontera natural entre Argentina y Paraguay, y son las principales rutas de transporte de este último país. El Paraná tiene unos 3.200 kilómetros navegables, y por esta ruta pasan barcos de más de 5.000 toneladas, los cuales viajan desde el estuario° del Río de la Plata hasta la ciudad de Asunción. El río Paraguay divide el Gran Chaco de la meseta° Paraná, donde vive la mayoría de los paraguayos.

¿Qué aprendiste? Contesta cada pregunta con una oración completa.

1. ¿Quién fue Augusto Roa Bastos?
2. ¿Cómo se llama la moneda de Paraguay?
3. ¿Qué es el ñandutí?
4. ¿De dónde es originario el ñandutí?
5. ¿Qué forma imita el ñandutí?
6. En total, ¿cuántos años tomó la construcción de la represa Itaipú?
7. ¿A cuántos paraguayos dio trabajo la construcción de la represa?
8. ¿Qué países separan los ríos Paraguay y Paraná?
9. ¿Qué distancia se puede navegar por el Paraná?

Conexión Internet Investiga estos temas en Internet.

1. Busca información sobre Alfredo Stroessner, el ex presidente de Paraguay. ¿Por qué se le considera un dictador?
2. Busca información sobre la historia de Paraguay. En tu opinión, ¿cuáles fueron los episodios decisivos en su historia?

encaje *lace* telaraña *spiderweb* trazado *outline; design* suelen ser *are usually* represa *dam* estuario *estuary* meseta *plateau*

Uruguay

El país en cifras

- **Área:** 176.220 km² (68.039 millas²), *el tamaño° del estado de Washington*
- **Población:** 3.332.000
- **Capital:** Montevideo—1.672.000

Casi la mitad° de la población de Uruguay vive en Montevideo. Situada en la desembocadura° del famoso Río de la Plata, esta ciudad cosmopolita e intelectual es también un destino popular para las vacaciones, debido a sus numerosas playas de arena° blanca que se extienden hasta la ciudad de Punta del Este.

- **Ciudades principales:** Salto, Paysandú, Las Piedras, Rivera
- **Moneda:** peso uruguayo
- **Idiomas:** español (oficial)

Bandera de Uruguay

Uruguayos célebres

- **Horacio Quiroga,** escritor (1878–1937)
- **Juana de Ibarbourou,** escritora (1892–1979)
- **Mario Benedetti,** escritor (1920–2009)
- **Cristina Peri Rossi,** escritora y profesora (1941–)
- **Jorge Drexler,** cantante y compositor (1964–)

tamaño *size* mitad *half* desembocadura *mouth* arena *sand* avestruz *ostrich* no voladora *flightless* medir *measure* cotizado *valued*

Gaucho uruguayo

Entrada a la Ciudad Vieja, Colonia del Sacramento

¡Increíble pero cierto!

En Uruguay hay muchos animales curiosos, entre ellos el ñandú. De la misma familia del avestruz°, el ñandú es el ave no voladora° más grande del hemisferio occidental. Puede llegar a medir° dos metros. Normalmente, va en grupos de veinte o treinta y vive en el campo. Es muy cotizado° por su carne, sus plumas y sus huevos.

Costumbres • La carne y el mate

En Uruguay y Argentina, la carne es un elemento esencial de la dieta diaria. Algunos platillos representativos de estas naciones son el asado°, la parrillada° y el chivito°. El mate, una infusión similar al té, también es típico de la región. Esta bebida de origen indígena está muy presente en la vida social y familiar de estos países aunque, curiosamente, no se puede consumir en bares o restaurantes.

Deportes • El fútbol

El fútbol es el deporte nacional de Uruguay. El primer equipo de balompié uruguayo se formó en 1891 y en 1930 el país suramericano fue la sede° de la primera Copa Mundial de esta disciplina. El equipo nacional ha conseguido grandes éxitos a lo largo de los años: dos campeonatos olímpicos, en 1923 y 1928, y dos campeonatos mundiales, en 1930 y 1950. De hecho, Uruguay y Argentina han presentado su candidatura binacional para que la Copa Mundial de Fútbol de 2030 se celebre en sus países.

Costumbres • El Carnaval

El Carnaval de Montevideo es el de mayor duración en el mundo. A lo largo de 40 días, los uruguayos disfrutan de los desfiles° y la música que inundan las calles de su capital. La celebración más conocida es el Desfile de Llamadas, en el que participan bailarines al ritmo del candombe, una danza de tradición africana.

Edificio del Parlamento en Montevideo

¿Qué aprendiste? Contesta cada pregunta con una oración completa.

1. ¿Qué tienen en común cuatro de los uruguayos célebres mencionados en la página anterior (*previous*)?
2. ¿Cuál es el elemento esencial de la dieta uruguaya?
3. ¿Qué es el ñandú?
4. ¿Qué es el mate?
5. ¿Cuándo se formó el primer equipo uruguayo de fútbol?
6. ¿Cuándo se celebró la primera Copa Mundial de fútbol?
7. ¿Cómo se llama la celebración más conocida del Carnaval de Montevideo?
8. ¿Cuántos días dura el Carnaval de Montevideo?

Conexión Internet Investiga estos temas en Internet.

1. Uruguay es conocido como un país de muchos escritores. Busca información sobre uno de ellos y escribe una biografía.
2. Investiga cuáles son las comidas y bebidas favoritas de los uruguayos. Descríbelas e indica cuáles te gustaría probar y por qué.

asado *barbecued beef* **parrillada** *barbecue* **chivito** *goat in Argentina; steak sandwich in Uruguay* **sede** *site* **desfiles** *parades*

Los medios de comunicación

el acontecimiento	*event*
las actualidades	*news; current events*
el artículo	*article*
el diario	*newspaper*
el informe	*report*
el/la locutor(a)	*(TV or radio) announcer*
los medios de comunicación	*media; means of communication*
las noticias	*news*
el noticiero	*newscast*
la prensa	*press*
el reportaje	*report*
anunciar	*to announce; to advertise*
comunicarse (con)	*to communicate (with)*
durar	*to last*
informar	*to inform*
ocurrir	*to occur; to happen*
transmitir, emitir	*to broadcast*
(inter)nacional	*(inter)national*
peligroso/a	*dangerous*

Las noticias

el choque	*collision*
el crimen	*crime; murder*
el desastre (natural)	*(natural) disaster*
el desempleo	*unemployment*
la (des)igualdad	*(in)equality*
la discriminación	*discrimination*
el ejército	*army*
la guerra	*war*
la huelga	*strike*
el huracán	*hurricane*
el incendio	*fire*
la inundación	*flood*
la libertad	*liberty; freedom*
la paz	*peace*
el racismo	*racism*
el sexismo	*sexism*
el SIDA	*AIDS*
el/la soldado	*soldier*
el terremoto	*earthquake*
la tormenta	*storm*
el tornado	*tornado*
la violencia	*violence*

La política

el/la candidato/a	*candidate*
el/la ciudadano/a	*citizen*
el deber	*responsibility; obligation*
los derechos	*rights*
la dictadura	*dictatorship*
el discurso	*speech*
las elecciones	*election*
la encuesta	*poll; survey*
el impuesto	*tax*
la política	*politics*
el/la representante	*representative*
declarar	*to declare*
elegir (e:i)	*to elect*
luchar (por/contra)	*to fight; to struggle (for/against)*
obedecer	*to obey*
votar	*to vote*
político/a	*political*

Expresiones útiles	*See page 191.*

Consulta

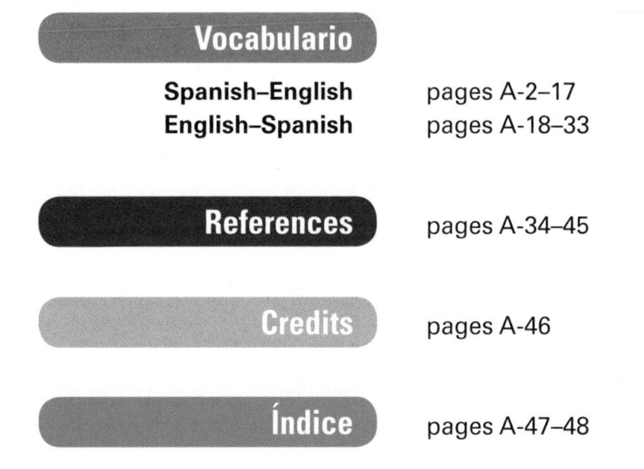

Guide to Vocabulary

Notes on this glossary

This glossary contains the terms listed on the **Vocabulario** page in each lesson. The number following an entry indicates the level and lesson where the term was introduced. For purposes of alphabetization, **ch** and **ll** are not treated as separate letters, but **ñ** follows **n**. Therefore, in this glossary you will find that **año**, for example, appears after **anuncio.**

Abbreviations used in this glossary

adj.	adjective	*f.*	feminine	*m.*	masculine	*prep.*	preposition
adv.	adverb	*fam.*	familiar	*n.*	noun	*pron.*	pronoun
art.	article	*form.*	formal	*obj.*	object	*ref.*	reflexive
conj.	conjunction	*indef.*	indefinite	*p.p.*	past participle	*sing.*	singular
def.	definite	*interj.*	interjection	*pl.*	plural	*sub.*	subject
d.o.	direct object	*i.o.*	indirect object	*poss.*	possessive	*v.*	verb

Spanish–English

A

a *prep.* at; to 1.1
¿A qué hora...? At what time...? 1.1
a bordo aboard
a dieta on a diet 3.3
a la derecha de to the right of 1.2
a la izquierda de to the left of 1.2
a la plancha grilled 2.2
a la(s) + *time* at + *time* 1.1
a menos que *conj.* unless 3.1
a menudo *adv.* often 2.4
a nombre de in the name of 1.5
a plazos in installments 3.2
A sus órdenes. At your service.
a tiempo *adv.* on time 2.4
a veces *adv.* sometimes 2.4
a ver let's see
abeja *f.* bee
abierto/a *adj.* open 1.5, 3.2
abogado/a *m., f.* lawyer 3.4
abrazar(se) *v.* to hug; to embrace (each other) 2.5
abrazo *m.* hug
abrigo *m.* coat 1.6
abril *m.* April 1.5
abrir *v.* to open 1.3
abuelo/a *m., f.* grandfather/grandmother 1.3
abuelos *pl.* grandparents 1.3
aburrido/a *adj.* bored; boring 1.5
aburrir *v.* to bore 2.1
aburrirse *v.* to get bored 3.5
acabar de (+ *inf.*) *v.* to have just *done something* 1.6
acampar *v.* to camp 1.5
accidente *m.* accident 2.4
acción *f.* action 3.5
de acción action (genre) 3.5
aceite *m.* oil 2.2
aceptar: ¡Acepto casarme contigo! I'll marry you! 3.5
acompañar *v.* to accompany 3.2
aconsejar *v.* to advise 2.6
acontecimiento *m.* event 3.6
acordarse (de) (o:ue) *v.* to remember 2.1
acostarse (o:ue) *v.* to go to bed 2.1
activo/a *adj.* active 3.3
actor *m.* actor 3.4
actriz *f.* actress 3.4
actualidades *f., pl.* news; current events 3.6
adelgazar *v.* to lose weight; to slim down 3.3
además (de) *adv.* furthermore; besides 2.4
adicional *adj.* additional
adiós *m.* goodbye 1.1
adjetivo *m.* adjective
administración de empresas *f.* business administration 1.2
adolescencia *f.* adolescence 2.3
¿adónde? *adv.* where (to)? (destination) 1.2
aduana *f.* customs
aeróbico/a *adj.* aerobic 3.3
aeropuerto *m.* airport 1.5
afectado/a *adj.* affected 3.1
afeitarse *v.* to shave 2.1
aficionado/a *m., f.* fan 1.4
afirmativo/a *adj.* affirmative
afuera *adv.* outside 1.5
afueras *f., pl.* suburbs; outskirts 2.6
agencia de viajes *f.* travel agency 1.5
agente de viajes *m., f.* travel agent 1.5
agosto *m.* August 1.5
agradable *adj.* pleasant
agua *f.* water 2.2
agua mineral mineral water 2.2
aguantar *v.* to endure, to hold up 3.2
ahora *adv.* now 1.2
ahora mismo right now 1.5
ahorrar *v.* to save (money) 3.2
ahorros *m., pl.* savings 3.2
aire *m.* air 3.1
ajo *m.* garlic 2.2
al (*contraction of* **a + el**) 1.4
al aire libre open-air 1.6
al contado in cash 3.2
(al) este (to the) east 3.2
al lado de next to; beside 1.2
(al) norte (to the) north 3.2
(al) oeste (to the) west 3.2
(al) sur (to the) south 3.2
alcoba *f.* bedroom
alegrarse (de) *v.* to be happy 3.1
alegre *adj.* happy; joyful 1.5
alegría *f.* happiness 2.3
alemán, alemana *adj.* German 1.3
alérgico/a *adj.* allergic 2.4
alfombra *f.* carpet; rug 2.6
algo *pron.* something; anything 2.1
algodón *m.* cotton 1.6
alguien *pron.* someone; somebody; anyone 2.1
algún, alguno/a(s) *adj.* any; some 2.1
alimento *m.* food
alimentación *f.* diet
aliviar *v.* to reduce 3.3
aliviar el estrés/la tensión to reduce stress/tension 3.3
allá *adv.* over there 1.2
allí *adv.* there 1.2
alma *f.* soul 2.3
almacén *m.* department store 1.6
almohada *f.* pillow 2.6
almorzar (o:ue) *v.* to have lunch 1.4

almuerzo *m.* lunch 1.4, 2.2
aló *interj.* hello (*on the telephone*) 2.5
alquilar *v.* to rent 2.6
alquiler *m.* rent (payment) 2.6
altar *m.* altar 2.3
altillo *m.* attic 2.6
alto/a *adj.* tall 1.3
aluminio *m.* aluminum 3.1
ama de casa *m., f.* housekeeper; caretaker 2.6
amable *adj.* nice; friendly 1.5
amarillo/a *adj.* yellow 1.6
amigo/a *m., f.* friend 1.3
amistad *f.* friendship 2.3
amor *m.* love 2.3
amor a primera vista love at first sight 2.3
anaranjado/a *adj.* orange 1.6
ándale *interj.* come on 3.2
andar *v.* **en patineta** to skateboard 1.4
ángel *m.* angel 2.3
anillo *m.* ring 3.5
animal *m.* animal 3.1
aniversario (de bodas) *m.* (wedding) anniversary 2.3
anoche *adv.* last night 1.6
anteayer *adv.* the day before yesterday 1.6
antes *adv.* before 2.1
antes (de) que *conj.* before 3.1
antes de *prep.* before 2.1
antibiótico *m.* antibiotic 2.4
antipático/a *adj.* unpleasant 1.3
anunciar *v.* to announce; to advertise 3.6
anuncio *m.* advertisement 3.4
año *m.* year 1.5
año pasado last year 1.6
apagar *v.* to turn off 2.5
aparato *m.* appliance
apartamento *m.* apartment 2.6
apellido *m.* last name 1.3
apenas *adv.* hardly; scarcely 2.4
aplaudir *v.* to applaud 3.5
aplicación *f.* app 2.5
apreciar *v.* to appreciate 3.5
aprender (a + ***inf.*****)** *v.* to learn 1.3
apurarse *v.* to hurry; to rush 3.3
aquel, aquella *adj.* that (over there) 1.6
aquél, aquélla *pron.* that (over there) 1.6
aquello *neuter, pron.* that; that thing; that fact 1.6
aquellos/as *pl. adj.* those (over there) 1.6
aquéllos/as *pl. pron.* those (ones) (over there) 1.6
aquí *adv.* here 1.1
Aquí está(n)... Here is/are... 1.5
árbol *m.* tree 3.1
archivo *m.* file 2.5
arete *m.* earring 1.6
argentino/a *adj.* Argentine 1.3
armario *m.* closet 2.6
arqueología *f.* archeology 1.2
arqueólogo/a *m., f.* archeologist 3.4
arquitecto/a *m., f.* architect 3.4
arrancar *v.* to start (*a car*) 2.5
arreglar *v.* to fix; to arrange 2.5; to neaten; to straighten up 2.6
arreglarse *v.* to get ready 2.1; to fix oneself (*clothes, hair, etc. to go out*) 2.1
arroba *f.* @ symbol 2.5
arroz *m.* rice 2.2
arte *m.* art 1.2
artes *f., pl.* arts 3.5
artesanía *f.* craftsmanship; crafts 3.5
artículo *m.* article 3.6
artista *m., f.* artist 1.3
artístico/a *adj.* artistic 3.5
arveja *f.* pea 2.2
asado/a *adj.* roast 2.2
ascenso *m.* promotion 3.4
ascensor *m.* elevator 1.5
así *adv.* like this; so (*in such a way*) 2.4
asistir (a) *v.* to attend 1.3
aspiradora *f.* vacuum cleaner 2.6
aspirante *m., f.* candidate; applicant 3.4
aspirina *f.* aspirin 2.4
atún *m.* tuna 2.2
aumentar *v.* to grow; to get bigger 3.1
aumentar *v.* **de peso** to gain weight 3.3
aumento *m.* increase
aumento de sueldo pay raise 3.4
aunque although
autobús *m.* bus 1.1
automático/a *adj.* automatic
auto(móvil) *m.* auto(mobile) 1.5
autopista *f.* highway 2.5
ave *f.* bird 3.1
avenida *f.* avenue
aventura *f.* adventure 3.5
de aventuras adventure (genre) 3.5
avergonzado/a *adj.* embarrassed 1.5
avión *m.* airplane 1.5
¡Ay! *interj.* Oh!
¡Ay, qué dolor! Oh, what pain!
ayer *adv.* yesterday 1.6
ayudar(se) *v.* to help (each other) 2.5
azúcar *m.* sugar 2.2
azul *adj. m., f.* blue 1.6

B

bailar *v.* to dance 1.2
bailarín/bailarina *m., f.* dancer 3.5
baile *m.* dance 3.5
bajar(se) de *v.* to get off of/out of (a vehicle) 2.5
bajo/a *adj.* short (*in height*) 1.3
balcón *m.* balcony 2.6
balde *m.* bucket 1.5
ballena *f.* whale 3.1
baloncesto *m.* basketball 1.4
banana *f.* banana 2.2
banco *m.* bank 3.2
banda *f.* band 3.5
bandera *f.* flag
bañarse *v.* to bathe; to take a bath 2.1
baño *m.* bathroom 2.1
barato/a *adj.* cheap 1.6
barco *m.* boat 1.5
barrer *v.* to sweep 2.6
barrer el suelo *v.* to sweep the floor 2.6
barrio *m.* neighborhood 2.6
bastante *adv.* enough; rather 2.4
basura *f.* trash 2.6
baúl *m.* trunk 2.5
beber *v.* to drink 1.3
bebida *f.* drink 2.2
béisbol *m.* baseball 1.4
bellas artes *f., pl.* fine arts 3.5
belleza *f.* beauty 3.2
beneficio *m.* benefit 3.4
besar(se) *v.* to kiss (each other) 2.5
beso *m.* kiss 2.3
biblioteca *f.* library 1.2
bicicleta *f.* bicycle 1.4
bien *adv.* well 1.1
bienestar *m.* well-being 3.3
bienvenido(s)/a(s) *adj.* welcome 1.1
billete *m.* paper money; ticket
billón *m.* trillion
biología *f.* biology 1.2
bisabuelo/a *m., f.* great-grandfather/great-grandmother 1.3
bistec *m.* steak 2.2
blanco/a *adj.* white 1.6
blog *m.* blog 2.5
(blue)jeans *m., pl.* jeans 1.6
blusa *f.* blouse 1.6
boca *f.* mouth 2.4
boda *f.* wedding 2.3
boleto *m.* ticket 1.2, 3.5
bolsa *f.* purse, bag 1.6
bombero/a *m., f.* firefighter 3.4
bonito/a *adj.* pretty 1.3
borrador *m.* eraser 1.2
borrar *v.* to erase 2.5
bosque *m.* forest 3.1
bosque tropical tropical forest; rain forest 3.1
bota *f.* boot 1.6
botella *f.* bottle 2.3
botones *m., f. sing.* bellhop 1.5
brazo *m.* arm 2.4
brindar *v.* to toast (*drink*) 2.3
bucear *v.* to scuba dive 1.4

buen, bueno/a *adj.* good 1.3, 1.6
buena forma good shape (*physical*) 3.3
Buenas noches. Good evening; Good night. 1.1
Buenas tardes. Good afternoon. 1.1
Bueno. Hello. (*on telephone*) 2.5
Buenos días. Good morning. 1.1
bulevar *m.* boulevard
buscador *m.* browser 2.5
buscar *v.* to look for 1.2
buzón *m.* mailbox 3.2

C

caballero *m.* gentleman, sir 2.2
caballo *m.* horse 1.5
cabe: no cabe duda de there's no doubt 3.1
cabeza *f.* head 2.4
cada *adj. m., f.* each 1.6
caerse *v.* to fall (down) 2.4
café *m.* café 1.4; *adj. m., f.* brown 1.6; *m.* coffee 2.2
cafeína *f.* caffeine 3.3
cafetera *f.* coffee maker 2.6
cafetería *f.* cafeteria 1.2
caído/a *p.p.* fallen 3.2
caja *f.* cash register 1.6
cajero/a *m., f.* cashier
cajero automático *m.* ATM 3.2
calavera de azúcar *f.* skull made out of sugar 2.3
calcetín (calcetines) *m.* sock(s) 1.6
calculadora *f.* calculator 1.2
calentamiento global *m.* global warming 3.1
calentarse (e:ie) *v.* to warm up 3.3
calidad *f.* quality 1.6
calle *f.* street 2.5
calor *m.* heat
caloría *f.* calorie 3.3
calzar *v.* to take size... shoes 1.6
cama *f.* bed 1.5
cámara de video *f.* video camera 2.5
cámara digital *f.* digital camera 2.5
camarero/a *m., f.* waiter/ waitress 2.2
camarón *m.* shrimp 2.2
cambiar (de) *v.* to change 2.3
cambio: de cambio in change 1.2
cambio *m.* **climático** climate change 3.1
cambio *m.* **de moneda** currency exchange
caminar *v.* to walk 1.2
camino *m.* road
camión *m.* truck; bus
camisa *f.* shirt 1.6
camiseta *f.* t-shirt 1.6
campo *m.* countryside 1.5
canadiense *adj.* Canadian 1.3
canal *m.* (TV) channel 2.5; 3.5
canción *f.* song 3.5
candidato/a *m., f.* candidate 3.6
canela *f.* cinnamon 2.4
cansado/a *adj.* tired 1.5
cantante *m., f.* singer 3.5
cantar *v.* to sing 1.2
capital *f.* capital city
capó *m.* hood 2.5
cara *f.* face 2.1
caramelo *m.* caramel 2.3
cargador *m.* charger 2.5
carne *f.* meat 2.2
carne de res *f.* beef 2.2
carnicería *f.* butcher shop 3.2
caro/a *adj.* expensive 1.6
carpintero/a *m., f.* carpenter 3.4
carrera *f.* career 3.4
carretera *f.* highway; (main) road 2.5
carro *m.* car; automobile 2.5
carta *f.* letter 1.4; (playing) card 1.5
cartel *m.* poster 2.6
cartera *f.* wallet 1.4, 1.6
cartero *m.* mail carrier 3.2
casa *f.* house; home 1.2
casado/a *adj.* married 2.3
casarse (con) *v.* to get married (to) 2.3
casi *adv.* almost 2.4
catorce fourteen 1.1
cazar *v.* to hunt 3.1
cebolla *f.* onion 2.2
cederrón *m.* CD-ROM
celebrar *v.* to celebrate 2.3
cementerio *m.* cemetery 2.3
cena *f.* dinner 2.2
cenar *v.* to have dinner 1.2
centro *m.* downtown 1.4
centro comercial shopping mall 1.6
cepillarse los dientes/el pelo *v.* to brush one's teeth/one's hair 2.1
cerámica *f.* pottery 3.5
cerca de *prep.* near 1.2
cerdo *m.* pork 2.2
cereales *m., pl.* cereal; grains 2.2
cero *m.* zero 1.1
cerrado/a *adj.* closed 1.5
cerrar (e:ie) *v.* to close 1.4
césped *m.* grass
ceviche *m.* marinated fish dish 2.2
ceviche de camarón *m.* lemon-marinated shrimp 2.2
chaleco *m.* vest
champiñón *m.* mushroom 2.2
champú *m.* shampoo 2.1
chaqueta *f.* jacket 1.6
chatear *v.* to chat 2.5
chau *fam. interj.* bye 1.1
cheque *m.* (bank) check 3.2
cheque (de viajero) *m.* (traveler's) check 3.2
chévere *adj., fam.* terrific
chico/a *m., f.* boy/girl 1.1
chino/a *adj.* Chinese 1.3
chocar (con) *v.* to run into
chocolate *m.* chocolate 2.3
choque *m.* collision 3.6
chuleta *f.* chop (*food*) 2.2
chuleta de cerdo *f.* pork chop 2.2
cibercafé *m.* cybercafé 2.5
ciclismo *m.* cycling 1.4
cielo *m.* sky 3.1
cien(to) one hundred 1.2
ciencias *f., pl.* sciences 1.2
ciencias ambientales environmental science 1.2
de ciencia ficción *f.* science fiction (genre) 3.5
científico/a *m., f.* scientist 3.4
cierto/a *adj.* certain 3.1
es cierto it's certain 3.1
no es cierto it's not certain 3.1
cima *f.* top, peak 3.3
cinco five 1.1
cincuenta fifty 1.2
cine *m.* movie theater 1.4
cinta *f.* (audio)tape
cinta caminadora *f.* treadmill 3.3
cinturón *m.* belt 1.6
circulación *f.* traffic 2.5
cita *f.* date; appointment 2.3
ciudad *f.* city
ciudadano/a *m., f.* citizen 3.6
Claro (que sí). *fam.* Of course.
clase *f.* class 1.2
clase de ejercicios aeróbicos *f.* aerobics class 3.3
clásico/a *adj.* classical 3.5
cliente/a *m., f.* customer 1.6
clínica *f.* clinic 2.4
cobrar *v.* to cash (a check) 3.2
coche *m.* car; automobile 2.5
cocina *f.* kitchen; stove 2.3, 2.6
cocinar *v.* to cook 2.6
cocinero/a *m., f.* cook, chef 3.4
cofre *m.* hood 3.2
cola *f.* line 3.2
colesterol *m.* cholesterol 3.3
color *m.* color 1.6
comedia *f.* comedy; play 3.5
comedor *m.* dining room 2.6
comenzar (e:ie) *v.* to begin 1.4
comer *v.* to eat 1.3
comercial *adj.* commercial; business-related 3.4
comida *f.* food; meal 1.4, 2.2
como like; as 2.2
¿cómo? what?; how? 1.1, 1.2
¿Cómo es...? What's... like?
¿Cómo está usted? *form.* How are you? 1.1

¿Cómo estás? *fam.* How are you? 1.1
¿Cómo se llama usted? *(form.)* What's your name? 1.1
¿Cómo te llamas? *fam.* What's your name? 1.1
cómoda *f.* chest of drawers 2.6
cómodo/a *adj.* comfortable 1.5
compañero/a de clase *m., f.* classmate 1.2
compañero/a de cuarto *m., f.* roommate 1.2
compañía *f.* company; firm 3.4
compartir *v.* to share 1.3
compositor(a) *m., f.* composer 3.5
comprar *v.* to buy 1.2
compras *f., pl.* purchases
ir de compras to go shopping 1.5
comprender *v.* to understand 1.3
comprobar *v.* to check
comprometerse (con) *v.* to get engaged (to) 2.3
computación *f.* computer science 1.2
computadora *f.* computer 1.1
computadora portátil *f.* portable computer; laptop 2.5
comunicación *f.* communication 3.6
comunicarse (con) *v.* to communicate (with) 3.6
comunidad *f.* community 1.1
con *prep.* with 1.2
Con él/ella habla. Speaking. *(on telephone)* 2.5
con frecuencia *adv.* frequently 2.4
Con permiso. Pardon me; Excuse me. 1.1
con tal (de) que *conj.* provided (that) 3.1
concierto *m.* concert 3.5
concordar *v.* to agree
concurso *m.* game show; contest 3.5
conducir *v.* to drive 1.6, 2.5
conductor(a) *m., f.* driver 1.1
conexión *f.* **inalámbrica** wireless connection 2.5
confirmar *v.* to confirm 1.5
confirmar *v.* **una reservación** *f.* to confirm a reservation 1.5
confundido/a *adj.* confused 1.5
congelador *m.* freezer 2.6
congestionado/a *adj.* congested; stuffed-up 2.4
conmigo *pron.* with me 1.4, 2.3
conocer *v.* to know; to be acquainted with 1.6
conocido/a *adj.; p.p.* known
conseguir (e:i) *v.* to get; to obtain 1.4
consejero/a *m., f.* counselor; advisor 3.4
consejo *m.* advice
conservación *f.* conservation 3.1
conservar *v.* to conserve 3.1
construir *v.* to build
consultorio *m.* doctor's office 2.4
consumir *v.* to consume 3.3
contabilidad *f.* accounting 1.2
contador(a) *m., f.* accountant 3.4
contaminación *f.* pollution 3.1
contaminación del aire/del agua air/water pollution 3.1
contaminado/a *adj.* polluted 3.1
contaminar *v.* to pollute 3.1
contar (o:ue) *v.* to count; to tell 1.4
contento/a *adj.* content 1.5
contestadora *f.* answering machine
contestar *v.* to answer 1.2
contigo *fam. pron.* with you 1.5, 2.3
contratar *v.* to hire 3.4
control *m.* **remoto** remote control 2.5
controlar *v.* to control 3.1
conversación *f.* conversation 1.1
conversar *v.* to converse, to chat 1.2
corazón *m.* heart 2.4
corbata *f.* tie 1.6
corredor(a) *m., f.* **de bolsa** stockbroker 3.4
correo *m.* mail; post office 3.2
correo de voz *m.* voice mail 2.5
correo electrónico *m.* e-mail 1.4
correr *v.* to run 1.3
cortesía *f.* courtesy
cortinas *f., pl.* curtains 2.6
corto/a *adj.* short *(in length)* 1.6
cosa *f.* thing 1.1
costar (o:ue) *v.* to cost 1.6
costarricense *adj.* Costa Rican 1.3
cráter *m.* crater 3.1
creer *v.* to believe 1.3, 3.1
creer (en) *v.* to believe (in) 1.3
no creer *v.* not to believe 3.1
creído/a *adj., p.p.* believed 3.2
crema de afeitar *f.* shaving cream 1.5, 2.1
crimen *m.* crime; murder 3.6
cruzar *v.* to cross 3.2
cuaderno *m.* notebook 1.1
cuadra *f.* (city) block 3.2
¿cuál(es)? which?; which one(s)? 1.2
¿Cuál es la fecha de hoy? What is today's date? 1.5
cuadro *m.* picture 2.6
cuando *conj.* when 2.1; 3.1
¿cuándo? when? 1.2
¿cuánto(s)/a(s)? how much/how many? 1.1, 1.2
¿Cuánto cuesta...? How much does... cost? 1.6
¿Cuántos años tienes? How old are you?
cuarenta forty 1.2
cuarto de baño *m.* bathroom 2.1
cuarto *m.* room 1.2; 2.1
cuarto/a *adj.* fourth 1.5
menos cuarto quarter to (time) 1.1
y cuarto quarter after (time) 1.1
cuatro four 1.1
cuatrocientos/as four hundred 1.2
cubano/a *adj.* Cuban 1.3
cubiertos *m., pl.* silverware
cubierto/a *p.p.* covered
cubrir *v.* to cover
cuchara *f.* (table or large) spoon 2.6
cuchillo *m.* knife 2.6
cuello *m.* neck 2.4
cuenta *f.* bill 2.2; account 3.2
cuenta corriente *f.* checking account 3.2
cuenta de ahorros *f.* savings account 3.2
cuento *m.* short story 3.5
cuerpo *m.* body 2.4
cuidado *m.* care
cuidar *v.* to take care of 3.1
cultura *f.* culture 1.2, 3.5
cumpleaños *m., sing.* birthday 2.3
cumplir años *v.* to have a birthday
cuñado/a *m., f.* brother-in-law/sister-in-law 1.3
currículum *m.* résumé 3.4
curso *m.* course 1.2

D

danza *f.* dance 3.5
dañar *v.* to damage; to break down 2.4
dar *v.* to give 1.6
dar un consejo *v.* to give advice
darse con *v.* to bump into; to run into (something) 2.4
darse prisa *v.* to hurry; to rush 3.3
de *prep.* of; from 1.1
¿De dónde eres? *fam.* Where are you from? 1.1
¿De dónde es usted? *form.* Where are you from? 1.1
¿De parte de quién? Who is speaking/calling? *(on telephone)* 2.5
¿de quién...? whose...? *(sing.)* 1.1
¿de quiénes...? whose...? *(pl.)* 1.1
de algodón (made) of cotton 1.6
de aluminio (made) of aluminum 3.1
de buen humor in a good mood 1.5
de compras shopping 1.5
de cuadros plaid 1.6
de excursión hiking 1.4
de hecho in fact
de ida y vuelta roundtrip 1.5
de la mañana in the morning; A.M. 1.1
de la noche in the evening; at night; P.M. 1.1

de la tarde in the afternoon; in the early evening; P.M. 1.1
de lana (made) of wool 1.6
de lunares polka-dotted 1.6
de mal humor in a bad mood 1.5
de moda in fashion 1.6
De nada. You're welcome. 1.1
de niño/a as a child 2.4
de parte de on behalf of 2.5
de plástico (made) of plastic 3.1
de rayas striped 1.6
de repente suddenly 1.6
de seda (made) of silk 1.6
de vaqueros western (genre) 3.5
de vez en cuando from time to time 2.4
de vidrio (made) of glass 3.1
debajo de *prep.* below; under 1.2
deber (+ *inf.***)** *v.* should; must; ought to 1.3
deber *m.* responsibility; obligation 3.6
debido a due to (the fact that)
débil *adj.* weak 3.3
decidir (+ *inf.***)** *v.* to decide 1.3
décimo/a *adj.* tenth 1.5
decir (e:i) *v.* **(que)** to say (that); to tell (that) 1.4
decir la respuesta to say the answer 1.4
decir la verdad to tell the truth 1.4
decir mentiras to tell lies 1.4
declarar *v.* to declare; to say 3.6
dedo *m.* finger 2.4
dedo del pie *m.* toe 2.4
deforestación *f.* deforestation 3.1
dejar *v.* to let; to quit; to leave behind 3.4
dejar de (+ *inf.*) *v.* to stop (*doing something*) 3.1
dejar una propina *v.* to leave a tip
del (*contraction of* **de + el**) of the; from the 1.1
delante de *prep.* in front of 1.2
delgado/a *adj.* thin; slender 1.3
delicioso/a *adj.* delicious 2.2
demás *adj.* the rest
demasiado *adv.* too much 1.6
dentista *m., f.* dentist 2.4
dentro de (diez años) within (ten years) 3.4; inside
dependiente/a *m., f.* clerk 1.6
deporte *m.* sport 1.4
deportista *m.* sports person
deportivo/a *adj.* sports-related 1.4
depositar *v.* to deposit 3.2
derecha *f.* right 1.2
a la derecha de to the right of 1.2
derecho *adv.* straight (ahead) 3.2
derechos *m., pl.* rights 3.6
desarrollar *v.* to develop 3.1
desastre (natural) *m.* (natural) disaster 3.6
desayunar *v.* to have breakfast 1.2
desayuno *m.* breakfast 2.2
descafeinado/a *adj.* decaffeinated 3.3
descansar *v.* to rest 1.2
descargar *v.* to download 2.5
descompuesto/a *adj.* not working; out of order 2.5
describir *v.* to describe 1.3
descrito/a *p.p.* described 3.2
descubierto/a *p.p.* discovered 3.2
descubrir *v.* to discover 3.1
desde *prep.* from 1.6
desear *v.* to wish; to desire 1.2
desempleo *m.* unemployment 3.6
desierto *m.* desert 3.1
desigualdad *f.* inequality 3.6
desordenado/a *adj.* disorderly 1.5
despacio *adv.* slowly 2.4
despedida *f.* farewell; goodbye
despedir (e:i) *v.* to fire 3.4
despedirse (de) (e:i) *v.* to say goodbye (to) 3.6
despejado/a *adj.* clear (*weather*)
despertador *m.* alarm clock 2.1
despertarse (e:ie) *v.* to wake up 2.1
después *adv.* afterwards; then 2.1
después de after 2.1
después de que *conj.* after 3.1
destruir *v.* to destroy 3.1
detrás de *prep.* behind 1.2
día *m.* day 1.1
día de fiesta holiday 2.3
diario *m.* diary 1.1; newspaper 3.6
diario/a *adj.* daily 2.1
dibujar *v.* to draw 1.2
dibujo *m.* drawing
dibujos animados *m., pl.* cartoons 3.5
diccionario *m.* dictionary 1.1
dicho/a *p.p.* said 3.2
diciembre *m.* December 1.5
dictadura *f.* dictatorship 3.6
diecinueve nineteen 1.1
dieciocho eighteen 1.1
dieciséis sixteen 1.1
diecisiete seventeen 1.1
diente *m.* tooth 2.1
dieta *f.* diet 3.3
comer una dieta equilibrada to eat a balanced diet 3.3
diez ten 1.1
difícil *adj.* difficult; hard 1.3
Diga. Hello. (*on telephone*) 2.5
diligencia *f.* errand 3.2
dinero *m.* money 1.6
dirección *f.* address 3.2
dirección electrónica *f.* e-mail address 2.5
director(a) *m., f.* director; (*musical*) conductor 3.5
dirigir *v.* to direct 3.5
disco compacto compact disc (CD) 2.5
discriminación *f.* discrimination 3.6
discurso *m.* speech 3.6
diseñador(a) *m., f.* designer 3.4
diseño *m.* design
disfraz *m.* costume 2.3
disfrutar (de) *v.* to enjoy; to reap the benefits (of) 3.3
disminuir *v.* to reduce 3.4
diversión *f.* fun activity; entertainment; recreation 1.4
divertido/a *adj.* fun
divertirse (e:ie) *v.* to have fun 2.3
divorciado/a *adj.* divorced 2.3
divorciarse (de) *v.* to get divorced (from) 2.3
divorcio *m.* divorce 2.3
doblar *v.* to turn 3.2
doble *adj.* double 1.5
doce twelve 1.1
doctor(a) *m., f.* doctor 1.3; 2.4
documental *m.* documentary 3.5
documentos de viaje *m., pl.* travel documents
doler (o:ue) *v.* to hurt 2.4
dolor *m.* ache; pain 2.4
dolor de cabeza *m.* headache 2.4
doméstico/a *adj.* domestic 2.6
domingo *m.* Sunday 1.2
don *m.* Mr.; sir 1.1
doña *f.* Mrs.; ma'am 1.1
donde *adv.* where
¿Dónde está...? Where is...? 1.2
¿dónde? where? 1.1, 1.2
dormir (o:ue) *v.* to sleep 1.4
dormirse (o:ue) *v.* to go to sleep; to fall asleep 2.1
dormitorio *m.* bedroom 2.6
dos two 1.1
dos veces *f.* twice; two times 1.6
doscientos/as two hundred 1.2
drama *m.* drama; play 3.5
dramático/a *adj.* dramatic 3.5
dramaturgo/a *m., f.* playwright 3.5
ducha *f.* shower 2.1
ducharse *v.* to shower; to take a shower 2.1
duda *f.* doubt 3.1
dudar *v.* to doubt 3.1
no dudar *v.* not to doubt 3.1
dueño/a *m., f.* owner 2.2
dulces *m., pl.* sweets; candy 2.3
durante *prep.* during 2.1
durar *v.* to last 3.6

E

e *conj. (used instead of* **y** *before words beginning with* **i** *and* **hi***)* and

echar *v.* to throw
echar (una carta) al buzón *v.* to put (a letter) in the mailbox; to mail 3.2
ecología *f.* ecology 3.1
ecológico/a *adj.* ecological 3.1
ecologista *m., f.* ecologist 3.1
economía *f.* economics 1.2
ecoturismo *m.* ecotourism 3.1
ecuatoriano/a *adj.* Ecuadorian 1.3
edad *f.* age 2.3
edificio *m.* building 2.6
edificio de apartamentos apartment building 2.6
(en) efectivo *m.* cash 1.6
ejercer *v.* to practice/exercise (a degree/profession) 3.4
ejercicio *m.* exercise 3.3
ejercicios aeróbicos aerobic exercises 3.3
ejercicios de estiramiento stretching exercises 3.3
ejército *m.* army 3.6
el *m., sing., def. art.* the 1.1
él *sub. pron.* he 1.1; *obj. pron.* him
elecciones *f., pl.* election 3.6
electricista *m., f.* electrician 3.4
electrodoméstico *m.* electric appliance 2.6
elegante *adj. m., f.* elegant 1.6
elegir (e:i) *v.* to elect 3.6
ella *sub. pron.* she 1.1; *obj. pron.* her
ellos/as *sub. pron.* they 1.1; *obj. pron.* them
embarazada *adj.* pregnant 2.4
emergencia *f.* emergency 2.4
emitir *v.* to broadcast 3.6
emocionante *adj. m., f.* exciting
empezar (e:ie) *v.* to begin 1.4
empleado/a *m., f.* employee 1.5
empleo *m.* job; employment 3.4
empresa *f.* company; firm 3.4
en *prep.* in; on 1.2
en casa at home
en caso (de) que *conj.* in case (that) 3.1
en cuanto *conj.* as soon as 3.1
en efectivo in cash 3.2
en exceso in excess; too much 3.3
en línea in-line 1.4
en punto on the dot; exactly; sharp (*time*) 1.1
en qué in what; how
¿En qué puedo servirles? How can I help you? 1.5
en vivo live 2.1
enamorado/a (de) *adj.* in love (with) 1.5
enamorarse (de) *v.* to fall in love (with) 2.3
encantado/a *adj.* delighted; pleased to meet you 1.1
encantar *v.* to like very much; to love (*inanimate objects*) 2.1
encima de *prep.* on top of 1.2
encontrar (o:ue) *v.* to find 1.4
encontrar(se) (o:ue) *v.* to meet (each other); to run into (each other) 2.5
encontrarse con to meet up with 2.1
encuesta *f.* poll; survey 3.6
energía *f.* energy 3.1
energía nuclear nuclear energy 3.1
energía solar solar energy 3.1
enero *m.* January 1.5
enfermarse *v.* to get sick 2.4
enfermedad *f.* illness 2.4
enfermero/a *m., f.* nurse 2.4
enfermo/a *adj.* sick 2.4
enfrente de *adv.* opposite; facing 3.2
engordar *v.* to gain weight 3.3
enojado/a *adj.* angry 1.5
enojarse (con) *v.* to get angry (with) 2.1
ensalada *f.* salad 2.2
ensayo *m.* essay 1.3
enseguida *adv.* right away
enseñar *v.* to teach 1.2
ensuciar *v.* to get (something) dirty 2.6
entender (e:ie) *v.* to understand 1.4
enterarse *v.* to find out 3.4
entonces *adv.* so, then 1.5, 2.1
entrada *f.* entrance 2.6; ticket
entre *prep.* between; among 1.2
entregar *v.* to hand in 2.5
entremeses *m., pl.* hors d'oeuvres; appetizers 2.2
entrenador(a) *m., f.* trainer 3.3
entrenarse *v.* to practice; to train 3.3
entrevista *f.* interview 3.4
entrevistador(a) *m., f.* interviewer 3.4
entrevistar *v.* to interview 3.4
envase *m.* container 3.1
enviar *v.* to send; to mail 3.2
equilibrado/a *adj.* balanced 3.3
equipaje *m.* luggage 1.5
equipo *m.* team 1.4
equivocado/a *adj.* wrong 1.5
eres *fam.* you are 1.1
es he/she/it is 1.1
Es bueno que... It's good that... 2.6
es cierto it's certain 3.1
es extraño it's strange 3.1
es igual it's the same 1.5
Es importante que... It's important that... 2.6
es imposible it's impossible 3.1
es improbable it's improbable 3.1
Es malo que... It's bad that... 2.6
Es mejor que... It's better that... 2.6
Es necesario que... It's necessary that... 2.6
es obvio it's obvious 3.1
es posible it's possible 3.1
es probable it's probable 3.1
es ridículo it's ridiculous 3.1
es seguro it's certain 3.1
es terrible it's terrible 3.1
es triste it's sad 3.1
Es urgente que... It's urgent that... 2.6
Es la una. It's one o'clock. 1.1
es una lástima it's a shame 3.1
es verdad it's true 3.1
esa(s) *f., adj.* that; those 1.6
ésa(s) *f., pron.* that (one); those (ones) 1.6
escalar *v.* to climb 1.4
escalar montañas to climb mountains 1.4
escalera *f.* stairs; stairway 2.6
escalón *m.* step 3.3
escanear *v.* to scan 2.5
escoger *v.* to choose 2.2
escribir *v.* to write 1.3
escribir un mensaje electrónico to write an e-mail 1.4
escribir una carta to write a letter 1.4
escrito/a *p.p.* written 3.2
escritor(a) *m., f.* writer 3.5
escritorio *m.* desk 1.2
escuchar *v.* to listen (to) 1.2
escuchar la radio to listen to the radio 1.2
escuchar música to listen to music 1.2
escuela *f.* school 1.1
esculpir *v.* to sculpt 3.5
escultor(a) *m., f.* sculptor 3.5
escultura *f.* sculpture 3.5
ese *m., sing., adj.* that 1.6
ése *m., sing., pron.* that one 1.6
eso *neuter, pron.* that; that thing 1.6
esos *m., pl., adj.* those 1.6
ésos *m., pl., pron.* those (ones) 1.6
España *f.* Spain
español *m.* Spanish (*language*) 1.2
español(a) *adj. m., f.* Spanish 1.3
espárragos *m., pl.* asparagus 2.2
especialidad: las especialidades del día today's specials 2.2
especialización *f.* major 1.2
espectacular *adj.* spectacular
espectáculo *m.* show 3.5
espejo *m.* mirror 2.1
esperar *v.* to hope; to wish 3.1
esperar (+ *inf.*) *v.* to wait (for); to hope 1.2
esposo/a *m., f.* husband/wife; spouse 1.3
esquí (acuático) *m.* (water) skiing 1.4
esquiar *v.* to ski 1.4
esquina *f.* corner 3.2

está he/she/it is, you are
Está bien. That's fine.
Está (muy) despejado. It's (very) clear. (*weather*)
Está lloviendo. It's raining. **1.5**
Está nevando. It's snowing. **1.5**
Está (muy) nublado. It's (very) cloudy. (*weather*) **1.5**
esta(s) *f., adj.* this; these **1.6**
esta noche tonight
ésta(s) *f., pron.* this (one); these (ones) **1.6**
establecer *v.* to establish **3.4**
estación *f.* station; season **1.5**
estación de autobuses bus station **1.5**
estación del metro subway station **1.5**
estación de tren train station **1.5**
estacionamiento *m.* parking lot **3.2**
estacionar *v.* to park **2.5**
estadio *m.* stadium **1.2**
estado civil *m.* marital status **2.3**
Estados Unidos *m., pl.* (EE.UU.; E.U.) United States
estadounidense *adj. m., f.* from the United States **1.3**
estampilla *f.* stamp **3.2**
estante *m.* bookcase; bookshelves **2.6**
estar *v.* to be **1.2**
estar a dieta to be on a diet **3.3**
estar aburrido/a to be bored **1.5**
estar afectado/a (por) to be affected (by) **3.1**
estar cansado/a to be tired **1.5**
estar contaminado/a to be polluted **3.1**
estar de acuerdo to agree **3.5**
Estoy de acuerdo. I agree. **3.5**
No estoy de acuerdo. I don't agree. **3.5**
estar de moda to be in fashion **1.6**
estar de vacaciones *f., pl.* to be on vacation **1.5**
estar en buena forma to be in good shape **3.3**
estar enfermo/a to be sick **2.4**
estar harto/a de... to be sick of... **3.6**
estar listo/a to be ready **1.5**
estar perdido/a to be lost **3.2**
estar roto/a to be broken
estar seguro/a to be sure **1.5**
estar torcido/a to be twisted; to be sprained **2.4**
No está nada mal. It's not bad at all. **1.5**
estatua *f.* statue **3.5**
este *m.* east **3.2**
este *m., sing., adj.* this **1.6**
éste *m., sing., pron.* this (one) **1.6**
estéreo *m.* stereo **2.5**
estilo *m.* style
estiramiento *m.* stretching **3.3**
esto *neuter pron.* this; this thing **1.6**
estómago *m.* stomach **2.4**
estornudar *v.* to sneeze **2.4**
estos *m., pl., adj.* these **1.6**
éstos *m., pl., pron.* these (ones) **1.6**
estrella *f.* star **3.1**
estrella de cine *m., f.* movie star **3.5**
estrés *m.* stress **3.3**
estudiante *m., f.* student **1.1, 1.2**
estudiantil *adj. m., f.* student **1.2**
estudiar *v.* to study **1.2**
estufa *f.* stove **2.6**
estupendo/a *adj.* stupendous **1.5**
etapa *f.* stage **2.3**
evitar *v.* to avoid **3.1**
examen *m.* test; exam **1.2**
examen médico physical exam **2.4**
excelente *adj. m., f.* excellent **1.5**
exceso *m.* excess **3.3**
excursión *f.* hike; tour; excursion **1.4**
excursionista *m., f.* hiker
éxito *m.* success
experiencia *f.* experience
explicar *v.* to explain **1.2**
explorar *v.* to explore
expresión *f.* expression
extinción *f.* extinction **3.1**
extranjero/a *adj.* foreign **3.5**
extrañar *v.* to miss **3.4**
extraño/a *adj.* strange **3.1**

F

fábrica *f.* factory **3.1**
fabuloso/a *adj.* fabulous **1.5**
fácil *adj.* easy **1.3**
falda *f.* skirt **1.6**
faltar *v.* to lack; to need **2.1**
familia *f.* family **1.3**
famoso/a *adj.* famous
farmacia *f.* pharmacy **2.4**
fascinar *v.* to fascinate **2.1**
favorito/a *adj.* favorite **1.4**
fax *m.* fax (machine)
febrero *m.* February **1.5**
fecha *f.* date **1.5**
¡Felicidades! Congratulations! **2.3**
¡Felicitaciones! Congratulations! **2.3**
feliz *adj.* happy **1.5**
¡Feliz cumpleaños! Happy birthday! **2.3**
fenomenal *adj.* great, phenomenal **1.5**
feo/a *adj.* ugly **1.3**
festival *m.* festival **3.5**
fiebre *f.* fever **2.4**
fiesta *f.* party **2.3**
fijo/a *adj.* fixed, set **1.6**
fin *m.* end **1.4**
fin de semana weekend **1.4**
finalmente *adv.* finally
firmar *v.* to sign (*a document*) **3.2**
física *f.* physics **1.2**
flan (de caramelo) *m.* baked (caramel) custard **2.3**
flexible *adj.* flexible **3.3**
flor *f.* flower **3.1**
folclórico/a *adj.* folk; folkloric **3.5**
folleto *m.* brochure
forma *f.* shape **3.3**
formulario *m.* form **3.2**
foto(grafía) *f.* photograph **1.1**
francés, francesa *adj. m., f.* French **1.3**
frecuentemente *adv.* frequently
frenos *m., pl.* brakes
frente (frío) *m.* (cold) front **1.5**
fresco/a *adj.* cool
frijoles *m., pl.* beans **2.2**
frío/a *adj.* cold
frito/a *adj.* fried **2.2**
fruta *f.* fruit **2.2**
frutería *f.* fruit store **3.2**
fuera *adv.* outside
fuerte *adj. m., f.* strong **3.3**
fumar *v.* to smoke **3.3**
(no) fumar *v.* (not) to smoke **3.3**
funcionar *v.* to work **2.5**; to function
fútbol *m.* soccer **1.4**
fútbol americano *m.* football **1.4**
futuro/a *adj.* future
en el futuro in the future

G

gafas (de sol) *f., pl.* (sun)glasses **1.6**
gafas (oscuras) *f., pl.* (sun)glasses
galleta *f.* cookie **2.3**
ganar *v.* to win **1.4**; to earn (money) **3.4**
ganga *f.* bargain **1.6**
garaje *m.* garage; (mechanic's) repair shop **2.5**; garage (*in a house*) **2.6**
garganta *f.* throat **2.4**
gasolina *f.* gasoline **2.5**
gasolinera *f.* gas station **2.5**
gastar *v.* to spend (*money*) **1.6**
gato *m.* cat **3.1**
gemelo/a *m., f.* twin **1.3**
genial *adj.* great **3.4**
gente *f.* people **1.3**
geografía *f.* geography **1.2**
gerente *m., f.* manager **2.2, 3.4**
gimnasio *m.* gymnasium **1.4**
gobierno *m.* government **3.1**
golf *m.* golf **1.4**
gordo/a *adj.* fat **1.3**
grabar *v.* to record **2.5**
gracias *f., pl.* thank you; thanks **1.1**
Gracias por invitarme. Thanks for inviting me. **2.3**
graduarse (de/en) *v.* to graduate (from/in) **2.3**

grande *adj.* big; large 1.3
grasa *f.* fat 3.3
gratis *adj. m., f.* free of charge 3.2
grave *adj.* grave; serious 2.4
gripe *f.* flu 2.4
gris *adj. m., f.* gray 1.6
gritar *v.* to scream, to shout
grito *m.* scream 1.5
guantes *m., pl.* gloves 1.6
guapo/a *adj.* handsome; good-looking 1.3
guardar *v.* to save (on a computer) 2.5
guerra *f.* war 3.6
guía *m., f.* guide
gustar *v.* to be pleasing to; to like 1.2
Me gustaría... I would like...
gusto *m.* pleasure 1.1
El gusto es mío. The pleasure is mine. 1.1
Mucho gusto. Pleased to meet you. 1.1
¡Qué gusto verlo/la! *(form.) How nice to see you!* 3.6
¡Qué gusto verte! *(fam.) How nice to see you!* 3.6

H

haber *(auxiliar) v.* to have (done something) 3.3
habitación *f.* room 1.5
habitación doble double room 1.5
habitación individual single room 1.5
hablar *v.* to talk; to speak 1.2
hacer *v.* to do; to make 1.4
Hace buen tiempo. The weather is good. 1.5
Hace (mucho) calor. It's (very) hot. (*weather*) 1.5
Hace fresco. It's cool. (*weather*) 1.5
Hace (mucho) frío. It's (very) cold. (*weather*) 1.5
Hace mal tiempo. The weather is bad. 1.5
Hace (mucho) sol. It's (very) sunny. (*weather*) 1.5
Hace (mucho) viento. It's (very) windy. (*weather*) 1.5
hacer cola to stand in line 3.2
hacer diligencias to run errands 3.2
hacer ejercicio to exercise 3.3
hacer ejercicios aeróbicos to do aerobics 3.3
hacer ejercicios de estiramiento to do stretching exercises 3.3
hacer el papel (de) to play the role (of) 3.5
hacer gimnasia to work out 3.3
hacer juego (con) to match (with) 1.6
hacer la cama to make the bed 2.6
hacer las maletas to pack (one's) suitcases 1.5
hacer quehaceres domésticos to do household chores 2.6
hacer (wind)surf to (wind) surf 1.5
hacer turismo to go sightseeing
hacer un viaje to take a trip 1.5
¿Me harías el honor de casarte conmigo? Would you do me the honor of marrying me? 3.5
hacia *prep.* toward 3.2
hambre *f.* hunger
hamburguesa *f.* hamburger 2.2
hasta *prep.* until 1.6; toward
Hasta la vista. See you later. 1.1
Hasta luego. See you later. 1.1
Hasta mañana. See you tomorrow. 1.1
Hasta pronto. See you soon. 1.1
hasta que *conj.* until 3.1
hay there is; there are 1.1
Hay (mucha) contaminación. It's (very) smoggy.
Hay (mucha) niebla. It's (very) foggy.
Hay que It is necessary that
No hay de qué. You're welcome. 1.1
No hay duda de There's no doubt 3.1
hecho/a *p.p.* done 3.2
heladería *f.* ice cream shop 3.2
helado/a *adj.* iced 2.2
helado *m.* ice cream 2.3
hermanastro/a *m., f.* stepbrother/stepsister 1.3
hermano/a *m., f.* brother/sister 1.3
hermano/a mayor/menor *m., f.* older/younger brother/sister 1.3
hermanos *m., pl.* siblings (brothers and sisters) 1.3
hermoso/a *adj.* beautiful 1.6
hierba *f.* grass 3.1
hijastro/a *m., f.* stepson/stepdaughter 1.3
hijo/a *m., f.* son/daughter 1.3
hijo/a único/a *m., f.* only child 1.3
hijos *m., pl.* children 1.3
híjole *interj.* wow 1.6
historia *f.* history 1.2; story 3.5
hockey *m.* hockey 1.4
hola *interj.* hello; hi 1.1
hombre *m.* man 1.1
hombre de negocios *m.* businessman 3.4
hora *f.* hour 1.1; the time
horario *m.* schedule 1.2
horno *m.* oven 2.6
horno de microondas *m.* microwave oven 2.6
horror *m.* horror 3.5
de horror horror (genre) 3.5
hospital *m.* hospital 2.4
hotel *m.* hotel 1.5
hoy *adv.* today 1.2
hoy día *adv.* nowadays
Hoy es... Today is... 1.2
hueco *m.* hole 1.4
huelga *f.* strike (*labor*) 3.6
hueso *m.* bone 2.4
huésped *m., f.* guest 1.5
huevo *m.* egg 2.2
humanidades *f., pl.* humanities 1.2
huracán *m.* hurricane 3.6

I

ida *f.* one way (*travel*)
idea *f.* idea 3.6
iglesia *f.* church 1.4
igualdad *f.* equality 3.6
igualmente *adv.* likewise 1.1
impermeable *m.* raincoat 1.6
importante *adj. m., f.* important 1.3
importar *v.* to be important to; to matter 2.1
imposible *adj. m., f.* impossible 3.1
impresora *f.* printer 2.5
imprimir *v.* to print 2.5
improbable *adj. m., f.* improbable 3.1
impuesto *m.* tax 3.6
incendio *m.* fire 3.6
increíble *adj. m., f.* incredible 1.5
indicar cómo llegar *v.* to give directions 3.2
individual *adj.* single (*room*) 1.5
infección *f.* infection 2.4
informar *v.* to inform 3.6
informe *m.* report; paper (*written work*) 3.6
ingeniero/a *m., f.* engineer 1.3
inglés *m.* English (*language*) 1.2
inglés, inglesa *adj.* English 1.3
inodoro *m.* toilet 2.1
insistir (en) *v.* to insist (on) 2.6
inspector(a) de aduanas *m., f.* customs inspector 1.5
inteligente *adj. m., f.* intelligent 1.3
intento *m.* attempt 2.5
intercambiar *v.* to exchange
interesante *adj. m., f.* interesting 1.3
interesar *v.* to be interesting to; to interest 2.1
internacional *adj. m., f.* international 3.6
Internet Internet 2.5
inundación *f.* flood 3.6
invertir (e:ie) *v.* to invest 3.4
invierno *m.* winter 1.5
invitado/a *m., f.* guest 2.3
invitar *v.* to invite 2.3
inyección *f.* injection 2.4
ir *v.* to go 1.4
ir a (+ *inf.*) to be going to do something 1.4

ir de compras to go shopping 1.5
ir de excursión (a las montañas) to go on a hike (in the mountains) 1.4
ir de pesca to go fishing
ir de vacaciones to go on vacation 1.5
ir en autobús to go by bus 1.5
ir en auto(móvil) to go by auto(mobile); to go by car 1.5
ir en avión to go by plane 1.5
ir en barco to go by boat 1.5
ir en metro to go by subway
ir en moto(cicleta) to go by motorcycle 1.5
ir en taxi to go by taxi 1.5
ir en tren to go by train
irse *v.* to go away; to leave 2.1
italiano/a *adj.* Italian 1.3
izquierda *f.* left 1.2
a la izquierda de to the left of 1.2

J

jabón *m.* soap 2.1
jamás *adv.* never; not ever 2.1
jamón *m.* ham 2.2
japonés, japonesa *adj.* Japanese 1.3
jardín *m.* garden; yard 2.6
jefe, jefa *m., f.* boss 3.4
jengibre *m.* ginger 2.4
joven *adj. m., f., sing.* (**jóvenes** *pl.*) young 1.3
joven *m., f., sing.* (**jóvenes** *pl.*) young person 1.1
joyería *f.* jewelry store 3.2
jubilarse *v.* to retire (*from work*) 2.3
juego *m.* game
jueves *m., sing.* Thursday 1.2
jugador(a) *m., f.* player 1.4
jugar (u:ue) *v.* to play 1.4
jugar a las cartas *f., pl.* to play cards 1.5
jugo *m.* juice 2.2
jugo de fruta *m.* fruit juice 2.2
julio *m.* July 1.5
jungla *f.* jungle 3.1
junio *m.* June 1.5
juntos/as *adj.* together 2.3
juventud *f.* youth 2.3

K

kilómetro *m.* kilometer 2.5

L

la *f., sing., def. art.* the 1.1; *f., sing., d.o. pron.* her, it, *form.* you 1.5
laboratorio *m.* laboratory 1.2
lago *m.* lake 3.1
lámpara *f.* lamp 2.6
lana *f.* wool 1.6
langosta *f.* lobster 2.2
lápiz *m.* pencil 1.1
largo/a *adj.* long 1.6
las *f., pl., def. art.* the 1.1; *f., pl., d.o. pron.* them; you 1.5
lástima *f.* shame 3.1
lastimarse *v.* to injure oneself 2.4
lastimarse el pie to injure one's foot 2.4
lata *f.* (*tin*) can 3.1
lavabo *m.* sink 2.1
lavadora *f.* washing machine 2.6
lavandería *f.* laundromat 3.2
lavaplatos *m., sing.* dishwasher 2.6
lavar *v.* to wash 2.6
lavar (el suelo, los platos) to wash (the floor, the dishes) 2.6
lavarse *v.* to wash oneself 2.1
lavarse la cara to wash one's face 2.1
lavarse las manos to wash one's hands 2.1
le *sing., i.o. pron.* to/for him, her, *form.* you 1.6
Le presento a... *form.* I would like to introduce you to (name). 1.1
lección *f.* lesson 1.1
leche *f.* milk 2.2
lechuga *f.* lettuce 2.2
leer *v.* to read 1.3
leer el correo electrónico to read e-mail 1.4
leer un periódico to read a newspaper 1.4
leer una revista to read a magazine 1.4
leído/a *p.p.* read 3.2
lejos de *prep.* far from 1.2
lengua *f.* language 1.2
lenguas extranjeras *f., pl.* foreign languages 1.2
lentes de contacto *m., pl.* contact lenses
lentes (de sol) (sun)glasses
lento/a *adj.* slow 2.5
les *pl., i.o. pron.* to/for them, you 1.6
letrero *m.* sign 3.2
levantar *v.* to lift 3.3
levantar pesas to lift weights 3.3
levantarse *v.* to get up 2.1
ley *f.* law 3.1
libertad *f.* liberty; freedom 3.6
libre *adj. m., f.* free 1.4
librería *f.* bookstore 1.2
libro *m.* book 1.2
licencia de conducir *f.* driver's license 2.5
limón *m.* lemon 2.2
limpiar *v.* to clean 2.6
limpiar la casa *v.* to clean the house 2.6
limpio/a *adj.* clean 1.5
línea *f.* line 1.4
listo/a *adj.* ready; smart 1.5
literatura *f.* literature 1.2
llamar *v.* to call 2.5
llamar por teléfono to call on the phone
llamarse *v.* to be called; to be named 2.1
llanta *f.* tire 2.5
llave *f.* key 1.5; wrench 2.5
llegada *f.* arrival 1.5
llegar *v.* to arrive 1.2
llenar *v.* to fill 2.5, 3.2
llenar el tanque to fill the tank 2.5
llenar (un formulario) to fill out (a form) 3.2
lleno/a *adj.* full 2.5
llevar *v.* to carry 1.2; to wear; to take 1.6
llevar una vida sana to lead a healthy lifestyle 3.3
llevarse bien/mal (con) to get along well/badly (with) 2.3
llorar *v.* to cry 3.3
llover (o:ue) *v.* to rain 1.5
Llueve. It's raining. 1.5
lluvia *f.* rain
lo *m., sing. d.o. pron.* him, it, *form.* you 1.5
¡Lo he pasado de película! I've had a fantastic time! 3.6
lo mejor the best (thing)
lo que that which; what 2.6
Lo siento. I'm sorry. 1.1
loco/a *adj.* crazy 1.6
locutor(a) *m., f.* (TV or radio) announcer 3.6
lodo *m.* mud
los *m., pl., def. art.* the 1.1; *m. pl., d.o. pron.* them, you 1.5
luchar (contra/por) *v.* to fight; to struggle (against/for) 3.6
luego *adv.* then 2.1; later 1.1
lugar *m.* place 1.2, 1.4
luna *f.* moon 3.1
lunares *m.* polka dots
lunes *m., sing.* Monday 1.2
luz *f.* light; electricity 2.6

M

madrastra *f.* stepmother 1.3
madre *f.* mother 1.3
madurez *f.* maturity; middle age 2.3
maestro/a *m., f.* teacher 3.4
magnífico/a *adj.* magnificent 1.5
maíz *m.* corn 2.2
mal, malo/a *adj.* bad 1.3
maleta *f.* suitcase 1.1
mamá *f.* mom
mandar *v.* to order 2.6; to send; to mail 3.2
manejar *v.* to drive 2.5

manera *f.* way
mano *f.* hand 1.1
manta *f.* blanket 2.6
mantener *v.* to maintain 3.3
mantenerse en forma to stay in shape 3.3
mantequilla *f.* butter 2.2
manzana *f.* apple 2.2
mañana *f.* morning, a.m. 1.1; tomorrow 1.1
mapa *m.* map 1.1, 1.2
maquillaje *m.* makeup 2.1
maquillarse *v.* to put on makeup 2.1
mar *m.* sea 1.5
maravilloso/a *adj.* marvelous 1.5
mareado/a *adj.* dizzy; nauseated 2.4
margarina *f.* margarine 2.2
mariscos *m., pl.* shellfish 2.2
marrón *adj. m., f.* brown 1.6
martes *m., sing.* Tuesday 1.2
marzo *m.* March 1.5
más *adv.* more 1.2
más de (+ *number*) more than 2.2
más tarde later (on) 2.1
más... que more... than 2.2
masaje *m.* massage 3.3
matemáticas *f., pl.* mathematics 1.2
materia *f.* course 1.2
matrimonio *m.* marriage 2.3
máximo/a *adj.* maximum 2.5
mayo *m.* May 1.5
mayonesa *f.* mayonnaise 2.2
mayor *adj.* older 1.3
el/la mayor *adj.* oldest 2.2
me *sing., d.o. pron.* me 1.5; *sing. i.o. pron.* to/for me 1.6
Me gusta... I like... 1.2
Me gustaría(n)... I would like... 3.3
Me llamo... My name is... 1.1
Me muero por... I'm dying to (for)...
mecánico/a *m., f.* mechanic 2.5
mediano/a *adj.* medium
medianoche *f.* midnight 1.1
medias *f., pl.* pantyhose, stockings 1.6
medicamento *m.* medication 2.4
medicina *f.* medicine 2.4
médico/a *m., f.* doctor 1.3; *adj.* medical 2.4
medio/a *adj.* half 1.3
medio ambiente *m.* environment 3.1
medio/a hermano/a *m., f.* half-brother/half-sister 1.3
mediodía *m.* noon 1.1
medios de comunicación *m., pl.* means of communication; media 3.6
y media thirty minutes past the hour (time) 1.1
mejor *adj.* better 2.2
el/la mejor *m., f.* the best 2.2
mejorar *v.* to improve 3.1
melocotón *m.* peach 2.2
menor *adj.* younger 1.3
el/la menor *m., f.* youngest 2.2
menos *adv.* less 2.4
menos cuarto..., menos quince... quarter to... (*time*) 1.1
menos de (+ *number*) fewer than 2.2
menos... que less... than 2.2
mensaje *m.* **de texto** text message 2.5
mensaje electrónico *m.* e-mail message 1.4
mentira *f.* lie 1.4
menú *m.* menu 2.2
mercado *m.* market 1.6
mercado al aire libre open-air market 1.6
merendar (e:ie) *v.* to snack 2.2; to have an afternoon snack
merienda *f.* afternoon snack 3.3
mes *m.* month 1.5
mesa *f.* table 1.2
mesita *f.* end table 2.6
mesita de noche night stand 2.6
meterse en problemas *v.* to get into trouble 3.1
metro *m.* subway 1.5
mexicano/a *adj.* Mexican 1.3
mí *pron., obj. of prep.* me 2.3
mi(s) *poss. adj.* my 1.3
microonda *f.* microwave 2.6
horno de microondas *m.* microwave oven 2.6
miedo *m.* fear
miel *f.* honey 2.4
mientras *conj.* while 2.4
miércoles *m., sing.* Wednesday 1.2
mil *m.* one thousand 1.2
mil millones billion
milla *f.* mile
millón *m.* million 1.2
millones (de) *m.* millions (of)
mineral *m.* mineral 3.3
minuto *m.* minute
mío(s)/a(s) *poss.* my; (of) mine 2.5
mirar *v.* to look (at); to watch 1.2
mirar (la) televisión to watch television 1.2
mismo/a *adj.* same 1.3
mochila *f.* backpack 1.2
moda *f.* fashion 1.6
moderno/a *adj.* modern 3.5
molestar *v.* to bother; to annoy 2.1
monitor *m.* (computer) monitor 2.5
monitor(a) *m., f.* trainer
mono *m.* monkey 3.1
montaña *f.* mountain 1.4
montar *v.* **a caballo** to ride a horse 1.5
montón: un montón de a lot of 1.4
monumento *m.* monument 1.4
morado/a *adj.* purple 1.6
moreno/a *adj.* brunet(te) 1.3
morir (o:ue) *v.* to die 2.2
mostrar (o:ue) *v.* to show 1.4
moto(cicleta) *f.* motorcycle 1.5
motor *m.* motor
muchacho/a *m., f.* boy/girl 1.3
mucho/a *adj.,* a lot of; much; many 1.3
(Muchas) gracias. Thank you (very much); Thanks (a lot). 1.1
muchas veces *adv.* a lot; many times 2.4
Mucho gusto. Pleased to meet you. 1.1
mudarse *v.* to move (from one house to another) 2.6
muebles *m., pl.* furniture 2.6
muerte *f.* death 2.3
muerto/a *p.p.* died 3.2
mujer *f.* woman 1.1
mujer de negocios *f.* business woman 3.4
mujer policía *f.* female police officer
multa *f.* fine
mundial *adj. m., f.* worldwide
mundo *m.* world 2.2
muro *m.* wall 3.3
músculo *m.* muscle 3.3
museo *m.* museum 1.4
música *f.* music 1.2, 3.5
musical *adj. m., f.* musical 3.5
músico/a *m., f.* musician 3.5
muy *adv.* very 1.1
(Muy) bien, gracias. (Very) well, thanks. 1.1

N

nacer *v.* to be born 2.3
nacimiento *m.* birth 2.3
nacional *adj. m., f.* national 3.6
nacionalidad *f.* nationality 1.1
nada nothing 1.1; not anything 2.1
nada mal not bad at all 1.5
nadar *v.* to swim 1.4
nadie *pron.* no one, nobody, not anyone 2.1
naranja *f.* orange 2.2
nariz *f.* nose 2.4
natación *f.* swimming 1.4
natural *adj. m., f.* natural 3.1
naturaleza *f.* nature 3.1
navegador *m.* **GPS** GPS 2.5
navegar (en Internet) *v.* to surf (the Internet) 2.5
Navidad *f.* Christmas 2.3
necesario/a *adj.* necessary 2.6
necesitar (+ *inf.*) *v.* to need 1.2
negar (e:ie) *v.* to deny 3.1
no negar (e:ie) *v.* not to deny 3.1

negocios *m., pl.* business; commerce 3.4
negro/a *adj.* black 1.6
nervioso/a *adj.* nervous 1.5
nevar (e:ie) *v.* to snow 1.5
  Nieva. It's snowing. 1.5
ni...ni neither... nor 2.1
niebla *f.* fog
nieto/a *m., f.* grandson/granddaughter 1.3
nieve *f.* snow
ningún, ninguno/a(s) *adj.* no; none; not any 2.1
niñez *f.* childhood 2.3
niño/a *m., f.* child 1.3
no no; not 1.1
  ¿no? right? 1.1
  no cabe duda de there is no doubt 3.1
  no es seguro it's not certain 3.1
  no es verdad it's not true 3.1
  No está nada mal. It's not bad at all. 1.5
  no estar de acuerdo to disagree
  No estoy seguro. I'm not sure.
  no hay there is not; there are not 1.1
  No hay de qué. You're welcome. 1.1
  no hay duda de there is no doubt 3.1
  ¡No me diga(s)! You don't say!
  No me gustan nada. I don't like them at all. 1.2
  no muy bien not very well 1.1
  No quiero. I don't want to. 1.4
  No sé. I don't know.
  No te preocupes. (*fam.*) Don't worry. 2.1
  no tener razón to be wrong 1.3
noche *f.* night 1.1
nombre *m.* name 1.1
norte *m.* north 3.2
norteamericano/a *adj.* (North) American 1.3
nos *pl., d.o. pron.* us 1.5; *pl., i.o. pron.* to/for us 1.6
  Nos vemos. See you. 1.1
nosotros/as *sub. pron.* we 1.1; *obj. pron.* us
noticia *f.* news 2.5
noticias *f., pl.* news 3.6
noticiero *m.* newscast 3.6
novecientos/as nine hundred 1.2
noveno/a *adj.* ninth 1.5
noventa ninety 1.2
noviembre *m.* November 1.5
novio/a *m., f.* boyfriend/girlfriend 1.3
nube *f.* cloud 3.1
nublado/a *adj.* cloudy 1.5
  Está (muy) nublado. It's very cloudy. 1.5
nuclear *adj. m. f.* nuclear 3.1
nuera *f.* daughter-in-law 1.3
nuestro(s)/a(s) *poss. adj.* our 1.3; our, (of) ours 2.5
nueve nine 1.1
nuevo/a *adj.* new 1.6
número *m.* number 1.1; (shoe) size 1.6
nunca *adv.* never; not ever 2.1
nutrición *f.* nutrition 3.3
nutricionista *m., f.* nutritionist 3.3

O

o or 2.1
o... o; either... or 2.1
obedecer *v.* to obey 3.6
obra *f.* work (*of art, literature, music, etc.*) 3.5
  obra maestra *f.* masterpiece 3.5
obtener *v.* to obtain; to get 3.4
obvio/a *adj.* obvious 3.1
océano *m.* ocean
ochenta eighty 1.2
ocho eight 1.1
ochocientos/as eight hundred 1.2
octavo/a *adj.* eighth 1.5
octubre *m.* October 1.5
ocupación *f.* occupation 3.4
ocupado/a *adj.* busy 1.5
ocurrir *v.* to occur; to happen 3.6
odiar *v.* to hate 2.3
oeste *m.* west 3.2
oferta *f.* offer
oficina *f.* office 2.6
oficio *m.* trade 3.4
ofrecer *v.* to offer 1.6
oído *m.* (sense of) hearing; inner ear 2.4
oído/a *p.p.* heard 3.2
oír *v.* to hear 1.4
ojalá (que) *interj.* I hope (that); I wish (that) 3.1
ojo *m.* eye 2.4
olvidar *v.* to forget 2.4
once eleven 1.1
ópera *f.* opera 3.5
operación *f.* operation 2.4
ordenado/a *adj.* orderly 1.5
ordinal *adj.* ordinal (*number*)
oreja *f.* (outer) ear 2.4
organizarse *v.* to organize oneself 2.6
orquesta *f.* orchestra 3.5
ortografía *f.* spelling
ortográfico/a *adj.* spelling
os *fam., pl. d.o. pron.* you 1.5; *fam., pl. i.o. pron.* to/for you 1.6
otoño *m.* autumn 1.5
otro/a *adj.* other; another 1.6
  otra vez again

P

paciente *m., f.* patient 2.4
padrastro *m.* stepfather 1.3
padre *m.* father 1.3
padres *m., pl.* parents 1.3
pagar *v.* to pay 1.6
  pagar a plazos to pay in installments 3.2
  pagar al contado to pay in cash 3.2
  pagar en efectivo to pay in cash 3.2
  pagar la cuenta to pay the bill
página *f.* page 2.5
  página principal *f.* home page 2.5
país *m.* country 1.1
paisaje *m.* landscape 1.5
pájaro *m.* bird 3.1
palabra *f.* word 1.1
paleta helada *f.* popsicle 1.4
pálido/a *adj.* pale 3.2
pan *m.* bread 2.2
  pan tostado *m.* toasted bread 2.2
panadería *f.* bakery 3.2
pantalla *f.* screen 2.5
  pantalla táctil *f.* touch screen
pantalones *m., pl.* pants 1.6
  pantalones cortos *m., pl.* shorts 1.6
pantuflas *f.* slippers 2.1
papa *f.* potato 2.2
  papas fritas *f., pl.* fried potatoes; French fries 2.2
papá *m.* dad
  papás *m., pl.* parents
papel *m.* paper 1.2; role 3.5
papelera *f.* wastebasket 1.2
paquete *m.* package 3.2
par *m.* pair 1.6
  par de zapatos pair of shoes 1.6
para *prep.* for; in order to; by; used for; considering 2.5
  para que *conj.* so that 3.1
parabrisas *m., sing.* windshield 2.5
parar *v.* to stop 2.5
parecer *v.* to seem 1.6
pared *f.* wall 2.6
pareja *f.* (married) couple; partner 2.3
parientes *m., pl.* relatives 1.3
parque *m.* park 1.4
párrafo *m.* paragraph
parte: de parte de on behalf of 2.5
partido *m.* game; match (*sports*) 1.4
pasado/a *adj.* last; past 1.6
  pasado *p.p.* passed
pasaje *m.* ticket 1.5
  pasaje de ida y vuelta *m.* roundtrip ticket 1.5
pasajero/a *m., f.* passenger 1.1
pasaporte *m.* passport 1.5
pasar *v.* to go through
  pasar la aspiradora to vacuum 2.6
  pasar por la aduana to go through customs
  pasar tiempo to spend time
  pasarlo bien/mal to have a good/bad time 2.3

pasatiempo *m.* pastime; hobby 1.4
pasear *v.* to take a walk; to stroll 1.4
pasear en bicicleta to ride a bicycle 1.4
pasear por to walk around
pasillo *m.* hallway 2.6
pasta *f.* **de dientes** toothpaste 2.1
pastel *m.* cake; pie 2.3
pastel de chocolate *m.* chocolate cake 2.3
pastel de cumpleaños *m.* birthday cake
pastelería *f.* pastry shop 3.2
pastilla *f.* pill; tablet 2.4
patata *f.* potato 2.2
patatas fritas *f., pl.* fried potatoes; French fries 2.2
patinar (en línea) *v.* to (inline) skate 1.4
patineta *f.* skateboard 1.4
patio *m.* patio; yard 2.6
pavo *m.* turkey 2.2
paz *f.* peace 3.6
pedir (e:i) *v.* to ask for; to request 1.4; to order (*food*) 2.2
pedir prestado *v.* to borrow 3.2
pedir un préstamo *v.* to apply for a loan 3.2
Todos me dijeron que te pidiera una disculpa de su parte. They all told me to ask you to excuse them/forgive them. 3.6
peinarse *v.* to comb one's hair 2.1
película *f.* movie 1.4
peligro *m.* danger 3.1
peligroso/a *adj.* dangerous 3.6
pelirrojo/a *adj.* red-haired 1.3
pelo *m.* hair 2.1
pelota *f.* ball 1.4
peluquería *f.* beauty salon 3.2
peluquero/a *m., f.* hairdresser 3.4
penicilina *f.* penicillin
pensar (e:ie) *v.* to think 1.4
pensar (+ *inf.*) *v.* to intend to; to plan to (*do something*) 1.4
pensar en *v.* to think about 1.4
pensión *f.* boardinghouse
peor *adj.* worse 2.2
el/la peor *adj.* the worst 2.2
pequeño/a *adj.* small 1.3
pera *f.* pear 2.2
perder (e:ie) *v.* to lose; to miss 1.4
perdido/a *adj.* lost 3.1, 3.2
Perdón. Pardon me.; Excuse me. 1.1
perezoso/a *adj.* lazy
perfecto/a *adj.* perfect 1.5
periódico *m.* newspaper 1.4
periodismo *m.* journalism 1.2
periodista *m., f.* journalist 1.3
permiso *m.* permission
pero *conj.* but 1.2
perro *m.* dog 3.1
persona *f.* person 1.3
personaje *m.* character 3.5
personaje principal *m.* main character 3.5
pesas *f. pl.* weights 3.3
pesca *f.* fishing
pescadería *f.* fish market 3.2
pescado *m.* fish (*cooked*) 2.2
pescar *v.* to fish 1.5
peso *m.* weight 3.3
pez *m., sing.* (**peces** *pl.*) fish (*live*) 3.1
pie *m.* foot 2.4
piedra *f.* stone 3.1
pierna *f.* leg 2.4
pimienta *f.* black pepper 2.2
pintar *v.* to paint 3.5
pintor(a) *m., f.* painter 3.4
pintura *f.* painting; picture 2.6, 3.5
piña *f.* pineapple
piscina *f.* swimming pool 1.4
piso *m.* floor (*of a building*) 1.5
pizarra *f.* blackboard 1.2
placer *m.* pleasure
planchar la ropa *v.* to iron the clothes 2.6
planes *m., pl.* plans
planta *f.* plant 3.1
planta baja *f.* ground floor 1.5
plástico *m.* plastic 3.1
plato *m.* dish (*in a meal*) 2.2; *m.* plate 2.6
plato principal *m.* main dish 2.2
playa *f.* beach 1.5
plaza *f.* city or town square 1.4
plazos *m., pl.* periods; time 3.2
pluma *f.* pen 1.2
plumero *m.* duster 2.6
población *f.* population 3.1
pobre *adj. m., f.* poor 1.6
pobrecito/a *adj.* poor thing 1.3
pobreza *f.* poverty
poco *adv.* little 1.5, 2.4
poder (o:ue) *v.* to be able to; can 1.4
¿Podría pedirte algo? Could I ask you something? 3.5
¿Puedo dejar un recado? May I leave a message? 2.5
poema *m.* poem 3.5
poesía *f.* poetry 3.5
poeta *m., f.* poet 3.5
policía *f.* police (force) 2.5
política *f.* politics 3.6
político/a *m., f.* politician 3.4; *adj.* political 3.6
pollo *m.* chicken 2.2
pollo asado *m.* roast chicken 2.2
poner *v.* to put; to place 1.4; to turn on (*electrical appliances*) 2.5
poner la mesa to set the table 2.6
poner una inyección to give an injection 2.4
ponerle el nombre to name someone/something 2.3
ponerse (+ *adj.*) *v.* to become (+ *adj.*) 2.1; to put on 2.1
por *prep.* in exchange for; for; by; in; through; around; along; during; because of; on account of; on behalf of; in search of; by way of; by means of 2.5
por aquí around here 2.5
por ejemplo for example 2.5
por eso that's why; therefore 2.5
por favor please 1.1
por fin finally 2.5
por la mañana in the morning 2.1
por la noche at night 2.1
por la tarde in the afternoon 2.1
por lo menos *adv.* at least 2.4
¿por qué? why? 1.2
Por supuesto. Of course.
por teléfono by phone; on the phone
por último finally 2.1
porque *conj.* because 1.2
portátil *adj.* portable 2.5
portero/a *m., f.* doorman/doorwoman 1.1
porvenir *m.* future 3.4
por el porvenir for/to the future 3.4
posesivo/a *adj.* possessive
posible *adj.* possible 3.1
es posible it's possible 3.1
no es posible it's not possible 3.1
postal *f.* postcard
postre *m.* dessert 2.3
practicar *v.* to practice 1.2
practicar deportes *m., pl.* to play sports 1.4
precio (fijo) *m.* (fixed; set) price 1.6
preferir (e:ie) *v.* to prefer 1.4
pregunta *f.* question
preguntar *v.* to ask (*a question*) 1.2
premio *m.* prize; award 3.5
prender *v.* to turn on 2.5
prensa *f.* press 3.6
preocupado/a (por) *adj.* worried (about) 1.5
preocuparse (por) *v.* to worry (about) 2.1
preparar *v.* to prepare 1.2
preposición *f.* preposition
presentación *f.* introduction
presentar *v.* to introduce; to present 3.5; to put on (*a performance*) 3.5
Le presento a... I would like to introduce you to (name). (*form.*) 1.1
Te presento a... I would like to introduce you to (name). (*fam.*) 1.1

presiones *f., pl.* pressures 3.3
prestado/a *adj.* borrowed
préstamo *m.* loan 3.2
prestar *v.* to lend; to loan 1.6
primavera *f.* spring 1.5
primer, primero/a *adj.* first 1.5
primero *adv.* first 1.2
primo/a *m., f.* cousin 1.3
principal *adj. m., f.* main 2.2
prisa *f.* haste
  darse prisa *v.* to hurry; to rush 3.3
probable *adj. m., f.* probable 3.1
  es probable it's probable 3.1
  no es probable it's not probable 3.1
probar (o:ue) *v.* to taste; to try 2.2
probarse (o:ue) *v.* to try on 2.1
problema *m.* problem 1.1
profesión *f.* profession 1.3; 3.4
profesor(a) *m., f.* teacher 1.1, 1.2
programa *m.* program 1.1
  programa de computación *m.* software 2.5
  programa de entrevistas *m.* talk show 3.5
  programa de realidad *m.* reality show 3.5
programador(a) *m., f.* computer programmer 1.3
prohibir *v.* to prohibit 2.4; to forbid
pronombre *m.* pronoun
pronto *adv.* soon 2.4
propina *f.* tip 2.2
propio/a *adj.* own
proteger *v.* to protect 3.1
proteína *f.* protein 3.3
próximo/a *adj.* next 1.3, 3.4
proyecto *m.* project 2.5
prueba *f.* test; quiz 1.2
psicología *f.* psychology 1.2
psicólogo/a *m., f.* psychologist 3.4
publicar *v.* to publish 3.5
público *m.* audience 3.5
pueblo *m.* town
puerta *f.* door 1.2
puertorriqueño/a *adj.* Puerto Rican 1.3
pues *conj.* well
puesto *m.* position; job 3.4
puesto/a *p.p.* put 3.2
puro/a *adj.* pure 3.1

Q

que *pron.* that; which; who 2.6
  ¿En qué...? In which...?
  ¡Qué...! How...!
  ¡Qué dolor! What pain!
  ¡Qué ropa más bonita! What pretty clothes! 1.6
  ¡Qué sorpresa! What a surprise!
  ¿qué? what? 1.1, 1.2
  ¿Qué día es hoy? What day is it? 1.2
  ¿Qué hay de nuevo? What's new? 1.1
  ¿Qué hora es? What time is it? 1.1
  ¿Qué les parece? What do you (*pl.*) think?
  ¿Qué onda? What's up? 3.2
  ¿Qué pasa? What's happening? What's going on? 1.1
  ¿Qué pasó? What happened?
  ¿Qué precio tiene? What is the price?
  ¿Qué tal...? How are you?; How is it going? 1.1
  ¿Qué talla lleva/usa? What size do you wear? 1.6
  ¿Qué tiempo hace? How's the weather? 1.5
quedar *v.* to be left over; to fit (*clothing*) 2.1; to be located 3.2
quedarse *v.* to stay; to remain 2.1
quehaceres domésticos *m., pl.* household chores 2.6
quemar (un CD/DVD) *v.* to burn (a CD/DVD)
querer (e:ie) *v.* to want; to love 1.4
queso *m.* cheese 2.2
quien(es) *pron.* who; whom; that 2.6
¿quién(es)? who?; whom? 1.1, 1.2
  ¿Quién es...? Who is...? 1.1
  ¿Quién habla? Who is speaking/calling? (*telephone*) 2.5
química *f.* chemistry 1.2
quince fifteen 1.1
  menos quince quarter to (time) 1.1
  y quince quarter after (time) 1.1
quinceañera *f.* young woman celebrating her fifteenth birthday 2.3
quinientos/as five hundred 1.2
quinto/a *adj.* fifth 1.5
quisiera *v.* I would like
quitar el polvo *v.* to dust 2.6
quitar la mesa *v.* to clear the table 2.6
quitarse *v.* to take off 2.1
quizás *adv.* maybe 1.5

R

racismo *m.* racism 3.6
radio *f.* radio (*medium*) 1.2; *m.* radio (set) 2.5
radiografía *f.* X-ray 2.4
rápido *adv.* quickly 2.4
ratón *m.* mouse 2.5
ratos libres *m., pl.* spare (free) time 1.4
raya *f.* stripe
razón *f.* reason
rebaja *f.* sale 1.6
receta *f.* prescription 2.4
recetar *v.* to prescribe 2.4
recibir *v.* to receive 1.3
reciclaje *m.* recycling 3.1
reciclar *v.* to recycle 3.1
recién casado/a *m., f.* newlywed 2.3
recoger *v.* to pick up 3.1
recomendar (e:ie) *v.* to recommend 2.2, 2.6
recordar (o:ue) *v.* to remember 1.4
recorrer *v.* to tour an area
recorrido *m.* tour 3.1
recuperar *v.* to recover 2.5
recurso *m.* resource 3.1
  recurso natural *m.* natural resource 3.1
red *f.* network; Web 2.5
reducir *v.* to reduce 3.1
refresco *m.* soft drink 2.2
refrigerador *m.* refrigerator 2.6
regalar *v.* to give (a gift) 2.3
regalo *m.* gift 1.6
regatear *v.* to bargain 1.6
región *f.* region; area
regresar *v.* to return 1.2
regular *adv.* so-so; OK 1.1
reído *p.p.* laughed 3.2
reírse (e:i) *v.* to laugh 2.3
relaciones *f., pl.* relationships
relajarse *v.* to relax 2.3
reloj *m.* clock; watch 1.2
renovable *adj.* renewable 3.1
renunciar (a) *v.* to resign (from) 3.4
repetir (e:i) *v.* to repeat 1.4
reportaje *m.* report 3.6
reportero/a *m., f.* reporter 3.4
representante *m., f.* representative 3.6
reproductor de CD *m.* CD player 2.5
reproductor de DVD *m.* DVD player 2.5
reproductor de MP3 *m.* MP3 player 2.5
resfriado *m.* cold (*illness*) 2.4
residencia estudiantil *f.* dormitory 1.2
resolver (o:ue) *v.* to resolve; to solve 3.1
respirar *v.* to breathe 3.1
responsable *adj.* responsible 2.2
respuesta *f.* answer
restaurante *m.* restaurant 1.4
resuelto/a *p.p.* resolved 3.2
reunión *f.* meeting 3.4
revisar *v.* to check 2.5
  revisar el aceite *v.* to check the oil 2.5
revista *f.* magazine 1.4
rico/a *adj.* rich 1.6; *adj.* tasty; delicious 2.2
ridículo/a *adj.* ridiculous 3.1
río *m.* river 3.1
rodilla *f.* knee 2.4
rogar (o:ue) *v.* to beg; to plead 2.6

rojo/a *adj.* red 1.6
romántico/a *adj.* romantic 3.5
romper *v.* to break 2.4
 romperse la pierna *v.* to break one's leg 2.4
romper (con) *v.* to break up (with) 2.3
ropa *f.* clothing; clothes 1.6
 ropa interior *f.* underwear 1.6
rosado/a *adj.* pink 1.6
roto/a *adj.* broken 3.2
rubio/a *adj.* blond(e) 1.3
ruso/a *adj.* Russian 1.3
rutina *f.* routine 2.1
 rutina diaria *f.* daily routine 2.1

S

sábado *m.* Saturday 1.2
saber *v.* to know; to know how 1.6
 saber a to taste like 2.2
sabrosísimo/a *adj.* extremely delicious 2.2
sabroso/a *adj.* tasty; delicious 2.2
sacar *v.* to take out
 sacar buenas notas to get good grades 1.2
 sacar fotos to take photos 1.5
 sacar la basura to take out the trash 2.6
 sacar(se) un diente to have a tooth removed 2.4
sacudir *v.* to dust 2.6
 sacudir los muebles to dust the furniture 2.6
sal *f.* salt 2.2
sala *f.* living room 2.6; room
 sala de emergencia(s) emergency room 2.4
salario *m.* salary 3.4
salchicha *f.* sausage 2.2
salida *f.* departure; exit 1.5
salir *v.* to leave 1.4; to go out
 salir con to go out with; to date 1.4, 2.3
 salir de to leave from 1.4
 salir para to leave for (*a place*) 1.4
salmón *m.* salmon 2.2
salón de belleza *m.* beauty salon 3.2
salud *f.* health 2.4
saludable *adj.* healthy 2.4
saludar(se) *v.* to greet (each other) 2.5
saludo *m.* greeting 1.1
 saludos a... greetings to... 1.1
sandalia *f.* sandal 1.6
sandía *f.* watermelon
sándwich *m.* sandwich 2.2
sano/a *adj.* healthy 2.4
se *ref. pron.* himself, herself, itself, *form.* yourself, themselves, yourselves 2.1
se *impersonal* one 2.4
 Se hizo... He/she/it became...
secadora *f.* clothes dryer 2.6
secarse *v.* to dry (oneself) 2.1
sección de (no) fumar *f.* (non) smoking section 2.2
secretario/a *m., f.* secretary 3.4
secuencia *f.* sequence
sed *f.* thirst
seda *f.* silk 1.6
sedentario/a *adj.* sedentary; related to sitting 3.3
seguir (e:i) *v.* to follow; to continue 1.4
según according to
segundo/a *adj.* second 1.5
seguro/a *adj.* sure; safe; confident 1.5
seis six 1.1
seiscientos/as six hundred 1.2
sello *m.* stamp 3.2
selva *f.* jungle 3.1
semáforo *m.* traffic light 3.2
semana *f.* week 1.2
 fin *m.* **de semana** weekend 1.4
 semana *f.* **pasada** last week 1.6
semestre *m.* semester 1.2
sendero *m.* trail; path 3.1
sentarse (e:ie) *v.* to sit down 2.1
sentir (e:ie) *v.* to be sorry; to regret 3.1
sentirse (e:ie) *v.* to feel 2.1
señor (Sr.); don *m.* Mr.; sir 1.1
señora (Sra.); doña *f.* Mrs.; ma'am 1.1
señorita (Srta.) *f.* Miss 1.1
separado/a *adj.* separated 2.3
separarse (de) *v.* to separate (from) 2.3
septiembre *m.* September 1.5
séptimo/a *adj.* seventh 1.5
ser *v.* to be 1.1
 ser aficionado/a (a) to be a fan (of)
 ser alérgico/a (a) to be allergic (to) 2.4
 ser gratis to be free of charge 3.2
serio/a *adj.* serious
servicio *m.* service 3.3
servilleta *f.* napkin 2.6
servir (e:i) *v.* to serve 2.2; to help 1.5
sesenta sixty 1.2
setecientos/as seven hundred 1.2
setenta seventy 1.2
sexismo *m.* sexism 3.6
sexto/a *adj.* sixth 1.5
sí *adv.* yes 1.1
si *conj.* if 1.4
SIDA *m.* AIDS 3.6
siempre *adv.* always 2.1
siete seven 1.1
silla *f.* seat 1.2
sillón *m.* armchair 2.6
similar *adj. m., f.* similar
simpático/a *adj.* nice; likeable 1.3
sin *prep.* without 3.1
 sin duda without a doubt
 sin embargo however
 sin que *conj.* without 3.1
sino but (rather) 2.1
síntoma *m.* symptom 2.4
sitio *m.* place 1.3
sitio *m.* **web** website 2.5
situado/a *p.p.* located
sobre *m.* envelope 3.2; *prep.* on; over 1.2
 sobre todo above all 3.1
(sobre)población *f.* (over)population 3.1
sobrino/a *m., f.* nephew/niece 1.3
sociología *f.* sociology 1.2
sofá *m.* couch; sofa 2.6
sol *m.* sun 3.1
solar *adj. m., f.* solar 3.1
soldado *m., f.* soldier 3.6
soleado/a *adj.* sunny
solicitar *v.* to apply (*for a job*) 3.4
solicitud (de trabajo) *f.* (job) application 3.4
sólo *adv.* only 1.6
solo/a *adj.* alone
soltero/a *adj.* single 2.3
solución *f.* solution 3.1
sombrero *m.* hat 1.6
Son las dos. It's two o'clock. 1.1
sonar (o:ue) *v.* to ring 2.5
sonreído *p.p.* smiled 3.2
sonreír (e:i) *v.* to smile 2.3
sopa *f.* soup 2.2
sorprender *v.* to surprise 2.3
sorpresa *f.* surprise 2.3
sótano *m.* basement; cellar 2.6
soy I am 1.1
 Soy de... I'm from... 1.1
su(s) *poss. adj.* his; her; its; *form.* your; their 1.3
subir(se) a *v.* to get on/into (*a vehicle*) 2.5
sucio/a *adj.* dirty 1.5
sudar *v.* to sweat 3.3
suegro/a *m., f.* father-in-law/ mother-in-law 1.3
sueldo *m.* salary 3.4
suelo *m.* floor 2.6
sueño *m.* sleep
suerte *f.* luck
suéter *m.* sweater 1.6
sufrir *v.* to suffer 2.4
 sufrir muchas presiones to be under a lot of pressure 3.3
 sufrir una enfermedad to suffer an illness 2.4
sugerir (e:ie) *v.* to suggest 2.6
supermercado *m.* supermarket 3.2
suponer *v.* to suppose 1.4
sur *m.* south 3.2

sustantivo *m.* noun
suyo(s)/a(s) *poss.* (of) his/her; (of) hers; its; *form.* your, (of) yours, (of) theirs, their 2.5

T

tabla de (wind)surf *f.* surf board/sailboard 1.5
tal vez *adv.* maybe 1.5
talentoso/a *adj.* talented 3.5
talla *f.* size 1.6
  talla grande *f.* large
taller *m.* **mecánico** garage; mechanic's repair shop 2.5
también *adv.* also; too 1.2; 2.1
tampoco *adv.* neither; not either 2.1
tan *adv.* so 1.5
  tan... como as... as 2.2
  tan pronto como *conj.* as soon as 3.1
tanque *m.* tank 2.5
tanto *adv.* so much
  tanto... como as much... as 2.2
tantos/as... como as many... as 2.2
tarde *adv.* late 2.1; *f.* afternoon; evening; P.M. 1.1
tarea *f.* homework 1.2
tarjeta *f.* (post) card
tarjeta de crédito *f.* credit card 1.6
tarjeta postal *f.* postcard
taxi *m.* taxi 1.5
taza *f.* cup 2.6
te *sing., fam., d.o. pron.* you 1.5; *sing., fam., i.o. pron.* to/for you 1.6
  Te presento a... *fam.* I would like to introduce you to (name). 1.1
  ¿Te gustaría? Would you like to?
  ¿Te gusta(n)...? Do you like...? 1.2
té *m.* tea 2.2
  té helado *m.* iced tea 2.2
teatro *m.* theater 3.5
teclado *m.* keyboard 2.5
técnico/a *m., f.* technician 3.4
tejido *m.* weaving 3.5
teleadicto/a *m., f.* couch potato 3.3
(teléfono) celular *m.* (cell) phone 2.5
telenovela *f.* soap opera 3.5
teletrabajo *m.* telecommuting 3.4
televisión *f.* television 1.2
televisión por cable *f.* cable television
televisor *m.* television set 2.5
temer *v.* to fear; to be afraid 3.1
temperatura *f.* temperature 2.4
temporada *f.* period of time 1.5
temprano *adv.* early 2.1
tenedor *m.* fork 2.6
tener *v.* to have 1.3
  tener... años to be... years old 1.3
  tener (mucho) calor to be (very) hot 1.3
  tener (mucho) cuidado to be (very) careful 1.3
  tener dolor to have pain 2.4
  tener éxito to be successful 3.4
  tener fiebre to have a fever 2.4
  tener (mucho) frío to be (very) cold 1.3
  tener ganas de (+ *inf.*) to feel like (*doing something*) 1.3
  tener (mucha) hambre *f.* to be (very) hungry 1.3
  tener (mucho) miedo (de) to be (very) afraid (of); to be (very) scared (of) 1.3
  tener miedo (de) que to be afraid that
  tener planes *m., pl.* to have plans
  tener (mucha) prisa to be in a (big) hurry 1.3
  tener que (+ *inf.*) *v.* to have to (*do something*) 1.3
  tener razón *f.* to be right 1.3
  tener (mucha) sed *f.* to be (very) thirsty 1.3
  tener (mucho) sueño to be (very) sleepy 1.3
  tener (mucha) suerte to be (very) lucky 1.3
  tener tiempo to have time 3.2
  tener una cita to have a date; to have an appointment 2.3
tenis *m.* tennis 1.4
tensión *f.* tension 3.3
tercer, tercero/a *adj.* third 1.5
terco/a *adj.* stubborn 2.4
terminar *v.* to end; to finish 1.2
  terminar de (+ *inf.*) *v.* to finish (*doing something*)
terremoto *m.* earthquake 3.6
terrible *adj. m., f.* terrible 3.1
ti *obj. of prep., fam.* you 2.3
tiempo *m.* time 3.2; weather 1.5
  tiempo libre free time
tienda *f.* store 1.6
tierra *f.* land; soil 3.1
tío/a *m., f.* uncle/aunt 1.3
tíos *m., pl.* aunts and uncles 1.3
título *m.* title 3.4
tiza *f.* chalk 1.2
toalla *f.* towel 2.1
tobillo *m.* ankle 2.4
tocar *v.* to play (*a musical instrument*) 3.5; to touch 3.5
todavía *adv.* yet; still 1.3, 1.5
todo *m.* everything 1.5
todo(s)/a(s) *adj.* all
todos *m., pl.* all of us; *m., pl.* everybody; everyone
todos los días *adv.* every day 2.4
tomar *v.* to take; to drink 1.2
  tomar clases *f., pl.* to take classes 1.2
  tomar el sol to sunbathe 1.4
  tomar en cuenta to take into account
  tomar fotos *f., pl.* to take photos 1.5
  tomar la temperatura to take someone's temperature 2.4
  tomar una decisión to make a decision 3.3
tomate *m.* tomato 2.2
tonto/a *adj.* foolish 1.3
torcerse (o:ue) (el tobillo) *v.* to sprain (one's ankle) 2.4
tormenta *f.* storm 3.6
tornado *m.* tornado 3.6
tortuga (marina) *f.* (sea) turtle 3.1
tos *f., sing.* cough 2.4
toser *v.* to cough 2.4
tostado/a *adj.* toasted 2.2
tostadora *f.* toaster 2.6
trabajador(a) *adj.* hard-working 1.3
trabajar *v.* to work 1.2
trabajo *m.* job; work 3.4
traducir *v.* to translate 1.6
traer *v.* to bring 1.4
tráfico *m.* traffic 2.5
tragedia *f.* tragedy 3.5
traído/a *p.p.* brought 3.2
traje *m.* suit 1.6
  traje de baño *m.* bathing suit 1.6
trajinera *f.* type of barge 1.3
tranquilo/a *adj.* calm; quiet 3.3
  Tranquilo/a. Relax. 2.1
  Tranquilo/a, cariño. Relax, sweetie. 2.5
transmitir *v.* to broadcast 3.6
tratar de (+ *inf.*) *v.* to try (*to do something*) 3.3
trece thirteen 1.1
treinta thirty 1.1, 1.2
  y treinta thirty minutes past the hour (time) 1.1
tren *m.* train 1.5
tres three 1.1
trescientos/as three hundred 1.2
trimestre *m.* trimester; quarter 1.2
triste *adj.* sad 1.5
tú *fam. sub. pron.* you 1.1
tu(s) *fam. poss. adj.* your 1.3
turismo *m.* tourism
turista *m., f.* tourist 1.1
turístico/a *adj.* touristic
tuyo(s)/a(s) *fam. poss. pron.* your; (of) yours 2.5

U

Ud. *form. sing.* you 1.1
Uds. *pl.* you 1.1

último/a *adj.* last 2.1
la última vez the last time 2.1
un, uno/a *indef. art.* a; one 1.1
a la una at one o'clock 1.1
una vez once 1.6
una vez más one more time
uno one 1.1
único/a *adj.* only 1.3; unique 2.3
universidad *f.* university; college 1.2
unos/as *m., f., pl. indef. art.* some 1.1
urgente *adj.* urgent 2.6
usar *v.* to wear; to use 1.6
usted (Ud.) *form. sing.* you 1.1
ustedes (Uds.) *pl.* you 1.1
útil *adj.* useful
uva *f.* grape 2.2

V

vaca *f.* cow 3.1
vacaciones *f. pl.* vacation 1.5
valle *m.* valley 3.1
vamos let's go 1.4
vaquero *m.* cowboy 3.5
de vaqueros *m., pl.* western (genre) 3.5
varios/as *adj. m. f., pl.* various; several
vaso *m.* glass 2.6
veces *f., pl.* times 1.6
vecino/a *m., f.* neighbor 2.6
veinte twenty 1.1
veinticinco twenty-five 1.1
veinticuatro twenty-four 1.1
veintidós twenty-two 1.1
veintinueve twenty-nine 1.1
veintiocho twenty-eight 1.1
veintiséis twenty-six 1.1
veintisiete twenty-seven 1.1
veintitrés twenty-three 1.1
veintiún, veintiuno/a *adj.* twenty-one 1.1
veintiuno twenty-one 1.1
vejez *f.* old age 2.3
velocidad *f.* speed 2.5
velocidad máxima *f.* speed limit 2.5
vencer *v.* to expire 3.2
vendedor(a) *m., f.* salesperson 1.6
vender *v.* to sell 1.6
venir *v.* to come 1.3
ventana *f.* window 1.2
ver *v.* to see 1.4
a ver *v.* let's see
ver películas *f., pl.* to see movies 1.4
verano *m.* summer 1.5
verbo *m.* verb
verdad *f.* truth 1.4
(no) es verdad it's (not) true 3.1
¿verdad? right? 1.1
verde *adj., m. f.* green 1.6
verduras *pl., f.* vegetables 2.2
vestido *m.* dress 1.6
vestirse (e:i) *v.* to get dressed 2.1
vez *f.* time 1.6
viajar *v.* to travel 1.2
viaje *m.* trip 1.5
viajero/a *m., f.* traveler 1.5
vida *f.* life 2.3
video *m.* video 1.1
videoconferencia *f.* videoconference 3.4
videojuego *m.* video game 1.4
vidrio *m.* glass 3.1
viejo/a *adj.* old 1.3
viento *m.* wind
viernes *m., sing.* Friday 1.2
vinagre *m.* vinegar 2.2
violencia *f.* violence 3.6
visitar *v.* to visit 1.4
visitar monumentos *m., pl.* to visit monuments 1.4
visto/a *p.p.* seen 3.2
vitamina *f.* vitamin 3.3
viudo/a *adj.* widower/widow 2.3
vivienda *f.* housing 2.6
vivir *v.* to live 1.3
vivo/a *adj.* clever; living
volante *m.* steering wheel 2.5
volcán *m.* volcano 3.1
vóleibol *m.* volleyball 1.4
volver (o:ue) *v.* to return 1.4
volver a ver(te, lo, la) *v.* to see (you, him, her) again
vos *pron.* you
vosotros/as *fam., pl.* you 1.1
votar *v.* to vote 3.6
vuelta *f.* return trip
vuelto/a *p.p.* returned 3.2
vuestro(s)/a(s) *poss. adj.* your 1.3; your, (of) yours *fam., pl.* 2.5

Y

y *conj.* and 1.1
y cuarto quarter after (time) 1.1
y media half-past (time) 1.1
y quince quarter after (time) 1.1
y treinta thirty (minutes past the hour) 1.1
¿Y tú? *fam.* And you? 1.1
¿Y usted? *form.* And you? 1.1
ya *adv.* already 1.6
yerno *m.* son-in-law 1.3
yo *sub. pron.* I 1.1
yogur *m.* yogurt 2.2

Z

zanahoria *f.* carrot 2.2
zapatería *f.* shoe store 3.2
zapatos de tenis *m., pl.* tennis shoes, sneakers 1.6

English–Spanish

A

a **un/a** *m., f., sing.; indef. art.* 1.1
@ (*symbol*) **arroba** *f.* 2.5
a.m. **de la mañana** *f.* 1.1
able: be able to **poder (o:ue)** *v.* 1.4
aboard **a bordo**
above all **sobre todo** 3.1
accident **accidente** *m.* 2.4
accompany **acompañar** *v.* 3.2
account **cuenta** *f.* 3.2
on account of **por** *prep.* 2.5
accountant **contador(a)** *m., f.* 3.4
accounting **contabilidad** *f.* 1.2
ache **dolor** *m.* 2.4
acquainted: be acquainted with **conocer** *v.* 1.6
action (genre) **de acción** *f.* 3.5
active **activo/a** *adj.* 3.3
actor **actor** *m.*, **actriz** *f.* 3.4
additional **adicional** *adj.*
address **dirección** *f.* 3.2
adjective **adjetivo** *m.*
adolescence **adolescencia** *f.* 2.3
adventure (genre) **de aventuras** *f.* 3.5
advertise **anunciar** *v.* 3.6
advertisement **anuncio** *m.* 3.4
advice **consejo** *m.*
give advice **dar consejos** 1.6
advise **aconsejar** *v.* 2.6
advisor **consejero/a** *m., f.* 3.4
aerobic **aeróbico/a** *adj.* 3.3
aerobics class **clase de ejercicios aeróbicos** 3.3
to do aerobics **hacer ejercicios aeróbicos** 3.3
affected **afectado/a** *adj.* 3.1
be affected (by) **estar** *v.* **afectado/a (por)** 3.1
affirmative **afirmativo/a** *adj.*
afraid: be (very) afraid (of) **tener (mucho) miedo (de)** 1.3
be afraid that **tener miedo (de) que**
after **después de** *prep.* 2.1; **después de que** *conj.* 3.1
afternoon **tarde** *f.* 1.1
afterward **después** *adv.* 2.1
again **otra vez**
age **edad** *f.* 2.3
agree **concordar** *v.*
agree **estar** *v.* **de acuerdo** 3.5
I agree. **Estoy de acuerdo.** 3.5
I don't agree. **No estoy de acuerdo.** 3.5
agreement **acuerdo** *m.*
AIDS **SIDA** *m.* 3.6
air **aire** *m.* 3.1
air pollution **contaminación del aire** 3.1
airplane **avión** *m.* 1.5
airport **aeropuerto** *m.* 1.5
alarm clock **despertador** *m.* 2.1
all **todo(s)/a(s)** *adj.*
all of us **todos**
allergic **alérgico/a** *adj.* 2.4
be allergic (to) **ser alérgico/a (a)** 2.4
alleviate **aliviar** *v.*
almost **casi** *adv.* 2.4
alone **solo/a** *adj.*
along **por** *prep.* 2.5
already **ya** *adv.* 1.6
also **también** *adv.* 1.2; 2.1
altar **altar** *m.* 2.3
aluminum **aluminio** *m.* 3.1
(made) of aluminum **de aluminio** 3.1
always **siempre** *adv.* 2.1
American (*North*) **norteamericano/a** *adj.* 1.3
among **entre** *prep.* 1.2
amusement **diversión** *f.*
and **y** 1.1, **e** (*before words beginning with* ***i*** *or* ***hi***)
And you?**¿Y tú?** *fam.* 1.1; **¿Y usted?** *form.* 1.1
angel **ángel** *m.* 2.3
angry **enojado/a** *adj.* 1.5
get angry (with) **enojarse** *v.* **(con)** 2.1
animal **animal** *m.* 3.1
ankle **tobillo** *m.* 2.4
anniversary **aniversario** *m.* 2.3
(wedding) anniversary **aniversario** *m.* **(de bodas)** 2.3
announce **anunciar** *v.* 3.6
announcer (*TV/radio*) **locutor(a)** *m., f.* 3.6
annoy **molestar** *v.* 2.1
another **otro/a** *adj.* 1.6
answer **contestar** *v.* 1.2; **respuesta** *f.*
answering machine **contestadora** *f.*
antibiotic **antibiótico** *m.* 2.4
any **algún, alguno/a(s)** *adj.* 2.1
anyone **alguien** *pron.* 2.1
anything **algo** *pron.* 2.1
apartment **apartamento** *m.* 2.6
apartment building **edificio de apartamentos** 2.6
app **aplicación** *f.* 2.5
appear **parecer** *v.*
appetizers **entremeses** *m., pl.* 2.2
applaud **aplaudir** *v.* 3.5
apple **manzana** *f.* 2.2
appliance (electric) **electrodoméstico** *m.* 2.6
applicant **aspirante** *m., f.* 3.4
application **solicitud** *f.* 3.4
job application **solicitud de trabajo** 3.4
apply (*for a job*) **solicitar** *v.* 3.4
apply for a loan **pedir (e:i)** *v.* **un préstamo** 3.2
appointment **cita** *f.* 2.3
have an appointment **tener** *v.* **una cita** 2.3
appreciate **apreciar** *v.* 3.5
April **abril** *m.* 1.5
archeologist **arqueólogo/a** *m., f.* 3.4
archeology **arqueología** *f.* 1.2
architect **arquitecto/a** *m., f.* 3.4
area **región** *f.*
Argentine **argentino/a** *adj.* 1.3
arm **brazo** *m.* 2.4
armchair **sillón** *m.* 2.6
army **ejército** *m.* 3.6
around **por** *prep.* 2.5
around here **por aquí** 2.5
arrange **arreglar** *v.* 2.5
arrival **llegada** *f.* 1.5
arrive **llegar** *v.* 1.2
art **arte** *m.* 1.2
(fine) arts **bellas artes** *f., pl.* 3.5
article **artículo** *m.* 3.6
artist **artista** *m., f.* 1.3
artistic **artístico/a** *adj.* 3.5
arts **artes** *f., pl.* 3.5
as **como** 2.2
as a child **de niño/a** 2.4
as... as **tan... como** 2.2
as many... as **tantos/as... como** 2.2
as much... as **tanto... como** 2.2
as soon as **en cuanto** *conj.* 3.1; **tan pronto como** *conj.* 3.1
ask (*a question*) **preguntar** *v.* 1.2
ask for **pedir (e:i)** *v.* 1.4
asparagus **espárragos** *m., pl.* 2.2
aspirin **aspirina** *f.* 2.4
at **a** *prep.* 1.1; **en** *prep.* 1.2
at + *time* **a la(s)** + *time* 1.1
at home **en casa**
at least **por lo menos** 2.4
at night **por la noche** 2.1
At what time...? **¿A qué hora...?** 1.1
At your service. **A sus órdenes.**
ATM **cajero automático** *m.* 3.2
attempt **intento** *m.* 2.5
attend **asistir (a)** *v.* 1.3
attic **altillo** *m.* 2.6
audience **público** *m.* 3.5
August **agosto** *m.* 1.5
aunt **tía** *f.* 1.3
aunts and uncles **tíos** *m., pl.* 1.3
automobile **automóvil** *m.* 1.5; **carro** *m.*; **coche** *m.* 2.5
autumn **otoño** *m.* 1.5
avenue **avenida** *f.*
avoid **evitar** *v.* 3.1
award **premio** *m.* 3.5

B

backpack **mochila** *f.* 1.2
bad **mal, malo/a** *adj.* 1.3
It's bad that... **Es malo que...** 2.6
It's not bad at all. **No está nada mal.** 1.5
bag **bolsa** *f.* 1.6

bakery **panadería** *f.* 3.2
balanced **equilibrado/a** *adj.* 3.3
to eat a balanced diet **comer una dieta equilibrada** 3.3
balcony **balcón** *m.* 2.6
ball **pelota** *f.* 1.4
banana **banana** *f.* 2.2
band **banda** *f.* 3.5
bank **banco** *m.* 3.2
bargain **ganga** *f.* 1.6; **regatear** *v.* 1.6
baseball (*game*) **béisbol** *m.* 1.4
basement **sótano** *m.* 2.6
basketball (*game*) **baloncesto** *m.* 1.4
bathe **bañarse** *v.* 2.1
bathing suit **traje** *m.* **de baño** 1.6
bathroom **baño** *m.* 2.1; **cuarto de baño** *m.* 2.1
be **ser** *v.* 1.1; **estar** *v.* 1.2
be... years old **tener... años** 1.3
be sick of... **estar harto/a de...** 3.6
beach **playa** *f.* 1.5
beans **frijoles** *m., pl.* 2.2
beautiful **hermoso/a** *adj.* 1.6
beauty **belleza** *f.* 3.2
beauty salon **peluquería** *f.* 3.2; **salón** *m.* **de belleza** 3.2
because **porque** *conj.* 1.2
because of **por** *prep.* 2.5
become (+ *adj.*) **ponerse (+ *adj.*)** 2.1; **convertirse** *v.*
bed **cama** *f.* 1.5
go to bed **acostarse (o:ue)** *v.* 2.1
bedroom **alcoba** *f.*, **recámara** *f.*; **dormitorio** *m.* 2.6
beef **carne de res** *f.* 2.2
before **antes** *adv.* 2.1; **antes de** *prep.* 2.1; **antes (de) que** *conj.* 3.1
beg **rogar (o:ue)** *v.* 2.6
begin **comenzar (e:ie)** *v.* 1.4; **empezar (e:ie)** *v.* 1.4
behalf: on behalf of **de parte de** 2.5
behind **detrás de** *prep.* 1.2
believe (in) **creer** *v.* **(en)** 1.3; **creer** *v.* 3.1
not to believe **no creer** 3.1
believed **creído/a** *p.p.* 3.2
bellhop **botones** *m., f. sing.* 1.5
below **debajo de** *prep.* 1.2
belt **cinturón** *m.* 1.6
benefit **beneficio** *m.* 3.4
beside **al lado de** *prep.* 1.2
besides **además (de)** *adv.* 2.4
best **mejor** *adj.*
the best **el/la mejor** *m., f.* 2.2 **lo mejor** *neuter*
better **mejor** *adj.* 2.2
It's better that... **Es mejor que...** 2.6
between **entre** *prep.* 1.2
beverage **bebida** *f.* 2.2
bicycle **bicicleta** *f.* 1.4
big **grande** *adj.* 1.3
bill **cuenta** *f.* 2.2
billion **mil millones**
biology **biología** *f.* 1.2
bird **ave** *f.* 3.1; **pájaro** *m.* 3.1
birth **nacimiento** *m.* 2.3
birthday **cumpleaños** *m., sing.* 2.3
have a birthday **cumplir** *v.* **años**
black **negro/a** *adj.* 1.6
blackboard **pizarra** *f.* 1.2
blanket **manta** *f.* 2.6
block (city) **cuadra** *f.* 3.2
blog **blog** *m.* 2.5
blond(e) **rubio/a** *adj.* 1.3
blouse **blusa** *f.* 1.6
blue **azul** *adj. m., f.* 1.6
boarding house **pensión** *f.*
boat **barco** *m.* 1.5
body **cuerpo** *m.* 2.4
bone **hueso** *m.* 2.4
book **libro** *m.* 1.2
bookcase **estante** *m.* 2.6
bookshelves **estante** *m.* 2.6
bookstore **librería** *f.* 1.2
boot **bota** *f.* 1.6
bore **aburrir** *v.* 2.1
bored **aburrido/a** *adj.* 1.5
be bored **estar** *v.* **aburrido/a** 1.5
get bored **aburrirse** *v.* 3.5
boring **aburrido/a** *adj.* 1.5
born: be born **nacer** *v.* 2.3
borrow **pedir (e:i)** *v.* **prestado** 3.2
borrowed **prestado/a** *adj.*
boss **jefe** *m.*, **jefa** *f.* 3.4
bother **molestar** *v.* 2.1
bottle **botella** *f.* 2.3
bottom **fondo** *m.*
boulevard **bulevar** *m.*
boy **chico** *m.* 1.1; **muchacho** *m.* 1.3
boyfriend **novio** *m.* 1.3
brakes **frenos** *m., pl.*
bread **pan** *m.* 2.2
break **romper** *v.* 2.4
break (one's leg) **romperse (la pierna)** 2.4
break down **dañar** *v.* 2.4
break up (with) **romper** *v.* **(con)** 2.3
breakfast **desayuno** *m.* 2.2
have breakfast **desayunar** *v.* 1.2
breathe **respirar** *v.* 3.1
bring **traer** *v.* 1.4
broadcast **transmitir** *v.* 3.6; **emitir** *v.* 3.6
brochure **folleto** *m.*
broken **roto/a** *adj.* 3.2
be broken **estar roto/a**
brother **hermano** *m.* 1.3
brother-in-law **cuñado** *m.* 1.3
brothers and sisters **hermanos** *m., pl.* 1.3
brought **traído/a** *p.p.* 3.2
brown **café** *adj.* 1.6; **marrón** *adj.* 1.6
browser **buscador** *m.* 2.5
brunet(te) **moreno/a** *adj.* 1.3
brush **cepillar(se)** *v.* 2.1
brush one's hair **cepillarse el pelo** 2.1
brush one's teeth **cepillarse los dientes** 2.1
bucket **balde** *m.* 1.5
build **construir** *v.*
building **edificio** *m.* 2.6
bump into (*something accidentally*) **darse con** 2.4; (*someone*) **encontrarse** *v.* 2.5
burn (a CD/DVD) **quemar** *v.* **(un CD/DVD)**
bus **autobús** *m.* 1.1
bus station **estación** *f.* **de autobuses** 1.5
business **negocios** *m. pl.* 3.4
business administration **administración** *f.* **de empresas** 1.2
business-related **comercial** *adj.* 3.4
businessperson **hombre** *m.* **/ mujer** *f.* **de negocios** 3.4
busy **ocupado/a** *adj.* 1.5
but **pero** *conj.* 1.2; (rather) **sino** *conj.* (*in negative sentences*) 2.1
butcher shop **carnicería** *f.* 3.2
butter **mantequilla** *f.* 2.2
buy **comprar** *v.* 1.2
by **por** *prep.* 2.5; **para** *prep.* 2.5
by means of **por** *prep.* 2.5
by phone **por teléfono**
by plane **en avión** 1.5
by way of **por** *prep.* 2.5
bye **chau** *interj. fam.* 1.1

C

cable television **televisión** *f.* **por cable** *m.*
café **café** *m.* 1.4
cafeteria **cafetería** *f.* 1.2
caffeine **cafeína** *f.* 3.3
cake **pastel** *m.* 2.3
chocolate cake **pastel de chocolate** *m.* 2.3
calculator **calculadora** *f.* 1.2
call **llamar** *v.* 2.5
be called **llamarse** *v.* 2.1
call on the phone **llamar por teléfono**
calm **tranquilo/a** *adj.* 3.3
calorie **caloría** *f.* 3.3
camera **cámara** *f.* 2.5
camp **acampar** *v.* 1.5
can (*tin*) **lata** *f.* 3.1
can **poder (o:ue)** *v.* 1.4
Could I ask you something? **¿Podría pedirte algo?** 3.5

Canadian **canadiense** *adj.* 1.3
candidate **aspirante** *m., f.* 3.4; **candidato/a** *m., f.* 3.6
candy **dulces** *m., pl.* 2.3
capital city **capital** *f.*
car **coche** *m.* 2.5; **carro** *m.* 2.5; **auto(móvil)** *m.* 1.5
caramel **caramelo** *m.* 2.3
card **tarjeta** *f.*; (*playing*) **carta** *f.* 1.5
care **cuidado** *m.*
  take care of **cuidar** *v.* 3.1
career **carrera** *f.* 3.4
careful: be (very) careful **tener** *v.* **(mucho) cuidado** 1.3
caretaker **ama** *m., f.* **de casa** 2.6
carpenter **carpintero/a** *m., f.* 3.4
carpet **alfombra** *f.* 2.6
carrot **zanahoria** *f.* 2.2
carry **llevar** *v.* 1.2
cartoons **dibujos** *m, pl.* **animados** 3.5
case: in case (that) **en caso (de) que** 3.1
cash (a check) **cobrar** *v.* 3.2;
  cash **(en) efectivo** 1.6
  cash register **caja** *f.* 1.6
  pay in cash **pagar** *v.* **al contado** 3.2; **pagar en efectivo** 3.2
cashier **cajero/a** *m., f.*
cat **gato** *m.* 3.1
CD **disco compacto** *m.* 2.5
CD player **reproductor de CD** *m.* 2.5
CD-ROM **cederrón** *m.*
celebrate **celebrar** *v.* 2.3
celebration **celebración** *f.*
cellar **sótano** *m.* 2.6
(cell) phone **(teléfono) celular** *m.* 2.5
cemetery **cementerio** *m.* 2.3
cereal **cereales** *m., pl.* 2.2
certain **cierto/a** *adj.*; **seguro/a** *adj.* 3.1
  it's (not) certain **(no) es cierto/seguro** 3.1
chalk **tiza** *f.* 1.2
change **cambiar** *v.* **(de)** 2.3
change: in change **de cambio** 1.2
channel (*TV*) **canal** *m.* 2.5; 3.5
character (*fictional*) **personaje** *m.* 3.5
  (main) character *m.* **personaje (principal)** 3.5
charger **cargador** *m.* 2.5
chat **conversar** *v.* 1.2; **chatear** *v.* 2.5
cheap **barato/a** *adj.* 1.6
check **comprobar (o:ue)** *v.*; **revisar** *v.* 2.5; (*bank*) **cheque** *m.* 3.2
  check the oil **revisar el aceite** 2.5
checking account **cuenta** *f.* **corriente** 3.2
cheese **queso** *m.* 2.2
chef **cocinero/a** *m., f.* 3.4
chemistry **química** *f.* 1.2
chest of drawers **cómoda** *f.* 2.6
chicken **pollo** *m.* 2.2
child **niño/a** *m., f.* 1.3
childhood **niñez** *f.* 2.3
children **hijos** *m., pl.* 1.3
Chinese **chino/a** *adj.* 1.3
chocolate **chocolate** *m.* 2.3
  chocolate cake **pastel** *m.* **de chocolate** 2.3
cholesterol **colesterol** *m.* 3.3
choose **escoger** *v.* 2.2
chop (*food*) **chuleta** *f.* 2.2
Christmas **Navidad** *f.* 2.3
church **iglesia** *f.* 1.4
cinnamon **canela** *f.* 2.4
citizen **ciudadano/a** *m., f.* 3.6
city **ciudad** *f.*
class **clase** *f.* 1.2
  take classes **tomar clases** 1.2
classical **clásico/a** *adj.* 3.5
classmate **compañero/a** *m., f.* **de clase** 1.2
clean **limpio/a** *adj.* 1.5; **limpiar** *v.* 2.6
  clean the house *v.* **limpiar la casa** 2.6
clear (*weather*) **despejado/a** *adj.*
  clear the table **quitar la mesa** 2.6
  It's (very) clear. (*weather*) **Está (muy) despejado.**
clerk **dependiente/a** *m., f.* 1.6
climate change **cambio climático** *m.* 3.1
climb **escalar** *v.* 1.4
  climb mountains **escalar montañas** 1.4
clinic **clínica** *f.* 2.4
clock **reloj** *m.* 1.2
close **cerrar (e:ie)** *v.* 1.4
closed **cerrado/a** *adj.* 1.5
closet **armario** *m.* 2.6
clothes **ropa** *f.* 1.6
  clothes dryer **secadora** *f.* 2.6
clothing **ropa** *f.* 1.6
cloud **nube** *f.* 3.1
cloudy **nublado/a** *adj.* 1.5
  It's (very) cloudy. **Está (muy) nublado.** 1.5
coat **abrigo** *m.* 1.6
coffee **café** *m.* 2.2
  coffee maker **cafetera** *f.* 2.6
cold **frío** *m.* 1.5;
  (*illness*) **resfriado** *m.* 2.4
  be (*feel*) (very) cold **tener (mucho) frío** 1.3
  It's (very) cold. (*weather*) **Hace (mucho) frío.** 1.5
college **universidad** *f.* 1.2
collision **choque** *m.* 3.6
color **color** *m.* 1.6
comb one's hair **peinarse** *v.* 2.1
come **venir** *v.* 1.3
come on **ándale** *interj.* 3.2
comedy **comedia** *f.* 3.5
comfortable **cómodo/a** *adj.* 1.5
commerce **negocios** *m., pl.* 3.4
commercial **comercial** *adj.* 3.4
communicate (with) **comunicarse** *v.* **(con)** 3.6
communication **comunicación** *f.* 3.6
  means of communication **medios** *m. pl.* **de comunicación** 3.6
community **comunidad** *f.* 1.1
company **compañía** *f.* 3.4; **empresa** *f.* 3.4
comparison **comparación** *f.*
composer **compositor(a)** *m., f.* 3.5
computer **computadora** *f.* 1.1
  computer disc **disco** *m.*
  computer monitor **monitor** *m.* 2.5
  computer programmer **programador(a)** *m., f.* 1.3
  computer science **computación** *f.* 1.2
concert **concierto** *m.* 3.5
conductor (*musical*) **director(a)** *m., f.* 3.5
confident **seguro/a** *adj.* 1.5
confirm **confirmar** *v.* 1.5
  confirm a reservation **confirmar una reservación** 1.5
confused **confundido/a** *adj.* 1.5
congested **congestionado/a** *adj.* 2.4
Congratulations! **¡Felicidades!**; **¡Felicitaciones!** *f., pl.* 2.3
conservation **conservación** *f.* 3.1
conserve **conservar** *v.* 3.1
considering **para** *prep.* 2.5
consume **consumir** *v.* 3.3
container **envase** *m.* 3.1
contamination **contaminación** *f.*
content **contento/a** *adj.* 1.5
contest **concurso** *m.* 3.5
continue **seguir (e:i)** *v.* 1.4
control **control** *m.*; **controlar** *v.* 3.1
conversation **conversación** *f.* 1.1
converse **conversar** *v.* 1.2
cook **cocinar** *v.* 2.6; **cocinero/a** *m., f.* 3.4
cookie **galleta** *f.* 2.3
cool **fresco/a** *adj.* 1.5
  It's cool. (*weather*) **Hace fresco.** 1.5
corn **maíz** *m.* 2.2
corner **esquina** *f.* 3.2
cost **costar (o:ue)** *v.* 1.6
Costa Rican **costarricense** *adj.* 1.3
costume **disfraz** *m.* 2.3
cotton **algodón** *f.* 1.6
  (made of) cotton **de algodón** 1.6
couch **sofá** *m.* 2.6
couch potato **teleadicto/a** *m., f.* 3.3
cough **tos** *f.* 2.4; **toser** *v.* 2.4
counselor **consejero/a** *m., f.* 3.4
count **contar (o:ue)** *v.* 1.4
country (*nation*) **país** *m.* 1.1
countryside **campo** *m.* 1.5
(married) couple **pareja** *f.* 2.3
course **curso** *m.* 1.2; **materia** *f.* 1.2
courtesy **cortesía** *f.*
cousin **primo/a** *m., f.* 1.3
cover **cubrir** *v.*
covered **cubierto/a** *p.p.*

cow **vaca** *f.* 3.1
crafts **artesanía** *f.* 3.5
craftsmanship **artesanía** *f.* 3.5
crater **cráter** *m.* 3.1
crazy **loco/a** *adj.* 1.6
create **crear** *v.*
credit **crédito** *m.* 1.6
credit card **tarjeta** *f.* **de crédito** 1.6
crime **crimen** *m.* 3.6
cross **cruzar** *v.* 3.2
cry **llorar** *v.* 3.3
Cuban **cubano/a** *adj.* 1.3
culture **cultura** *f.* 1.2, 3.5
cup **taza** *f.* 2.6
currency exchange **cambio** *m.* **de moneda**
current events **actualidades** *f., pl.* 3.6
curtains **cortinas** *f., pl.* 2.6
custard (*baked*) **flan** *m.* 2.3
custom **costumbre** *f.*
customer **cliente/a** *m., f.* 1.6
customs **aduana** *f.*
customs inspector **inspector(a)** *m., f.* **de aduanas** 1.5
cybercafé **cibercafé** *m.* 2.5
cycling **ciclismo** *m.* 1.4

D

dad **papá** *m.*
daily **diario/a** *adj.* 2.1
daily routine **rutina** *f.* **diaria** 2.1
damage **dañar** *v.* 2.4
dance **bailar** *v.* 1.2; **danza** *f.* 3.5; **baile** *m.* 3.5
dancer **bailarín/bailarina** *m., f.* 3.5
danger **peligro** *m.* 3.1
dangerous **peligroso/a** *adj.* 3.6
date (*appointment*) **cita** *f.* 2.3; (*calendar*) **fecha** *f.* 1.5; (*someone*) **salir** *v.* **con (alguien)** 2.3
have a date **tener una cita** 2.3
daughter **hija** *f.* 1.3
daughter-in-law **nuera** *f.* 1.3
day **día** *m.* 1.1
day before yesterday **anteayer** *adv.* 1.6
death **muerte** *f.* 2.3
decaffeinated **descafeinado/a** *adj.* 3.3
December **diciembre** *m.* 1.5
decide **decidir** *v.* **(+ *inf.*)** 1.3
declare **declarar** *v.* 3.6
deforestation **deforestación** *f.* 3.1
delicious **delicioso/a** *adj.* 2.2; **rico/a** *adj.* 2.2; **sabroso/a** *adj.* 2.2
delighted **encantado/a** *adj.* 1.1
dentist **dentista** *m., f.* 2.4
deny **negar (e:ie)** *v.* 3.1
not to deny **no negar** 3.1
department store **almacén** *m.* 1.6
departure **salida** *f.* 1.5
deposit **depositar** *v.* 3.2
describe **describir** *v.* 1.3
described **descrito/a** *p.p.* 3.2
desert **desierto** *m.* 3.1
design **diseño** *m.*
designer **diseñador(a)** *m., f.* 3.4
desire **desear** *v.* 1.2
desk **escritorio** *m.* 1.2
dessert **postre** *m.* 2.3
destroy **destruir** *v.* 3.1
develop **desarrollar** *v.* 3.1
diary **diario** *m.* 1.1
dictatorship **dictadura** *f.* 3.6
dictionary **diccionario** *m.* 1.1
die **morir (o:ue)** *v.* 2.2
died **muerto/a** *p.p.* 3.2
diet **dieta** *f.* 3.3; **alimentación**
balanced diet **dieta equilibrada** 3.3
be on a diet **estar a dieta** 3.3
difficult **difícil** *adj. m., f.* 1.3
digital camera **cámara** *f.* **digital** 2.5
dining room **comedor** *m.* 2.6
dinner **cena** *f.* 2.2
have dinner **cenar** *v.* 1.2
direct **dirigir** *v.* 3.5
director **director(a)** *m., f.* 3.5
dirty **ensuciar** *v.*; **sucio/a** *adj.* 1.5
get (something) dirty **ensuciar** *v.* 2.6
disagree **no estar de acuerdo**
disaster **desastre** *m.* 3.6
discover **descubrir** *v.* 3.1
discovered **descubierto/a** *p.p.* 3.2
discrimination **discriminación** *f.* 3.6
dish **plato** *m.* 2.2, 2.6
main dish *m.* **plato principal** 2.2
dishwasher **lavaplatos** *m., sing.* 2.6
disk **disco** *m.*
disorderly **desordenado/a** *adj.* 1.5
divorce **divorcio** *m.* 2.3
divorced **divorciado/a** *adj.* 2.3
get divorced (from) **divorciarse** *v.* **(de)** 2.3
dizzy **mareado/a** *adj.* 2.4
do **hacer** *v.* 1.4
do aerobics **hacer ejercicios aeróbicos** 3.3
do household chores **hacer quehaceres domésticos** 2.6
do stretching exercises **hacer ejercicios de estiramiento** 3.3
(I) don't want to. **No quiero.** 1.4
doctor **doctor(a)** *m., f.* 1.3; 2.4; **médico/a** *m., f.* 1.3
documentary (*film*) **documental** *m.* 3.5
dog **perro** *m.* 3.1
domestic **doméstico/a** *adj.*
domestic appliance **electrodoméstico** *m.*
done **hecho/a** *p.p.* 3.2
door **puerta** *f.* 1.2
doorman/doorwoman **portero/a** *m., f.* 1.1
dormitory **residencia** *f.* **estudiantil** 1.2
double **doble** *adj.* 1.5
double room **habitación** *f.* **doble** 1.5
doubt **duda** *f.* 3.1; **dudar** *v.* 3.1
not to doubt **no dudar** 3.1
there is no doubt that **no cabe duda de** 3.1; **no hay duda de** 3.1
download **descargar** *v.* 2.5
downtown **centro** *m.* 1.4
drama **drama** *m.* 3.5
dramatic **dramático/a** *adj.* 3.5
draw **dibujar** *v.* 1.2
drawing **dibujo** *m.*
dress **vestido** *m.* 1.6
get dressed **vestirse (e:i)** *v.* 2.1
drink **beber** *v.* 1.3; **bebida** *f.* 2.2; **tomar** *v.* 1.2
drive **conducir** *v.* 1.6; **manejar** *v.* 2.5
driver **conductor(a)** *m., f.* 1.1
dry (oneself) **secarse** *v.* 2.1
during **durante** *prep.* 2.1; **por** *prep.* 2.5
dust **sacudir** *v.* 2.6; **quitar** *v.* **el polvo** 2.6
dust the furniture **sacudir los muebles** 2.6
duster **plumero** *m.* 2.6
DVD player **reproductor** *m.* **de DVD** 2.5

E

each **cada** *adj.* 1.6
ear (outer) **oreja** *f.* 2.4
early **temprano** *adv.* 2.1
earn **ganar** *v.* 3.4
earring **arete** *m.* 1.6
earthquake **terremoto** *m.* 3.6
ease **aliviar** *v.*
east **este** *m.* 3.2
to the east **al este** 3.2
easy **fácil** *adj. m., f.* 1.3
eat **comer** *v.* 1.3
ecological **ecológico/a** *adj.* 3.1
ecologist **ecologista** *m., f.* 3.1
ecology **ecología** *f.* 3.1
economics **economía** *f.* 1.2
ecotourism **ecoturismo** *m.* 3.1
Ecuadorian **ecuatoriano/a** *adj.* 1.3
effective **eficaz** *adj. m., f.*
egg **huevo** *m.* 2.2
eight **ocho** 1.1
eight hundred **ochocientos/as** 1.2
eighteen **dieciocho** 1.1
eighth **octavo/a** 1.5
eighty **ochenta** 1.2
either... or **o... o** *conj.* 2.1
elect **elegir (e:i)** *v.* 3.6
election **elecciones** *f. pl.* 3.6
electric appliance **electrodoméstico** *m.* 2.6
electrician **electricista** *m., f.* 3.4
electricity **luz** *f.* 2.6

elegant **elegante** *adj. m., f.* 1.6
elevator **ascensor** *m.* 1.5
eleven **once** 1.1
e-mail **correo** *m.* **electrónico** 1.4
e-mail address **dirección** *f.* **electrónica** 2.5
e-mail message **mensaje** *m.* **electrónico** 1.4
read e-mail **leer** *v.* **el correo electrónico** 1.4
embarrassed **avergonzado/a** *adj.* 1.5
embrace (each other) **abrazar(se)** *v.* 2.5
emergency **emergencia** *f.* 2.4
emergency room **sala** *f.* **de emergencia(s)** 2.4
employee **empleado/a** *m., f.* 1.5
employment **empleo** *m.* 3.4
end **fin** *m.* 1.4; **terminar** *v.* 1.2
end table **mesita** *f.* 2.6
endure **aguantar** *v.* 3.2
energy **energía** *f.* 3.1
engaged: get engaged (to) **comprometerse** *v.* **(con)** 2.3
engineer **ingeniero/a** *m., f.* 1.3
English (*language*) **inglés** *m.* 1.2; **inglés, inglesa** *adj.* 1.3
enjoy **disfrutar** *v.* **(de)** 3.3
enough **bastante** *adv.* 2.4
entertainment **diversión** *f.* 1.4
entrance **entrada** *f.* 2.6
envelope **sobre** *m.* 3.2
environment **medio ambiente** *m.* 3.1
environmental science **ciencias ambientales** 1.2
equality **igualdad** *f.* 3.6
erase **borrar** *v.* 2.5
eraser **borrador** *m.* 1.2
errand **diligencia** *f.* 3.2
essay **ensayo** *m.* 1.3
establish **establecer** *v.* 3.4
evening **tarde** *f.* 1.1
event **acontecimiento** *m.* 3.6
every day **todos los días** 2.4
everything **todo** *m.* 1.5
exactly **en punto** 1.1
exam **examen** *m.* 1.2
excellent **excelente** *adj.* 1.5
excess **exceso** *m.* 3.3
in excess **en exceso** 3.3
exchange **intercambiar** *v.*
in exchange for **por** 2.5
exciting **emocionante** *adj. m., f.*
excursion **excursión** *f.*
excuse **disculpar** *v.*
Excuse me. (*May I?*) **Con permiso.** 1.1; (*I beg your pardon.*) **Perdón.** 1.1
exercise **ejercicio** *m.* 3.3; **hacer** *v.* **ejercicio** 3.3; (a degree/profession) **ejercer** *v.* 3.4
exit **salida** *f.* 1.5
expensive **caro/a** *adj.* 1.6
experience **experiencia** *f.*
expire **vencer** *v.* 3.2
explain **explicar** *v.* 1.2
explore **explorar** *v.*
expression **expresión** *f.*
extinction **extinción** *f.* 3.1
eye **ojo** *m.* 2.4

F

fabulous **fabuloso/a** *adj.* 1.5
face **cara** *f.* 2.1
facing **enfrente de** *prep.* 3.2
fact: in fact **de hecho**
factory **fábrica** *f.* 3.1
fall (down) **caerse** *v.* 2.4
fall asleep **dormirse (o:ue)** *v.* 2.1
fall in love (with) **enamorarse** *v.* **(de)** 2.3
fall (season) **otoño** *m.* 1.5
fallen **caído/a** *p.p.* 3.2
family **familia** *f.* 1.3
famous **famoso/a** *adj.*
fan **aficionado/a** *m., f.* 1.4
be a fan (of) **ser aficionado/a (a)**
far from **lejos de** *prep.* 1.2
farewell **despedida** *f.*
fascinate **fascinar** *v.* 2.1
fashion **moda** *f.* 1.6
be in fashion **estar de moda** 1.6
fast **rápido/a** *adj.*
fat **gordo/a** *adj.* 1.3; **grasa** *f.* 3.3
father **padre** *m.* 1.3
father-in-law **suegro** *m.* 1.3
favorite **favorito/a** *adj.* 1.4
fax (machine) ***fax*** *m.*
fear **miedo** *m.*; **temer** *v.* 3.1
February **febrero** *m.* 1.5
feel **sentir(se) (e:ie)** *v.* 2.1
feel like (*doing something*) **tener ganas de (+ *inf.*)** 1.3
festival **festival** *m.* 3.5
fever **fiebre** *f.* 2.4
have a fever **tener** *v.* **fiebre** 2.4
few **pocos/as** *adj. pl.*
fewer than **menos de** (+ *number*) 2.2
field: major field of study **especialización** *f.*
fifteen **quince** 1.1
fifteen-year-old girl celebrating her birthday **quinceañera** *f.*
fifth **quinto/a** 1.5
fifty **cincuenta** 1.2
fight (for/against) **luchar** *v.* **(por/contra)** 3.6
figure (*number*) **cifra** *f.*
file **archivo** *m.* 2.5
fill **llenar** *v.* 2.5
fill out (a form) **llenar (un formulario)** 3.2
fill the tank **llenar el tanque** 2.5
finally **finalmente** *adv.*; **por último** 2.1; **por fin** 2.5
find **encontrar (o:ue)** *v.* 1.4
find (each other) **encontrar(se)**
find out **enterarse** *v.* 3.4
fine **multa** *f.*
That's fine. **Está bien.**
(fine) arts **bellas artes** *f., pl.* 3.5
finger **dedo** *m.* 2.4
finish **terminar** *v.* 1.2
finish (*doing something*) **terminar** *v.* **de (+ *inf.*)**
fire **incendio** *m.* 3.6; **despedir (e:i)** *v.* 3.4
firefighter **bombero/a** *m., f.* 3.4
firm **compañía** *f.* 3.4; **empresa** *f.* 3.4
first **primer, primero/a** 1.2, 1.5
fish (*food*) **pescado** *m.* 2.2; **pescar** *v.* 1.5; (*live*) **pez** *m., sing.* (**peces** *pl.*) 3.1
fish market **pescadería** *f.* 3.2
fishing **pesca** *f.*
fit (*clothing*) **quedar** *v.* 2.1
five **cinco** 1.1
five hundred **quinientos/as** 1.2
fix (*put in working order*) **arreglar** *v.* 2.5; (*clothes, hair, etc. to go out*) **arreglarse** *v.* 2.1
fixed **fijo/a** *adj.* 1.6
flag **bandera** *f.*
flexible **flexible** *adj.* 3.3
flood **inundación** *f.* 3.6
floor (*of a building*) **piso** *m.* 1.5; **suelo** *m.* 2.6
ground floor **planta baja** *f.* 1.5
top floor **planta** *f.* **alta**
flower **flor** *f.* 3.1
flu **gripe** *f.* 2.4
fog **niebla** *f.*
folk **folclórico/a** *adj.* 3.5
follow **seguir (e:i)** *v.* 1.4
food **comida** *f.* 1.4, 2.2
foolish **tonto/a** *adj.* 1.3
foot **pie** *m.* 2.4
football **fútbol** *m.* **americano** 1.4
for **para** *prep.* 2.5; **por** *prep.* 2.5
for example **por ejemplo** 2.5
for me **para mí** 2.2
forbid **prohibir** *v.*
foreign **extranjero/a** *adj.* 3.5
foreign languages **lenguas** *f., pl.* **extranjeras** 1.2
forest **bosque** *m.* 3.1
forget **olvidar** *v.* 2.4
fork **tenedor** *m.* 2.6
form **formulario** *m.* 3.2
forty **cuarenta** 1.2
four **cuatro** 1.1
four hundred **cuatrocientos/as** 1.2
fourteen **catorce** 1.1
fourth **cuarto/a** *m., f.* 1.5
free **libre** *adj. m., f.* 1.4
be free (of charge) **ser gratis** 3.2
free time **tiempo libre**; spare (free) time **ratos libres** 1.4
freedom **libertad** *f.* 3.6
freezer **congelador** *m.* 2.6

French **francés, francesa** *adj.* 1.3
French fries **papas** *f., pl.* **fritas** 2.2; **patatas** *f., pl.* **fritas** 2.2
frequently **frecuentemente** *adv.*; **con frecuencia** *adv.* 2.4
Friday **viernes** *m., sing.* 1.2
fried **frito/a** *adj.* 2.2
fried potatoes **papas** *f., pl.* **fritas** 2.2; **patatas** *f., pl.* **fritas** 2.2
friend **amigo/a** *m., f.* 1.3
friendly **amable** *adj. m., f.* 1.5
friendship **amistad** *f.* 2.3
from **de** *prep.* 1.1; **desde** *prep.* 1.6
from the United States **estadounidense** *m., f. adj.* 1.3
from time to time **de vez en cuando** 2.4
I'm from... **Soy de...** 1.1
front: (cold) front **frente (frío)** *m.* 1.5
fruit **fruta** *f.* 2.2
fruit juice **jugo** *m.* **de fruta** 2.2
fruit store **frutería** *f.* 3.2
full **lleno/a** *adj.* 2.5
fun **divertido/a** *adj.*
fun activity **diversión** *f.* 1.4
have fun **divertirse (e:ie)** *v.* 2.3
function **funcionar** *v.*
furniture **muebles** *m., pl.* 2.6
furthermore **además (de)** *adv.* 2.4
future **porvenir** *m.* 3.4
for/to the future **por el porvenir** 3.4
in the future **en el futuro**

G

gain weight **aumentar** *v.* **de peso** 3.3; **engordar** *v.* 3.3
game **juego** *m.*; (*match*) **partido** *m.* 1.4
game show **concurso** *m.* 3.5
garage (*in a house*) **garaje** *m.* 2.6; **garaje** *m.* 2.5; **taller (mecánico)** 2.5
garden **jardín** *m.* 2.6
garlic **ajo** *m.* 2.2
gas station **gasolinera** *f.* 2.5
gasoline **gasolina** *f.* 2.5
gentleman **caballero** *m.* 2.2
geography **geografía** *f.* 1.2
German **alemán, alemana** *adj.* 1.3
get **conseguir(e:i)** *v.* 1.4; **obtener** *v.* 3.4
get along well/badly (with) **llevarse bien/mal (con)** 2.3
get bigger **aumentar** *v.* 3.1
get bored **aburrirse** *v.* 3.5
get good grades **sacar buenas notas** 1.2
get into trouble **meterse en problemas** *v.* 3.1
get off of (a vehicle) **bajar(se)** *v.* **de** 2.5
get on/into (a vehicle) **subir(se)** *v.* **a** 2.5
get out of (a vehicle) **bajar(se)** *v.* **de** 2.5
get ready **arreglarse** *v.* 2.1
get up **levantarse** *v.* 2.1
gift **regalo** *m.* 1.6
ginger **jengibre** *m.* 2.4
girl **chica** *f.* 1.1; **muchacha** *f.* 1.3
girlfriend **novia** *f.* 1.3
give **dar** *v.* 1.6; (*as a gift*) **regalar** 2.3
give directions **indicar cómo llegar** 3.2
glass (*drinking*) **vaso** *m.* 2.6; **vidrio** *m.* 3.1
(made) of glass **de vidrio** 3.1
glasses **gafas** *f., pl.* 1.6
sunglasses **gafas** *f., pl.* **de sol** 1.6
global warming **calentamiento global** *m.* 3.1
gloves **guantes** *m., pl.* 1.6
go **ir** *v.* 1.4
go away **irse** 2.1
go by boat **ir en barco** 1.5
go by bus **ir en autobús** 1.5
go by car **ir en auto(móvil)** 1.5
go by motorcycle **ir en moto(cicleta)** 1.5
go by plane **ir en avión** 1.5
go by taxi **ir en taxi** 1.5
go down **bajar(se)** *v.*
go on a hike **ir de excursión** 1.4
go out (with) **salir** *v.* **(con)** 2.3
go up **subir** *v.*
Let's go. **Vamos.** 1.4
goblet **copa** *f.* 2.6
going to: be going to (*do something*) **ir a (+ *inf.*)** 1.4
golf **golf** *m.* 1.4
good **buen, bueno/a** *adj.* 1.3, 1.6
Good afternoon. **Buenas tardes.** 1.1
Good evening. **Buenas noches.** 1.1
Good morning. **Buenos días.** 1.1
Good night. **Buenas noches.** 1.1
It's good that... **Es bueno que...** 2.6
goodbye **adiós** *m.* 1.1
say goodbye (to) **despedirse** *v.* **(de) (e:i)** 3.6
good-looking **guapo/a** *adj.* 1.3
government **gobierno** *m.* 3.1
GPS **navegador GPS** *m.* 2.5
graduate (from/in) **graduarse** *v.* **(de/en)** 2.3
grains **cereales** *m., pl.* 2.2
granddaughter **nieta** *f.* 1.3
grandfather **abuelo** *m.* 1.3
grandmother **abuela** *f.* 1.3
grandparents **abuelos** *m., pl.* 1.3
grandson **nieto** *m.* 1.3
grape **uva** *f.* 2.2
grass **hierba** *f.* 3.1
grave **grave** *adj.* 2.4
gray **gris** *adj. m., f.* 1.6
great **fenomenal** *adj. m., f.* 1.5; **genial** *adj.* 3.4
great-grandfather **bisabuelo** *m.* 1.3
great-grandmother **bisabuela** *f.* 1.3
green **verde** *adj. m., f.* 1.6
greet (each other) **saludar(se)** *v.* 2.5
greeting **saludo** *m.* 1.1
Greetings to... **Saludos a...** 1.1
grilled **a la plancha** 2.2
ground floor **planta baja** *f.* 1.5
grow **aumentar** *v.* 3.1
guest (*at a house/hotel*) **huésped** *m., f.* 1.5 (*invited to a function*) **invitado/a** *m., f.* 2.3
guide **guía** *m., f.*
gymnasium **gimnasio** *m.* 1.4

H

hair **pelo** *m.* 2.1
hairdresser **peluquero/a** *m., f.* 3.4
half **medio/a** *adj.* 1.3
half-brother **medio hermano** *m.* 1.3
half-past... (*time*) **...y media** 1.1
half-sister **media hermana** *f.* 1.3
hallway **pasillo** *m.* 2.6
ham **jamón** *m.* 2.2
hamburger **hamburguesa** *f.* 2.2
hand **mano** *f.* 1.1
hand in **entregar** *v.* 2.5
handsome **guapo/a** *adj.* 1.3
happen **ocurrir** *v.* 3.6
happiness **alegría** *v.* 2.3
Happy birthday! **¡Feliz cumpleaños!** 2.3
happy **alegre** *adj.* 1.5; **contento/a** *adj.* 1.5; **feliz** *adj. m., f.* 1.5
be happy **alegrarse** *v.* **(de)** 3.1
hard **difícil** *adj. m., f.* 1.3
hard-working **trabajador(a)** *adj.* 1.3
hardly **apenas** *adv.* 2.4
hat **sombrero** *m.* 1.6
hate **odiar** *v.* 2.3
have **tener** *v.* 1.3
have time **tener tiempo** 3.2
have to (*do something*) **tener que (+ *inf.*)** 1.3
have a tooth removed **sacar(se) un diente** 2.4
he **él** 1.1
head **cabeza** *f.* 2.4
headache **dolor** *m.* **de cabeza** 2.4
health **salud** *f.* 2.4
healthy **saludable** *adj. m., f.* 2.4; **sano/a** *adj.* 2.4
lead a healthy lifestyle **llevar** *v.* **una vida sana** 3.3
hear **oír** *v.* 1.4
heard **oído/a** *p.p.* 3.2

hearing: sense of hearing **oído** *m.* 2.4
heart **corazón** *m.* 2.4
heat **calor** *m.*
Hello. **Hola.** 1.1; (*on the telephone*) **Aló.** 2.5; **Bueno.** 2.5; **Diga.** 2.5
help **ayudar** *v.*; **servir (e:i)** *v.* 1.5
help each other **ayudarse** *v.* 2.5
her **su(s)** *poss. adj.* 1.3; (of) hers **suyo(s)/a(s)** *poss.* 2.5
her **la** *f., sing., d.o. pron.* 1.5
to/for her **le** *f., sing., i.o. pron.* 1.6
here **aquí** *adv.* 1.1
Here is/are... **Aquí está(n)...** 1.5
Hi. **Hola.** 1.1
highway **autopista** *f.* 2.5; **carretera** *f.* 2.5
hike **excursión** *f.* 1.4
go on a hike **ir de excursión** 1.4
hiker **excursionista** *m., f.*
hiking **de excursión** 1.4
him *m., sing., d.o. pron.* **lo** 1.5; to/for him **le** *m., sing., i.o. pron.* 1.6
hire **contratar** *v.* 3.4
his **su(s)** *poss. adj.* 1.3; (of) his **suyo(s)/a(s)** *poss. pron.* 2.5
history **historia** *f.* 1.2; 3.5
hobby **pasatiempo** *m.* 1.4
hockey **hockey** *m.* 1.4
hold up **aguantar** *v.* 3.2
hole **hueco** *m.* 1.4
holiday **día** *m.* **de fiesta** 2.3
home **casa** *f.* 1.2
home page **página** *f.* **principal** 2.5
homework **tarea** *f.* 1.2
honey **miel** *f.* 2.4
hood **capó** *m.* 2.5; **cofre** *m.* 2.5
hope **esperar** *v.* (+ *inf.*) 1.2; **esperar** *v.* 3.1
I hope (that) **ojalá (que)** 3.1
horror (genre) **de horror** *m.* 3.5
hors d'oeuvres **entremeses** *m., pl.* 2.2
horse **caballo** *m.* 1.5
hospital **hospital** *m.* 2.4
hot: be (*feel*) (very) hot **tener (mucho) calor** 1.3
It's (very) hot. **Hace (mucho) calor.** 1.5
hotel **hotel** *m.* 1.5
hour **hora** *f.* 1.1
house **casa** *f.* 1.2
household chores **quehaceres** *m. pl.* **domésticos** 2.6
housekeeper **ama** *m., f.* **de casa** 2.6
housing **vivienda** *f.* 2.6
How...! **¡Qué...!**
how **¿cómo?** *adv.* 1.1, 1.2
How are you? **¿Qué tal?** 1.1
How are you?**¿Cómo estás?** *fam.* 1.1
How are you?**¿Cómo está usted?** *form.* 1.1
How can I help you? **¿En qué puedo servirles?** 1.5
How is it going? **¿Qué tal?** 1.1
How is the weather? **¿Qué tiempo hace?** 1.5
How much/many? **¿Cuánto(s)/a(s)?** 1.1
How much does... cost? **¿Cuánto cuesta...?** 1.6
How old are you? **¿Cuántos años tienes?** *fam.*
however **sin embargo**
hug (each other) **abrazar(se)** *v.* 2.5
humanities **humanidades** *f., pl.* 1.2
hundred **cien, ciento** 1.2
hunger **hambre** *f.*
hungry: be (very) hungry **tener** *v.* **(mucha) hambre** 1.3
hunt **cazar** *v.* 3.1
hurricane **huracán** *m.* 3.6
hurry **apurarse** *v.* 3.3; **darse prisa** *v.* 3.3
be in a (big) hurry **tener** *v.* **(mucha) prisa** 1.3
hurt **doler (o:ue)** *v.* 2.4
husband **esposo** *m.* 1.3

I

I **yo** 1.1
I hope (that) **Ojalá (que)** *interj.* 3.1
I wish (that) **Ojalá (que)** *interj.* 3.1
ice cream **helado** *m.* 2.3
ice cream shop **heladería** *f.* 3.2
iced **helado/a** *adj.* 2.2
iced tea **té** *m.* **helado** 2.2
idea **idea** *f.* 3.6
if **si** *conj.* 1.4
illness **enfermedad** *f.* 2.4
important **importante** *adj.* 1.3
be important to **importar** *v.* 2.1
It's important that... **Es importante que...** 2.6
impossible **imposible** *adj.* 3.1
it's impossible **es imposible** 3.1
improbable **improbable** *adj.* 3.1
it's improbable **es improbable** 3.1
improve **mejorar** *v.* 3.1
in **en** *prep.* 1.2; **por** *prep.* 2.5
in the afternoon **de la tarde** 1.1; **por la tarde** 2.1
in a bad mood **de mal humor** 1.5
in the direction of **para** *prep.* 2.5
in the early evening **de la tarde** 1.1
in the evening **de la noche** 1.1; **por la tarde** 2.1
in a good mood **de buen humor** 1.5
in the morning **de la mañana** 1.1; **por la mañana** 2.1
in love (with) **enamorado/a (de)** 1.5
in search of **por** *prep.* 2.5
in front of **delante de** *prep.* 1.2
increase **aumento** *m.*
incredible **increíble** *adj.* 1.5
inequality **desigualdad** *f.* 3.6
infection **infección** *f.* 2.4
inform **informar** *v.* 3.6
injection **inyección** *f.* 2.4
give an injection *v.* **poner una inyección** 2.4
injure (oneself) **lastimarse** 2.4
injure (one's foot) **lastimarse** *v.* **(el pie)** 2.4
inner ear **oído** *m.* 2.4
inside **dentro** *adv.*
insist (on) **insistir** *v.* **(en)** 2.6
installments: pay in installments **pagar** *v.* **a plazos** 3.2
intelligent **inteligente** *adj.* 1.3
intend to **pensar** *v.* **(+ *inf.*)** 1.4
interest **interesar** *v.* 2.1
interesting **interesante** *adj.* 1.3
be interesting to **interesar** *v.* 2.1
international **internacional** *adj. m., f.* 3.6
Internet **Internet** 2.5
interview **entrevista** *f.* 3.4; interview **entrevistar** *v.* 3.4
interviewer **entrevistador(a)** *m., f.* 3.4
introduction **presentación** *f.*
I would like to introduce you to (name). **Le presento a...** *form.* 1.1; **Te presento a...** *fam.* 1.1
invest **invertir (e:ie)** *v.* 3.4
invite **invitar** *v.* 2.3
iron (clothes) **planchar** *v.* **la ropa** 2.6
it **lo/la** *sing., d.o., pron.* 1.5
Italian **italiano/a** *adj.* 1.3
its **su(s)** *poss. adj.* 1.3; **suyo(s)/a(s)** *poss. pron.* 2.5
it's the same **es igual** 1.5

J

jacket **chaqueta** *f.* 1.6
January **enero** *m.* 1.5
Japanese **japonés, japonesa** *adj.* 1.3
jeans **(blue)jeans** *m., pl.* 1.6
jewelry store **joyería** *f.* 3.2
job **empleo** *m.* 3.4; **puesto** *m.* 3.4; **trabajo** *m.* 3.4
job application **solicitud** *f.* **de trabajo** 3.4
jog **correr** *v.*
journalism **periodismo** *m.* 1.2
journalist **periodista** *m., f.* 1.3
joy **alegría** *f.* 2.3
juice **jugo** *m.* 2.2
July **julio** *m.* 1.5

June **junio** *m.* 1.5
jungle **selva, jungla** *f.* 3.1
just **apenas** *adv.*
have just done something **acabar de (+ *inf.*)** 1.6

K

key **llave** *f.* 1.5
keyboard **teclado** *m.* 2.5
kilometer **kilómetro** *m.* 2.5
kiss **beso** *m.* 2.3
kiss each other **besarse** *v.* 2.5
kitchen **cocina** *f.* 2.3, 2.6
knee **rodilla** *f.* 2.4
knife **cuchillo** *m.* 2.6
know **saber** *v.* 1.6; **conocer** *v.* 1.6
know how **saber** *v.* 1.6

L

laboratory **laboratorio** *m.* 1.2
lack **faltar** *v.* 2.1
lake **lago** *m.* 3.1
lamp **lámpara** *f.* 2.6
land **tierra** *f.* 3.1
landscape **paisaje** *m.* 1.5
language **lengua** *f.* 1.2
laptop (computer) **computadora** *f.* **portátil** 2.5
large **grande** *adj.* 1.3
large (*clothing size*) **talla grande**
last **durar** *v.* 3.6; **pasado/a** *adj.* 1.6; **último/a** *adj.* 2.1
last name **apellido** *m.* 1.3
last night **anoche** *adv.* 1.6
last week **semana** *f.* **pasada** 1.6
last year **año** *m.* **pasado** 1.6
the last time **la última vez** 2.1
late **tarde** *adv.* 2.1
later (on) **más tarde** 2.1
See you later. **Hasta la vista.** 1.1; **Hasta luego.** 1.1
laugh **reírse (e:i)** *v.* 2.3
laughed **reído** *p.p.* 3.2
laundromat **lavandería** *f.* 3.2
law **ley** *f.* 3.1
lawyer **abogado/a** *m., f.* 3.4
lazy **perezoso/a** *adj.*
learn **aprender** *v.* **(a + *inf.*)** 1.3
least, at **por lo menos** *adv.* 2.4
leave **salir** *v.* 1.4; **irse** *v.* 2.1
leave a tip **dejar una propina**
leave behind **dejar** *v.* 3.4
leave for (*a place*) **salir para**
leave from **salir de**
left **izquierda** *f.* 1.2
be left over **quedar** *v.* 2.1
to the left of **a la izquierda de** 1.2
leg **pierna** *f.* 2.4
lemon **limón** *m.* 2.2
lend **prestar** *v.* 1.6
less **menos** *adv.* 2.4
less... than **menos... que** 2.2
less than **menos de (+ *number*)**
lesson **lección** *f.* 1.1
let **dejar** *v.*
let's see **a ver**
letter **carta** *f.* 1.4, 3.2
lettuce **lechuga** *f.* 2.2
liberty **libertad** *f.* 3.6
library **biblioteca** *f.* 1.2
license (*driver's*) **licencia** *f.* **de conducir** 2.5
lie **mentira** *f.* 1.4
life **vida** *f.* 2.3
lifestyle: lead a healthy lifestyle **llevar una vida sana** 3.3
lift **levantar** *v.* 3.3
lift weights **levantar pesas** 3.3
light **luz** *f.* 2.6
like **como** *prep.* 2.2; **gustar** *v.* 1.2
I like... **Me gusta(n)...** 1.2
like this **así** *adv.* 2.4
like very much **encantar** *v.*; **fascinar** *v.* 2.1
Do you like...? **¿Te gusta(n)...?** 1.2
likeable **simpático/a** *adj.* 1.3
likewise **igualmente** *adv.* 1.1
line **línea** *f.* 1.4; **cola** (*queue*) *f.* 3.2
listen (to) **escuchar** *v.* 1.2
listen to music **escuchar música** 1.2
listen to the radio **escuchar la radio** 1.2
literature **literatura** *f.* 1.2
little (*quantity*) **poco** *adv.* 2.4
live **vivir** *v.* 1.3; **en vivo** *adj.* 2.1
living room **sala** *f.* 2.6
loan **préstamo** *m.* 3.2; **prestar** *v.* 1.6, 3.2
lobster **langosta** *f.* 2.2
located **situado/a** *adj.*
be located **quedar** *v.* 3.2
long **largo/a** *adj.* 1.6
look (at) **mirar** *v.* 1.2
look for **buscar** *v.* 1.2
lose **perder (e:ie)** *v.* 1.4
lose weight **adelgazar** *v.* 3.3
lost **perdido/a** *adj.* 3.1, 3.2
be lost **estar perdido/a** 3.2
lot, a **muchas veces** *adv.* 2.4
lot of, a **mucho/a** *adj.* 1.3; **un montón de** 1.4
love (*another person*) **querer (e:ie)** *v.* 1.4; (*inanimate objects*) **encantar** *v.* 2.1; **amor** *m.* 2.3
in love **enamorado/a** *adj.* 1.5
love at first sight **amor a primera vista** 2.3
luck **suerte** *f.*
lucky: be (very) lucky **tener (mucha) suerte** 1.3
luggage **equipaje** *m.* 1.5
lunch **almuerzo** *m.* 1.4, 2.2
have lunch **almorzar (o:ue)** *v.* 1.4

M

ma'am **señora (Sra.)**; **doña** *f.* 1.1
mad **enojado/a** *adj.* 1.5
magazine **revista** *f.* 1.4
magnificent **magnífico/a** *adj.* 1.5
mail **correo** *m.* 3.2; **enviar** *v.*, **mandar** *v.* 3.2; **echar (una carta) al buzón** 3.2
mail carrier **cartero** *m.* 3.2
mailbox **buzón** *m.* 3.2
main **principal** *adj. m., f.* 2.2
maintain **mantener** *v.* 3.3
major **especialización** *f.* 1.2
make **hacer** *v.* 1.4
make a decision **tomar una decisión** 3.3
make the bed **hacer la cama** 2.6
makeup **maquillaje** *m.* 2.1
put on makeup **maquillarse** *v.* 2.1
man **hombre** *m.* 1.1
manager **gerente** *m., f.* 2.2, 3.4
many **mucho/a** *adj.* 1.3
many times **muchas veces** 2.4
map **mapa** *m.* 1.1, 1.2
March **marzo** *m.* 1.5
margarine **margarina** *f.* 2.2
marinated fish **ceviche** *m.* 2.2
lemon-marinated shrimp **ceviche** *m.* **de camarón** 2.2
marital status **estado** *m.* **civil** 2.3
market **mercado** *m.* 1.6
open-air market **mercado al aire libre** 1.6
marriage **matrimonio** *m.* 2.3
married **casado/a** *adj.* 2.3
get married (to) **casarse** *v.* **(con)** 2.3
I'll marry you! **¡Acepto casarme contigo!** 3.5
marvelous **maravilloso/a** *adj.* 1.5
massage **masaje** *m.* 3.3
masterpiece **obra maestra** *f.* 3.5
match (*sports*) **partido** *m.* 1.4
match (with) **hacer** *v.* **juego (con)** 1.6
mathematics **matemáticas** *f., pl.* 1.2
matter **importar** *v.* 2.1
maturity **madurez** *f.* 2.3
maximum **máximo/a** *adj.* 2.5
May **mayo** *m.* 1.5
May I leave a message? **¿Puedo dejar un recado?** 2.5
maybe **tal vez** 1.5; **quizás** 1.5
mayonnaise **mayonesa** *f.* 2.2
me **me** *sing., d.o. pron.* 1.5
to/for me **me** *sing., i.o. pron.* 1.6
meal **comida** *f.* 2.2
means of communication **medios** *m., pl.* **de comunicación** 3.6
meat **carne** *f.* 2.2
mechanic **mecánico/a** *m., f.* 2.5
mechanic's repair shop **taller mecánico** 2.5

media **medios** *m., pl.* **de comunicación** 3.6
medical **médico/a** *adj.* 2.4
medication **medicamento** *m.* 2.4
medicine **medicina** *f.* 2.4
medium **mediano/a** *adj.*
meet (each other) **encontrar(se)** *v.* 2.5; **conocer(se)** *v.* 2.2
  meet up with **encontrarse con** 2.1
meeting **reunión** *f.* 3.4
menu **menú** *m.* 2.2
message **mensaje** *m.*
Mexican **mexicano/a** *adj.* 1.3
microwave **microonda** *f.* 2.6
  microwave oven **horno** *m.* **de microondas** 2.6
middle age **madurez** *f.* 2.3
midnight **medianoche** *f.* 1.1
mile **milla** *f.*
milk **leche** *f.* 2.2
million **millón** *m.* 1.2
  million of **millón de** 1.2
mine **mío(s)/a(s)** *poss.* 2.5
mineral **mineral** *m.* 3.3
  mineral water **agua** *f.* **mineral** 2.2
minute **minuto** *m.*
mirror **espejo** *m.* 2.1
Miss **señorita (Srta.)** *f.* 1.1
miss **perder (e:ie)** *v.* 1.4; **extrañar** *v.* 3.4
mistaken **equivocado/a** *adj.*
modern **moderno/a** *adj.* 3.5
mom **mamá** *f.*
Monday **lunes** *m., sing.* 1.2
money **dinero** *m.* 1.6
monitor **monitor** *m.* 2.5
monkey **mono** *m.* 3.1
month **mes** *m.* 1.5
monument **monumento** *m.* 1.4
moon **luna** *f.* 3.1
more **más** 1.2
  more... than **más... que** 2.2
  more than **más de (+ *number*)** 2.2
morning **mañana** *f.* 1.1
mother **madre** *f.* 1.3
mother-in-law **suegra** *f.* 1.3
motor **motor** *m.*
motorcycle **moto(cicleta)** *f.* 1.5
mountain **montaña** *f.* 1.4
mouse **ratón** *m.* 2.5
mouth **boca** *f.* 2.4
move (*from one house to another*) **mudarse** *v.* 2.6
movie **película** *f.* 1.4
  movie star **estrella** *f.* **de cine** 3.5
  movie theater **cine** *m.* 1.4
MP3 player **reproductor** *m.* **de MP3** 2.5
Mr. **señor (Sr.); don** *m.* 1.1
Mrs. **señora (Sra.); doña** *f.* 1.1
much **mucho/a** *adj.* 1.3
mud **lodo** *m.*
murder **crimen** *m.* 3.6
muscle **músculo** *m.* 3.3
museum **museo** *m.* 1.4
mushroom **champiñón** *m.* 2.2
music **música** *f.* 1.2, 3.5
musical **musical** *adj., m., f.* 3.5
musician **músico/a** *m., f.* 3.5
must **deber** *v.* **(+ *inf.*)** 1.3
my **mi(s)** *poss. adj.* 1.3; **mío(s)/a(s)** *poss. pron.* 2.5

N

name **nombre** *m.* 1.1
  be named **llamarse** *v.* 2.1
  in the name of **a nombre de** 1.5
  last name **apellido** *m.* 1.3
  My name is... **Me llamo...** 1.1
  name someone/something **ponerle el nombre** 2.3
napkin **servilleta** *f.* 2.6
national **nacional** *adj. m., f.* 3.6
nationality **nacionalidad** *f.* 1.1
natural **natural** *adj. m., f.* 3.1
  natural disaster **desastre** *m.* **natural** 3.6
  natural resource **recurso** *m.* **natural** 3.1
nature **naturaleza** *f.* 3.1
nauseated **mareado/a** *adj.* 2.4
near **cerca de** *prep.* 1.2
neaten **arreglar** *v.* 2.6
necessary **necesario/a** *adj.* 2.6
  It is necessary that... **Es necesario que...** 2.6
neck **cuello** *m.* 2.4
need **faltar** *v.* 2.1; **necesitar** *v.* **(+ *inf.*)** 1.2
neighbor **vecino/a** *m., f.* 2.6
neighborhood **barrio** *m.* 2.6
neither **tampoco** *adv.* 2.1
neither... nor **ni... ni** *conj.* 2.1
nephew **sobrino** *m.* 1.3
nervous **nervioso/a** *adj.* 1.5
network **red** *f.* 2.5
never **nunca** *adj.* 2.1; **jamás** 2.1
new **nuevo/a** *adj.* 1.6
newlywed **recién casado/a** *m., f.* 2.3
news **noticias** *f., pl.* 3.6; **actualidades** *f., pl.* 3.6; **noticia** *f.* 2.5
newscast **noticiero** *m.* 3.6
newspaper **periódico** 1.4; **diario** *m.* 3.6
next **próximo/a** *adj.* 1.3, 3.4
  next to **al lado de** *prep.* 1.2
nice **simpático/a** *adj.* 1.3; **amable** *adj.* 1.5
niece **sobrina** *f.* 1.3
night **noche** *f.* 1.1
  night stand **mesita** *f.* **de noche** 2.6
nine **nueve** 1.1
nine hundred **novecientos/as** 1.2
nineteen **diecinueve** 1.1
ninety **noventa** 1.2
ninth **noveno/a** 1.5
no **no** 1.1; **ningún, ninguno/a(s)** *adj.* 2.1
  no one **nadie** *pron.* 2.1
nobody **nadie** 2.1
none **ningún, ninguno/a(s)** *adj.* 2.1
noon **mediodía** *m.* 1.1
nor **ni** *conj.* 2.1
north **norte** *m.* 3.2
  to the north **al norte** 3.2
nose **nariz** *f.* 2.4
not **no** 1.1
  not any **ningún, ninguno/a(s)** *adj.* 2.1
  not anyone **nadie** *pron.* 2.1
  not anything **nada** *pron.* 2.1
  not bad at all **nada mal** 1.5
  not either **tampoco** *adv.* 2.1
  not ever **nunca** *adv.* 2.1; **jamás** *adv.* 2.1
  not very well **no muy bien** 1.1
  not working **descompuesto/a** *adj.* 2.5
notebook **cuaderno** *m.* 1.1
nothing **nada** 1.1; 2.1
noun **sustantivo** *m.*
November **noviembre** *m.* 1.5
now **ahora** *adv.* 1.2
nowadays **hoy día** *adv.*
nuclear **nuclear** *adj. m., f.* 3.1
  nuclear energy **energía nuclear** 3.1
number **número** *m.* 1.1
nurse **enfermero/a** *m., f.* 2.4
nutrition **nutrición** *f.* 3.3
nutritionist **nutricionista** *m., f.* 3.3

O

o'clock: It's... o'clock **Son las...** 1.1
  It's one o'clock. **Es la una.** 1.1
obey **obedecer** *v.* 3.6
obligation **deber** *m.* 3.6
obtain **conseguir (e:i)** *v.* 1.4; **obtener** *v.* 3.4
obvious **obvio/a** *adj.* 3.1
  it's obvious **es obvio** 3.1
occupation **ocupación** *f.* 3.4
occur **ocurrir** *v.* 3.6
October **octubre** *m.* 1.5
of **de** *prep.* 1.1
  Of course. **Claro que sí.; Por supuesto.**
offer **oferta** *f.*; **ofrecer (c:zc)** *v.* 1.6
office **oficina** *f.* 2.6
  doctor's office **consultorio** *m.* 2.4

often **a menudo** *adv.* 2.4
Oh! **¡Ay!**
oil **aceite** *m.* 2.2
OK **regular** *adj.* 1.1
  It's okay. **Está bien.**
old **viejo/a** *adj.* 1.3
old age **vejez** *f.* 2.3
older **mayor** *adj. m., f.* 1.3
  older brother, sister **hermano/a mayor** *m., f.* 1.3
oldest **el/la mayor** 2.2
on **en** *prep.* 1.2; **sobre** *prep.* 1.2
  on behalf of **por** *prep.* 2.5
  on the dot **en punto** 1.1
  on time **a tiempo** 2.4
  on top of **encima de** 1.2
once **una vez** 1.6
one **uno** 1.1
  one hundred **cien(to)** 1.2
  one million **un millón** *m.* 1.2
  one more time **una vez más**
  one thousand **mil** 1.2
  one time **una vez** 1.6
onion **cebolla** *f.* 2.2
only **sólo** *adv.* 1.6; **único/a** *adj.* 1.3
  only child **hijo/a único/a** *m., f.* 1.3
open **abierto/a** *adj.* 1.5, 3.2; **abrir** *v.* 1.3
open-air **al aire libre** 1.6
opera **ópera** *f.* 3.5
operation **operación** *f.* 2.4
opposite **enfrente de** *prep.* 3.2
or **o** *conj.* 2.1
orange **anaranjado/a** *adj.* 1.6; **naranja** *f.* 2.2
orchestra **orquesta** *f.* 3.5
order **mandar** 2.6; (*food*) **pedir (e:i)** *v.* 2.2
  in order to **para** *prep.* 2.5
orderly **ordenado/a** *adj.* 1.5
ordinal (*numbers*) **ordinal** *adj.*
organize oneself **organizarse** *v.* 2.6
other **otro/a** *adj.* 1.6
ought to **deber** *v.* **(+ *inf.*)** *adj.* 1.3
our **nuestro(s)/a(s)** *poss. adj.* 1.3; *poss. pron.* 2.5
out of order **descompuesto/a** *adj.* 2.5
outside **afuera** *adv.* 1.5
outskirts **afueras** *f., pl.* 2.6
oven **horno** *m.* 2.6
over **sobre** *prep.* 1.2
(over)population **(sobre)población** *f.* 3.1
over there **allá** *adv.* 1.2
own **propio/a** *adj.*
owner **dueño/a** *m., f.* 2.2

P

p.m. **de la tarde, de la noche** *f.* 1.1
pack (one's suitcases) **hacer** *v.* **las maletas** 1.5
package **paquete** *m.* 3.2
page **página** *f.* 2.5
pain **dolor** *m.* 2.4
  have pain **tener** *v.* **dolor** 2.4
paint **pintar** *v.* 3.5
painter **pintor(a)** *m., f.* 3.4
painting **pintura** *f.* 2.6, 3.5
pair **par** *m.* 1.6
  pair of shoes **par** *m.* **de zapatos** 1.6
pale **pálido/a** *adj.* 3.2
pants **pantalones** *m., pl.* 1.6
pantyhose **medias** *f., pl.* 1.6
paper **papel** *m.* 1.2; (*report*) **informe** *m.* 3.6
Pardon me. (*May I?*) **Con permiso.** 1.1; (*Excuse me.*) Pardon me. **Perdón.** 1.1
parents **padres** *m., pl.* 1.3; **papás** *m., pl.*
park **estacionar** *v.* 2.5; **parque** *m.* 1.4
parking lot **estacionamiento** *m.* 3.2
partner (*one of a married couple*) **pareja** *f.* 2.3
party **fiesta** *f.* 2.3
passed **pasado/a** *p.p.*
passenger **pasajero/a** *m., f.* 1.1
passport **pasaporte** *m.* 1.5
past **pasado/a** *adj.* 1.6
pastime **pasatiempo** *m.* 1.4
pastry shop **pastelería** *f.* 3.2
path **sendero** *m.* 3.1
patient **paciente** *m., f.* 2.4
patio **patio** *m.* 2.6
pay **pagar** *v.* 1.6
  pay in cash **pagar** *v.* **al contado; pagar en efectivo** 3.2
  pay in installments **pagar** *v.* **a plazos** 3.2
  pay the bill **pagar la cuenta**
pea **arveja** *m.* 2.2
peace **paz** *f.* 3.6
peach **melocotón** *m.* 2.2
peak **cima** *f.* 3.3
pear **pera** *f.* 2.2
pen **pluma** *f.* 1.2
pencil **lápiz** *m.* 1.1
penicillin **penicilina** *f.*
people **gente** *f.* 1.3
pepper (*black*) **pimienta** *f.* 2.2
per **por** *prep.* 2.5
perfect **perfecto/a** *adj.* 1.5
period of time **temporada** *f.* 1.5
person **persona** *f.* 1.3
pharmacy **farmacia** *f.* 2.4
phenomenal **fenomenal** *adj.* 1.5
photograph **foto(grafía)** *f.* 1.1
physical (exam) **examen** *m.* **médico** 2.4
physician **doctor(a), médico/a** *m., f.* 1.3
physics **física** *f. sing.* 1.2
pick up **recoger** *v.* 3.1
picture **cuadro** *m.* 2.6; **pintura** *f.* 2.6
pie **pastel** *m.* 2.3
pill (tablet) **pastilla** *f.* 2.4
pillow **almohada** *f.* 2.6
pineapple **piña** *f.*
pink **rosado/a** *adj.* 1.6
place **lugar** *m.* 1.2, 1.4; **sitio** *m.* 1.3; **poner** *v.* 1.4
plaid **de cuadros** 1.6
plans **planes** *m., pl.*
  have plans **tener planes**
plant **planta** *f.* 3.1
plastic **plástico** *m.* 3.1
  (made) of plastic **de plástico** 3.1
plate **plato** *m.* 2.6
play **drama** *m.* 3.5; **comedia** *f.* 3.5 **jugar (u:ue)** *v.* 1.4; (*a musical instrument*) **tocar** *v.* 3.5; (*a role*) **hacer el papel de** 3.5; (*cards*) **jugar a (las cartas)** 1.5; (*sports*) **practicar deportes** 1.4
player **jugador(a)** *m., f.* 1.4
playwright **dramaturgo/a** *m., f.* 3.5
plead **rogar (o:ue)** *v.* 2.6
pleasant **agradable** *adj.*
please **por favor** 1.1
Pleased to meet you. **Mucho gusto.** 1.1; **Encantado/a.** *adj.* 1.1
pleasing: be pleasing to **gustar** *v.* 2.1
pleasure **gusto** *m.* 1.1; **placer** *m.*
  The pleasure is mine. **El gusto es mío.** 1.1
poem **poema** *m.* 3.5
poet **poeta** *m., f.* 3.5
poetry **poesía** *f.* 3.5
police (force) **policía** *f.* 2.5
political **político/a** *adj.* 3.6
politician **político/a** *m., f.* 3.4
politics **política** *f.* 3.6
polka-dotted **de lunares** 1.6
poll **encuesta** *f.* 3.6
pollute **contaminar** *v.* 3.1
polluted **contaminado/a** *m., f.* 3.1
  be polluted **estar contaminado/a** 3.1
pollution **contaminación** *f.* 3.1
pool **piscina** *f.* 1.4
poor **pobre** *adj., m., f.* 1.6
  poor thing **pobrecito/a** *adj.* 1.3
popsicle **paleta helada** *f.* 1.4
population **población** *f.* 3.1
pork **cerdo** *m.* 2.2
  pork chop **chuleta** *f.* **de cerdo** 2.2
portable **portátil** *adj.* 2.5
  portable computer **computadora** *f.* **portátil** 2.5
position **puesto** *m.* 3.4
possessive **posesivo/a** *adj.*
possible **posible** *adj.* 3.1
  it's (not) possible **(no) es posible** 3.1
post office **correo** *m.* 3.2
postcard **postal** *f.*
poster **cartel** *m.* 2.6
potato **papa** *f.* 2.2; **patata** *f.* 2.2

pottery **cerámica** *f.* 3.5
practice **entrenarse** *v.* 3.3; **practicar** *v.* 1.2; (a degree/profession) **ejercer** *v.* 3.4
prefer **preferir (e:ie)** *v.* 1.4
pregnant **embarazada** *adj. f.* 2.4
prepare **preparar** *v.* 1.2
preposition **preposición** *f.*
prescribe (*medicine*) **recetar** *v.* 2.4
prescription **receta** *f.* 2.4
present **regalo** *m.*; **presentar** *v.* 3.5
press **prensa** *f.* 3.6
pressure **presión** *f.*
be under a lot of pressure **sufrir muchas presiones** 3.3
pretty **bonito/a** *adj.* 1.3
price **precio** *m.* 1.6
(fixed, set) price **precio** *m.* **fijo** 1.6
print **imprimir** *v.* 2.5
printer **impresora** *f.* 2.5
prize **premio** *m.* 3.5
probable **probable** *adj.* 3.1
it's (not) probable **(no) es probable** 3.1
problem **problema** *m.* 1.1
profession **profesión** *f.* 1.3; 3.4
professor **profesor(a)** *m., f.*
program **programa** *m.* 1.1
programmer **programador(a)** *m., f.* 1.3
prohibit **prohibir** *v.* 2.4
project **proyecto** *m.* 2.5
promotion (*career*) **ascenso** *m.* 3.4
pronoun **pronombre** *m.*
protect **proteger** *v.* 3.1
protein **proteína** *f.* 3.3
provided (that) **con tal (de) que** *conj.* 3.1
psychologist **psicólogo/a** *m., f.* 3.4
psychology **psicología** *f.* 1.2
publish **publicar** *v.* 3.5
Puerto Rican **puertorriqueño/a** *adj.* 1.3
purchases **compras** *f., pl.*
pure **puro/a** *adj.* 3.1
purple **morado/a** *adj.* 1.6
purse **bolsa** *f.* 1.6
put **poner** *v.* 1.4; **puesto/a** *p.p.* 3.2
put (a letter) in the mailbox **echar (una carta) al buzón** 3.2
put on (*a performance*) **presentar** *v.* 3.5
put on (*clothing*) **ponerse** *v.* 2.1
put on makeup **maquillarse** *v.* 2.1

Q

quality **calidad** *f.* 1.6
quarter (*academic*) **trimestre** *m.* 1.2
quarter after (*time*) **y cuarto** 1.1; **y quince** 1.1
quarter to (*time*) **menos cuarto** 1.1; **menos quince** 1.1
question **pregunta** *f.*
quickly **rápido** *adv.* 2.4
quiet **tranquilo/a** *adj.* 3.3
quit **dejar** *v.* 3.4
quiz **prueba** *f.* 1.2

R

racism **racismo** *m.* 3.6
radio (*medium*) **radio** *f.* 1.2
radio (set) **radio** *m.* 2.5
rain **llover (o:ue)** *v.* 1.5; **lluvia** *f.*
It's raining. **Llueve.** 1.5; **Está lloviendo.** 1.5
raincoat **impermeable** *m.* 1.6
rain forest **bosque** *m.* **tropical** 3.1
raise (*salary*) **aumento de sueldo** 3.4
rather **bastante** *adv.* 2.4
read **leer** *v.* 1.3; **leído/a** *p.p.* 3.2
read e-mail **leer el correo electrónico** 1.4
read a magazine **leer una revista** 1.4
read a newspaper **leer un periódico** 1.4
ready **listo/a** *adj.* 1.5
reality show **programa de realidad** *m.* 3.5
reap the benefits (of) *v.* **disfrutar** *v.* **(de)** 3.3
receive **recibir** *v.* 1.3
recommend **recomendar (e:ie)** *v.* 2.2; 2.6
record **grabar** *v.* 2.5
recover **recuperar** *v.* 2.5
recreation **diversión** *f.* 1.4
recycle **reciclar** *v.* 3.1
recycling **reciclaje** *m.* 3.1
red **rojo/a** *adj.* 1.6
red-haired **pelirrojo/a** *adj.* 1.3
reduce **reducir** *v.* 3.1; **disminuir** *v.* 3.4
reduce stress/tension **aliviar el estrés/la tensión** 3.3
refrigerator **refrigerador** *m.* 2.6
region **región** *f.*
regret **sentir (e:ie)** *v.* 3.1
relatives **parientes** *m., pl.* 1.3
relax **relajarse** *v.* 2.3
Relax. **Tranquilo/a.** 2.1
Relax, sweetie. **Tranquilo/a, cariño.** 2.5
remain **quedarse** *v.* 2.1
remember **acordarse (o:ue)** *v.* **(de)** 2.1; **recordar (o:ue)** *v.* 1.4
remote control **control remoto** *m.* 2.5
renewable **renovable** *adj.* 3.1
rent **alquilar** *v.* 2.6; (payment) **alquiler** *m.* 2.6
repeat **repetir (e:i)** *v.* 1.4
report **informe** *m.* 3.6; **reportaje** *m.* 3.6
reporter **reportero/a** *m., f.* 3.4
representative **representante** *m., f.* 3.6
request **pedir (e:i)** *v.* 1.4
reservation **reservación** *f.* 1.5
resign (from) **renunciar (a)** *v.* 3.4
resolve **resolver (o:ue)** *v.* 3.1
resolved **resuelto/a** *p.p.* 3.2
resource **recurso** *m.* 3.1
responsibility **deber** *m.* 3.6; **responsabilidad** *f.*
responsible **responsable** *adj.* 2.2
rest **descansar** *v.* 1.2
restaurant **restaurante** *m.* 1.4
résumé **currículum** *m.* 3.4
retire (from work) **jubilarse** *v.* 2.3
return **regresar** *v.* 1.2; **volver (o:ue)** *v.* 1.4
returned **vuelto/a** *p.p.* 3.2
rice **arroz** *m.* 2.2
rich **rico/a** *adj.* 1.6
ride a bicycle **pasear** *v.* **en bicicleta** 1.4
ride a horse **montar** *v.* **a caballo** 1.5
ridiculous **ridículo/a** *adj.* 3.1
it's ridiculous **es ridículo** 3.1
right **derecha** *f.* 1.2
be right **tener razón** 1.3
right? (*question tag*) **¿no?** 1.1; **¿verdad?** 1.1
right away **enseguida** *adv.*
right now **ahora mismo** 1.5
to the right of **a la derecha de** 1.2
rights **derechos** *m.* 3.6
ring **anillo** *m.* 3.5
ring (*a doorbell*) **sonar (o:ue)** *v.* 2.5
river **río** *m.* 3.1
road **carretera** f. 2.5; **camino** *m.*
roast **asado/a** *adj.* 2.2
roast chicken **pollo** *m.* **asado** 2.2
rollerblade **patinar en línea** *v.*
romantic **romántico/a** *adj.* 3.5
room **habitación** *f.* 1.5; **cuarto** *m.* 1.2; 2.1
living room **sala** *f.* 2.6
roommate **compañero/a** *m., f.* **de cuarto** 1.2
roundtrip **de ida y vuelta** 1.5
roundtrip ticket **pasaje** *m.* **de ida y vuelta** 1.5
routine **rutina** *f.* 2.1
rug **alfombra** *f.* 2.6
run **correr** *v.* 1.3
run errands **hacer diligencias** 3.2
run into (*have an accident*) **chocar (con)** *v.*; (*meet accidentally*) **encontrar(se) (o:ue)** *v.* 2.5; (*run into something*) **darse (con)** 2.4
run into (each other) **encontrar(se) (o:ue)** *v.* 2.5

rush **apurarse, darse prisa** *v.* 3.3
Russian **ruso/a** *adj.* 1.3

S

sad **triste** *adj.* 1.5; 3.1
it's sad **es triste** 3.1
safe **seguro/a** *adj.* 1.5
said **dicho/a** *p.p.* 3.2
sailboard **tabla de windsurf** *f.* 1.5
salad **ensalada** *f.* 2.2
salary **salario** *m.* 3.4; **sueldo** *m.* 3.4
sale **rebaja** *f.* 1.6
salesperson **vendedor(a)** *m., f.* 1.6
salmon **salmón** *m.* 2.2
salt **sal** *f.* 2.2
same **mismo/a** *adj.* 1.3
sandal **sandalia** *f.* 1.6
sandwich **sándwich** *m.* 2.2
Saturday **sábado** *m.* 1.2
sausage **salchicha** *f.* 2.2
save (*on a computer*) **guardar** *v.* 2.5; save (money) **ahorrar** *v.* 3.2
savings **ahorros** *m.* 3.2
savings account **cuenta** *f.* **de ahorros** 3.2
say **decir** *v.* 1.4; **declarar** *v.* 3.6
say (that) **decir (que)** *v.* 1.4
say the answer **decir la respuesta** 1.4
scan **escanear** *v.* 2.5
scarcely **apenas** *adv.* 2.4
scared: be (very) scared (of) **tener (mucho) miedo (de)** 1.3
schedule **horario** *m.* 1.2
school **escuela** *f.* 1.1
sciences *f., pl.* **ciencias** 1.2
science fiction (genre) **de ciencia ficción** *f.* 3.5
scientist **científico/a** *m., f.* 3.4
scream **grito** *m.* 1.5; **gritar** *v.*
screen **pantalla** *f.* 2.5
scuba dive **bucear** *v.* 1.4
sculpt **esculpir** *v.* 3.5
sculptor **escultor(a)** *m., f.* 3.5
sculpture **escultura** *f.* 3.5
sea **mar** *m.* 1.5
(sea) turtle **tortuga (marina)** *f.* 3.1
season **estación** *f.* 1.5
seat **silla** *f.* 1.2
second **segundo/a** 1.5
secretary **secretario/a** *m., f.* 3.4
sedentary **sedentario/a** *adj.* 3.3
see **ver** *v.* 1.4
see (you, him, her) again **volver a ver(te, lo, la)**
see movies **ver películas** 1.4
See you. **Nos vemos.** 1.1
See you later. **Hasta la vista.** 1.1; **Hasta luego.** 1.1
See you soon. **Hasta pronto.** 1.1
See you tomorrow. **Hasta mañana.** 1.1
seem **parecer** *v.* 1.6
seen **visto/a** *p.p.* 3.2
sell **vender** *v.* 1.6
semester **semestre** *m.* 1.2
send **enviar; mandar** *v.* 3.2
separate (from) **separarse** *v.* **(de)** 2.3
separated **separado/a** *adj.* 2.3
September **septiembre** *m.* 1.5
sequence **secuencia** *f.*
serious **grave** *adj.* 2.4
serve **servir (e:i)** *v.* 2.2
service **servicio** *m.* 3.3
set (*fixed*) **fijo/a** *adj.* 1.6
set the table **poner la mesa** 2.6
seven **siete** 1.1
seven hundred **setecientos/as** 1.2
seventeen **diecisiete** 1.1
seventh **séptimo/a** 1.5
seventy **setenta** 1.2
several **varios/as** *adj. pl.*
sexism **sexismo** *m.* 3.6
shame **lástima** *f.* 3.1
it's a shame **es una lástima** 3.1
shampoo **champú** *m.* 2.1
shape **forma** *f.* 3.3
be in good shape **estar en buena forma** 3.3
stay in shape **mantenerse en forma** 3.3
share **compartir** *v.* 1.3
sharp (*time*) **en punto** 1.1
shave **afeitarse** *v.* 2.1
shaving cream **crema** *f.* **de afeitar** 1.5, 2.1
she **ella** 1.1
shellfish **mariscos** *m., pl.* 2.2
ship **barco** *m.*
shirt **camisa** *f.* 1.6
shoe **zapato** *m.* 1.6
shoe size **número** *m.* 1.6
shoe store **zapatería** *f.* 3.2
tennis shoes **zapatos** *m., pl.* **de tenis** 1.6
shop **tienda** *f.* 1.6
shopping, to go **ir de compras** 1.5
shopping mall **centro comercial** *m.* 1.6
short (*in height*) **bajo/a** *adj.* 1.3; (*in length*) **corto/a** *adj.* 1.6
short story **cuento** *m.* 3.5
shorts **pantalones cortos** *m., pl.* 1.6
should (*do something*) **deber** *v.* **(+ *inf.*)** 1.3
shout **gritar** *v.*
show **espectáculo** *m.* 3.5; **mostrar (o:ue)** *v.* 1.4
game show **concurso** *m.* 3.5
shower **ducha** *f.* 2.1; **ducharse** *v.* 2.1
shrimp **camarón** *m.* 2.2
siblings **hermanos/as** *pl.* 1.3
sick **enfermo/a** *adj.* 2.4
be sick **estar enfermo/a** 2.4
get sick **enfermarse** *v.* 2.4
sign **firmar** *v.* 3.2; **letrero** *m.* 3.2
silk **seda** *f.* 1.6
(made of) silk **de seda** 1.6
since **desde** *prep.*
sing **cantar** *v.* 1.2
singer **cantante** *m., f.* 3.5
single **soltero/a** *adj.* 2.3
single room **habitación** *f.* **individual** 1.5
sink **lavabo** *m.* 2.1
sir **señor (Sr.), don** *m.* 1.1; **caballero** *m.* 2.2
sister **hermana** *f.* 1.3
sister-in-law **cuñada** *f.* 1.3
sit down **sentarse (e:ie)** *v.* 2.1
six **seis** 1.1
six hundred **seiscientos/as** 1.2
sixteen **dieciséis** 1.1
sixth **sexto/a** 1.5
sixty **sesenta** 1.2
size **talla** *f.* 1.6
shoe size *m.* **número** 1.6
(in-line) skate **patinar (en línea)** 1.4
skateboard **andar en patineta** *v.* 1.4
ski **esquiar** *v.* 1.4
skiing **esquí** *m.* 1.4
water-skiing **esquí** *m.* **acuático** 1.4
skirt **falda** *f.* 1.6
skull made out of sugar **calavera de azúcar** *f.* 2.3
sky **cielo** *m.* 3.1
sleep **dormir (o:ue)** *v.* 1.4; **sueño** *m.*
go to sleep **dormirse (o:ue)** *v.* 2.1
sleepy: be (very) sleepy **tener (mucho) sueño** 1.3
slender **delgado/a** *adj.* 1.3
slim down **adelgazar** *v.* 3.3
slippers **pantuflas** *f.* 2.1
slow **lento/a** *adj.* 2.5
slowly **despacio** *adv.* 2.4
small **pequeño/a** *adj.* 1.3
smart **listo/a** *adj.* 1.5
smile **sonreír (e:i)** *v.* 2.3
smiled **sonreído** *p.p.* 3.2
smoggy: It's (very) smoggy. **Hay (mucha) contaminación.**
smoke **fumar** *v.* 3.3
(not) to smoke **(no) fumar** 3.3
smoking section **sección** *f.* **de fumar** 2.2
(non) smoking section *f.* **sección de (no) fumar** 2.2
snack **merendar (e:ie)** *v.* 2.2
afternoon snack **merienda** *f.* 3.3
have a snack **merendar** *v.* 2.2
sneakers **los zapatos de tenis** 1.6
sneeze **estornudar** *v.* 2.4
snow **nevar (e:ie)** *v.* 1.5; **nieve** *f.*
snowing: It's snowing. **Nieva.** 1.5; **Está nevando.** 1.5
so (*in such a way*) **así** *adv.* 2.4; **tan** *adv.* 1.5
so much **tanto** *adv.*
so-so **regular** 1.1
so that **para que** *conj.* 3.1
soap **jabón** *m.* 2.1
soap opera **telenovela** *f.* 3.5
soccer **fútbol** *m.* 1.4
sociology **sociología** *f.* 1.2
sock(s) **calcetín (calcetines)** *m.* 1.6

sofa **sofá** *m.* 2.6
soft drink **refresco** *m.* 2.2
software **programa** *m.* **de computación** 2.5
soil **tierra** *f.* 3.1
solar **solar** *adj., m., f.* 3.1
solar energy **energía solar** 3.1
soldier **soldado** *m., f.* 3.6
solution **solución** *f.* 3.1
solve **resolver (o:ue)** *v.* 3.1
some **algún, alguno/a(s)** *adj.* 2.1; **unos/as** *indef. art.* 1.1
somebody **alguien** *pron.* 2.1
someone **alguien** *pron.* 2.1
something **algo** *pron.* 2.1
sometimes **a veces** *adv.* 2.4
son **hijo** *m.* 1.3
song **canción** *f.* 3.5
son-in-law **yerno** *m.* 1.3
soon **pronto** *adv.* 2.4
See you soon. **Hasta pronto.** 1.1
sorry: be sorry **sentir (e:ie)** *v.* 3.1
I'm sorry. **Lo siento.** 1.1
soul **alma** *f.* 2.3
soup **sopa** *f.* 2.2
south **sur** *m.* 3.2
to the south **al sur** 3.2
Spain **España** *f.*
Spanish (*language*) **español** *m.* 1.2; **español(a)** *adj.* 1.3
spare (free) time **ratos libres** 1.4
speak **hablar** *v.* 1.2
Speaking. (*on the telephone*) **Con él/ella habla.** 2.5
special: today's specials **las especialidades del día** 2.2
spectacular **espectacular** *adj. m., f.*
speech **discurso** *m.* 3.6
speed **velocidad** *f.* 2.5
speed limit **velocidad** *f.* **máxima** 2.5
spelling **ortografía** *f.*, **ortográfico/a** *adj.*
spend (*money*) **gastar** *v.* 1.6
spoon (*table or large*) **cuchara** *f.* 2.6
sport **deporte** *m.* 1.4
sports-related **deportivo/a** *adj.* 1.4
spouse **esposo/a** *m., f.* 1.3
sprain (one's ankle) **torcerse (o:ue)** *v.* **(el tobillo)** 2.4
spring **primavera** *f.* 1.5
(city or town) square **plaza** *f.* 1.4
stadium **estadio** *m.* 1.2
stage **etapa** *f.* 2.3
stairs **escalera** *f.* 2.6
stairway **escalera** *f.* 2.6
stamp **estampilla** *f.* 3.2; **sello** *m.* 3.2
stand in line **hacer** *v.* **cola** 3.2
star **estrella** *f.* 3.1
start (*a vehicle*) **arrancar** *v.* 2.5
station **estación** *f.* 1.5
statue **estatua** *f.* 3.5
status: marital status **estado** *m.* **civil** 2.3
stay **quedarse** *v.* 2.1
stay in shape **mantenerse en forma** 3.3
steak **bistec** *m.* 2.2
steering wheel **volante** *m.* 2.5
step **escalón** *m.* 3.3
stepbrother **hermanastro** *m.* 1.3
stepdaughter **hijastra** *f.* 1.3
stepfather **padrastro** *m.* 1.3
stepmother **madrastra** *f.* 1.3
stepsister **hermanastra** *f.* 1.3
stepson **hijastro** *m.* 1.3
stereo **estéreo** *m.* 2.5
still **todavía** *adv.* 1.5
stockbroker **corredor(a)** *m., f.* **de bolsa** 3.4
stockings **medias** *f., pl.* 1.6
stomach **estómago** *m.* 2.4
stone **piedra** *f.* 3.1
stop **parar** *v.* 2.5
stop (*doing something*) **dejar de (+** *inf.***)** 3.1
store **tienda** *f.* 1.6
storm **tormenta** *f.* 3.6
story **cuento** *m.* 3.5; **historia** *f.* 3.5
stove **cocina, estufa** *f.* 2.6
straight **derecho** *adv.* 3.2
straight (ahead) **derecho** 3.2
straighten up **arreglar** *v.* 2.6
strange **extraño/a** *adj.* 3.1
it's strange **es extraño** 3.1
street **calle** *f.* 2.5
stress **estrés** *m.* 3.3
stretching **estiramiento** *m.* 3.3
do stretching exercises **hacer ejercicios** *m. pl.* **de estiramiento** 3.3
strike (*labor*) **huelga** *f.* 3.6
striped **de rayas** 1.6
stroll **pasear** *v.* 1.4
strong **fuerte** *adj. m., f.* 3.3
struggle (for/against) **luchar** *v.* **(por/contra)** 3.6
student **estudiante** *m., f.* 1.1; 1.2; **estudiantil** *adj.* 1.2
study **estudiar** *v.* 1.2
stupendous **estupendo/a** *adj.* 1.5
style **estilo** *m.*
suburbs **afueras** *f., pl.* 2.6
subway **metro** *m.* 1.5
subway station **estación** *f.* **del metro** 1.5
success **éxito** *m.*
successful: be successful **tener éxito** 3.4
such as **tales como**
suddenly **de repente** *adv.* 1.6
suffer **sufrir** *v.* 2.4
suffer an illness **sufrir una enfermedad** 2.4
sugar **azúcar** *m.* 2.2
suggest **sugerir (e:ie)** *v.* 2.6
suit **traje** *m.* 1.6
suitcase **maleta** *f.* 1.1
summer **verano** *m.* 1.5
sun **sol** *m.* 3.1
sunbathe **tomar** *v.* **el sol** 1.4
Sunday **domingo** *m.* 1.2
(sun)glasses **gafas** *f., pl.* **(de sol)** 1.6
sunny: It's (very) sunny. **Hace (mucho) sol.** 1.5
supermarket **supermercado** *m.* 3.2
suppose **suponer** *v.* 1.4
sure **seguro/a** *adj.* 1.5
be sure **estar seguro/a** 1.5
surf **hacer** *v.* **surf** 1.5; (*the Internet*) **navegar** *v.* **(en Internet)** 2.5
surfboard **tabla de surf** *f.* 1.5
surprise **sorprender** *v.* 2.3; **sorpresa** *f.* 2.3
survey **encuesta** *f.* 3.6
sweat **sudar** *v.* 3.3
sweater **suéter** *m.* 1.6
sweep the floor **barrer el suelo** 2.6
sweets **dulces** *m., pl.* 2.3
swim **nadar** *v.* 1.4
swimming **natación** *f.* 1.4
swimming pool **piscina** *f.* 1.4
symptom **síntoma** *m.* 2.4

T

table **mesa** *f.* 1.2
tablespoon **cuchara** *f.* 2.6
tablet (*pill*) **pastilla** *f.* 2.4
take **tomar** *v.* 1.2; **llevar** *v.* 1.6
take care of **cuidar** *v.* 3.1
take someone's temperature **tomar** *v.* **la temperatura** 2.4
take (*wear*) a shoe size **calzar** *v.* 1.6
take a bath **bañarse** *v.* 2.1
take a shower **ducharse** *v.* 2.1
take off **quitarse** *v.* 2.1
take out the trash *v.* **sacar la basura** 2.6
take photos **tomar** *v.* **fotos** 1.5; **sacar** *v.* **fotos** 1.5
talented **talentoso/a** *adj.* 3.5
talk **hablar** *v.* 1.2
talk show **programa** *m.* **de entrevistas** 3.5
tall **alto/a** *adj.* 1.3
tank **tanque** *m.* 2.5
taste **probar (o:ue)** *v.* 2.2
taste like **saber a** 2.2
tasty **rico/a** *adj.* 2.2; **sabroso/a** *adj.* 2.2
tax **impuesto** *m.* 3.6
taxi **taxi** *m.* 1.5
tea **té** *m.* 2.2
teach **enseñar** *v.* 1.2
teacher **profesor(a)** *m., f.* 1.1, 1.2; **maestro/a** *m., f.* 3.4
team **equipo** *m.* 1.4
technician **técnico/a** *m., f.* 3.4
telecommuting **teletrabajo** *m.* 3.4
telephone **teléfono** 2.5
television **televisión** *f.* 1.2
television set **televisor** *m.* 2.5
tell **contar** *v.* 1.4; **decir** *v.* 1.4

tell (that) **decir** *v.* **(que)** 1.4
tell lies **decir mentiras** 1.4
tell the truth **decir la verdad** 1.4
temperature **temperatura** *f.* 2.4
ten **diez** 1.1
tennis **tenis** *m.* 1.4
tennis shoes **zapatos** *m., pl.* **de tenis** 1.6
tension **tensión** *f.* 3.3
tent **tienda** *f.* **de campaña**
tenth **décimo/a** 1.5
terrible **terrible** *adj. m., f.* 3.1
it's terrible **es terrible** 3.1
terrific **chévere** *adj.*
test **prueba** *f.* 1.2; **examen** *m.* 1.2
text message **mensaje** *m.* **de texto** 2.5
Thank you. **Gracias.** *f., pl.* 1.1
Thank you (very much). **(Muchas) gracias.** 1.1
Thanks (a lot). **(Muchas) gracias.** 1.1
Thanks for inviting me. **Gracias por invitarme.** 2.3
that **que, quien(es)** *pron.* 2.6
that (one) **ése, ésa, eso** *pron.* 1.6; **ese, esa,** *adj.* 1.6
that (*over there*) **aquél, aquélla, aquello** *pron.* 1.6; **aquel, aquella** *adj.* 1.6
that which **lo que** 2.6
that's why **por eso** 2.5
the **el** *m.*, **la** *f. sing.*, **los** *m.*, **las** *f., pl.* 1.1
theater **teatro** *m.* 3.5
their **su(s)** *poss. adj.* 1.3; **suyo(s)/a(s)** *poss. pron.* 2.5
them **los/las** *pl., d.o. pron.* 1.5
to/for them **les** *pl., i.o. pron.* 1.6
then (*afterward*) **después** *adv.* 2.1; (*as a result*) **entonces** *adv.* 1.5, 2.1; (*next*) **luego** *adv.* 2.1
there **allí** *adv.* 1.2
There is/are... **Hay...** 1.1
There is/are not... **No hay...** 1.1
therefore **por eso** 2.5
these **éstos, éstas** *pron.* 1.6; **estos, estas** *adj.* 1.6
they **ellos** *m.*, **ellas** *f. pron.* 1.1
They all told me to ask you to excuse them/forgive them. **Todos me dijeron que te pidiera una disculpa de su parte.** 3.6
thin **delgado/a** *adj.* 1.3
thing **cosa** *f.* 1.1
think **pensar (e:ie)** *v.* 1.4; (believe) **creer** *v.*
think about **pensar en** *v.* 1.4
third **tercero/a** 1.5
thirst **sed** *f.*
thirsty: be (very) thirsty **tener (mucha) sed** 1.3
thirteen **trece** 1.1
thirty **treinta** 1.1; thirty (*minutes past the hour*) **y treinta; y media** 1.1
this **este, esta** *adj.*; **éste, ésta, esto** *pron.* 1.6
those **ésos, ésas** *pron.* 1.6; **esos, esas** *adj.* 1.6
those (over there) **aquéllos, aquéllas** *pron.* 1.6; **aquellos, aquellas** *adj.* 1.6
thousand **mil** *m.* 1.2
three **tres** 1.1
three hundred **trescientos/as** 1.2
throat **garganta** *f.* 2.4
through **por** *prep.* 2.5
Thursday **jueves** *m., sing.* 1.2
thus (*in such a way*) **así** *adv.*
ticket **boleto** *m.* 1.2, 3.5; **pasaje** *m.* 1.5
tie **corbata** *f.* 1.6
time **vez** *f.* 1.6; **tiempo** *m.* 3.2
have a good/bad time **pasarlo bien/mal** 2.3
I've had a fantastic time. **Lo he pasado de película.** 3.6
What time is it? **¿Qué hora es?** 1.1
(At) What time...? **¿A qué hora...?** 1.1
times **veces** *f., pl.* 1.6
many times **muchas veces** 2.4
two times **dos veces** 1.6
tip **propina** *f.* 2.2
tire **llanta** *f.* 2.5
tired **cansado/a** *adj.* 1.5
be tired **estar cansado/a** 1.5
title **título** *m.* 3.4
to **a** *prep.* 1.1
toast (*drink*) **brindar** *v.* 2.3
toast **pan** *m.* **tostado** 2.2
toasted **tostado/a** *adj.* 2.2
toasted bread **pan tostado** *m.* 2.2
toaster **tostadora** *f.* 2.6
today **hoy** *adv.* 1.2
Today is... **Hoy es...** 1.2
toe **dedo** *m.* **del pie** 2.4
together **juntos/as** *adj.* 2.3
toilet **inodoro** *m.* 2.1
tomato **tomate** *m.* 2.2
tomorrow **mañana** *f.* 1.1
See you tomorrow. **Hasta mañana.** 1.1
tonight **esta noche** *adv.*
too **también** *adv.* 1.2; 2.1
too much **demasiado** *adv.* 1.6; **en exceso** 3.3
tooth **diente** *m.* 2.1
toothpaste **pasta** *f.* **de dientes** 2.1
top **cima** *f.* 3.3
tornado **tornado** *m.* 3.6
touch **tocar** *v.* 3.5
touch screen **pantalla táctil** *f.*
tour **excursión** *f.* 1.4; **recorrido** *m.* 3.1
tour an area **recorrer** *v.*
tourism **turismo** *m.*
tourist **turista** *m., f.* 1.1; **turístico/a** *adj.*
toward **hacia** *prep.* 3.2; **para** *prep.* 2.5
towel **toalla** *f.* 2.1
town **pueblo** *m.*
trade **oficio** *m.* 3.4
traffic **circulación** *f.* 2.5; **tráfico** *m.* 2.5
traffic light **semáforo** *m.* 3.2
tragedy **tragedia** *f.* 3.5
trail **sendero** *m.* 3.1
train **entrenarse** *v.* 3.3; **tren** *m.* 1.5
train station **estación** *f.* **de tren** *m.* 1.5
trainer **entrenador(a)** *m., f.* 3.3
translate **traducir** *v.* 1.6
trash **basura** *f.* 2.6
travel **viajar** *v.* 1.2
travel agency **agencia** f. **de viajes** 1.5
travel agent **agente** *m., f.* **de viajes** 1.5
traveler **viajero/a** *m., f.* 1.5
(traveler's) check **cheque (de viajero)** 3.2
treadmill **cinta caminadora** *f.* 3.3
tree **árbol** *m.* 3.1
trillion **billón** *m.*
trimester **trimestre** *m.* 1.2
trip **viaje** *m.* 1.5
take a trip **hacer un viaje** 1.5
tropical forest **bosque** *m.* **tropical** 3.1
true: it's (not) true **(no) es verdad** 3.1
trunk **baúl** *m.* 2.5
truth **verdad** *f.* 1.4
try **intentar** *v.*; **probar (o:ue)** *v.* 2.2
try (*to do something*) **tratar de (+ *inf.*)** 3.3
try on **probarse (o:ue)** *v.* 2.1
t-shirt **camiseta** *f.* 1.6
Tuesday **martes** *m., sing.* 1.2
tuna **atún** *m.* 2.2
turkey **pavo** *m.* 2.2
turn **doblar** *v.* 3.2
turn off (*electricity/appliance*) **apagar** *v.* 2.5
turn on (*electricity/appliance*) **poner** *v.* 2.5; **prender** *v.* 2.5
twelve **doce** 1.1
twenty **veinte** 1.1
twenty-eight **veintiocho** 1.1
twenty-five **veinticinco** 1.1
twenty-four **veinticuatro** 1.1
twenty-nine **veintinueve** 1.1
twenty-one **veintiuno** 1.1; **veintiún, veintiuno/a** *adj.* 1.1
twenty-seven **veintisiete** 1.1
twenty-six **veintiséis** 1.1
twenty-three **veintitrés** 1.1
twenty-two **veintidós** 1.1
twice **dos veces** 1.6
twin **gemelo/a** *m., f.* 1.3
two **dos** 1.1
two hundred **doscientos/as** 1.2
two times **dos veces** 1.6

U

ugly **feo/a** *adj.* 1.3
uncle **tío** *m.* 1.3

under **debajo de** *prep.* 1.2
understand **comprender** *v.* 1.3; **entender (e:ie)** *v.* 1.4
underwear **ropa interior** 1.6
unemployment **desempleo** *m.* 3.6
unique **único/a** *adj.* 2.3
United States **Estados Unidos (EE.UU.)** *m. pl.*
university **universidad** *f.* 1.2
unless **a menos que** *conj.* 3.1
unmarried **soltero/a** *adj.* 2.3
unpleasant **antipático/a** *adj.* 1.3
until **hasta** *prep.* 1.6; **hasta que** *conj.* 3.1
urgent **urgente** *adj.* 2.6
  It's urgent that... **Es urgente que...** 2.6
us **nos** *pl., d.o. pron.* 1.5
  to/for us **nos** *pl., i.o. pron.* 1.6
use **usar** *v.* 1.6
used for **para** *prep.* 2.5
useful **útil** *adj. m., f.*

V

vacation **vacaciones** *f., pl.* 1.5
  be on vacation **estar de vacaciones** 1.5
  go on vacation **ir de vacaciones** 1.5
vacuum **pasar** *v.* **la aspiradora** 2.6
  vacuum cleaner **aspiradora** *f.* 2.6
valley **valle** *m.* 3.1
various **varios/as** *adj. m., f. pl.*
vegetables **verduras** *pl., f.* 2.2
verb **verbo** *m.*
very **muy** *adv.* 1.1
  (Very) well, thank you. **(Muy) bien, gracias.** 1.1
video **video** *m.* 1.1
  video camera **cámara** *f.* **de video** 2.5
  video game **videojuego** *m.* 1.4
videoconference **videoconferencia** *f.* 3.4
vinegar **vinagre** *m.* 2.2
violence **violencia** *f.* 3.6
visit **visitar** *v.* 1.4
  visit monuments **visitar monumentos** 1.4
vitamin **vitamina** *f.* 3.3
voice mail **correo de voz** *m.* 2.5
volcano **volcán** *m.* 3.1
volleyball **vóleibol** *m.* 1.4
vote **votar** *v.* 3.6

W

wait (for) **esperar** *v.* **(+** *inf.***)** 1.2
waiter/waitress **camarero/a** *m., f.* 2.2
wake up **despertarse (e:ie)** *v.* 2.1
walk **caminar** *v.* 1.2
  take a walk **pasear** *v.* 1.4
  walk around **pasear por** 1.4
wall **pared** *f.* 2.6; **muro** *m.* 3.3
wallet **cartera** *f.* 1.4, 1.6
want **querer (e:ie)** *v.* 1.4
war **guerra** *f.* 3.6
warm up **calentarse (e:ie)** *v.* 3.3
wash **lavar** *v.* 2.6
  wash one's face/hands **lavarse la cara/las manos** 2.1
  wash (the floor, the dishes) **lavar (el suelo, los platos)** 2.6
  wash oneself **lavarse** *v.* 2.1
washing machine **lavadora** *f.* 2.6
wastebasket **papelera** *f.* 1.2
watch **mirar** *v.* 1.2; **reloj** *m.* 1.2
  watch television **mirar (la) televisión** 1.2
water **agua** *f.* 2.2
  water pollution **contaminación del agua** 3.1
  water-skiing **esquí** *m.* **acuático** 1.4
way **manera** *f.*
we **nosotros(as)** *m., f.* 1.1
weak **débil** *adj. m., f.* 3.3
wear **llevar** *v.* 1.6; **usar** *v.* 1.6
weather **tiempo** *m.*
  The weather is bad. **Hace mal tiempo.** 1.5
  The weather is good. **Hace buen tiempo.** 1.5
weaving **tejido** *m.* 3.5
Web **red** *f.* 2.5
website **sitio** *m.* **web** 2.5
wedding **boda** *f.* 2.3
Wednesday **miércoles** *m., sing.* 1.2
week **semana** *f.* 1.2
weekend **fin** *m.* **de semana** 1.4
weight **peso** *m.* 3.3
  lift weights **levantar** *v.* **pesas** *f., pl.* 3.3
welcome **bienvenido(s)/a(s)** *adj.* 1.1
well: (Very) well, thanks. **(Muy) bien, gracias.** 1.1
well-being **bienestar** *m.* 3.3
well organized **ordenado/a** *adj.* 1.5
west **oeste** *m.* 3.2
  to the west **al oeste** 3.2
western (*genre*) **de vaqueros** 3.5
whale **ballena** *f.* 3.1
what **lo que** *pron.* 2.6
what? **¿qué?** 1.1
  At what time...? **¿A qué hora...?** 1.1
  What a pleasure to...! **¡Qué gusto (+** *inf.***)...!** 3.6
  What day is it? **¿Qué día es hoy?** 1.2
  What do you guys think? **¿Qué les parece?**
  What happened? **¿Qué pasó?**
  What is today's date? **¿Cuál es la fecha de hoy?** 1.5
  What nice clothes! **¡Qué ropa más bonita!** 1.6
  What size do you wear? **¿Qué talla lleva (usa)?** 1.6
  What time is it? **¿Qué hora es?** 1.1
  What's going on? **¿Qué pasa?** 1.1
  What's happening? **¿Qué pasa?** 1.1
  What's... like? **¿Cómo es...?**
  What's new? **¿Qué hay de nuevo?** 1.1
  What's the weather like? **¿Qué tiempo hace?** 1.5
  What's up? **¿Qué onda?** 3.2
  What's wrong? **¿Qué pasó?**
  What's your name? **¿Cómo se llama usted?** *form.* 1.1; **¿Cómo te llamas (tú)?** *fam.* 1.1
when **cuando** *conj.* 2.1; 3.1
When? **¿Cuándo?** 1.2
where **donde**
where (to)? (*destination*) **¿adónde?** 1.2; (*location*) **¿dónde?** 1.1, 1.2
  Where are you from? **¿De dónde eres (tú)?** (*fam.*) 1.1; **¿De dónde es (usted)?** (*form.*) 1.1
  Where is...? **¿Dónde está...?** 1.2
which **que** *pron.*, **lo que** *pron.* 2.6
which? **¿cuál?** 1.2; **¿qué?** 1.2
  In which...? **¿En qué...?**
  which one(s)? **¿cuál(es)?** 1.2
while **mientras** *conj.* 2.4
white **blanco/a** *adj.* 1.6
who **que** *pron.* 2.6; **quien(es)** *pron.* 2.6
who? **¿quién(es)?** 1.1, 1.2
Who is...? **¿Quién es...?** 1.1
  Who is speaking/calling? (*on telephone*) **¿De parte de quién?** 2.5
  Who is speaking? (*on telephone*) **¿Quién habla?** 2.5
whole **todo/a** *adj.*
whom **quien(es)** *pron.* 2.6
whose? **¿de quién(es)?** 1.1
why? **¿por qué?** 1.2
widower/widow **viudo/a** *adj.* 2.3
wife **esposa** *f.* 1.3
win **ganar** *v.* 1.4
wind **viento** *m.*
window **ventana** *f.* 1.2
windshield **parabrisas** *m., sing.* 2.5
windsurf **hacer** *v.* **windsurf** 1.5
windy: It's (very) windy. **Hace (mucho) viento.** 1.5
winter **invierno** *m.* 1.5

wireless connection **conexión inalámbrica** *f.* 2.5
wish **desear** *v.* 1.2; **esperar** *v.* 3.1
I wish (that) **ojalá (que)** 3.1
with **con** *prep.* 1.2
with me **conmigo** 1.4; 2.3
with you **contigo** *fam.* 1.5, 2.3
within (ten years) **dentro de (diez años)** *prep.* 3.4
without **sin** *prep.* 1.2; **sin que** *conj.* 3.1
woman **mujer** *f.* 1.1
wool **lana** *f.* 1.6
(made of) wool **de lana** 1.6
word **palabra** *f.* 1.1
work **trabajar** *v.* 1.2; **funcionar** *v.* 2.5; **trabajo** *m.* 3.4
work (*of art, literature, music, etc.*) **obra** *f.* 3.5
work out **hacer gimnasia** 3.3
world **mundo** *m.* 2.2
worldwide **mundial** *adj. m., f.*
worried (about) **preocupado/a (por)** *adj.* 1.5
worry (about) **preocuparse** *v.* **(por)** 2.1
Don't worry. **No te preocupes.** *fam.* 2.1
worse **peor** *adj. m., f.* 2.2
worst **el/la peor** 2.2
Would you like to...? **¿Te gustaría...?** *fam.*
Would you do me the honor of marrying me? **¿Me harías el honor de casarte conmigo?** 3.5
wow **híjole** *interj.* 1.6
wrench **llave** *f.* 2.5
write **escribir** *v.* 1.3
write a letter/an e-mail **escribir una carta/un mensaje electrónico** 1.4
writer **escritor(a)** *m., f* 3.5
written **escrito/a** *p.p.* 3.2
wrong **equivocado/a** *adj.* 1.5
be wrong **no tener razón** 1.3

X

X-ray **radiografía** *f.* 2.4

Y

yard **jardín** *m.* 2.6; **patio** *m.* 2.6
year **año** *m.* 1.5
be... years old **tener... años** 1.3
yellow **amarillo/a** *adj.* 1.6
yes **sí** *interj.* 1.1
yesterday **ayer** *adv.* 1.6
yet **todavía** *adv.* 1.5
yogurt **yogur** *m.* 2.2
you **tú** *fam.* **usted (Ud.)** *form. sing.* **vosotros/as** *m., f. fam. pl.* **ustedes (Uds.)** *pl.* 1.1; (to, for) you *fam. sing.* **te** *pl.* **os** 1.6; *form. sing.* **le** *pl.* **les** 1.6
you **te** *fam., sing.*, **lo/la** *form., sing.*, **os** *fam., pl.*, **los/las** *pl, d.o. pron.* 1.5
You don't say! **¡No me digas!** *fam.;* **¡No me diga!** *form.*
You're welcome. **De nada.** 1.1; **No hay de qué.** 1.1
young **joven** *adj., sing.* (**jóvenes** *pl.*) 1.3
young person **joven** *m., f., sing.* (**jóvenes** *pl.*) 1.1
young woman **señorita (Srta.)** *f.*
younger **menor** *adj. m., f.* 1.3
younger: younger brother, sister *m., f.* **hermano/a menor** 1.3
youngest **el/la menor** *m., f.* 2.2
your **su(s)** *poss. adj. form.* 1.3; **tu(s)** *poss. adj. fam. sing.* 1.3; **vuestro/a(s)** *poss. adj. fam. pl.* 1.3
your(s) *form.* **suyo(s)/a(s)** *poss. pron. form.* 2.5; **tuyo(s)/a(s)** *poss. fam. sing.* 2.5; **vuestro(s)/a(s)** *poss. fam.* 2.5
youth *f.* **juventud** 2.3

Z

zero **cero** *m.* 1.1

MATERIAS	ACADEMIC SUBJECTS
la administración de empresas	business administration
la agronomía	agriculture
el alemán	German
el álgebra	algebra
la antropología	anthropology
la arqueología	archaeology
la arquitectura	architecture
el arte	art
la astronomía	astronomy
la biología	biology
la bioquímica	biochemistry
la botánica	botany
el cálculo	calculus
el chino	Chinese
las ciencias políticas	political science
la computación	computer science
las comunicaciones	communications
la contabilidad	accounting
la danza	dance
el derecho	law
la economía	economics
la educación	education
la educación física	physical education
la enfermería	nursing
el español	Spanish
la filosofía	philosophy
la física	physics
el francés	French
la geografía	geography
la geología	geology
el griego	Greek
el hebreo	Hebrew
la historia	history
la informática	computer science
la ingeniería	engineering
el inglés	English
el italiano	Italian
el japonés	Japanese
el latín	Latin
las lenguas clásicas	classical languages
las lenguas romances	Romance languages
la lingüística	linguistics
la literatura	literature
las matemáticas	mathematics
la medicina	medicine
el mercadeo/ la mercadotecnia	marketing
la música	music
los negocios	business
el periodismo	journalism
el portugués	Portuguese
la psicología	psychology
la química	chemistry
el ruso	Russian
los servicios sociales	social services
la sociología	sociology
el teatro	theater
la trigonometría	trigonometry

LOS ANIMALES	ANIMALS
la abeja	bee
la araña	spider
la ardilla	squirrel
el ave (*f.*), el pájaro	bird
la ballena	whale
el burro	donkey
la cabra	goat
el caimán	alligator
el camello	camel
la cebra	zebra
el ciervo, el venado	deer
el cochino, el cerdo, el puerco	pig
el cocodrilo	crocodile
el conejo	rabbit
el coyote	coyote
la culebra, la serpiente, la víbora	snake
el elefante	elephant
la foca	seal
la gallina	hen
el gallo	rooster
el gato	cat
el gorila	gorilla
el hipopótamo	hippopotamus
la hormiga	ant
el insecto	insect
la jirafa	giraffe
el lagarto	lizard
el león	lion
el lobo	wolf
el loro, la cotorra, el papagayo, el perico	parrot
la mariposa	butterfly
el mono	monkey
la mosca	fly
el mosquito	mosquito
el oso	bear
la oveja	sheep
el pato	duck
el perro	dog
el pez	fish
la rana	frog
el ratón	mouse
el rinoceronte	rhinoceros
el saltamontes, el chapulín	grasshopper
el tiburón	shark
el tigre	tiger
el toro	bull
la tortuga	turtle
la vaca	cow
el zorro	fox

EL CUERPO HUMANO Y LA SALUD — THE HUMAN BODY AND HEALTH

El cuerpo humano — The human body

El cuerpo humano	The human body
la barba	beard
el bigote	mustache
la boca	mouth
el brazo	arm
la cabeza	head
la cadera	hip
la ceja	eyebrow
el cerebro	brain
la cintura	waist
el codo	elbow
el corazón	heart
la costilla	rib
el cráneo	skull
el cuello	neck
el dedo	finger
el dedo del pie	toe
la espalda	back
el estómago	stomach
la frente	forehead
la garganta	throat
el hombro	shoulder
el hueso	bone
el labio	lip
la lengua	tongue
la mandíbula	jaw
la mejilla	cheek
el mentón, la barba, la barbilla	chin
la muñeca	wrist
el músculo	muscle
el muslo	thigh
las nalgas, el trasero, las asentaderas	buttocks
la nariz	nose
el nervio	nerve
el oído	(inner) ear
el ojo	eye
el ombligo	navel, belly button
la oreja	(outer) ear
la pantorrilla	calf
el párpado	eyelid
el pecho	chest
la pestaña	eyelash
el pie	foot
la piel	skin
la pierna	leg
el pulgar	thumb
el pulmón	lung
la rodilla	knee
la sangre	blood
el talón	heel
el tobillo	ankle
el tronco	torso, trunk
la uña	fingernail
la uña del dedo del pie	toenail
la vena	vein

Los cinco sentidos — The five senses

Los cinco sentidos	The five senses
el gusto	taste
el oído	hearing
el olfato	smell
el tacto	touch
la vista	sight

La salud — Health

La salud	Health
el accidente	accident
alérgico/a	allergic
el antibiótico	antibiotic
la aspirina	aspirin
el ataque cardiaco, el ataque al corazón	heart attack
el cáncer	cancer
la cápsula	capsule
la clínica	clinic
congestionado/a	congested
el consultorio	doctor's office
la curita	adhesive bandage
el/la dentista	dentist
el/la doctor(a), el/la médico/a	doctor
el dolor (de cabeza)	(head)ache, pain
embarazada	pregnant
la enfermedad	illness, disease
el/la enfermero/a	nurse
enfermo/a	ill, sick
la erupción	rash
el examen médico	physical exam
la farmacia	pharmacy
la fiebre	fever
la fractura	fracture
la gripe	flu
la herida	wound
el hospital	hospital
la infección	infection
el insomnio	insomnia
la inyección	injection
el jarabe	(cough) syrup
mareado/a	dizzy, nauseated
el medicamento	medication
la medicina	medicine
las muletas	crutches
la operación	operation
el/la paciente	patient
el/la paramédico/a	paramedic
la pastilla, la píldora	pill, tablet
los primeros auxilios	first aid
la pulmonía	pneumonia
los puntos	stitches
la quemadura	burn
el quirófano	operating room
la radiografía	x-ray
la receta	prescription
el resfriado	cold (illness)
la sala de emergencia(s)	emergency room
saludable	healthy, healthful
sano/a	healthy
el seguro médico	medical insurance
la silla de ruedas	wheelchair
el síntoma	symptom
el termómetro	thermometer
la tos	cough
la transfusión	transfusion

la vacuna vaccination
la venda bandage
el virus virus

---

cortar(se) to cut (oneself)
curar to cure, to treat
desmayar(se) to faint
enfermarse to get sick
enyesar to put in a cast
estornudar to sneeze
guardar cama to stay in bed
hinchar(se) to swell
internar(se) en el hospital to check into the hospital
lastimarse (el pie) to hurt (one's foot)
mejorar(se) to get better; to improve
operar to operate
quemar(se) to burn
respirar (hondo) to breathe (deeply)
romperse (la pierna) to break (one's leg)
sangrar to bleed
sufrir to suffer
tomarle la presión a alguien to take someone's blood pressure
tomarle el pulso a alguien to take someone's pulse
torcerse (el tobillo) to sprain (one's ankle)
vendar to bandage

EXPRESIONES ÚTILES PARA LA CLASE / USEFUL CLASSROOM EXPRESSIONS

Palabras útiles / Useful words

ausente absent
el departamento department
el dictado dictation
la conversación, las conversaciones conversation(s)
la expresión, las expresiones expression(s)
el examen, los exámenes test(s), exam(s)
la frase sentence
la hoja de actividades activity sheet
el horario de clases class schedule
la oración, las oraciones sentence(s)
el párrafo paragraph
la persona person
presente present
la prueba test, quiz
siguiente following
la tarea homework

Expresiones útiles / Useful expressions

Abra(n) su(s) libro(s). Open your book(s).
Cambien de papel. Change roles.
Cierre(n) su(s) libro(s). Close your book(s).
¿Cómo se dice ___ en español? How do you say ___ in Spanish?
¿Cómo se escribe ___ en español? How do you write ___ in Spanish?
¿Comprende(n)? Do you understand?
(No) comprendo. I (don't) understand.
Conteste(n) las preguntas. Answer the questions.
Continúe(n), por favor. Continue, please.
Escriba(n) su nombre. Write your name.
Escuche(n) el audio. Listen to the audio.
Estudie(n) la Lección tres. Study Lesson three.
Haga(n) la actividad (el ejercicio) número cuatro. Do activity (exercise) number four.
Lea(n) la oración en voz alta. Read the sentence aloud.
Levante(n) la mano. Raise your hand(s).
Más despacio, por favor. Slower, please.
No sé. I don't know.
Páse(n)me los exámenes. Pass me the tests.
¿Qué significa ___? What does ___ mean?
Repita(n), por favor. Repeat, please.
Siénte(n)se, por favor. Sit down, please.
Siga(n) las instrucciones. Follow the instructions.
¿Tiene(n) alguna pregunta? Do you have any questions?
Vaya(n) a la página dos. Go to page two.

COUNTRIES & NATIONALITIES / PAÍSES Y NACIONALIDADES

North America / Norteamérica

Canada	**Canadá**	***canadiense***
Mexico	**México**	***mexicano/a***
United States	**Estados Unidos**	***estadounidense***

Central America / Centroamérica

Belize	**Belice**	***beliceño/a***
Costa Rica	**Costa Rica**	***costarricense***
El Salvador	**El Salvador**	***salvadoreño/a***
Guatemala	**Guatemala**	***guatemalteco/a***
Honduras	**Honduras**	***hondureño/a***
Nicaragua	**Nicaragua**	***nicaragüense***
Panama	**Panamá**	***panameño/a***

The Caribbean	El Caribe	
Cuba	**Cuba**	*cubano/a*
Dominican Republic	**República Dominicana**	*dominicano/a*
Haiti	**Haití**	*haitiano/a*
Puerto Rico	**Puerto Rico**	*puertorriqueño/a*
South America	**Suramérica**	
Argentina	**Argentina**	*argentino/a*
Bolivia	**Bolivia**	*boliviano/a*
Brazil	**Brasil**	*brasileño/a*
Chile	**Chile**	*chileno/a*
Colombia	**Colombia**	*colombiano/a*
Ecuador	**Ecuador**	*ecuatoriano/a*
Paraguay	**Paraguay**	*paraguayo/a*
Peru	**Perú**	*peruano/a*
Uruguay	**Uruguay**	*uruguayo/a*
Venezuela	**Venezuela**	*venezolano/a*
Europe	**Europa**	
Armenia	**Armenia**	*armenio/a*
Austria	**Austria**	*austríaco/a*
Belgium	**Bélgica**	*belga*
Bosnia	**Bosnia**	*bosnio/a*
Bulgaria	**Bulgaria**	*búlgaro/a*
Croatia	**Croacia**	*croata*
Czech Republic	**República Checa**	*checo/a*
Denmark	**Dinamarca**	*danés, danesa*
England	**Inglaterra**	*inglés, inglesa*
Estonia	**Estonia**	*estonio/a*
Finland	**Finlandia**	*finlandés, finlandesa*
France	**Francia**	*francés, francesa*
Germany	**Alemania**	*alemán, alemana*
Great Britain (United Kingdom)	**Gran Bretaña (Reino Unido)**	*británico/a*
Greece	**Grecia**	*griego/a*
Hungary	**Hungría**	*húngaro/a*
Iceland	**Islandia**	*islandés, islandesa*
Ireland	**Irlanda**	*irlandés, irlandesa*
Italy	**Italia**	*italiano/a*
Latvia	**Letonia**	*letón, letona*
Lithuania	**Lituania**	*lituano/a*
Netherlands (Holland)	**Países Bajos (Holanda)**	*holandés, holandesa*
Norway	**Noruega**	*noruego/a*
Poland	**Polonia**	*polaco/a*
Portugal	**Portugal**	*portugués, portuguesa*
Romania	**Rumania**	*rumano/a*
Russia	**Rusia**	*ruso/a*
Scotland	**Escocia**	*escocés, escocesa*
Serbia	**Serbia**	*serbio/a*
Slovakia	**Eslovaquia**	*eslovaco/a*
Slovenia	**Eslovenia**	*esloveno/a*
Spain	**España**	*español(a)*
Sweden	**Suecia**	*sueco/a*
Switzerland	**Suiza**	*suizo/a*
Ukraine	**Ucrania**	*ucraniano/a*
Wales	**Gales**	*galés, galesa*
Asia	**Asia**	
Bangladesh	**Bangladés**	*bangladesí*
Cambodia	**Camboya**	*camboyano/a*
China	**China**	*chino/a*
India	**India**	*indio/a*
Indonesia	**Indonesia**	*indonesio/a*
Iran	**Irán**	*iraní*
Iraq	**Iraq, Irak**	*iraquí*

Israel	**Israel**	***israelí***
Japan	**Japón**	***japonés, japonesa***
Jordan	**Jordania**	***jordano/a***
Korea	**Corea**	***coreano/a***
Kuwait	**Kuwait**	***kuwaití***
Lebanon	**Líbano**	***libanés, libanesa***
Malaysia	**Malasia**	***malasio/a***
Pakistan	**Pakistán**	***pakistaní***
Russia	**Rusia**	***ruso/a***
Saudi Arabia	**Arabia Saudí**	***saudí***
Singapore	**Singapur**	***singapurés, singapuresa***
Syria	**Siria**	***sirio/a***
Taiwan	**Taiwán**	***taiwanés, taiwanesa***
Thailand	**Tailandia**	***tailandés, tailandesa***
Turkey	**Turquía**	***turco/a***
Vietnam	**Vietnam**	***vietnamita***

Africa / África

Algeria	**Argelia**	***argelino/a***
Angola	**Angola**	***angoleño/a***
Cameroon	**Camerún**	***camerunés, camerunesa***
Congo	**Congo**	***congolés, congolesa***
Egypt	**Egipto**	***egipcio/a***
Equatorial Guinea	**Guinea Ecuatorial**	***ecuatoguineano/a***
Ethiopia	**Etiopía**	***etíope***
Ivory Coast	**Costa de Marfil**	***marfileño/a***
Kenya	**Kenia, Kenya**	***keniano/a, keniata***
Libya	**Libia**	***libio/a***
Mali	**Malí**	***maliense***
Morocco	**Marruecos**	***marroquí***
Mozambique	**Mozambique**	***mozambiqueño/a***
Nigeria	**Nigeria**	***nigeriano/a***
Rwanda	**Ruanda**	***ruandés, ruandesa***
Somalia	**Somalia**	***somalí***
South Africa	**Sudáfrica**	***sudafricano/a***
Sudan	**Sudán**	***sudanés, sudanesa***
Tunisia	**Tunicia, Túnez**	***tunecino/a***
Uganda	**Uganda**	***ugandés, ugandesa***
Zambia	**Zambia**	***zambiano/a***
Zimbabwe	**Zimbabue**	***zimbabuense***

Australia and the Pacific / Australia y el Pacífico

Australia	**Australia**	***australiano/a***
New Zealand	**Nueva Zelanda**	***neozelandés, neozelandesa***
Philippines	**Filipinas**	***filipino/a***

MONEDAS DE LOS PAÍSES HISPANOS / CURRENCIES OF HISPANIC COUNTRIES

País Country	Moneda Currency
Argentina	el peso
Bolivia	el boliviano
Chile	el peso
Colombia	el peso
Costa Rica	el colón
Cuba	el peso
Ecuador	el dólar estadounidense
El Salvador	el dólar estadounidense
España	el euro
Guatemala	el quetzal
Guinea Ecuatorial	el franco
Honduras	el lempira
México	el peso
Nicaragua	el córdoba
Panamá	el balboa, el dólar estadounidense
Paraguay	el guaraní
Perú	el nuevo sol
Puerto Rico	el dólar estadounidense
República Dominicana	el peso
Uruguay	el peso
Venezuela	el bolívar

EXPRESIONES Y REFRANES / EXPRESSIONS AND SAYINGS

Expresiones y refranes con partes del cuerpo / Expressions and sayings with parts of the body

A cara o cruz	Heads or tails
A corazón abierto	Open heart
A ojos vistas	Clearly, visibly
Al dedillo	Like the back of one's hand
¡Choca/Vengan esos cinco!	Put it there!/Give me five!
Codo con codo	Side by side
Con las manos en la masa	Red-handed
Costar un ojo de la cara	To cost an arm and a leg
Darle a la lengua	To chatter/To gab
De rodillas	On one's knees
Duro de oído	Hard of hearing
En cuerpo y alma	In body and soul
En la punta de la lengua	On the tip of one's tongue
En un abrir y cerrar de ojos	In a blink of the eye
Entrar por un oído y salir por otro	In one ear and out the other
Estar con el agua al cuello	To be up to one's neck with/in
Estar para chuparse los dedos	To be delicious/To be finger-licking good
Hablar entre dientes	To mutter/To speak under one's breath
Hablar por los codos	To talk a lot/To be a chatterbox
Hacer la vista gorda	To turn a blind eye on something
Hombro con hombro	Shoulder to shoulder
Llorar a lágrima viva	To sob/To cry one's eyes out
Metérsele (a alguien) algo entre ceja y ceja	To get an idea in your head
No pegar ojo	Not to sleep a wink
No tener corazón	Not to have a heart
No tener dos dedos de frente	Not to have an ounce of common sense
Ojos que no ven, corazón que no siente	Out of sight, out of mind
Perder la cabeza	To lose one's head
Quedarse con la boca abierta	To be thunderstruck
Romper el corazón	To break someone's heart
Tener buen/mal corazón	Have a good/bad heart
Tener un nudo en la garganta	Have a knot in your throat
Tomarse algo a pecho	To take something too seriously
Venir como anillo al dedo	To fit like a charm/To suit perfectly

Expresiones y refranes con animales / Expressions and sayings with animals

A caballo regalado no le mires el diente.	Don't look a gift horse in the mouth.
Comer como un cerdo	To eat like a pig
Cuando menos se piensa, salta la liebre.	Things happen when you least expect it.
Llevarse como el perro y el gato	To fight like cats and dogs
Perro ladrador, poco mordedor./Perro que ladra no muerde.	His/her bark is worse than his/her bite.
Por la boca muere el pez.	Talking too much can be dangerous.
Poner el cascabel al gato	To stick one's neck out
Ser una tortuga	To be a slowpoke

Expresiones y refranes con alimentos / Expressions and sayings with food

Agua que no has de beber, déjala correr.	If you're not interested, don't ruin it for everybody else.
Con pan y vino se anda el camino.	Things never seem as bad after a good meal.
Contigo pan y cebolla.	You are all I need.
Dame pan y dime tonto.	I don't care what you say, as long as I get what I want.
Descubrir el pastel	To let the cat out of the bag
Dulce como la miel	Sweet as honey
Estar como agua para chocolate	To furious/To be at the boiling point
Estar en el ajo	To be in the know
Estar en la higuera	To have one's head in the clouds
Estar más claro que el agua	To be clear as a bell
Ganarse el pan	To earn a living/To earn one's daily bread
Llamar al pan, pan y al vino, vino.	Not to mince words.
No hay miel sin hiel.	Every rose has its thorn./There's always a catch.
No sólo de pan vive el hombre.	Man doesn't live by bread alone.
Pan con pan, comida de tontos.	Variety is the spice of life.
Ser agua pasada	To be water under the bridge
Ser más bueno que el pan	To be kindness itself
Temblar como un flan	To shake/tremble like a leaf

Expresiones y refranes con colores / Expressions and sayings with colors

Estar verde	To be inexperienced/wet behind the ears
Poner los ojos en blanco	To roll one's eyes
Ponerle a alguien un ojo morado	To give someone a black eye
Ponerse rojo	To turn red/To blush
Ponerse rojo de ira	To turn red with anger
Ponerse verde de envidia	To be green with envy
Quedarse en blanco	To go blank
Verlo todo de color de rosa	To see the world through rose-colored glasses

Refranes	Sayings
A buen entendedor, pocas palabras bastan.	A word to the wise is enough.
Ande o no ande, caballo grande.	Bigger is always better.
A quien madruga, Dios le ayuda.	The early bird catches the worm.
Cuídate, que te cuidaré.	Take care of yourself, and then I'll take care of you.
De tal palo tal astilla.	A chip off the old block.
Del dicho al hecho hay mucho trecho.	Easier said than done.
Dime con quién andas y te diré quién eres.	A man is known by the company he keeps.
El saber no ocupa lugar.	One never knows too much.
Lo que es moda no incomoda.	You have to suffer in the name of fashion.
Más vale maña que fuerza.	Brains are better than brawn.
Más vale prevenir que curar.	Prevention is better than cure.
Más vale solo que mal acompañado.	Better alone than with people you don't like.
Más vale tarde que nunca.	Better late than never.
No es oro todo lo que reluce.	All that glitters is not gold.
Poderoso caballero es don Dinero.	Money talks.

COMMON FALSE FRIENDS

False friends are Spanish words that look similar to English words but have very different meanings. While recognizing the English relatives of unfamiliar Spanish words you encounter is an important way of constructing meaning, there are some Spanish words whose similarity to English words is deceptive. Here is a list of some of the most common Spanish false friends.

actualmente ≠ actually
actualmente = nowadays, currently
actually = **de hecho, en realidad, en efecto**

argumento ≠ argument
argumento = plot
argument = **discusión, pelea**

armada ≠ army
armada = navy
army = **ejército**

balde ≠ bald
balde = pail, bucket
bald = **calvo/a**

batería ≠ battery
batería = drum set
battery = **pila**

bravo ≠ brave
bravo = wild; fierce
brave = **valiente**

cándido/a ≠ candid
cándido/a = innocent
candid = **sincero/a**

carbón ≠ carbon
carbón = coal
carbon = **carbono**

casual ≠ casual
casual = accidental, chance
casual = **informal, despreocupado/a**

casualidad ≠ casualty
casualidad = chance, coincidence
casualty = **víctima**

colegio ≠ college
colegio = school
college = **universidad**

collar ≠ collar (of a shirt)
collar = necklace
collar = **cuello (de camisa)**

comprensivo/a ≠ comprehensive
comprensivo/a = understanding
comprehensive = **completo, extensivo**

constipado ≠ constipated
estar constipado/a = to have a cold
to be constipated = **estar estreñido/a**

crudo/a ≠ crude
crudo/a = raw, undercooked
crude = **burdo/a, grosero/a**

divertir ≠ to divert
divertirse = to enjoy oneself
to divert = **desviar**

educado/a ≠ educated
educado/a = well-mannered
educated = **culto/a, instruido/a**

embarazada ≠ embarrassed
estar embarazada = to be pregnant
to be embarrassed = **estar avergonzado/a; dar/tener vergüenza**

eventualmente ≠ eventually
eventualmente = possibly
eventually = **finalmente, al final**

éxito ≠ exit
éxito = success
exit = **salida**

físico/a ≠ physician
físico/a = physicist
physician = **médico/a**

fútbol ≠ football
fútbol = soccer
football = **fútbol americano**

lectura ≠ lecture
lectura = reading
lecture = **conferencia**

librería ≠ library
librería = bookstore
library = **biblioteca**

máscara ≠ mascara
máscara = mask
mascara = **rímel**

molestar ≠ to molest
molestar = to bother, to annoy
to molest = **abusar**

oficio ≠ office
oficio = trade, occupation
office = **oficina**

rato ≠ rat
rato = while, time
rat = **rata**

realizar ≠ to realize
realizar = to carry out; to fulfill
to realize = **darse cuenta de**

red ≠ red
red = net
red = **rojo/a**

revolver ≠ revolver
revolver = to stir, to rummage through
revolver = **revólver**

sensible ≠ sensible
sensible = sensitive
sensible = **sensato/a, razonable**

suceso ≠ success
suceso = event
success = **éxito**

sujeto ≠ subject (topic)
sujeto = fellow; individual
subject = **tema, asunto**

LOS ALIMENTOS — FOODS

Frutas — Fruits

la aceituna	olive
el aguacate	avocado
el albaricoque, el damasco	apricot
la banana, el plátano	banana
la cereza	cherry
la ciruela	plum
el dátil	date
la frambuesa	raspberry
la fresa, la frutilla	strawberry
el higo	fig
el limón	lemon; lime
el melocotón, el durazno	peach
la mandarina	tangerine
el mango	mango
la manzana	apple
la naranja	orange
la papaya	papaya
la pera	pear
la piña	pineapple
el pomelo, la toronja	grapefruit
la sandía	watermelon
las uvas	grapes

Vegetales — Vegetables

la alcachofa	artichoke
el apio	celery
la arveja, el guisante	pea
la berenjena	eggplant
el brócoli	broccoli
la calabaza	squash; pumpkin
la cebolla	onion
el champiñón, la seta	mushroom
la col, el repollo	cabbage
la coliflor	cauliflower
los espárragos	asparagus
las espinacas	spinach
los frijoles, las habichuelas	beans
las habas	fava beans
las judías verdes, los ejotes	string beans, green beans
la lechuga	lettuce
el maíz, el choclo, el elote	corn
la papa, la patata	potato
el pepino	cucumber
el pimentón	bell pepper
el rábano	radish
la remolacha	beet
el tomate, el jitomate	tomato
la zanahoria	carrot

El pescado y los mariscos — Fish and shellfish

la almeja	clam
el atún	tuna
el bacalao	cod
el calamar	squid
el cangrejo	crab
el camarón, la gamba	shrimp
la langosta	lobster
el langostino	prawn
el lenguado	sole; flounder
el mejillón	mussel
la ostra	oyster
el pulpo	octopus
el salmón	salmon
la sardina	sardine
la vieira	scallop

La carne — Meat

la albóndiga	meatball
el bistec	steak
la carne de res	beef
el chorizo	hard pork sausage
la chuleta de cerdo	pork chop
el cordero	lamb
los fiambres	cold cuts, food served cold
el filete	fillet
la hamburguesa	hamburger
el hígado	liver
el jamón	ham
el lechón	suckling pig, roasted pig
el pavo	turkey
el pollo	chicken
el cerdo	pork
la salchicha	sausage
la ternera	veal
el tocino	bacon

Otras comidas — Other foods

el ajo	garlic
el arroz	rice
el azúcar	sugar
el batido	milkshake
el budín	pudding
el cacahuete, el maní	peanut
el café	coffee
los fideos	noodles, pasta
la harina	flour
el huevo	egg
el jugo, el zumo	juice
la leche	milk
la mermelada	marmalade, jam
la miel	honey
el pan	bread
el queso	cheese
la sal	salt
la sopa	soup
el té	tea
la tortilla	omelet (Spain), tortilla (Mexico)
el yogur	yogurt

Cómo describir la comida — Ways to describe food

a la plancha, a la parrilla	grilled
ácido/a	sour
al horno	baked
amargo/a	bitter
caliente	hot
dulce	sweet
duro/a	tough
frío/a	cold
frito/a	fried
fuerte	strong, heavy
ligero/a	light
picante	spicy
sabroso/a	tasty
salado/a	salty

DÍAS FESTIVOS	HOLIDAYS
enero	**January**
Año Nuevo (1)	New Year's Day
Día de los Reyes Magos (6)	Three Kings Day (Epiphany)
Día de Martin Luther King, Jr.	Martin Luther King, Jr. Day
febrero	**February**
Día de San Blas (Paraguay) (3)	St. Blas Day (Paraguay)
Día de San Valentín, Día de los Enamorados (14)	Valentine's Day
Día de los Presidentes	Presidents' Day
Carnaval	Carnival (Mardi Gras)
marzo	**March**
Día de San Patricio (17)	St. Patrick's Day
Nacimiento de Benito Juárez (México) (21)	Benito Juárez's Birthday (Mexico)
abril	**April**
Semana Santa	Holy Week
Pésaj	Passover
Pascua	Easter
Declaración de la Independencia de Venezuela (19)	Declaration of Independence of Venezuela
Día de la Tierra (22)	Earth Day
mayo	**May**
Día del Trabajo (1)	Labor Day
Cinco de Mayo (5) (México)	Cinco de Mayo (May 5th) (Mexico)
Día de las Madres	Mother's Day
Independencia Patria (Paraguay) (15)	Independence Day (Paraguay)
Día Conmemorativo	Memorial Day
junio	**June**
Día de los Padres	Father's Day
Día de la Bandera (14)	Flag Day
Día del Indio (Perú) (24)	Native People's Day (Peru)
julio	**July**
Día de la Independencia de los Estados Unidos (4)	Independence Day (United States)
Día de la Independencia de Venezuela (5)	Independence Day (Venezuela)
Día de la Independencia de la Argentina (9)	Independence Day (Argentina)
Día de la Independencia de Colombia (20)	Independence Day (Colombia)
Nacimiento de Simón Bolívar (24)	Simón Bolívar's Birthday
Día de la Revolución (Cuba) (26)	Revolution Day (Cuba)
Día de la Independencia del Perú (28)	Independence Day (Peru)
agosto	**August**
Día de la Independencia de Bolivia (6)	Independence Day (Bolivia)
Día de la Independencia del Ecuador (10)	Independence Day (Ecuador)
Día de San Martín (Argentina) (17)	San Martín Day (anniversary of his death) (Argentina)
Día de la Independencia del Uruguay (25)	Independence Day (Uruguay)
septiembre	**September**
Día del Trabajo (EE. UU.)	Labor Day (U.S.)
Día de la Independencia de Costa Rica, El Salvador, Guatemala, Honduras y Nicaragua (15)	Independence Day (Costa Rica, El Salvador, Guatemala, Honduras, Nicaragua)
Día de la Independencia de México (16)	Independence Day (Mexico)
Día de la Independencia de Chile (18)	Independence Day (Chile)
Año Nuevo Judío	Jewish New Year
Día de la Virgen de las Mercedes (Perú) (24)	Day of the Virgin of Mercedes (Peru)
octubre	**October**
Día de la Raza (12)	Columbus Day
Noche de Brujas (31)	Halloween
noviembre	**November**
Día de los Muertos (2)	All Souls Day
Día de los Veteranos (11)	Veterans' Day
Día de la Revolución Mexicana (20)	Mexican Revolution Day
Día de Acción de Gracias	Thanksgiving
Día de la Independencia de Panamá (28)	Independence Day (Panama)
diciembre	**December**
Día de la Virgen (8)	Day of the Virgin
Día de la Virgen de Guadalupe (México) (12)	Day of the Virgin of Guadalupe (Mexico)
Januká	Chanukah
Nochebuena (24)	Christmas Eve
Navidad (25)	Christmas
Año Viejo (31)	New Year's Eve

NOTE: In Spanish, dates are written with the day first, then the month. Christmas Day is **el 25 de diciembre**. In Latin America and in Europe, abbreviated dates also follow this pattern. Halloween, for example, falls on 31/10. You may also see the numbers in dates separated by periods: 27.4.16. When referring to centuries, roman numerals are always used. The 16th century, therefore, is **el siglo XVI**.

PESOS Y MEDIDAS / WEIGHTS AND MEASURES

Longitud / Length

El sistema métrico Metric system	**El equivalente estadounidense** U.S. equivalent
milímetro = 0,001 metro millimeter = 0.001 meter	= 0.039 inch
centímetro = 0,01 metro centimeter = 0.01 meter	= 0.39 inch
decímetro = 0,1 metro decimeter = 0.1 meter	= 3.94 inches
metro meter	= 39.4 inches
decámetro = 10 metros dekameter = 10 meters	= 32.8 feet
hectómetro = 100 metros hectometer = 100 meters	= 328 feet
kilómetro = 1.000 metros kilometer = 1,000 meters	= .62 mile

U.S. system **El sistema estadounidense**	Metric equivalent **El equivalente métrico**
inch **pulgada**	= 2.54 centimeters **= 2,54 centímetros**
foot = 12 inches **pie = 12 pulgadas**	= 30.48 centimeters **= 30,48 centímetros**
yard = 3 feet **yarda = 3 pies**	= 0.914 meter **= 0,914 metro**
mile = 5,280 feet **milla = 5.280 pies**	= 1.609 kilometers **= 1,609 kilómetros**

Superficie / Surface Area

El sistema métrico Metric system	**El equivalente estadounidense** U.S. equivalent
metro cuadrado square meter	= 10.764 square feet
área = 100 metros cuadrados area = 100 square meters	= 0.025 acre
hectárea = 100 áreas hectare = 100 ares	= 2.471 acres

U.S. system **El sistema estadounidense**	Metric equivalent **El equivalente métrico**

yarda cuadrada = 9 pies cuadrados = 0,836 metros cuadrados
square yard = 9 square feet = 0.836 square meters
acre = 4.840 yardas cuadradas = 0,405 hectáreas
acre = 4,840 square yards = 0.405 hectares

Capacidad / Capacity

El sistema métrico Metric system	**El equivalente estadounidense** U.S. equivalent
mililitro = 0,001 litro milliliter = 0.001 liter	= 0.034 ounces
centilitro = 0,01 litro centiliter = 0.01 liter	= 0.34 ounces
decilitro = 0,1 litro deciliter = 0.1 liter	= 3.4 ounces
litro liter	= 1.06 quarts
decalitro = 10 litros dekaliter = 10 liters	= 2.64 gallons
hectolitro = 100 litros hectoliter = 100 liters	= 26.4 gallons
kilolitro = 1.000 litros kiloliter = 1,000 liters	= 264 gallons

U.S. system **El sistema estadounidense**	Metric equivalent **El equivalente métrico**
ounce **onza**	= 29.6 milliliters **= 29,6 mililitros**
cup = 8 ounces **taza = 8 onzas**	= 236 milliliters **= 236 mililitros**
pint = 2 cups **pinta = 2 tazas**	= 0.47 liters **= 0,47 litros**
quart = 2 pints **cuarto = 2 pintas**	= 0.95 liters **= 0,95 litros**
gallon = 4 quarts **galón = 4 cuartos**	= 3.79 liters **= 3,79 litros**

Peso / Weight

El sistema métrico Metric system	**El equivalente estadounidense** U.S. equivalent
miligramo = 0,001 gramo milligram = 0.001 gram	
gramo gram	= 0.035 ounce
decagramo = 10 gramos dekagram = 10 grams	= 0.35 ounces
hectogramo = 100 gramos hectogram = 100 grams	= 3.5 ounces
kilogramo = 1.000 gramos kilogram = 1,000 grams	= 2.2 pounds
tonelada (métrica) = 1.000 kilogramos metric ton = 1,000 kilograms	= 1.1 tons

U.S. system **El sistema estadounidense**	Metric equivalent **El equivalente métrico**
ounce **onza**	= 28.35 grams **= 28,35 gramos**
pound = 16 ounces **libra = 16 onzas**	= 0.45 kilograms **= 0,45 kilogramos**
ton = 2,000 pounds **tonelada = 2.000 libras**	= 0.9 metric tons **= 0,9 toneladas métricas**

Temperatura / Temperature

Grados centígrados
Degrees Celsius
To convert from Celsius to Fahrenheit, multiply by $\frac{9}{5}$ and add 32.

Grados Fahrenheit
Degrees Fahrenheit
To convert from Fahrenheit to Celsius, subtract 32 and multiply by $\frac{5}{9}$.

NÚMEROS / NUMBERS

Números ordinales / Ordinal numbers

primer, primero/a	**1º/1ª**	first	1st
segundo/a	**2º/2ª**	second	2nd
tercer, tercero/a	**3º/3ª**	third	3rd
cuarto/a	**4º/4ª**	fourth	4th
quinto/a	**5º/5ª**	fifth	5th
sexto/a	**6º/6ª**	sixth	6th
séptimo/a	**7º/7ª**	seventh	7th
octavo/a	**8º/8ª**	eighth	8th
noveno/a	**9º/9ª**	ninth	9th
décimo/a	**10º/10ª**	tenth	10th

Fracciones / Fractions

$\frac{1}{2}$	**un medio, la mitad**	one half
$\frac{1}{3}$	**un tercio**	one third
$\frac{1}{4}$	**un cuarto**	one fourth (quarter)
$\frac{1}{5}$	**un quinto**	one fifth
$\frac{1}{6}$	**un sexto**	one sixth
$\frac{1}{7}$	**un séptimo**	one seventh
$\frac{1}{8}$	**un octavo**	one eighth
$\frac{1}{9}$	**un noveno**	one ninth
$\frac{1}{10}$	**un décimo**	one tenth
$\frac{2}{3}$	**dos tercios**	two thirds
$\frac{3}{4}$	**tres cuartos**	three fourths (quarters)
$\frac{5}{8}$	**cinco octavos**	five eighths

Decimales / Decimals

un décimo	**0,1**	one tenth	0.1
un centésimo	**0,01**	one hundredth	0.01
un milésimo	**0,001**	one thousandth	0.001

OCUPACIONES / OCCUPATIONS

el/la abogado/a	lawyer
el actor, la actriz	actor
el/la administrador(a) de empresas	business administrator
el/la agente de bienes raíces	real estate agent
el/la agente de seguros	insurance agent
el/la agricultor(a)	farmer
el/la arqueólogo/a	archaeologist
el/la arquitecto/a	architect
el/la artesano/a	artisan
el/la auxiliar de vuelo	flight attendant
el/la basurero/a	garbage collector
el/la bibliotecario/a	librarian
el/la bombero/a	firefighter
el/la cajero/a	bank teller, cashier
el/la camionero/a	truck driver
el/la carnicero/a	butcher
el/la carpintero/a	carpenter
el/la científico/a	scientist
el/la cirujano/a	surgeon
el/la cobrador(a)	bill collector
el/la cocinero/a	cook, chef
el/la consejero/a	counselor, advisor
el/la contador(a)	accountant
el/la corredor(a) de bolsa	stockbroker
el/la diplomático/a	diplomat
el/la diseñador(a) (gráfico/a)	(graphic) designer
el/la electricista	electrician
el/la fisioterapeuta	physical therapist
el/la fotógrafo/a	photographer
el hombre/la mujer de negocios	businessperson
el/la ingeniero/a en computación	computer engineer
el/la intérprete	interpreter
el/la juez(a)	judge
el/la maestro/a	elementary school teacher
el/la marinero/a	sailor
el/la obrero/a	manual laborer
el/la optometrista	optometrist
el/la panadero/a	baker
el/la paramédico/a	paramedic
el/la peluquero/a	hairdresser
el/la piloto	pilot
el/la pintor(a)	painter
el/la plomero/a	plumber
el/la político/a	politician
el/la programador(a)	computer programer
el/la psicólogo/a	psychologist
el/la reportero/a	reporter
el/la sastre	tailor
el/la secretario/a	secretary
el/la técnico/a (en computación)	(computer) technician
el/la vendedor(a)	sales representative
el/la veterinario/a	veterinarian

About the Author

José A. Blanco founded Vista Higher Learning in 1998. A native of Barranquilla, Colombia, Mr. Blanco holds degrees in Literature and Hispanic Studies from Brown University and the University of California, Santa Cruz. He has worked as a writer, editor, and translator for Houghton Mifflin and D.C. Heath and Company, and has taught Spanish at the secondary and university levels. Mr. Blanco is also the co-author of several other Vista Higher Learning programs: **Vistas**, **Panorama**, **Aventuras**, and **¡Viva!** at the introductory level; **Ventanas**, **Facetas**, **Enfoques**, **Imagina**, and **Sueña** at the intermediate level; and **Revista** at the advanced conversation level.

About the Illustrators

Yayo, an internationally acclaimed illustrator, was born in Colombia. He has illustrated children's books, newspapers, and magazines, and has been exhibited around the world. He currently lives in Montreal, Canada.

Pere Virgili lives and works in Barcelona, Spain. His illustrations have appeared in textbooks, newspapers, and magazines throughout Spain and Europe.

Born in Caracas, Venezuela, **Hermann Mejía** studied illustration at the Instituto de Diseño de Caracas. Hermann currently lives and works in the United States.

Text Credits

72 © Abilio Estévez, 2004. Published by arrangement with Tusquets Editores, S.A., Barcelona, Spain.
104 Gabriel García Márquez, "Una día de éstos", Los funerales de la mamá grande. © 1962 Gabriel García Márquez y Herederos de Gabriel García Márquez.
138 Reproduced from: de Burgos, Julia. "Julia de Burgos: yo misma fui mi ruta" from Song of the Simple Truth: The Complete Poems of Julia de Burgos. Williamantic: Curbstone Press, 1995.
174 © Herederos de Federico García Lorca.

Film Credits

108 Courtesy of IMCINE.

Television Credits

44 Courtesy of Ecovidrio.
76 Courtesy of Ogilvy & Mathers Honduras.
142 Courtesy of Andrea Casaseca Ferrer.
178 Courtesy of TV Azteca.
210 Courtesy of Secretaría de Comunicaciones Gobierno de Chile.

Photography Credits

Cover: Alberto Pomares/Getty Images.

Front matter (SE): xiv: (l) Bettmann/Corbis; (r) Florian Biamm/123RF; **xv:** (l) Lawrence Manning/Corbis; (r) Design Pics Inc/Alamy; **xvi:** Jose Blanco; **xvii:** (l) Digital Vision/Getty Images; (r) Andres/Big Stock Photo; **xviii:** Fotolia IV/Fotolia; **xix:** (l) Goodshoot/Corbis; (r) Tyler Olson/Shutterstock; **xx:** Shelly Wall/Shutterstock; **xxi:** (t) Colorblind/Corbis; (b) Moodboard/Fotolia; **xxii:** (t) Digital Vision/Getty Images; (b) Purestock/Getty Images.

Front matter (TE): T4: Teodor Cucu/500PX; **T14:** Asiseeit/iStockphoto; **T35:** Corbis Photography/Veer; **T35:** (inset) Fancy Photography/Veer; **T47:** Braun S/iStockphoto.

Preliminary Lesson: 1: Felipe Rodriguez/500PX; **5:** Walt Disney Studios Motion Pictures/Everett Collection; **8:** (all) Carolina Zapata; **9:** (all) Paula Diez; **11:** Anne Loubet; **12:** Pecold/Shutterstock; **13:** Newzulu/Alamy; **14:** Monkey Business/Fotolia.

Lesson 1: 15: Javarman3/iStockphoto; **17:** (tl) Gaccworship/BigStock; (tr) GoodShoot/Alamy; (bl) National Geographic Singles 65/Inmagine; (br) Les Cunliffe/123RF; **24:** (t) Lauren Krolick; (b) Digital Vision/Fotosearch; **25:** (t) Cédric Hunt; (bl) Paul Zahl/National Geographic Creative; (br) David South/Alamy; **28:** William Bello/AGE Fotostock; **33:** Ivstiv/iStockphoto; **42:** Ric Ergenbright/Corbis; **46:** (tl) Galit Seligmann/Alamy; (tr) Cédric Hunt; (ml) Luis Echeverri Urrea/Fotolia; (mr) Alejandro/iStockphoto; (b) Adam Woolfitt/Corbis; **47:** (tl) Mónica María González; (tr) Reuters/Corbis; (bl) Jess Kraft/Shutterstock; (br) Jeremy Horner/Corbis.

Lesson 2: 49: Thomas Fricke/Design Pics/Getty Images; **58:** (l) www.metro.df.gob.mx; (r) Jose Blanco; **59:** (all) 2014 Barragan Foundation, Switzerland/Artists Rights Society (ARS), New York; **65:** Paula Díez; **66:** Tony Garcia/Media Bakery; **74:** Masterfile; **75:** Paula Díez; **78:** (t) Janne Hämäläinen/Shutterstock; (mt) Alexander Chaikin/Shutterstock; (mb) Buddy Mays/Getty Images; (b) Vladimir Melnik/Shutterstock; **79:** (tl) Reuters/Corbis; (tr) Corbis RF; (bl) Pablo Corral V/Corbis/Getty Images; (br) Mireille Vautier/Alamy.

Lesson 3: 81: Thinkstock/Getty Images; **85:** Javier Larrea/Age Fotostock; **90:** (l) Krysztof Dydynski/Getty Images; (r) Oscar Artavia Solano; **91:** (t) David Mercado/Reuters/Newscom; (b) Stockcreations/Shutterstock; **98:** Antonio Diaz/Shutterstock; **104-105:** Tom Grill/Corbis; **106:** Sergey Novikov/Fotolia; **107:** Javier Larrea/Age Fotostock; **112:** (tl) DC Colombia/iStockphoto; (tr) SIME/eStock Photo; (m) Interfoto/Alamy; (b) Saiko3P/Fotolia; **113:** (t) Daniel Wiedemann/Shutterstock; (m) Anders Ryman/Alamy; (b) Martín Bernetti.

Lesson 4: 115: Moxie Productions/Media Bakery; **119:** Orange Line Media/Shutterstock; **124:** (l) PhotoAlto/Alamy; (r) Martín Bernetti; **125:** (t) Courtesy of USPS; (b) Galen Rowell/Corbis; **134:** Pezography/Bigstock; **135:** RJ Lerich/Bigstock; **138:** (b) Schalkwijk/Art Resource, NY; **140:** SCPhotog/Big Stock Photo; **141:** Paula Díez; **144:** Andrea Comas/Reuters/Newscom; **146:** (tl) Endless Traveller/Shutterstock; (tr) RJ Lerich/Shutterstock; (mt) DW Tobe/Shutterstock; (mb) Bill Gentile/Corbis; (b) Scott B. Rosen/Alamy; **147:** (t) Grigory Kubatyan/Shutterstock; (m) Claudia Daut/Reuters/Corbis; (b) Holdeneye/Shutterstock; **148:** (tl) VHL; (tr) Reinhard Eisele/Corbis; (m) Richard Bickel/Corbis; (b) AKG-Images/The Image Works; **149:** (t) Jeremy Horner/Corbis; (m) Aspen Photo/Shutterstock; (b) Lawrence Manning/Corbis.

Lesson 5: 151: Paula Díez; **160:** (l) Exposicion Cuerpo Plural, Museo de Arte Contemporaneo, Caracas, Venezuala, octubre 2005 (Sala 1). Fotografia Morella Munoz-Tebar. Archivo MAC.; (r) Art Resource, NY; **161:** (t) Eric Robert/VIP Production/Corbis; (b) Christie's Images/Superstock; **164:** GM Visuals/Media Bakery; **165:** Moviestore Collection/Alamy; **174-175:** Fotosearch; **176:** Hero/Media Bakery; **180:** (tl) José F. Poblete/Corbis; (tr) L. Kragt Bakker/Shutterstock; (ml) Leif Skoogfors/Corbis; (mr) Andre Nantel/Shutterstock; (b) Corbis RF; **181:** (t) Edfuentesg/iStockphoto; (m) Corbis RF; (b) Romeo A. Escobar, La Sala de La Miniatura, San Salvador. www.ilobasco.net; **182:** (tl) Stuart Westmorland/Corbis; (tr) Lonely Planet Images/Getty Images; (ml) Sandra A. Dunlap/Shutterstock; (mr) Robert Harding World Imagery/Alamy; (b) Martín Bernetti; **183:** (t) Macduff Everton/Corbis; (m) Elmer Martinez/AFP/Getty Images; (b) José Antonio Velásquez. San Antonio de Oriente. 1957. Collection OAS AMA/Art Museum of Americas.

Lesson 6: 185: Li Muzi Xinhua News Agency/Newscom; **189:** (t) Robert Paul Van Beets/Shutterstock; (b) Janet Dracksdorf; **194:** (l) José Blanco; (r) Homer Sykes/Alamy; **195:** Alex Ibanez, HO/AP Images; **198:** Anne Loubet; **203:** (l) Dave G. Houser/Corbis; (r) VHL; **208:** Joel Nito/AFP/Getty Images; **209:** John Lund/Corbis; **212:** (t) Peter Guttman/Corbis; (ml) Paul Almasy/Corbis; (mr) Choups/Alamy; (b) Carlos Carrion/Corbis; **213:** (t) JTB Media Creation/Alamy; (m) Joel Creed/Ecoscene/Corbis; (b) Hugh Percival/Fotolia; **214:** (tl) Bettmann/Corbis; (tr) Reuters/Corbis; (m) María Eugenia Corbo; (b) María Eugenia Corbo; **215:** (tl) Janet Dracksdorf; (tr) Jonathan Larsen/Diadem Images/Alamy; (m) Andres Stapff/Reuters/Corbis; (b) Wolfgang Kaehler/Corbis.